本书获云南省高校"地方文献整理与研究"科技创新团队项目经费支持

"近现代名人与地方治理"研究丛书

唐 靖 / 主编

# 近代报刊有关龙云资料汇编

## 《申报》卷

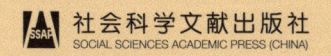

社会科学文献出版社
SOCIAL SCIENCES ACADEMIC PRESS (CHINA)

治理乃至整个国家现代化进程的历史作用及历史局限性，是我们编辑这套"近现代名人与地方治理"研究丛书的旨趣所在。

愿与学界同好一道，共同推进这方面的研究。

中国人民大学民国史研究院 牛贯杰<br>2023 年 10 月

# 本书编委会

**主　任**

唐　靖

**编委会成员**（按姓氏笔画排序）

王亦秋　刘　燕　刘建超　朱有祥　华业庆

张　梅　陈　玥　陈　瑶　周　玲　赵予畅

袁文焜　符礼刚　黎良基

# 凡　例

1. 本书各卷目录部分均增附原文刊发日期，按时序排列，以便于检索。

2. 错别字以及地名、人名的校勘，以六角符号〔〕标明之；修正衍文亦用〔〕标明，内注明"衍文"。

3. 凡遇残缺、脱落、污损的文字，经考证者，在□旁注明；无法确认者，则以□代之。

4. 增补漏字在方括号［］内标明之；凡文献中人名和地名简写之处，也在［］内予以补充注明，如：胡［若愚］、昭［通］、曲［靖］等。

5. 为指向明确起见，对原文中与主题无关的内容作一定的删节，凡整段删节者，以〈前略〉〈中略〉〈后略〉标明之；段内部分内容删节者，以〈……〉标明之；文献附录、附表删节者，以〈略〉标明。

6. 原文献内有小节标题者，视其原文作技术处理。原文中序号有㈠㈡㈢等及其他多种样式者，均统一修改为（一）（二）（三）。

7. 原文献中涉及历史人物有曾用名者，为保持文献原貌起见，不做修改，也不对其做特殊标注。

8. 部分原文献之段落区分不明显，依阅读之方便，予以分段；对于原文献无断句或仅有基本之断句者，进行断句并补入适当之标点符号。

9. 为突出文献内容主旨，文献标题多有修订。如原标题为《公电》《简讯》等主题难明究竟者，根据内容酌情另拟标题。

10. 本书系历史资料，为便于研究，时人习用字词，与今有别，不影响理解者，原则上未做改动，敬请使用者自行鉴别、判断。

# 前　言

在民国割据称雄的军阀集团中，滇系是比较特殊的一支地方军事势力。由于可追溯至清末的边疆危机，云南国防建设在晚清备受关注，地处西南边陲的云南不但有完善的新式军校教育，还有装备精良的新式军队，并在辛亥重九起义、护国战争等历史节点上，扮演过先驱者的角色。在云南这片土地上诞生的近代中国最早一批的现代军人，最初都充满着理想主义的朝气，其将领几乎清一色是科班出身。滇系前后四任统帅，蔡锷、唐继尧均为留日士官生，龙云、卢汉则来自"西南军事圣殿"的云南陆军讲武堂。本书焦点所在，即为主政云南时间最长、行事风格最具传奇性的龙云。

龙云（1884年11月19日至1962年6月27日），原名登云，别字志舟。彝族，彝名纳吉乌梯。昭通人。4岁时父亲去逝，随母到外祖父家生活，由舅父抚育成人。幼年即好习拳术，于乱世中混迹江湖。1912年考入云南陆军讲武堂第四期骑兵科学习。1916年护国战争时期，成为唐继尧侍卫官，因能力出众而得唐信任，历任伙飞军大队长、滇军第五军军长、第二路军总指挥、滇中镇守使等职。1927年，龙云与胡若愚、张汝骥、李选廷等四镇守使联合发动"二六"政变，通电要求改革省政，逼迫唐继尧下野。同年6月，昆明发生"六一四"政变，四镇守使混战3年，龙云击败主要对手胡若愚、张汝骥，执掌云南军政大权，正式成为近代云南史上名副其实的"云南王"。

1962年6月27日，龙云在北京逝世，中共中央随即组成以陈毅为主任委员的治丧委员会。7月2日，周恩来总理、彭真副委员长前往吊唁，肯定了龙云一生中"反蒋""抗日""联共"的三大功劳。1984年11月19日，民革中央在北京举行座谈会，纪念已故民革中央副主席龙云诞辰100

周年，中央政治局委员、书记处书记习仲勋出席并讲话。

关于龙云的研究论著，就编者所见，主要有谢本书的《龙云传》（云南人民出版社，2011）、杨维真的《从合作到决裂：论龙云与中央的关系（1927~1949）》（台北，"国史馆"，2000）等；史料汇编有云南省档案局（馆）编《滇军抗战密电集》（云南省档案馆，1995）、《抗战时期的云南——档案史料汇编》（重庆出版社，2015）、《民国时期西南边疆档案资料汇编·云南卷》（社会科学文献出版社，2015）等。

学术研究的推进离不开资料的整理与搜集。以报刊为载体的新闻史料，其内容包罗万象，保存了诸多传统文献不具备的历史信息，为中国近现代史研究的史料宝库。得益于互联网和数字技术的发展，与之前老报刊存世少且散存于各大图书馆不易翻阅相比，具有全国性影响的近现代报刊《申报》《大公报》《东方杂志》等，现在均已有专门的数据库供读者检索查阅。当下，充分利用数据库的现代便利，助力学术研究，已然为文史研究者的必备技能之一。鉴此，本书汇编资料的主要来源如下：

作为中国现代报纸开端的《申报》，其数据库内含上海版、汉口版、香港版，读者可进行全文检索。《大公报》数据库则完整收录了1902年至1949年《大公报》的天津版、上海版、汉口版、香港版、重庆版、桂林版及《大公晚报》等不同版本，亦可进行全文检索。收录《大公报》所刊登全部新闻、文章及广告等200万篇以上，从新闻媒体的角度记录和展现当时中国社会及世界的状况，为近代史学的研究提供极为宝贵的材料支持。

综合性报刊数据库建设中，有"大成老报刊数据库"、"晚清民国期刊全文数据库"、"爱如生晚清民国大报库"、"瀚堂近代报刊数据库"、国家图书馆"中国历史文献总库·近代报纸数据库"等，其检索系统日臻完善。值得一提的是，作为近现代重要的文化中心，也是近代新闻出版业重镇的上海，上海图书馆报刊资源的收藏数量和质量均首屈一指。"全国报刊索引"依托上海图书馆丰富的馆藏资源，挖掘、整理、汇集而成的大型全文数据库"中国近代报纸数字文献全库"，计划收录1850年至1952年百余年间4000余种中英文报纸，目前累计收录了近1000种珍贵报纸资源，包括众多近代知名大报，如《新闻报》《时报》《民国日报》《中央日报》《益世报》《时事新报》《神州日报》和近千种小报，以及《北华捷报》

| 前　言 |

《字林西报》《大陆报》《上海泰晤士报》等英文报纸。上述数据库的建设为研究者和读者立体而全面地认识和了解历史人物和时代风云提供了便捷的途径。

具体到本书的主要历史人物龙云而言，上述近代报刊在约30年的历史时期内，对龙云早年从军、"二六"政变与"六一四"政变、主政云南、龙蒋关系、抗日战争、"十三"政变、幽居三年、寓居香港及至最终转而支持新政权等，都有诸多报道文章，为研究近代特定人物提供了独特的视角。需要注意的是，由于原作者信息来源和立场局限，部分文章以讹传讹，真伪莫辨。例如关于龙云与卢汉的关系，坊间当时的报道就多有道听途说、向壁虚构的成分；抗战时期，大片国土沦陷，《新天津》等沦陷区报纸，在报道与龙云相关信息时，更多有造谣诽谤之事；即便是同一份报纸，如《申报》，在日军占领上海租界前后，其报道风格也迥然有异。另外，如同一时期但不同城市版本的《大公报》，其文字内容有时大致相同，但也有差异较大之处。例如1948年至1949年，新旧政权交替在即，已被左翼新闻工作者接管的《大公报》香港版在对龙云做报道时，就多有如《龙云正式表明态度　反对以滇省为反共基地》等旗帜鲜明地拥护中国共产党的内容，与仍在国民党统治下的《大公报》重庆版等就有着截然不同的报道立场。凡此种种，请读者在阅读过程中注意鉴别使用。

近年来，近代报刊数据库建设取得了长足的发展，无论是资料的丰富性，还是检索技术的便利性，都呈现日新月异之势。但要想在短期内就某一专题穷尽一切文献，是近乎不可能完成的任务。本书的结集出版得益于2020年度云南省高校"地方文献整理与研究"科技创新团队项目的经费支持，受限于项目的完成时间，以及各数据库收录的文献的保存情况和清晰度等，部分报刊页面存在漫漶不清、难以识别的问题，文字的录入点校存在错讹之处，幸得社会科学文献出版社李丽丽、李蓉蓉、徐花编辑及其他编校老师耐心细致地逐字校对修改，错误率得以大幅降低，在此谨对诸位老师的辛勤工作致以诚挚谢意！但仍难免有差错或漏网之处，敬请读者及研究方家见谅！

本书分为"《申报》卷"、"《大公报》卷"以及"综合卷"三册。由于各数据库收录内容不断更新，在成书之际仍时有篇目发现而不能补入书中，为本书出版留下遗憾。尤其是云南地方重要报刊《云南日报》《云南民国日报》《大无畏报》《正义报》，以及龙云家乡所办之报《滇东日报》等，对龙云事迹均有持续跟踪报道，但由于体量大，内容繁，资料分散，整理难度较大，未能在本书收录，只能期待日后续编加以补救，在此一并恳请读者见谅为谢！

# 目 录

龙云等向滇黔边开拔（1922年1月6日）……………………… 001
唐继尧再谋回滇之内幕（1922年1月6日）……………………… 001
再纪唐继尧回滇详情（1922年4月9日）………………………… 002
滇匪首普小洪被捕（1924年1月18日）………………………… 002
滇川黔建国联军总司令部成立（1924年10月14日）…………… 003
滇唐亲出督师之先声（1924年12月9日）……………………… 004
龙军出发后之云南（1925年1月28日）………………………… 004
滇军让出贵州防地（1925年1月29日）………………………… 005
西南军阀之新趋势（1925年2月14日）………………………… 006
龙云部已入南宁（1925年2月27日）…………………………… 007
滇军抵粤边后之粤局（1925年3月3日）……………………… 007
滇唐军过桂图粤（1925年3月8日）…………………………… 010
粤省出兵抵御入桂滇唐军（1925年3月10日）………………… 012
桂省战云密布（1925年3月11日）……………………………… 013
滇军入桂之真相（1925年3月14日）…………………………… 015
粤省援桂军出发完竣（1925年3月15日）……………………… 016
滇军入桂后之南宁教育（1925年3月16日）…………………… 018
桂粤合御滇唐之形势（1925年3月17日）……………………… 018
援桂联军抵桂情形（1925年3月21日）………………………… 020
桂省战云密布之近讯（1925年3月31日）……………………… 021
滇唐军队退出邕宁原因（1925年4月3日）…………………… 023
滇唐大云南主义之失败（1925年4月12日）…………………… 023
广西战讯（1925年4月13日）…………………………………… 024

| 桂省最近战讯　定滇军十日攻陷南宁（1925年4月19日）……026
| 桂省三路战讯（1925年4月19日）……027
| 桂省南北之战讯（1925年4月21日）……028
| 国内专电二·香港电（1925年4月24日）……029
| 桂战最近之形势（1925年4月27日）……029
| 桂战中之黔军动作（1925年5月2日）……031
| 桂省军事最近要讯（1925年5月5日）……032
| 南宁激战之别讯（1925年5月6日）……033
| 桂战与粤局之影响（1925年5月8日）……034
| 桂省最近之形势（1925年5月10日）……035
| 范石生入滇之战讯（1925年9月4日）……037
| 桂省南宁震动（1926年3月8日）……038
| 滇唐进兵桂省之探报（1926年6月29日）……039
| 云南整理纸币会议之结果（1926年7月18日）……040
| 唐继尧、沈鸿英图桂消息（1926年8月17日）……042
| 滇唐军队进占百色（1926年9月5日）……043
| 桂省防滇之形势（1926年9月12日）……044
| 滇唐仅能自保（1926年9月27日）……045
| 范石生预备回滇（1926年10月21日）……046
| 滇唐将领通范倒唐（1927年2月15日）……046
| 云南新年发生内变（1927年2月28日）……046
| 滇变尚无确实结果（1927年3月2日）……049
| 滇省内变续闻（1927年3月4日）……049
| 滇军变化与范石生（1927年3月6日）……051
| 滇省政变尚未切实解决（1927年3月6日）……052
| 政变后之云南现状（1927年3月7日）……054
| 云南政变后之杂讯（1927年3月8日）……057
| 云南政局尚在酝酿中（1927年3月14日）……059
| 滇省政府拟改组（1927年3月18日）……061
| 滇省务会议成立（1927年3月23日）……061

# 目录

滇将领拥戴唐继尧（1927年3月25日） …………………… 062

云南新政府改委员制（1927年3月27日） …………………… 062

唐生智劝告滇将领（1927年3月28日） …………………… 063

第十六军政治部对滇之主张（1927年4月1日） …………… 064

云南倾向国民政府（1927年4月9日） …………………… 065

桂军电告龙云等拥护国府（1927年4月23日） …………… 066

滇省政局之纠纷（1927年5月7日） …………………… 066

云南已易革命军旗帜（1927年5月14日） …………………… 068

云南龙云、胡若愚等电（1927年5月24日） …………………… 069

云南将出兵北伐（1927年6月6日） …………………… 070

龙云等为唐继尧病逝致各报馆公电（1927年6月8日） …… 070

滇军之拥蒋讯（1927年6月11日） …………………… 071

南京国民政府下之云南（1927年6月15日） …………………… 071

北伐中之会师讯（1927年6月20日） …………………… 073

云南胡若愚等为拘留龙云、卢汉致各报馆电（1927年6月25日） … 073

滇龙云军被胡缴械（1927年6月27日） …………………… 074

云南解决龙云案（1927年6月29日） …………………… 074

滇省发生大战争（1927年6月29日） …………………… 074

滇军解决龙云之详况（1927年7月5日） …………………… 076

云南最近之党务观（1927年7月7日） …………………… 078

云南军民两政之除旧更新观（1927年7月17日） …………… 079

云南省务委员报告清党（1927年7月18日） …………………… 082

龙云致各报馆公电（1927年7月22日） …………………… 082

一省三党部之云南国党潮（1927年7月26日） …………… 082

龙云恢复自由（1927年8月9日） …………………… 084

滇省内战已平之宁讯（1927年8月10日） …………………… 084

胡若愚出走后之滇局（1927年8月15日） …………………… 085

愈陷纠纷之云南（1927年8月26日） …………………… 086

云南各团体联合会劝息内争准备北伐（1927年9月1日） …… 090

滇局又有和缓情势（1927年9月6日） …………………… 091

周西成中止出兵（1927年9月19日） …………………………… 093
群雄并起中之云南（1927年9月25日） …………………………… 093
唐继虞军进逼滇垣（1927年9月28日） …………………………… 093
范石生对滇乱之主张（1927年10月5日） ……………………… 094
公电·龙云为击败胡若愚致各报馆电（1927年10月21日） …… 094
龙云电告击败胡部（1927年10月22日） ………………………… 095
滇龙云有与唐继虞妥洽说（1927年10月23日） ………………… 095
滇中将领合对入境客军（1927年11月1日） …………………… 096
滇局可望和平解决（1927年11月3日） ………………………… 097
龙云代表抵粤（1927年11月12日） ……………………………… 097
龙云严防黔军侵滇（1927年11月16日） ………………………… 098
滇党务之流血剧（1927年11月24日） …………………………… 098
滇局突变（1927年11月29日） …………………………………… 099
滇省龙云下野通电（1927年12月1日） ………………………… 099
龙云为平息滇乱致滇籍在外将领通电（1927年12月13日） …… 099
胡、张主张三分云南（1927年12月14日） ……………………… 100
滇龙云电告击溃胡、张（1927年12月22日） …………………… 100
讨伐龙云之要电（1927年12月26日） …………………………… 101
滇省内战消息（1927年12月30日） ……………………………… 101
国府委员会议（1928年1月18日） ……………………………… 102
国府第三十四次会议　任命龙云为国民革命军第十三路总指挥
　（1928年1月26日） …………………………………………… 102
中央执委开会纪　要求龙云厉行清党（1928年1月27日） …… 102
滇省政府委员发表之经过（1928年1月27日） ………………… 103
云南省政府定购双轮牙刷作奖品（1928年1月28日） ………… 104
中央常务会议纪　电令龙云厉行清党（1928年1月29日） …… 105
范石生电劝龙云（1928年2月1日） ……………………………… 105
南京七日大会（1928年2月8日） ………………………………… 105
四次中全会任命龙云为军事委员会委员（1928年2月9日） …… 106
国府致龙云电（1928年2月21日） ……………………………… 106

| 目 录 |

滇将领声讨周西成（1928年2月21日） …………………… 107

云南三十八军凯旋回省（1928年2月22日） …………………… 108

周西成又增兵攻滇（1928年3月4日） …………………… 109

周西成呈报黔事（1928年4月1日） …………………… 110

国府致滇鄂军人电（1928年4月3日） …………………… 110

国府任命龙云军职（1928年4月5日） …………………… 110

国府致龙云电（1928年4月6日） …………………… 111

龙云驻京代表谈云南省内情况（1928年4月8日） …………………… 111

川黔滇协商北伐（1928年4月16日） …………………… 111

滇黔两省预备北伐（1928年4月19日） …………………… 112

滇省出师北伐（1928年6月5日） …………………… 112

胡若愚愿放弃滇事（1928年6月20日） …………………… 112

国府致龙云电（1928年9月1日） …………………… 113

龙云特派员来京谒蒋（1928年10月2日） …………………… 113

最近出版《党国名人传》（1928年11月23日） …………………… 113

中央政治会议 议决龙云电请二事（1928年11月29日） …………………… 114

国务会议审议龙云提议（1928年12月1日） …………………… 114

滇黔将有战事讯（1928年12月3日） …………………… 114

龙云出兵滇边（1928年12月5日） …………………… 115

滇黔用兵之制止（1928年12月10日） …………………… 115

国府督促滇省禁烟（1928年12月11日） …………………… 115

关于黔战之粤方态度（1928年12月11日） …………………… 115

粤各军限月杪编竣 龙云代表赴粤协商（1928年12月25日） …………………… 116

云南各界联合会请制止滥发纸币电（1928年12月29日） …………………… 117

川战可望逐渐结束（1929年1月13日） …………………… 118

龙云请中央赈灾电（1929年1月20日） …………………… 118

龙云服从编遣会议（1929年2月13日） …………………… 119

何键、龙云服从中央（1929年3月29日） …………………… 119

龙云电蒋待命讨桂（1929年4月3日） …………………… 119

滇军三师向桂出动（1929年4月10日） …………………… 119

蒋主席委任两总指挥（1929年4月17日） …………………………… 120
龙云代表抵汉谒蒋（1929年4月22日） …………………………… 120
三路军队会攻广西（1929年4月24日） …………………………… 120
龙云电告出师讨伐（1929年4月26日） …………………………… 120
滇黔出师讨桂（1929年4月29日） ………………………………… 121
桂省对湘布防紧急（1929年5月4日） ……………………………… 121
滇军动员二万余人（1929年5月14日） …………………………… 122
何键准备攻梧州（1929年5月25日） ……………………………… 122
龙云电称击溃周军（1929年5月26日） …………………………… 122
滇军占领安顺（1929年5月28日） ………………………………… 123
龙云部进占贵阳（1929年6月1日） ……………………………… 123
龙云出发赴贵（1929年6月3日） ………………………………… 124
张汝骥、胡若愚隔阂渐深（1929年6月7日） …………………… 124
昨日之国务会议 黔主席周西成免职查办（1929年6月8日） …… 124
龙云电称黔政乏人主持（1929年6月9日） ……………………… 125
王伯群致李燊、龙云电（1929年6月13日） …………………… 125
周西成惨败之经过（1929年6月14日） ………………………… 126
龙云电商黔局善后（1929年6月18日） ………………………… 127
龙云电告抵昭通（1929年6月19日） …………………………… 128
国府昨日下令 黔政暂由龙云处理（1929年6月23日） ………… 128
龙云电称不干黔政 由李燊暂维现状（1929年7月7日） ………… 128
滇中军讯（1929年7月14日） …………………………………… 129
滇垣发生巷战讯（1929年7月17日） …………………………… 129
云南省城火药库爆发之沪讯（1929年7月19日） ……………… 129
龙云已回滇垣（1929年7月24日） ……………………………… 130
蒋主席召见滇黔代表（1929年7月27日） ……………………… 131
龙云电告击溃胡若愚、张汝骥（1929年7月30日） …………… 131
昆明反危为安之经过（1929年8月8日） ………………………… 131
李燊率部反攻贵阳 刘湘统筹安定西南计划（1929年8月12日） …… 132
云南火药惨案视察记（1929年8月26日） ……………………… 133

| 目 录 |

龙云日请平川乱（1929年9月5日）·················· 136
中央赈务处拨款赈滇灾（1929年9月24日）············ 136
滇省公路之急进（1929年10月15日）················ 136
川黔将士拥护国府（1929年10月19日）·············· 138
王柏龄到滇察勘灾情（1929年10月21日）············ 138
川黔将领筹商巩固西南（1929年10月28日）·········· 139
中央政治会议第二百零四次会议（1929年11月14日）·· 139
中央第四十八次常会（1929年11月15日）············ 140
第五十一次国务会议（1929年11月16日）············ 140
国民政府改组云南省政府委员会命令（1929年11月22日）· 140
滇省请设中央分行（1929年11月24日）·············· 141
龙云出兵讨桂（1929年12月17日）·················· 141
公电·云南省政府宣誓就职通电（1929年12月27日）·· 141
龙云等通电拥护中央（1930年1月9日）·············· 142
龙云电告滇省军情（1930年2月7日）················ 142
张维翰昨接滇省来电　报告军事胜利（1930年2月8日）· 142
龙云报告击溃胡若愚、张汝骥（1930年2月10日）····· 143
龙云表示拥护中央（1930年2月28日）················ 144
滇省电请制裁阎锡山（1930年3月1日）·············· 144
龙云响应五院长电（1930年3月7日）················ 144
陈铭枢接济龙云（1930年4月12日）·················· 145
龙云允出兵攻桂（1930年4月17日）·················· 145
龙云电告广西军事动向（1930年4月24日）············ 145
滇省准备出兵（1930年4月26日）···················· 145
桂省战事又将紧张（1930年4月29日）················ 145
龙云派三师入桂（1930年4月30日）·················· 146
龙云部抵百色（1930年5月3日）···················· 147
桂省战事又将发动（1930年5月7日）················ 147
湘粤滇军准备会攻南宁（1930年5月10日）············ 148
陈济棠返梧后之桂战（1930年5月11日）·············· 148

龙云部前锋已抵百色（1930年5月14日）……………………… 149
粤军已入南宁（1930年5月24日）…………………………… 149
吕焕炎等请止滇军入桂（1930年5月25日）………………… 149
陈济棠请龙云饬滇军暂缓入桂（1930年6月1日）………… 150
川滇黔将领之团结（1930年6月1日）……………………… 150
滇军已抵桂边　吕部由贵县开邕（1930年6月7日）……… 150
滇军两师入桂（1930年6月10日）…………………………… 150
滇军已抵平马（1930年6月26日）…………………………… 151
桂局现状与滇军入桂（1930年7月6日）…………………… 151
桂政务特派员抵滇会晤龙云（1930年7月9日）…………… 152
龙云广西战况通电（1930年8月12日）……………………… 152
龙云代表到京公干（1930年8月27日）……………………… 152
第八路军移师攻宾阳（1930年8月29日）…………………… 152
云南之经济现状（1930年9月2日）………………………… 153
龙云代表不日返滇（1930年9月6日）……………………… 154
滇军保护南宁外侨（1930年9月14日）……………………… 154
滇省请设殖边督署（1930年10月1日）……………………… 155
龙云响应张学良电（1930年10月6日）……………………… 155
出洋考察研究者　龙绳武赴法考察军事（1930年10月21日）… 155
龙云增兵入桂　李宗仁准黄绍雄辞职（1930年11月18日）… 155
滇省入口货附捐取消（1930年11月19日）…………………… 156
入桂滇军撤回　吴学显等反对龙云（1930年12月2日）…… 156
桂省战云又将弥漫（1930年12月2日）……………………… 156
龙云贺蒋就行政院院长电（1930年12月4日）……………… 158
桂省战事沉寂原因（1930年12月18日）……………………… 158
滇省关税减征展期（1930年12月23日）……………………… 159
张发奎军密图入滇倒龙（1930年12月29日）………………… 159
国府颁给勋章（1931年1月1日）……………………………… 159
龙云电告遵令裁厘（1931年1月15日）……………………… 160
龙云被迫下野（1931年3月19日）…………………………… 160

| 目 录 |

龙云已回昆明（1931年3月21日） …………………………… 160
滇局已告平靖　编遣照常进行（1931年3月23日） ………… 160
卢汉等拥护龙云（1931年3月24日） ………………………… 161
龙云电告回省　并请驳斥四师长呈请（1931年3月26日） … 161
滇省政潮之粤讯（1931年3月28日） ………………………… 161
王柏龄抵昆阳（1931年4月2日） …………………………… 162
龙云电称滇局已告底定（1931年4月13日） ………………… 162
龙云声讨达赖（1931年4月17日） …………………………… 163
龙云电告滇省军情（1931年4月29日） ……………………… 163
龙云拥护中央（1931年5月10日） …………………………… 164
公电·龙云拥护中央（1931年5月11日） …………………… 164
何等复龙云电（1931年5月16日） …………………………… 165
张之江等为和平通电（1931年5月20日） …………………… 165
中央与国府纪念周　王柏龄讲安内可以攘外及滇事
　（1931年7月28日） ………………………………………… 165
最近各省办理急赈情形（1931年9月16日） ………………… 167
龙云电告吴学显已正法（1931年9月18日） ………………… 167
云南下级军官来沪投义勇军（1931年10月19日） ………… 168
张邦翰抵平谒张（1931年10月24日） ……………………… 168
救灾昨讯·水灾急赈会之要讯（1931年11月8日） ………… 169
四全代会昨开七次大会　中执监委选出廿四人
　（1931年11月22日） ……………………………………… 169
四全代会昨开八次大会（1931年11月23日） ……………… 169
陈李电邀龙云协商西南边防（1931年12月22日） ………… 170
西南五省联合之先声（1932年1月1日） …………………… 170
粤府结束就绪（1932年1月7日） …………………………… 171
龙云不赞成西南设执行部（1932年1月29日） ……………… 172
粤桂将领通电努力抗日　粤各界积极筹巨款（1932年2月20日） … 172
龙云电告匪首正法（1932年8月20日） ……………………… 173
刘湘表示根本消灭刘文辉（1933年1月12日） ……………… 173

龙云代表抵南昌谒蒋（1933年2月8日） …………………………… 174
陈济棠召开抗日会议（1933年2月23日） …………………………… 174
川滇黔大联合（1933年2月25日） …………………………………… 174
冯玉祥派徐谦南下（1933年2月26日） ……………………………… 175
龙云代表北上谒蒋（1933年3月20日） ……………………………… 176
犹国才部回黔（1933年4月3日） ……………………………………… 176
滇中苗匪暴动（1933年4月10日） …………………………………… 177
龙云派员到京（1933年4月17日） …………………………………… 177
犹国才部由滇回黔经过（1933年4月21日） ………………………… 177
黔局复趋严重　王家烈部三面受敌（1933年5月11日） …………… 178
李仲明谈黔变经过（1933年5月29日） ……………………………… 179
川省大规模战争之第一幕（1933年7月16日） ……………………… 179
叶琪赴滇谒龙云（1933年7月31日） ………………………………… 180
龙云电王家烈请停铜仁军事（1933年8月9日） …………………… 180
李宗仁、白崇禧派员赴滇与龙云修好（1933年8月18日） ………… 180
黔战再起　犹国才电沪报告战况（1933年9月6日） ……………… 180
金沙江西岸藏兵野心大炽（1933年9月7日） ……………………… 181
彭学沛谈近事（1933年9月8日） …………………………………… 181
康藏军隔金沙江相持　滇边乱事即可消灭（1933年9月10日） …… 182
滇北中甸确有一度纷扰（1933年9月11日） ………………………… 182
藏兵侵滇警耗（1933年9月16日） …………………………………… 183
蒙藏会调查中甸匪情（1933年9月17日） …………………………… 183
交部筹备渝黔滇航空线（1933年9月22日） ………………………… 184
中甸蛮匪将消灭（1933年9月24日） ………………………………… 184
中甸已告克复（1933年9月27日） …………………………………… 184
王家烈召何知重回黔　犹国才约龙云攻王（1933年10月15日） …… 184
龙云派队助犹国才反攻贵阳（1933年10月27日） …………………… 185
滇龙云主席电慰史氏昆仲渡江（1933年10月27日） ………………… 185
黔省战事详报（1933年11月7日） …………………………………… 185
西南政变声中贵州王家烈之态度（1933年11月20日） ……………… 186

| 目 录 |

龙云电京请讨闽变（1933年11月25日）……………………187
汪院长电复龙云（1933年12月1日）……………………188
各方声讨闽乱（1933年12月2日）……………………188
滇党委裴存藩到京（1933年12月27日）……………………188
黔战将终情况（1934年1月12日）……………………189
黔桂边境将开黔省和平会议（1934年1月20日）……………………190
四中全会请假中委之人数（1934年1月23日）……………………190
中国航空公司西南线试飞成功（1934年1月31日）……………………190
英人在片马开矿　外部电滇调查（1934年2月8日）……………………191
龙云电告英人擅自开矿　中央令外部提交涉（1934年2月19日）……191
滇边英人活动　外部已提抗议（1934年2月23日）……………………191
英商侵滇采矿　外部提正式抗议（1934年3月7日）……………………191
班洪问题英方之答复（1934年3月25日）……………………192
英侵澜沧尚无官电证实　驻京英领发表谈话（1934年4月5日）……193
法国人在滇省之活动（1934年4月7日）……………………193
英法侵滇　院部未接报告（1934年4月14日）……………………197
地方自治学会成立（1934年5月14日）……………………198
李宗仁调停黔省犹国才、王家烈纠纷（1934年5月29日）……………………198
南昌新运已著成效　聘请各省市指导员（1934年9月6日）……………………199
龙云派员入粤　白崇禧即将返桂（1934年9月8日）……………………199
中航公司奉令筹辟云南航线（1934年10月22日）……………………200
中央训令交部筹辟滇航空线（1934年10月28日）……………………201
中国航空公司计划川滇试航（1934年11月22日）……………………201
滇边土目代表谒龙云（1935年3月8日）……………………201
滇实业厅裁撤（1935年3月18日）……………………202
英兵侵占猛角、猛董事件　龙云电京已查询究竟
　（1935年3月26日）……………………202
中政会决议要案（1935年3月28日）……………………202
陈调元等任第二级上将（1935年4月4日）……………………203
龙云通报云南战况（1935年4月30日）……………………203

蒋飞抵昆明（1935年5月11日）……………………………… 204
龙云宴蒋（1935年5月14日）……………………………… 204
李宗仁续派员赴滇（1935年5月19日）…………………… 205
龙云电请协助滇省政费（1935年5月21日）……………… 205
蒋飞黔转川（1935年5月22日）…………………………… 205
李宗仁派员赴滇谒龙（1935年6月30日）………………… 206
叶琪遗缺将由李品仙补（1935年7月11日）……………… 206
滇省龙主席代表唐继麟昨抵沪（1935年9月9日）……… 206
龙云未派代表到京（1935年9月12日）…………………… 207
中英滇缅勘界我方委员明日出发赴滇（1935年9月17日）… 207
国联卫生专家司丹巴明日启程赴滇（1935年9月30日）… 209
国内外各地中委名录（1935年10月21日）……………… 210
龙云为云南省普通考试处处长命令（1935年11月7日）… 211
五全大会昨行闭幕典礼（1935年11月24日）…………… 211
云南起义纪念日　滇全省运动会开幕（1935年12月27日）… 213
国府颁授勋令（1936年1月1日）………………………… 213
李次温降落平彝乡间（1936年3月8日）………………… 213
胡畏三谒龙云（1936年3月9日）………………………… 214
陈济棠、李宗仁代表抵滇（1936年3月10日）…………… 214
李次温精神尚佳（1936年3月18日）……………………… 214
龙云派代表赴粤　会商发展交通（1936年3月19日）…… 214
龙云代表到京谒蒋（1936年3月24日）…………………… 215
龙云兼任中央军官学校校务委员案通过（1936年3月25日）… 215
冯玉祥、阎锡山、龙云兼中央军校校务委员命令
　（1936年3月31日）……………………………………… 215
白崇禧将飞滇（1936年4月2日）………………………… 215
顾祝同昨飞滇（1936年4月8日）………………………… 216
昆明县境已无"匪"踪（1936年4月14日）……………… 216
蒋介石飞抵昆明（1936年4月23日）……………………… 216
蒋介石飞黔（1936年4月26日）…………………………… 217

| 目 录 |

行政院通过特派龙云为滇黔"剿匪"总司令
　（1936年4月29日） ……………………………………… 217
龙云等任职命令（1936年5月1日） ……………………… 217
李宗仁昨返桂（1936年5月6日） ………………………… 218
中政会决议案　追认龙云、何键职务（1936年5月21日） … 218
粤方拟发表胡汉民宪草遗言（1936年5月25日） ………… 218
龙云代表返滇复命（1936年6月11日） …………………… 219
龙云电陈济棠、李宗仁、白崇禧（1936年6月11日） …… 219
曾扩情由蓉飞陕（1936年6月19日） ……………………… 219
龙云对滇学生训话（1936年7月2日） …………………… 219
《国防会议条例》（1936年7月15日） …………………… 220
杨永泰等抵牯　京各要人纷赴庐山（1936年7月25日） … 221
国内要闻（1936年8月3日） ……………………………… 222
龙云代表赴庐山谒蒋（1936年8月4日） ………………… 222
龙云代表刘震寰昨飞庐（1936年8月6日） ……………… 222
陈济棠将放洋（1936年8月8日） ………………………… 223
龙绳祖谒蒋后返京（1936年8月12日） …………………… 223
时人行踪录（1936年8月16日） …………………………… 223
龙云代表赴庐山谒蒋（1936年8月17日） ………………… 224
刘震寰今晨飞粤（1936年8月18日） ……………………… 224
龙云、薛岳任职公电（1936年8月23日） ………………… 224
国庆节之津汉滇粤各地均有热烈庆祝（1936年10月12日）… 225
京滇公路周览会展期（1936年10月23日） ……………… 225
蒋委员长最近二年来言行辑要（1936年10月31日） …… 225
公路查勘团由黔抵滇（1936年12月13日） ……………… 226
各方纷请讨张（1936年12月16日） ……………………… 226
龙云电复何总司令派代表晋京（1936年12月22日） …… 227
余汉谋、龙云代表晋谒中枢当局（1936年12月23日） … 227
黄实谒中枢当局（1936年12月24日） …………………… 227
龙云代表高荫槐抵京（1936年12月28日） ……………… 228

滇各界庆祝元旦（1937年1月1日）……228
滇军分校补习班毕业（1937年1月31日）……228
何子房谈云南边县需要开发（1937年2月3日）……229
缺席三中全会各中委电中央请假（1937年2月17日）……229
缪嘉铭访何廉报告（1937年4月1日）……230
京滇周览团出发在即　翁文灏等欢宴（1937年4月2日）……230
滇各界开会欢迎京滇周览团（1937年5月1日）……230
京滇公路周览团在滇游览名胜（1937年5月3日）……231
龙云接见周览团员（1937年5月6日）……233
京滇周览团检阅滇垣童子军（1937年5月7日）……233
京滇周览团昨午离滇（1937年5月8日）……234
褚民谊昨晨到沪谈京滇公路周览感想（1937年5月29日）……234
唐继尧铜像已运抵滇垣（1937年6月13日）……235
龙云访问记（1937年6月27日）……236
云南烟禁实况（1937年6月30日）……238
云南的教育（1937年7月4日）……240
兰肃空线下周复航（1937年8月7日）……242
顾祝同等抵京（1937年8月7日）……242
龙云今晨飞蓉转京（1937年8月8日）……243
龙云昨飞抵蓉　定今日飞京（1937年8月9日）……243
龙云昨飞抵京（1937年8月10日）……243
龙云访各要人（1937年8月11日）……244
宋子文由沪抵京（1937年8月12日）……245
龙云谒林主席（1937年8月12日）……245
中政会昨开例会（1937年8月12日）……245
龙云谒蒋（1937年8月13日）……246
蒋访晤龙云（1937年8月14日）……246
龙云招待京新闻界（1937年8月15日）……246
龙云返滇（1937年8月24日）……247
龙云召集僚属训话（1937年8月26日）……247

| 目 录 |

湘滇准备抗敌工作（1937年8月28日） …………………… 247
劝募救国公债　各地分会成立（1937年9月2日） …………… 248
蒋、汪、阎等电贺朱德、彭德怀　就第八路军总副指挥职
　（1937年9月12日） …………………………………………… 248
滇省府主席龙云长子龙绳武昨完娶（1938年3月1日） ………… 249
滇、陕两省健儿续开前线参战（1938年5月8日） ……………… 249
要闻简报（1938年5月12日） …………………………………… 250
龙云定今飞汉谒蒋请示机宜（1938年7月19日） ……………… 250
龙云今日飞汉（1938年7月19日） ……………………………… 250
龙云由滇抵汉　谒蒋请示抗战机宜（1938年7月20日） ……… 250
滇主席龙云奉召飞汉（1938年7月20日） ……………………… 251
王缵绪到汉（1938年7月24日） ………………………………… 251
滇省经济建设　龙云畅谈进行情形（1938年7月26日） ……… 251
龙云抵蓉谈话　川滇密切联络（1938年7月27日） …………… 252
龙云返滇（1938年7月27日） …………………………………… 253
龙云抵汉谈滇省施政情况（1938年7月27日） ………………… 253
川滇两当局昨有会商　龙云定今日返滇（1938年7月28日） … 254
龙云抵滇　勉滇民努力建设（1938年7月30日） ……………… 254
龙云拥护领袖（1938年8月6日） ……………………………… 255
龙云返滇谈　以鲜血换取国家自由（1938年8月7日） ……… 255
抗战后方重心的云南（1938年8月16日） ……………………… 256
抗战建国期中之云南垦殖事业（1938年9月13日） …………… 258
龙云视察开蒙垦务（1938年9月14日） ………………………… 260
努力后方生产　龙云视察开蒙垦殖区（1938年9月27日） …… 261
龙云谈日战机袭滇　对抗战及民力无损（1938年10月3日） … 262
英大使昨赴贵阳（1938年10月31日） ………………………… 263
征募寒衣运动　成绩美满（1938年11月3日） ………………… 263
英使在滇会晤龙云（1938年11月4日） ………………………… 263
华侨及国内要人发起　组织华西垦殖公司（1938年11月24日） … 264
华侨拟在滇投资　开辟实业模范区（1938年11月25日） …… 264

《中央日报》昆明版即将发行（1938 年 12 月 8 日）·············· 265

美大使游览昆明名胜　已晤龙云（1938 年 12 月 19 日）········· 265

最后的电讯（1938 年 12 月 19 日）························ 265

西南经济建委会定期在渝成立（1938 年 12 月 19 日）··········· 266

胡文虎筹款发展滇省天然利源（1938 年 12 月 20 日）··········· 266

滇省府宴美大使（1938 年 12 月 20 日）····················· 266

詹森离滇　龚自知返滇报告（1938 年 12 月 22 日）············· 267

中央扩大滇省党务组织　特派龙云任主委（1938 年 12 月 31 日）···· 267

中央推进滇省卫生行政　龙云赴滇西视察（1939 年 1 月 1 日）······ 267

汪精卫主张议和后各方一致严辞抨击（1939 年 1 月 1 日）········· 267

滇省盐产前途乐观（1939 年 1 月 3 日）····················· 268

龙云勖滇军人（1939 年 1 月 6 日）························ 268

将召各省主席举行会议（1939 年 1 月 7 日）·················· 269

陈诚等各将领通电拥护领袖抗战到底（1939 年 1 月 8 日）········ 269

龙云对补充兵员训话（1939 年 1 月 11 日）·················· 270

吴鼎昌飞滇访晤龙云（1939 年 1 月 14 日）·················· 270

吴鼎昌晤龙云后　日内返黔（1939 年 1 月 15 日）············· 270

吴鼎昌抵滇发表谈话（1939 年 1 月 15 日）·················· 270

滇省党委发表　派龙云任主委（1939 年 1 月 19 日）············ 271

龙云被任滇党主委（1939 年 1 月 19 日）···················· 271

滇省努力生产建设　健全地方行政机构（1939 年 1 月 23 日）····· 271

滇民厅长丁兆冠辞职　遗缺由李培天代理（1939 年 1 月 27 日）···· 272

昆明商界举行义卖　赵老太太演讲（1939 年 2 月 7 日）········· 272

昆明小学生义卖成绩圆满　获款二万余元（1939 年 2 月 11 日）···· 272

木里土司代表飞渝献旗　龙云昨发表谈话（1939 年 2 月 12 日）···· 273

龙云捐款万元救济黔灾（1939 年 2 月 12 日）················ 273

日军进犯死伤极重（1939 年 2 月 15 日）···················· 273

日外部答复强词夺理　日军又在海南岛南部登陆
（1939 年 2 月 15 日）································· 273

胡文虎投资开发滇矿（1939 年 2 月 17 日）·················· 274

| 目 录 |

滇省党委宣誓就职（1939年2月28日） …………………………… 274
滇省党委补行宣誓礼（1939年3月1日） …………………………… 274
龙云勉勖滇省将士（1939年3月2日） ……………………………… 275
滇三八节　妇女开会游行（1939年3月10日） …………………… 275
滇宿将范石生被刺　滇省当局极为注意（1939年3月19日） …… 275
滇省各县成立粮食管理委会（1939年3月25日） ………………… 276
滇省举行消防演习（1939年3月29日） …………………………… 276
英使抵滇（1939年4月17日） ……………………………………… 277
龙云通电全国发表致汪精卫函（1939年5月6日） ……………… 277
世界动向一周间（1939年5月14日） ……………………………… 278
美大使在昆接见记者（1939年6月9日） ………………………… 279
美法大使相继赴渝（1939年6月9日） …………………………… 280
滇临时参议会举行成立典礼（1939年7月11日） ………………… 280
滇情简报　建龙主席铜像（1939年7月16日） …………………… 281
龙云筹款五千万展筑思普铁道（1939年7月20日） ……………… 281
龙云表示对英失望（1939年7月29日） …………………………… 283
龙云报告滇省出兵抗战数额（1939年8月1日） ………………… 284
旅滇暹罗华侨组暹华侨留滇会（1939年8月27日） ……………… 285
郭泰祯由渝抵滇（1939年11月1日） ……………………………… 286
云南省主席龙云公忠体国（1939年11月6日） …………………… 286
滇军两师将赴桂参战（1939年12月7日） ………………………… 286
由龙云兼昆明行营主任（1939年12月22日） …………………… 287
昆明各界欢迎缅访华团（1939年12月28日） …………………… 287
云南起义二十四周纪念　各界热烈庆祝（1939年12月28日） … 287
滇行营主任龙云就职（1940年1月5日） ………………………… 288
英独立工党领袖克利泼抵港（1940年1月14日） ……………… 288
中华医学会年会定期在筑举行（1940年1月15日） …………… 288
龙云拨五万元救济大学生（1940年2月11日） ………………… 289
日机袭昆明　击落一架（1940年2月15日） …………………… 289
日机又袭滇越线　昆明亦发出空袭警报（1940年2月17日） … 290

美大使詹森访晤龙云（1940年2月24日） ………………… 290
昆明新式电影院已告落成（1940年2月29日） …………… 290
驻苏大使杨杰自滇飞抵渝（1940年3月20日） …………… 291
缅总督邀龙云游缅（1940年3月24日） …………………… 291
中枢及行都各界公祭蔡元培（1940年3月25日） ………… 292
中华医学会定期开会（1940年3月27日） ………………… 292
中华医学会第五届大会开幕（1940年4月1日） ………… 292
目前龙云未能轻离昆明（1940年4月7日） ……………… 293
龙云等发表通电讨伪（1940年4月9日） ………………… 294
龙云等捐款救济英伤兵（1940年4月19日） ……………… 294
龙云出巡（1940年6月13日） …………………………… 294
云南临参会举行第三次会开幕式　龙云致辞（1940年7月2日） …… 294
龙云发表演说（1940年7月3日） ………………………… 295
龙云派员视察党务（1940年7月4日） …………………… 295
政院政务巡视团由渝抵滇（1940年7月17日） …………… 295
陈嘉庚等访晤龙云（1940年8月8日） …………………… 296
龙云决承中央意旨应付越南局势（1940年8月14日） …… 296
华精锐军队数师已在滇越边境布防（1940年8月22日） … 296
越督向华保证不许日军假道犯滇（1940年9月5日） …… 297
河内昆明间航空交通突告中断（1940年9月15日） ……… 299
龙云下令总动员　滇边已宣布戒严（1940年9月28日） … 299
龙云离滇说绝对无稽（1940年9月29日） ………………… 300
日机轰炸昆明原因一斑（1940年10月2日） ……………… 300
法大使戈思默昨抵昆明（1940年10月21日） …………… 300
戴季陶经昆明飞往仰光（1940年10月22日） …………… 301
龙云限期缉捕沾益盗匪（1940年11月17日） …………… 301
《建设中之云南》将在渝献映（1940年11月21日） …… 301
日方加紧"南进"准备　龙云论中日战局（1940年11月23日） … 302
龙云等通电矢忠中央（1940年12月8日） ………………… 303
慰劳会函龙云　聘为指导委员（1941年2月2日） ……… 303

| 目 录 |

日军如由越犯滇　华军已有准备（1941年2月4日）……………… 303
滇慰劳运动开始征募（1941年4月14日）…………………………… 304
清华大学纪念会　龙云演讲（1941年4月29日）………………… 304
驻华英大使寇尔爵士抵渝（1941年5月3日）……………………… 305
云南大学被炸　龙云拨款救济（1941年5月20日）……………… 305
新外长郭泰祺晋谒蒋（1941年6月29日）…………………………… 306
各地纪念大会　分电林蒋致敬（1941年7月8日）……………… 307
中国采取自卫布置　增强滇缅边境防务（1941年7月27日）…… 307
龙云接见记者　谈日本最近之动向（1941年8月5日）………… 308
中国访缅团由渝出发（1941年8月29日）…………………………… 308
全国水利委会组织就绪（1941年8月29日）………………………… 309
伟大的缅滇公路　中国的生命线（1941年10月13日）………… 309
华各战区司令会议　商保卫滇缅路计划（1941年11月10日）… 311
龙云长陆军部完全谣言（1941年11月24日）……………………… 311
滇各界欢迎滇黔党政考察团　该团访龙云商考察办法
　（1941年11月26日）…………………………………………………… 311
龙云训勉僚属（1941年11月29日）…………………………………… 312
滇滑翔分会定期成立（1941年11月30日）………………………… 312
陈树人欢宴在昆侨领　商归侨开发实业事宜（1942年3月28日）…… 312
重庆国民党举行十次大会（1942年11月15日）…………………… 312
关麟征继龙云职务（1942年12月18日）…………………………… 313
龙云新职（1942年12月24日）………………………………………… 313
日报道部发言人发表谈话（1943年3月12日）…………………… 313
越边境西北端老开视察记（1943年3月14日）…………………… 314
日陆军报道部发言人报道缅甸状况（1943年3月26日）……… 316
我的重庆政权观（中）（1944年9月1日）………………………… 316
英美要员在渝方活动（1945年3月14日）………………………… 317
滇水倒流翠湖兴波　昆明最近动态（1945年12月22日）……… 318
中枢昨晨庆祝元旦（1946年1月2日）……………………………… 321
"两机联翼"战术专家陈纳德在昆明（1946年2月13日）……… 322

龙云准备发起组织民航机构（1946年3月26日） ……………… 323
龙云等由渝东下（1946年5月21日） …………………………… 323
龙云、于学忠抵汉（1946年5月27日） ………………………… 323
龙云、于学忠抵京（1946年5月30日） ………………………… 323
龙纯祖师长提呈整编部队五办法（1946年6月8日） …………… 324
关于李闻被刺案 龙院长发表谈话（1946年7月30日） ………… 324
马帅定今日返京（1946年8月8日） ……………………………… 325
司徒大使接见曾琦（1946年8月9日） …………………………… 325
国府命令（1946年11月22日） …………………………………… 326
龙绳武由昆来沪（1946年11月25日） …………………………… 326
王慧生组"党" 党派史上寿命最短（1947年2月18日） ………… 326
云南企业公司 股东遍及全省（1947年3月22日） ……………… 329
军事参议院撤销 战略顾问会成立（1947年4月8日） ………… 329
战略顾问会举行首次会（1947年9月15日） …………………… 329
国府颁布授勋令（1948年1月1日） ……………………………… 330
救济特捐督导会开会 捐额募区均决定（1948年2月20日） …… 330
龙云欢宴何应钦（1948年4月4日） ……………………………… 331
云大廿五周校庆 龙云等致词庆祝（1948年4月21日） ………… 332
孙、李分访程潜 程亦先后答拜（1948年4月28日） …………… 332
薛岳夫人讣告（1948年5月19日） ……………………………… 332
张群抵昆明 将作两周休息（1948年7月19日） ………………… 332
牯岭阴晴录（1948年8月8日） …………………………………… 333
蒋邀宴在牯要员（1948年8月17日） …………………………… 333
龙云夫人返昆明（1948年8月18日） …………………………… 333
蒋邀晤李宗仁 夫人在牯出席欢迎会（1948年8月20日） ……… 334
龙云方治离牯返京（1948年8月23日） ………………………… 334
陈布雷逝世各方震悼（1948年11月15日） …………………… 334
龙云请假赴港就医（1948年12月12日） ……………………… 335
悲剧之后添上喜剧 马连良戏首次演出（1948年12月26日） …… 335
卢汉奉召飞抵沪（1948年12月30日） ………………………… 335

# 目 录

香港的泡沫（1949年1月13日） …………………………………… 336
龙纯祖候船赴穗（1949年2月4日） …………………………… 336
龙云否认流言（1949年3月21日） ……………………………… 337
何院长等昨飞抵广州（1949年4月7日） ……………………… 337
龙云返滇否未定（1949年4月11日） …………………………… 337
龙云无意再出山　主张接受和谈基础之八项条件
　（1949年4月12日） ……………………………………………… 338
李宗仁夫人　昨日自港抵沪（1949年4月14日） …………… 339
龙云受港报界一致抨击（1949年4月15日） ………………… 339
港报界一记者　将控龙云伤害（1949年4月15日） ………… 341

## 龙云等向滇黔边开拔

【专电】香港电:旅粤滇政军两界以纷传,唐已命胡若愚、龙云两部向滇黔边开拔,昨电唐劝止。

《申报》1922年1月6日,第2张第6版

## 唐继尧再谋回滇之内幕

仍难成为事实

【本报讯】广东民治社云:日前滇军回滇之风潮,自杨益谦免职及唐蓂赓赴桂后,似已寝息,不谓近□唐到柳州,其言行与在梧在粤时颇不相符,故外间忽又有唐欲率其所部回滇之说。兹据桂林归客所谈,唐氏此次赴柳携带政客多人,张瑞萱亦在其内,难免为若辈利用。近黔军司令谷正伦通电绝唐,即因唐部煽惑其军队,故愤而出此。查此次唐部再谋回滇之内幕,亦颇复杂。先是滇军朱总司令培德,接柳州李友勋、谷正伦、胡瑛、胡若愚联名推举唐蓂赓为靖国联军总司令电,意欲未赞成加入。〈中略〉

胡若愚、胡瑛等此举,直同儿戏,若非阴谋家授意,不肯冒昧为此,查若辈所依靠者,为胡若愚、胡瑛、龙云□三部。然[胡]若愚部以王华裔为中坚,今王已归谷改编,所余不满千人,其势力微薄可以想见;[胡]瑛部在百色方面因受瘴气,死千余人,又开一营回兴义,所余仅七八百人,然其团长吴传心等与谷正伦有恶感,决不为胡用,若辈虽以黔总司令饵胡,胡无能为也。至龙云栖仅三营,人数不足,战斗力亦有限。合上三部计之,不过二千余人,若辈欲以之回滇,其不自谅也明甚。若辈初欲笼络谷正伦,因谷兵力雄厚,苟谷附己,即可假道于黔以回滇。〈中略〉

又据滇军胡若愚部传出消息:唐继尧此次来柳,实欲领率滇、黔两军回滇。但军官中赞成唐氏回滇者,除滇军团长云龙(龙云)外,余多不置可否。谷正伦且先期率队赴长安,以示拒绝之意。现在回滇事宜大抵完全

委诸云龙（龙云）身上，无如兵力单薄不易成行，乃欲设法收编桂军残部，以厚兵力。正在积极进行中，忽接报告：顾品珍已将唐所信任之在滇军官一律更换。内应无备，径率师返滇必遭不利，朱总司令亦来电诘责，故回滇之议已生波折矣。

《申报》1922年1月6日，第3张第10版

## 再纪唐继尧回滇详情

【云南通信】唐冀赓自统率在桂滇军由柳州出发而来，于前月下旬即抵广南府城休息，数日后由广南入开化。是时，顾军本有多数驻扎开化防堵，而顾军之第一路北伐司令杨希闵所部亦有觉悟唐帅之来有益桑梓，且同是滇人，不忍自相残杀，首由其参谋长周永祚宣告中立，改名保安；随有第六团全体欢迎其驻开化、广南；杨如轩一旅、李文汉一团，亦以"同室操戈，虽武不胜"，稍为接触即行让出。随后驻扎临安之赵燧生旅长，又被吴学显率其党徒数千人埋伏于山心地方，乘其赴蒙自之行中途截击，赵旅当时阵亡，截夺大炮、机关枪各一，子弹六十余驮，行李一百余驮，吴学显之军用品由此丰足。随后个旧已招安之匪首、保路团之莫朴金保等，在个旧响应，吴学显即进攻蒙自。唐联帅之大队，胡若愚军长、前敌指挥龙云等，即相继入蒙，次日即进占阿迷。〈中略〉

[三月]二十二日，唐之胡军长、龙指挥已进宜良，金总司令于二十四日天未黎明即率队开赴安宁，胡、龙两司令于二十四日由宜良入省。唐联帅于二十五日统军入城，到时各机关长官及各界首领前赴车站迎驾者，不下数百人，而满城人民前往沿街站立引领欲瞻丰采者，其数不下数万人。

《申报》1922年4月9日，第3张第10版

## 滇匪首普小洪被捕

《字林西报》十二月二十六日云南□信云：数日前，此地因拘捕旧匪

首普小洪事，颇现惊惶。普自投诚后，阴与各地桀傲不驯之匪往来，并尝加助力，□久有"普受省政府之压迫，将重复旧业"之谣。及一月前，著名匪首唐某，被龙云（译音）部下副官李坤（译音）所获，并置之法。普为匪时，李曾隶普部下，后乃改投保安司令龙云。李既杀唐，各官及龙交相誉李。普因友（即唐匪）既被害，李又叛己，益不能平，乃折柬邀李晚餐。李及期而往，随带弁从两名，既至普宅。约九时许，普传言两弁：其主人尚不回宅，令其先去。至夜深，两弁至普宅，则称李已回，两弁复奔回李寓，见李并未回寓，乃奔告龙云。龙即派密探出外侦□，并向唐继尧告普不法状。

事隔数星期，李氏仍无下落。某夜距普宅半里许路灯附近，有群犬自土中爬寻一物，龙部下往视，将土掘开，发见李之尸身，乃奔告龙。龙一面令守秘密，一面往见唐继尧，请除普。唐初以普于二年前曾助己入滇，不之许，意欲令普出银数千与李家属和解，龙坚持不可，并以去就争，唐方允龙捕普。

二十四日晨，龙令兵一小队前往普宅，下令凡普宅诸人，一概不许放走。及抵东门普宅，乃分为两队，一队入北室上楼，一队入南室。时普方起梳洗，见多数兵士闯入，厉声斥问"入室何为？"众答以"不见李坤，恐李躲藏在此，故来找寻"。普傍之侍从某，取棒相击，被众捉获，掷之楼下。普见势凶猛，急回身欲向床上取手枪，众乘时即一拥上前，用绳将普缚住，曳普往陆军监狱（即龙云之司令部），现仍禁锢一室，不令人见云。

《申报》1924年1月18日，第3张第10版

## 滇川黔建国联军总司令部成立

【云南通信】川军将领石青阳、但懋辛等，此次来滇，主张孙、唐携手，西南各省从新联合。乃赴粤谒孙，表明意旨，孙亦深以为然，即号召各省要人在粤开会。均以孙、唐二公，一为开国元勋，一为护法使者，拟当公举孙中山为大元帅，唐继尧为副元帅并兼滇川黔联军总司令官，将现在之"靖国军"改为"建国军"，仍以"讨乱建国"为主旨。并于九月十

五日在滇开会，召集各界要人讨论，一致表决，克期组设"建国军总司令部"，即就五华山新公馆为办公地点。当即草拟《规章》《宣言》《通电》，其总司令下，另设政务部、总务部、参谋部、军务部，部又分设各处、局。政务部部长，周钟岳任之；总务部部长，田〔由〕云龙任之；参谋部部长，孔庚任之；军务部部长，吴和宣任之；参赞，马骢、董泽、吴琨、袁嘉谷、孙永安等任之；经费统筹处处长，徐之琛任之；经理处处长，李鸿纶任之；医务处处长，倪惟明任之；建设处处长，钟勋任之。其他处局尚多，不及全记。旋于十八日宣布成立，二十二日开始办公，并闻拟于十月一日启用印信。印形与"靖国联军总司令"官印相同，惟文则改为"中华民国建国军总司令官印"。又各军军长，前已任唐继虞为滇川黔联军第一军军长，胡若愚为第二军军长，石青阳为第三军军长，吴醒汉为第四军军长，龙云为第五军军长，何海清为第六军军长，刘显潜为第七军军长，周西成为第八军军长。

《申报》1924年10月14日，第2张第6版

## 滇唐亲出督师之先声

建国联军举行誓师礼

【云南通信】滇唐自通电亲出督师后，月来积极于军实之准备。今日（二十六）特集合第四军第一路指挥卢汉、第二路指挥周文人、第三路指挥陈铎各部，在距城十里之巫家坝，举行誓师礼。上午十一时，唐及第四军总司令龙云，暨住省高级文武长官莅止，举行宣誓礼，并由唐集合各军官，为长时间之演说，至午后二时礼毕始散归。兹将誓师文与诰诫文觅录如下：（誓师文）〈后略〉

《申报》1924年12月9日，第3张第10版

## 龙军出发后之云南

圣安

【云南通信】此间揭橥假道广西，分出中原之建国联军第五军长龙云，

已于今日午前七时许乘滇越路阿迷车出发，随行者有警卫营机枪炮队等。先期由省公署通报出发日期，凡各机关步队人员，皆礼服佩勋奖章及全武装至站送别。是时天雷大雨，送行者多立泥潦中。闻龙氏至阿迷小住三日后，即向前途进发，大约旬日即可抵百色剥隘一带。

该军步队共分三路，共万余人，皆由滇中区及滇东区驻防军队抽调。第一路指挥高向春，系前航空署会办；第二路指挥陈铎，系会泽镇守副使；三路指挥周文人，系宣威镇守副使。总司令龙云，在唐蓂赓任靖国联军总司令时代，为伙飞军大队长。顾小斋由东防入据后，率队退住广西之柳州，于广西情形甚为熟悉。民十拥唐回滇，以功升滇东镇守使，继兼滇中镇守使及戒严司令职，于剿匪一事甚称勤能。如办理巨匪张疤脸、蓝有堂、普小红〔洪〕各案，俱能以少数官兵歼灭拥众数千之首恶。年来，迤东匪不如迤南、迤西之猖獗，而省城附廓数十里之秩序，得以安静如常者，皆此君之力。现该军出征，中、东两镇守使缺，裁撤戒严司令，以宪兵司令陈维庚兼任，一般人心大为浮动。龙氏闻此，特条陈省长四事：（一）剿匪；（二）防边；（三）吏治；（四）民情。唐阅后颇为嘉纳，将订于日内分头进行矣。（一月六日）

《申报》1925年1月28日，第3张第10版

## 滇军让出贵州防地

**【云南通信】**滇唐因卢（焘）、何（麟书）奔走之结果，允黔军回黔，并履行"黔政归还黔人自治"之宣言，将一、二两军原驻贵州防地让出，特于昨（一月十日）日以"建国联军总司令"名义发出蒸电，分致黔军各将领，责成黔军各部队分别接防。原电略谓：现查出征各军或早开拔入湘，或已集中待发，行将离开黔境，进奠国氛。所有黔省各区维持治安任务，应即责成建国联军黔军各部队分别担任，以资保卫云云，其规订：（一）原隶遵义府属各县，由彭师长汉章所部担任；（二）铜仁、松桃、沿河、思南、德江、印江、凤泉、婺川及附近各县，由王师长天培所部担任；（三）原隶兴义府属八县、安顺府属五县，由刘军长显潜担任；（四）黔西、大定、毕节、威宁、水城、赤水及附近各县，由周师长西成所部担

任；（五）镇远、天柱、石阡、清溪、玉屏及附近各县，由李军长世荣担任。上述规订只周西成一部属川军，余均旧有黔军及袁祖铭部新由川回黔之黔军。至贵阳附近及黔南一部，并黔东出湘所经各处，则规订暂作为一、二、十各军集中地，俟开拔完竣，再交还酌量分配担任。

联军出发计分湘、桂、川三路，皆以会师武汉为目的地。假道湘、桂，分出赣、鄂之两道。计桂方为由省开出之第五军，及一部份桂军与驻粤滇军；湘方为已抵达湘西之第三、四两军，及现将开拔之第一、二、十各军。川方现已接洽妥当者，为一部份川军及袁祖铭留川黔军，复由此间任命代理联部参谋部长孔庚，为鄂军总司令，率领第九军由川会合川军东下。计建国联军直辖部队有十一军，一军为唐继虞（滇军），二军为胡若愚（滇军），三军为石青阳（川军），四军为余际唐（川军），五军为龙云（滇军），六军为何海清（滇军），七军为刘显潜（黔军），八军为周西成（滇军），九军为吴醒汉（汉鄂军合编），十军为李世荣（黔军）。其他湘军蔡巨猷部、桂军黄培桂部及允编为联军之袁祖铭部，与驻粤滇军尚未编配，不过指挥上各任一总司令节制，将来各种问题完全解决，恐仍须以次编订，分归各该省总司令统率也。（一月十一日）

《申报》1925年1月29日，第2张第7版

## 西南军阀之新趋势

### 木庵

滇唐派兵入桂之内幕；粤陈联合三省攻广州计划

当广西战事未爆发时，滇唐忽遣边防军邓大谟、黄培桂两部入驻广西之龙州，人咸以滇唐之兵将助李［宗仁］、黄［绍竑］而攻沈鸿英。及今桂战已起，黄、邓之师并未加入，只在龙州一带积极训练，一若有所待而发者。〈中略〉

据此间某机关传出消息则谓：滇唐所派黄、邓两部入龙州，实为假道入粤，以助粤陈及解决驻粤滇军之先锋队。其暂时逗留龙州者，实听候由滇续发入桂之第五军龙云全部赴桂。一俟龙部集中龙州，即与龙部会师，

自龙州出发，取道桂省南陲，由上思以入粤之钦、廉，出高雷，与陈军南路邓本殷各军联合，届时与东〔江〕、北江陈军齐起，成东、西、南、北环攻广州之势。现在东北陈军，近经联军反攻，而彼着着引退者，实有待滇唐军由桂入粤，与南路邓本殷军会合也。倘滇唐此种远征军抵粤，则揭橥"联治"之名，助东〔江〕、北江陈军夹击广州，因此而亦连带解决驻粤之杨、范滇军，以除后患。此种政策，实为滇唐与粤陈一种合作之表现，亦即最近滇唐派兵入桂之内幕。故现在滇唐军未全数抵粤之时，又可决东江陈军叶洪等部与北江陈军林虎部，必不遽下总攻击令，须俟滇唐援师进至目的地时，乃四面合围，届时粤省始有大战争发生，而广州政府之运命亦可于此一战决定之。〈后略〉（二月八日）

《申报》1925年2月14日，第3张第10版

## 龙云部已入南宁

【香港电】唐继尧军龙云部，前锋漾（二十三）已入南宁城，李崇〔宗〕仁部预退城外。龙部约万人，抵步即向商会借军饷十万，梧军事机关接报已电粤请示。

《申报》1925年2月27日，第2张第4版

## 滇军抵粤边后之粤局

### 木庵

#### 战事重心将由东江而趋向南路

滇唐派兵入桂，假道桂省图粤，取道桂省龙州、上思，直入粤之钦、廉，由南路分道出西江，下江门，以攻广州，此种计划已见上月本报（参观《西南军阀之新趋势》）。今则滇唐之第五军龙云及邓达〔大，下同〕谟等部，已次第过桂之南宁与上思，迫近粤省钦、廉边境。日前记者所观察之趋势，刻已完全证实，兹续将最近滇唐军到达粤边情形，与粤局未来之趋势，详述如次。

据最近消息称，原来此回滇唐军入桂，早已与桂省当道李宗仁有约在先，故唐部龙、邓各部自滇开拔入桂，沿途并无阻碍，得以从容分三路入广西。

第一路由边防靖西以达龙州，此为黄倍〔培，下同〕桂、邓达谟等，至龙州暂止，旋由李宗仁委黄倍桂为龙州边防督办，以掩外间耳目。讵知黄倍桂到龙州后，即以龙州为攻粤之策源地，将龙州电报局及各征收机关收归管理，为入粤之准备。

滇唐军第二路为龙云各部，取道剥隘，一入右江之百色，一入左江之黄草坝。此两路一由百色取道平马以入南宁，与龙州方面之黄、邓二部互相呼应。邓达谟部由龙州取道上思（桂之上思距粤之钦属大寺不过一百里，由大寺取黄道屋屯约九十里，即抵钦州城），此为滇唐军入钦州之右路。顷据钦州防城确息，此项滇唐军邓部前锋已于二月二十日左右发现于钦州边境，人数约共数千，各兵士军帽均有红箍为帜。此外尚有桂省边防军谭忍部二千，助其进行（按，所谓边防军者，即黄培桂部），刻已由桂之上思入粤境。钦州居民见大兵骤临，咸惴惴焉，虑兵祸之将至，已纷纷迁避越南或北海。钦州商场顿起恐慌，粮食市一日数涨，此为滇唐军右路入粤之情形。

至于滇唐军之左路，即为取道南宁之第五军龙云部。龙部由剥隘分两路入桂，已如上述，其入右江百色趋南宁一路为主力，入左江而进黄草坝一路则暂缓进行，为将来战事发生时之预备队，故现在并未移动。至于取道百色过南宁之军，刻已兼程前进，二月十四五已过平马，十七日抵隆安，二十三日龙云之前锋队约三千人入驻南宁。查龙云所部号称万人，惟具有枪械者只得其半。南宁居民以客军一旦入城，索饷拉夫，骚扰备至，人心异常浮动，市上商店间有停止交易而搬货他避，市面因而萧条，颇类战后之情景。

闻龙军甫抵南宁，即向邕垣商会勒令商店筹集十万元充饷，商民经桂省频年战祸，多无力以应，故有恐慌而弃业避走梧州者。至南宁当道对于滇唐军龙部入邕，以有条约在先，并未加以阻止，于龙部入城之先一日，李宗仁之蔡胡步队已退出城外。据某方消息称：南宁当轴，此次让龙部入南宁，其条件为：（一）滇唐龙部入邕，李宗仁部队不事阻拦，但龙部大队抵邕后即须出发，不得占据邕垣各机关及民房；（二）滇唐军过境，不得在邕停留，三天暂时供应由桂李筹给，但龙部不得勒收该地饷项钱粮，故现在滇唐军过邕，商民虽起绝大恐慌，而桂当道态度则雍容不迫，实早已互相默契矣。

据此间政界消息谓：龙云于未抵南宁之初，曾有铣电致粤中要人，声明此次假道桂省入粤，只欲团结西南以图发展，但此举不能不先固后方，粤中滇军将领对于滇唐前此小嫌多已捐弃，只某氏（按，即指驻粤滇军第二军长范石生）一人，尚未谅解。故此次入桂，亦唯对某氏一人，甚望一致主张，以谋国是云云。龙氏原电外间尚未得见，确否未可知。倘龙氏态度果如电中所述，则是显然离间驻粤滇军之团结。盖驻粤滇军共有三军，一军杨希闵，二军范石生，三军胡思舜。龙电声明专打击某氏，而不提及其余二人，实别有会心。驻粤滇军姑无论是否始终团结，然只范石生一部已有六七千之众，纵杨、胡不为之助，彼亦断不肯垂首帖服，届时必与滇唐远征队一决雌雄，此为必然之势，粤省南路战事恐必不能免。

比闻已抵南宁之龙云部，近已陆续由邕南下，取道良庆蒲庙以入粤之那楼、百济圩、小董等地，进迫钦州之东，以与由上思入粤之邓达谟部取东西进迫之势，期会师钦州，然后再与南路陈军邓本殷商议，为第二步之进攻计划云。南路陈军之邓本殷，本其首领陈炯明与滇唐结合之旨，对龙、邓两军之入钦、廉，在理原在欢迎之列，因双方目的均在对付广州作战也。

据横县消息，邓本殷军闻龙云部友军将入钦州，其本部日前追击林俊廷军而入桂边横县之兵力，业于前月十八日抽调回粤，预备会同滇唐龙、邓两部，协同进取羊城。观此情形，粤省战事之重心大有由东江而趋向于南路之势，全省大势不日或将起重大变化，而范石生部近日对于南路之敌刻已万分戒备。最近范部对东江战事不甚卖力者，亦为预储实力以对付南路之敌。然而粤当道因范氏发生枝节，影响其东江作战，亦可谓无故被累矣。（二月二十六日）

《申报》1925年3月3日，第2张第6版

## 滇唐军过桂图粤

### 木庵

**龙云部开抵贵县，拟假道梧州入西江；粤省西江布防与范石生派兵赴三水防御**

滇唐派兵假道桂省入粤，详情迭见前报。其由龙州入钦州，与陈军会师出南路一部，进行极顺易；独至拟由梧州入粤之西江一路，则因环境不同，颇感困难。查最近已抵南宁之唐军龙云部，分兵一路，刻已入驻贵县。此路兵力约五千人，拟由贵县东入梧州，然后再由梧州溯西江而下，以入粤之肇庆。但梧州非尽李宗仁、黄绍雄势力，其间三角同盟分子，有粤军师长李济琛及郑润琦。在彼三角同盟者，其唯一目的为巩梧州、肇庆及沿西江之地盘，无论第三者为谁人，拟搀入其势力范围，必一致迎头痛击。近日粤军第一师李济琛、第三师郑润琦之加入桂战，助黄绍雄以拒沈鸿英者，实因当日沈鸿英声言欲在梧州设立总司令行营，隐有图并梧州之野心。故李、郑为消灭沈氏计，始有派兵入桂助战之举。此次沈鸿英之失败，失败于树敌太多，致令黄绍雄利用三角同盟之关系，拉入李、郑为助。假使当日沈氏之对付李宗仁与黄绍雄，而先与李济琛、郑润琦携手，声言不侵梧州，则沈鸿英、李宗仁之战其胜负尚在未知之数也。以上一段事实，本与本题无关系，然记者必先带叙者，实欲显出李济琛、郑润琦之于梧州，与西江地盘为生命之第二，苟有图谋其地盘者，虽友军亦不惜以死力敌对（李、郑第一次之击刘玉山部于都城，第二次之助黄、李攻沈鸿英可为明证）。

李、郑之重视梧州西江地盘如此，于是此次滇唐军虽得李宗仁之让道南宁，而最后假道梧州，实为唐军进行阻碍之第一大问题。李济琛、郑润琦两次为他人作嫁，纯因拒绝客军假道梧州及西江；今次滇唐军龙部又来假道，在理必当以日前对付沈、刘者对付唐军。但此次滇唐军之欲过梧，与前次沈鸿英、刘玉山之一意孤行者微有不同。盖现在桂省之军阀首领李宗仁，早已与滇唐沆瀣一气，李宗仁恃其部下黄绍雄氏与李济琛、郑润琦有同盟关系，势必嘱黄与李、郑疏通，自谓可以为滇唐军打通入粤之障碍。故当滇唐军抵贵县时，即派代表黄某、董某赴梧，先行与梧当道李济琛、黄绍雄磋商，请假道过梧入粤。闻黄绍雄因与李宗仁同一臭味，已无问题；而李济琛则颇主张始终维持地域主义，不允客军之请求。观其一闻滇唐军甫抵南宁，即由前方调回助李、黄攻沈之师回梧而可知矣。李济琛之第二旅李〔陈〕济棠，本与黄绍雄之俞作柏部协击沈军残部于八步，奉调后即将八步防地交由黄部俞旅接驻，而径行回师梧州。日昨李济琛由肇庆调来省城转赴东江助战之第一旅陈铭枢部，又有调回梧州协防之说。粤军第三师郑润琦部，又陆续由桂粤边境调回肇庆，分防罗定、封川一带，以警戒滇唐军入钦州会同陈军邓本殷部之由高州冲出。

凡此种种表现，皆可证明西江三角同盟中之李、郑，并不以黄绍雄一人之徇情破坏而受软化，以牺牲其一贯主义，且对滇唐军已有种种之军事行动，愈可见其实行拒绝客军过梧之主张。李宗仁在桂平闻耗，"李、郑不肯顾全伊之体面而让道滇唐军"，因此在桂平约同黄绍雄亲赴梧州一行。二十一日业已抵梧，访晤粤军第一师长兼梧州善后处长李济琛。翌日，假座梧州之同园置酒高会，开抵贵县之滇唐军龙部代表黄、董二人亦在座。说者谓李宗仁此次之亲会李济琛，目的系为滇唐入桂军之先容，并介绍滇唐军代表与李交欢，为疏通假道梧州之一种作用。是日宴会结果，外间虽无从而知，然观李宗仁在梧逗留未几即遄返南宁，李宗仁此种动作纯为与滇唐军疏通过梧事奔走，则固无可疑也。

驻粤滇军第二军长范石生，以唐军龙云部抵南宁、贵县，黄培桂部抵钦州，粤省西南防务已形吃紧，姑无论梧州李、郑之可靠与否，须为相当之布防。故上月二十八日檄调驻省之滇军第三军警卫大队三千人，乘广三火车赴三水县属，在西江下游择要扼守。现西江上游由肇庆至梧州，则由粤军第一师李济琛部布防；肇庆及都城封川江口，则由粤军第三师郑润琦部分驻；肇庆以下后沥、三水一带，则由范石生之警卫大队驻守。形势异常严重，滇唐军龙云部如果必欲取道梧州以入粤之西江，恐比较由龙州入钦州与陈军邓本殷会师出南路之师，更难于进行也。

（三月二日）

《申报》1925年3月8日，第2张第6版

## 粤省出兵抵御入桂滇唐军

毅庐

**驻粤滇军担任入桂作战；范军前锋已抵肇庆赴梧**

自滇唐军分路入桂，邓大谟、黄培桂由龙州入粤之钦、廉，与南路陈军邓本殷会合，此路进行尚称顺利。惟龙云部抵南宁后，反客为主，在邕垣占收机关，勒抽饷项，并发行军用票，强迫商民行使，经济界大起恐慌。李宗仁驻邕步队蔡、伍各部，不敢撄其锋，纷纷退出南宁。南宁省议会议长张一气、财政厅长苏绍章，已被迫逃遁，日昨只身赴梧，其狼狈可想。李宗仁至此始知受滇唐之愚，然已噬脐莫及矣！刻闻李氏纠集部队，暂驻浔州，本人则进退维谷。盖梧州方面之李济琛，鉴于李宗仁让道南宁之覆辙，已力主不许滇唐军过梧，连日纷由八步及抚河一带，调回粤军第一师第二旅各部，回梧布防。粤军第三师郑润琦部，又由广宁、四会等处调梧协防。至梧州以下之西江上游，如封川、德庆等地，由粤当局着令驻防罗定之黄明堂部，分别增兵扼守。梧州李济琛，经已与驻粤滇军商妥抵御滇唐军计划，结果由驻粤之滇军第二军范石生全部，担任尽调梧州以上作战。至范部在粤省东江防地，则由滇军第三军胡思舜部填防。

粤军第一师长李济琛，业于上月底在肇庆出有布告，略谓"滇军将过西江，系奉命赴桂，阻止滇唐军龙云等部入梧，仰各商民人等，幸毋自相惊扰"云云。李济琛早已在肇预备驻兵地点，接待范部。逆料此次范石生全军调桂，抵御滇唐各部，桂省西南部将必有长期之战争，将来范部大本营设于肇庆，以梧州为第二防线，梧州以下人和圩一带为第一防线，而范军行营则或设在梧州。至于兼梧州善后督办李济琛之第一师第一旅陈铭枢部，原驻肇庆者刻已与范军换防，陈旅业于三日抵省，开赴东江左翼博罗，以便博罗之范军第五、六旅，转赴西江。至范军驻省之警卫大队，业于上月二十八日开抵三水河口，再由该地用江防舰拖带民船，运载第一批范军约两队溯西江而上，一日晚已抵肇庆。

连日省城范军出发，仍极忙碌。昨滇军第二军军部以此次用兵西江上游，非赖大帮船只不足以资调遣，但滥封船只，于航业固受影响，且航商因军队封船，往往有停摆他避者，于交通上亦有诸多窒碍，因此昨已订定租船办法，特向商船公会立约租定汽船数十艘，以便随时为后方运输之用，船费依普通价格给发。但恐船商不信仰，特将五万元现款存于某银行，以为租项之保证金，汽船每艘租项则按月由航政局清给。此办法订定，船商多乐于租借。现在范军除却汽船二十余艘外，尚有江防司令李宗黄（即范石生之参谋长）所辖之江防舰队十余艘，水路军事设备异常缜密。盖范氏早已成竹在胸，以为一旦与滇唐兵戎相见，必以广西为战场，而广西西南部之河道，非有浅水兵轮多艘不足制胜，故已及早安置其参谋长李宗黄为粤省江防司令，握得江防舰队之权，以为己用。此次滇唐军一抵南宁，而范军旦夕已至梧州、肇庆布防，其调兵之神速，实江防舰队之力，此乃范氏平日注意江防之表现也。

至于范石生之陆军，在粤之名目编为"建国滇军第二军"，所辖有滇军第三师徐德部之第五、第六两旅，又一独立旅，此为驻粤滇军中之精锐。另有第二军警卫队一大队，人数共三千人，合共不下万人。刻下当准备作战时，又拟扩充兵额数千，以为补充。拟向粤政府请求拨发去年缴得之商团枪械若干，以资应用。此事业由滇军总司令杨希闵代向大本营请发矣。观此则范氏若将新兵练成，兵力总额将及二万，以之对付滇唐派遣入桂之龙、黄、邓三部，实绰有余裕。至于军饷一层，范又握有粤东筹饷局之实权，赌饷一项，几为彼一人所支配。据范氏亲向人说，"伊现在储蓄之款，较诸目下云南一省之财政为优"云云。范氏事前屡次声言讨唐，恐无若干把握必不敢轻发，然则范氏之言想亦非虚语也。（三月四日）

《申报》1925年3月10日，第2张第6版

## 桂省战云密布

### 木庵

李黄部与范军联合对付滇唐军；沈鸿英又纠集东北残部乘机复动

桂省自滇唐军入驻南宁之龙云部六千余人，一路迫近贵县，一路迫近桂平；而李宗仁、黄绍雄之驻桂部队，刻亦已集中于桂平、柳河两方面，

准备反攻。李、黄二人以入邕之滇唐军反客为主，违背信约，故谋实力对付。惟李、黄兵力有限，不得不与驻粤滇军结合，请范石生出师赴桂助战，条件业已订定。

范部连日运兵西上，源源不绝，其先头部队业于二日早抵梧州，人数约二千。开抵梧州后，并未逗留，随即向大河方面进发，今日已与桂平方面李、黄军会合。梧州善后处长李济深及桂军总指挥黄绍雄，以范军开至，不日下令进攻，特于日昨会衔发出声讨滇唐军之布告，文云："云南唐氏称兵犯桂，破坏和平，危及西南，天人共愤。李处长、黄总指挥，现奉大元帅命令，协同驻粤滇军范军长征剿，日内驻粤滇军即取道梧州，出发前线。师行所至，军纪极为严明，毫无滋扰，合行布告，仰各界人等知悉，幸勿稍涉惊疑，是为至要。"

由梧出发之范部先锋队，除本日达目的地外，范氏已于一日下令驻东江仙村之警卫团，撤回省城，用民船十余艘，由水路移赴西江。三日，该第二批范部，已由省用轮船拖运，并由江防司令李宗璜〔黄〕，派出浅水舰、鱼雷艇数十艘，溯江西上，直赴梧州，协助范部陆军。由大河出发上游，各舰队业于五日全数集中梧州河面，候令开驶。

驻南宁之滇唐军，闻桂州联军已着着戒备，且有驻粤范石生军开至，已不敢长驱下梧。最近南宁、贵县一带龙云部队，连日尚徘徊贵县、桂平之间，不复再越雷池一步。盖此项滇唐军号称万人，骤然深入桂境，于作战上军实之接济，尚未充分筹备，当然不敢贸然遽开战端。故当联军大兵由大河顺流而下，滇唐军即戛然中止东下，近日只得从军事上之布置，犹恐以第五军龙云部及邓大谟、黄培桂两部不敷调遣，曾电知唐，续派大兵由滇入桂。滇唐因此复增调两混成旅，由李树勋、胡若愚等统率，取道桂省柳州南下，闻此项滇军于上月下旬已开至柳州。柳州李宗仁军不敢抵抗，闻风先退。现柳州李宗仁部已退返桂平集中，会合联军范石生、黄绍雄部，相机反攻。一俟范石生部全数开赴桂境，则大河、柳河之战，云亦随之而起矣。

当此桂省西南战事将爆发之际，有一事令人大堪注意者，即沈鸿英在桂东北又蠢蠢欲动是也。沈军于上月被李、黄击至七零八落，表面上已有一蹶不起之势，其师长邓瑞征宣言下野。邓右文又通电声明与沈脱离关系，并于前月发出哿电，就任李宗仁所委之广西陆军第一师师长职。当邓氏未就职以前，记者通讯早已决其并非诚意，实为沈军保存实力之一种策略，沈军死灰迟早必将复燃，最后邓部必为沈氏响应。据最近消息，邓右文军在桂林对于联军又以反戈，闻此事果不出记者所料，覆雨翻云，瞬息百变，军人信义，扫地尽矣！查邓右文受委于李宗仁后仅及两天，即乘滇唐军占据南宁机会，以为李宗仁、黄绍雄忙于对付，正好借此纠率余众，向李、黄联军反攻。故邓右文又出其辞职故智，先摆脱李宗仁所委之第一师长名号，而将所部实力交其旅长张某主持，用金蝉蜕壳之法，然后隐为指挥所部，以谋活动。观其电文，四天两变，诚不可多得之笑话也！闻邓右文部自邓氏辞职后，即在桂林搜索军米，并勒令商会筹开拔费三千元，得手后即全部退出桂林，与日前败退兴安、灌阳、全县一带之沈军会合，从事编练，有不日反攻之势。因此驻桂林之李宗仁、白崇禧部，亦不敢久驻桂林，恐为沈军包围，日昨已退出桂林，警戒兴安方面。沈军既图谋再举，而在八步、贺县之沈健飞部东退入粤边连山、桂岭者，得此声应，士气又为之一振，刻已在桂岭急行整饬残部，沈鸿英本人亦驻此主持。近日沈竟解私囊，派员携款间道来粤，采买大帮军实及子弹。逆料大河方面李宗仁等与滇唐军开战时，沈军必在桂之东北乘机攫回原有地盘，向李、黄联军后方反攻，桂省混战时期想不远矣。（三月六日）

《申报》1925年3月11日，第3张第10版

## 滇军入桂之真相

滇军尚在南宁

【梧州通信】自滇唐派兵入桂后，纷纷传说不一，或谓已抵贵县，或谓双方已经冲突，其实均非真相。兹有某君于四日自浔州来，据云滇军此刻尚在南宁，为数约二千余人，统率者为高某，龙云则尚在百色。滇军驻城外，城内由林俊廷等步队占守，督办署尚有不重要职员二三人看守卷宗。滇军到后，桂平、南宁间之电话仍然照旧相通。某君在浔时曾与之通电数次，惟打电话时有人在旁监视而已。在南宁之滇军，截至本月五日止，尚无别种举动。其由上游运来之粮食、用具等物，尚屯积原船，并不

起岸。至滇军所以迟迟不进之原因，一则因船只缺乏，二则因大河两岸均有戒备，不敢轻进。至桂省军队，则散布武鸣、宾阳间及沿河两岸，采侧面监视态度。南宁下一百八十里之南乡，则有邓本殷部队，约二千余人，其目的在防止滇军侵入钦、廉，至其他沿河重要地方，亦均戒备极严，俟必要时将同时动作。范石生军队已到梧州者，有先遣队六百人，其余在开拔中者闻尚有五六千，陆续已抵肇庆、三水等处，已派人到梧觅驻扎地点。又由黔入桂胡若愚军队，有小部份开到茫场，确于上月二十八九陆续抽退，望湘西洪江方面开去，故柳、庆、桂平各处，非常平靖云云。某君又谓桂中当局对于此次拒唐，甚有把握，据此则滇军假道，恐不免归于失败也。（三月七日）

《申报》1925年3月14日，第3张第10版

# 粤省援桂军出发完竣

## 毅庐

**范军总指挥杨蓁七日抵梧；范石生乘宝璧舰八日西上**

最近数日来，驻粤滇军范石生部奉命赴桂堵击滇唐图粤之师，西江河道艨艟兵舰络绎不绝。此次范石生率全部第二军入桂，与李宗仁、黄绍雄部主攻，而对粤省南路则主守，故刻下入驻南宁、龙州两部滇唐军聆此消息，原主分道入南路钦州之计划，业已变更。盖唐军龙云等部自入南宁后，即盘据该城，以为图粤之根据。今粤中范军向桂平方面进兵，于是入桂唐军即不能不先顾全邕垣。故日前拟取道钦州以出粤南之兵，甫抵钦州边界，即中止前进，而以大兵转赴南宁，以防粤中范军之来攻。因唐军之违约食言，日前与之订约让道之李宗仁，至是亦不得不联粤范，勒兵桂平，以便合兵驱除唐军。于是桂省未来战团，遂分桂粤联军（包涵范石生、李宗仁、黄绍雄部）与入桂滇唐军之战。目下滇唐军龙云、邓达〔大〕谟部据南宁，桂粤联军据桂平，成对峙之势，战事一触即发。

至赴桂应战之范石生军，自前月底已调兵由粤西上，初拟大本营驻肇庆，嗣因李宗仁、黄绍雄军已一致声言对滇唐军作战，范军于梧州方面已无

设防之必要，故大兵一到肇庆、梧州，并不停留，随即溯大河西上，集中桂平，后方策源地将以梧州为中心点矣。近日范氏之警卫联队，已全数开赴前线。三、四等日，复有驻粤范军某部封民船三十余艘；五日，沿西江赴梧；七日，范部驻东江博罗之徐德部第五、第六两旅，及某独立旅，已奉范命调返石龙集中，由范氏亲行检阅，晓以精神训话毕，即由石龙分乘民船，由水路出发西江。此为范部最后开拔部队，由范部第二军总指挥杨蓁统率。

杨氏六日誓师出发，通电云："蓁奉命援桂，兹已率队在途，阳日可抵梧州，助我友军抗拒唐贼。对于桂政，绝不干预；对于桂民，诚心爱戴。特此宣誓，乞共鉴之，杨蓁叩，鱼。"据西江消息称：杨蓁业于七日率全部抵梧，桂军第二军长黄绍雄等均到江干欢迎，杨旋赴桂军将领欢迎会。席间，杨氏起言，谓"此次奉命援桂，完全为协助桂人自治起见，于桂政绝不干预，一俟肃清侵桂之滇唐军，即行离桂。至此次本部军费，完全自行筹备，对于桂省财政并不取给丝毫，免违出师之旨"云云。

范军大队抵梧后，即沿途散发安民布告，并严禁士兵出外游行，以滋事端。故近日梧州虽大兵陆续过境，商民尚不致受影响。但由梧州溯河再上，须资浅水舰运兵，江防司令部已调浅水舰两艘，先期赴梧，以资调遣。范部大队自六日在省开拔后，范石生本人则于八日离粤西上，以宝璧运舰为座船。是日范氏与当道要人辞别后，下午即乘宝璧舰启行，随行者并有警卫队、辎重队、卫生队、工程队等，分乘民船数十艘，军容甚盛。范濒行时，发出一《留别粤人书》，聊为临别之赠言，原文如下："全粤同胞青鉴：石生入粤二年又三月矣，耿耿寸衷，无时不以尽忠职守，维护同胞自勉，冀报衣食供给之恩。幸蒙厚爱，优礼有加，亟思久留是邦，长供驱驰。无如敝乡不造，土酋肆虐，人民受害，有逾洪水。家山父老责促勘乱，哭诉者络绎不绝。加之土酋近复弃黔图桂，志在吞并两粤，其先头部队已达邕垣，苟不急起申讨，则两粤必为川黔之续。嗟乎！石生何心，其何堪此？是不能不暂与我亲爱之全粤同胞言别之真谛也！第石生虽离粤，而仍为全粤同胞御侮，不过表面上分离已耳！尚望全粤同胞，各本人类自存之道，善择贤不肖，其爱我而真能维护我者，予以辨别，则人性本善，当无肯甘心作恶者矣！若乃是非混淆，则人类之害，将不知伊于胡底！言念及此，不禁怃然，敢为临别之赠，特此留言，顺颂时绥。范石生再拜。三月五日。"

当范军在省河开拔之际,江防司令李宗璜〔黄〕预调"广乾""西兴"等浅水舰八艘,一同西上。计期范氏九日可抵梧州矣。(三月九日)

《申报》1925 年 3 月 15 日,第 3 张第 10 版

## 滇军入桂后之南宁教育

### 一鸣

【梧州通信】云南唐继尧,近乘西南各省纷扰之际,大举进兵,深入桂省腹部。抵南宁时,所有文武各机关及各学校均被占驻,以致全埠学校悉数停课,校中器具任意取用。教育会昨特电请滇唐及第五军总司令官龙云,即饬入驻各校之军队克日迁出,以维教育,其原电云:"云南唐省长、百色龙军长钧鉴:接读龙军长电,借悉贵军入桂,内政概不干预,官兵守信,实践宣言,仁声义举,遐迩同钦。重以两公维护教育,夙具热心,早经口碑载道,敝会尤敬佩弗置。迩来入桂贵军,每有随处驻扎学校情事,敝省虽频年变乱,教育从未停顿。际此寒假期满,复课已久,若令半途辍业,虚掷韶光,至为可惜!想贵省长、贵军长,维护教育既倍寻常,况复宣言于前,自必实践于后,尚恳通饬所部:其已驻扎学校者,克日迁出;未经驻扎者,勿令借用。庶敝省教育不至停顿,公等令名永保,临电无任盼切!广西省教育会叩。"(三月六日)

《申报》1925 年 3 月 16 日,第 3 张第 11 版

## 桂粤合御滇唐之形势

### 一鸣

【梧州通信】滇唐军队自入驻邕(南宁)贵县后,占据军民两政各大小机关,逐走省长、财厅,委派官吏,强霸税收。当局以唐军举动显有吞并野心,为桂省大局计,不得不以全力与之决斗。现在浔州附近一带,战云密布,大有一触即发之势。兹将最近消息撮要披露如次:(一)滇唐乘西南各省纷扰之际,突遣所部分三路入桂,一路由百色入驻南宁及贵县附

近，并着乃弟继虞率师由贵州向柳州进发，复派一部军队窥伺桂林，此三路进兵之大略情形也。(二) 唐军入驻南宁后，非常骚扰，商民甚为惊恐，常有强买强卖，及将烟土强换货物情事，并发行军用钞票，强迫行使。各商店不堪其扰，故多数闭门停止营业。(三) 此间军事当局李济深、黄绍雄等，为正当防卫起见，亦即檄调各路大军，集中浔州，深沟高垒，严密布防，一俟驻粤滇军范石生部到齐，即下动员令，合兵向贵县、南宁进击。(四) 范石生自得唐军深入桂省腹部之消息，以滇唐此举不特欲吞并桂省，且必图攻粤东，于西南大局及滇军本身，均有莫大之危险，决即亲率所属全军入桂，进攻唐军，以维驻粤滇军命脉。范氏所部滇军约有万余人，拟分八帮运来桂省：第一、二帮已到梧州，随即开往浔州；所余六帮，大约三五日内尽可悉数开抵此间。驻粤滇军朱培德，亦拟率师来桂，加入联军，共同作战，闻昨已饬驻防北江所部，克日集中广州，听候调遣赴桂。(五) 范石生进攻唐军计划，闻拟分兵两路：一由陆路出浔州，经桂墟过宾阳，直达南宁；一由梧州沿大河直上，向邕垣进发，会师南宁，期逐唐军出境，并乘机率师回滇，以报唐氏杀其父之大仇。(六) 滇军东下消息传到粤省后，胡汉民即召集留省各高级军政长官在省署会议，列席者有杨希闵、廖仲恺诸要人。讨论大旨，佥以滇唐此次派兵入桂，态度暧昧，现时虽未明揭攻粤旗帜，但该军节节向东进发，不能不先事筹防。讨论结果，拟先电桂省当道，协力抵御该军东下，勿使侵入浔、梧，并于必要时檄调驻防粤省四邑各军，开赴桂粤交界一带警戒。胡氏并即致电滇唐，严词质问其进兵原因，限五日答复。(七) 滇唐闻所部开抵邕、贵后，本拟即令乘势溯江而下，嗣闻驻粤滇军出发西上，联合桂省各军堵截，恐被迎头痛击，措手不及，必为所败，且师行跋踄，极形疲劳，一切兵站、军实又未布置完妥，最为兵家所忌。而此次派兵入桂图粤，系与陈炯明合作，实行联省主义，今闻陈军节节败退，所有海陆丰、汕头等处，相继失守，具此种种原因，遂饬令统兵入桂之总司令官龙云，暂行中止东下，以免疏虞。故目前驻在南宁、贵县之唐军，未有若何之动作，此为最近之确实消息也。据此，则唐氏或因陈炯明失败，毋待桂省联军之进攻，知难而退，亦未可知。唐果实行撤兵，实两广人民之幸也。(三月九日)

《申报》1925年3月17日，第2张第6版

## 援桂联军抵桂情形

木庵

**范石生全部已过梧赴浔；驻粤三军长之讨唐通电**

自滇唐军相继入桂进驻邕宁后，李宗仁部桂军退却浔州，以待粤援。援桂军范石生部，即奉命赴桂，前往堵击。范部计分两大队，由粤出发，其第一批警卫大队，由范部旅长王三珩率领，此部兵力约五千人，业已过梧州，开抵浔州前线。其第二批为范部之第三师第五、六两旅，另一独立旅则由范军总指挥杨蓁督率，于七日由粤开至梧州。此为范军之第二批部队。由粤出发时，均用民船载兵，由汽船拖运西上，八日已开抵梧州江干。运兵船只约共三四十艘，另江防浅水舰十余艘，"江巩""龙骧"两兵舰为座驾，范军行营暂设于兵舰上。

范军大部过梧时，兵士并未登岸，纪律极严，只派夫役至陆上采办粮食，故梧州市面毫不骚扰。当范军后队抵梧，梧州市上即发现范军布告。范军此次入桂，名义称为"援桂联军滇军第二军"。梧州黄绍雄以友军抵埠，曾预备浅水轮船八艘供范军调遣，故八日以后范部士兵已纷纷转乘浅水轮溯河赴浔集中，一俟范军第二批军队全数开至浔州前线，再定作战计划。但据另一消息称：入驻南宁之滇唐军龙云部，甫闻范军开至浔州，即将部队退出邕垣，究未知是何用意？一说谓滇唐实为军事上起见，拟引范石生部深入滇桂边境，始与之周旋。盖龙云部之深入南宁，接济时虞中断，而范部之在浔、梧，借交通上之利便，行军上胜人一筹，是以滇唐军龙部不得不略退，以诱范军深入，然后处以逸待劳之势，以便制胜云。

至范军刻下所过之地，沿途均有招安敌人之布告发出，并列赏格如下：（一）无论官兵，服从中央政府来归者，至少升一级，赏恩饷一月，以后照粤章，按月关饷，以前欠饷一律补发；（二）夺获洋烟者，即以充赏；（三）能杀唐继尧及其鹰犬，或捆送来辕者，赏现洋一万至十万，升官二级至四级。

范军既已抵梧，驻粤滇军近以有人离间该军团体之作用，特由该军三军长署名，发出一讨唐通电，以息谣言，原电云："唐继尧于天下苦兵、人心厌乱之时，突然称兵桂境，勾结匪党，进迫邕宁，阴图两粤，以达其联省自治之迷梦。前者唐黩武川黔，兵祸连年，赤地千里；今又凶焰横施，转扰两粤，西南数省，惨遭荼毒。此贼不死，国难未已。我驻粤滇军前奉大元帅令，回师讨唐，只以东江未清，迟回待发。比者联军大捷，潮汕且下，爰声义愤，一致剿唐。由石生前驱，提军西上，誓杀国蠹，以拯黎元。谨电布闻，伫候明教。杨希闵、范石生、胡思舜叩。"观此，则驻粤滇军态度，实始终一致也。至范石生十日先行离粤西上后，所有驻粤第二军职权，统交由范之参谋长李宗黄代理，并筹划援桂军后方接济事宜。范氏濒行，业有呈文呈报大本营备案矣。（三月十四日）

《申报》1925年3月21日，第3张第11版

## 桂省战云密布之近讯

木庵

黄范赴浔后之柳邕形势；李济琛先行解决沈军余部

自滇唐军入占桂省南宁后，桂省李宗仁、黄绍雄，即联合粤省援桂军范石生部，积极筹备进攻。范部业于前日完全开抵桂平，各情已迭详前讯。据最近消息，两军前锋刻下相距不过一二百里。桂粤联军布防情形，约分两路。李宗仁之桂军，由南宁退出者分驻桂平、柳河、象县等处，此路专御滇唐续调入桂之胡若愚部，防敌由柳州沿柳河犯桂平，及由柳州东出窥桂林。范石生及黄绍雄部，则担任进攻南宁，故范、黄所部多集中桂平、贵县一带。黄绍雄部俞作柏之工兵，刻已在贵县剜掘战壕；范石生部前锋进至横州。联军以横州为第一防线，贵县为第二防线，抚河为第三防线。由梧州至横县之兵站，已次第成立，李济琛部任后方警戒事宜。

黄绍雄业于十六日乘靖西轮赴浔，准备督师，随行者有电轮三艘，满载军实并军饷七万元。范石生在梧州，因布置后方防务，延至十七夜，始在梧州洞天酒店偕同各旅长誓师；十八日拂晓下船，启轮赴浔，同行者参谋、副官十余人。另驻梧之警卫队千余人，用民船数十艘运载。现在黄、范等已相继抵浔州，与李宗仁部协商进攻计划。并探闻滇唐军第

二批入桂之胡若愚部，已将陆荣廷旧部韩彩凤收编，会同胡军抄入柳州属之长安，进至柳州附近。联军业由李宗仁电驻桂林之白崇禧部，由桂林出雒容，协同象县李部防堵。白奉命后，已派出陆超、李石愚部，纷赴目的地严防。

至于驻南宁之滇唐军龙云部，因桂粤联军大队窥南宁，知南宁一地不能久守，连日闻已着着西退。龙云部之前锋，前已进驻永淳者，已退蒲庙；驻南宁城之某旅，近又有移退百色、平马、隆西之势。龙云部之陆续退出南宁，或者为一种军事计划，亦未可知，然据此形势以观，则南宁以下或者可避免战事。倘联军不战而得回南宁，则今后战事必发生于滇黔桂边境。盖滇唐利用滇、黔两省就近之兵力，引诱范石生部深入，前后起而破之。范石生部明知滇唐此计，但亦誓与滇唐一决雌雄。当由粤誓师出发时，已屡次声言："此回兴师，其目的不特为援桂，且须回滇靖难。持三月之粮，示士卒无反顾之意。"其具破釜沉舟之志可知。

最近范氏抵梧，曾有电致滇唐，提出十项要求，如不照办，即长驱回滇，以革新滇政自任。其要求条件有十项：（一）废除武人省长；（二）民选自治；（三）奉还人民自由权；（四）增加教育费；（五）核实军饷；（六）不准辇〔敛〕私财于外洋；（七）从速制定预决算；（八）取销苛细杂捐；（九）从事路政；（十）交出兵权。

滇唐现在正大发其蚕食西南之梦，此种条件绝对与其"东大陆主义"不相容，是唐范之战终必难免。桂省李宗仁、黄绍雄既与范军联合，助范回滇；而滇唐近又使人联合新败之沈鸿英旧部，使在桂省后方常扰联军，之后由桂岭出开建，以袭梧州。因此联军出发，特留李济琛部坐镇梧州，以解决沈军。闻沈军陆云高、沈健飞残部约三千余人，先后盘据桂粤边境之桂岭、连县一带，一俟联军与滇唐军开战，彼即乘机发动云云。李济琛据报，刻已调队赴贺县、桂岭，将沈军先行解决，以免遗日后之患。李部已于十六日下令向桂岭进攻，李之进兵分两路向沈部包围：以所部第二旅陈济棠部由贺县前进，担任正面；黄绍雄之第三纵队夏威部，由八步恭成〔城〕绕道趋桂岭，抭沈军之背。刻已电知粤当道，请分兵出小北江堵截，以防沈部溃军之窜扰矣。（三月二十四日）

《申报》1925年3月31日，第2张第6版

## 滇唐军队退出邕宁原因

【梧州通信】唐派兵入桂占据邕宁，经李、黄及滇军范部联合声讨，情形迭志前报，惟迄今旬余，双方未闻接触，近且有滇唐军队全数退出邕宁之讯，究竟真相如何，当为关心桂事者所欲问。顷有邕宁友人来函谓"唐氏队伍除龙云某旅已调返百色外，其邕宁长岗岭之唐军警戒部队，及布置镇宁炮台之炮兵，现亦撤回，调返百色。唐氏军队确已完全离邕"云云。此间某重要机关，同时亦接邕宁某署密电，报告相同，则此消息当为不虚矣。

据闻唐氏此次退兵确有下列数种原因。（一）李、黄部及邓（本殷）部在左右埋伏监视，范部则扼守于前，若进兵必受包围。（二）滇省盗贼蜂起，唐之伙飞军（孔庚带）仅三千人，不能防守；加以胡若愚在黔边态度不明，至今未进庆远（胡有联王天培进滇驱唐之意）。（三）滇唐进邕军队人数虽有八千，枪只三千余杆，欲购日械，又为当局向日阻止，已不成问题。（四）范石生急欲回滇，已派人在滇中运动军队、土匪成熟，唐氏颇为恐慌。（五）黔军已入滇边牵制，桂将刘日福亦在百色一带扰其后方。综观以上各因，唐氏确有不得不退之势矣！（三月二十五日）

《申报》1925年4月3日，第2张第6版

## 滇唐大云南主义之失败

比较两方实力，唐、刘不及李、黄、李、范

【梧州通信】自沈鸿英倒后，桂局已将趋统一。忽滇唐借名假道，举兵寇桂，桂局遂又陷于分裂状态。滇唐入桂之兵号称三军：一为龙云部，任为先遣队；一为在黔失败之唐继虞部，由黔边直趋柳州；一为胡若愚部，入驻百色，作为后援，统称有两万人，其实仅龙云部数千人入驻邕宁，其唐继虞、胡若愚两部，一则留恋黔边，一则尚在滇境，均未入桂。此外则收罗桂省旧军官数人，如林俊廷、黄培桂、蒙仁潜、韦荣昌等，畀以"边防督办""宣抚镇守使"等头衔，使其招收散兵土匪，以张声势耳。至在粤，刘震寰已置东江战事于不顾，自滇唐军入邕宁后，即积极准备回

桂。近任素不意气相投之陈天太为师长，率师间道回桂，盖利用陈恨黄绍雄甚深，可为己用。其部下将领韦冠英，对刘此次动作大不谓然，当开军事会议时，曾在席上作一度激烈反对。故刘目下回桂，其实不过柳州嫡系严兆丰、黎鼎鉴两部，约二千余人而已。

综观以上情形，则唐、刘实力无几，实未足以对付李（宗仁）、黄（绍雄）、李（济深）、范（石生）四部之众也。盖李宗仁、黄绍雄自定桂、讨沈两役成功后，兵力已不下三万人，久为流亡省外各将所侧目（如刘震寰、刘玉山、沈鸿英等是）。计范部此次率队西上，共有八千人，现集中贵县、横县一带，尚有李、黄部队约八千余人，仅范部已足应付入邕唐军而有余。近闻双方小有接触，龙云部已迭溃败，曾请邕宁各法团、机关，电李、黄、范磋商条件：（一）请指定路线，或下广东，或出钦、廉；（二）必不得已时亦可退回云南，俟磋商妥协再作进行；（三）请速派专员疏通一切误会云云。则此路战事问题，当不致于若何剧烈也。闻刘震寰西上联军方面，决由李济琛、郑润琦向刘诘问："是否有意破坏西南团体？"作一度警告，倘刘不顾，决再予以前次如陈天太之教训。至富贺一带，已有黄绍雄部夏威驻守，以防刘军乘虚潜入；而小北江等处，亦有朱培德部驻防，决不易让刘军通过。故刘军能否入桂，尚未可知也。（四月三日）

《申报》1925 年 4 月 12 日，第 2 张第 6 版

## 广西战讯

### 木庵

*永淳宾阳最近战事之经过；桂林平乐又为沈军袭击*

桂省战事，自前月杪联军与滇唐军已开始接触，详情已迭见前报。顷据此间政界接到浔州消息称：援桂联军自浔州会议完妥后，即拟决由浔分路进兵，而主力则悉集中于中、左两路。范石生部由杨蓁任总指挥，桂军由绥靖处会办黄绍雄任总指挥，杨部任左路，黄部任中路，旋于前月二十八日下总攻击令。二十九日，左路联军前驻永淳，滇唐军林俊廷部由南宁开至长塘以上，与永淳联军阵地逼近。二十九日下午九时许，两军遂在永

淳上游开始接触，激战颇烈，相持数小时，滇唐军林俊廷、龙云等部不支，援桂军范部乘胜追击，遂占据永淳以上之长塘，缴获敌枪六七百杆、大炮一门。此役之后，滇唐军由长塘退守蒲庙、良庆一带，与邕垣作犄角之势。未几，联军进克剪刀圩，复大败唐军。驻邕唐军刻已固守南宁，南宁上游节节驻有重兵，并于河旁分筑浮桥，以利军事之进行，料日间邕垣附近当不免有战事发生也。

兹接李宗仁在浔拍来捷电如下："接宾阳黄会办电话称：'我军连战皆捷，二十九、三十等日大败敌军于高田，夺获大炮二门，围缴敌军步兵一团，获枪械数百杆，现已追至大塘。敌军狼狈向南宁溃退。'又接永淳电话、农副官电话报称：'现因敌军在宾阳方面大败溃退，林俊廷驻守剪刀圩、蒲庙等处之军队，连夜逃回南宁。龙云现在南宁上游之三江潭地方，架设挽桥，预备向龙州退却'各等情，仰各布告人民，一体周知。督办李东，印。"另又一消息称：自滇唐军龙云部与黄绍雄之第二军纵队司令伍廷飏部在宾阳附近之五层关接触后，龙云部即退回邕垣，黄部遂占宾阳。此役龙部之败，于长塘方面战事极有影响，因守长塘一带为新附滇唐军之林俊廷部驻守，甫闻五层关龙军败绩，以为邕垣上游危急，倘南宁万一失守，则蒲庙、长塘之林部将被截断归路。故永淳一役，林部无心恋战，是以损失极大，联军方面刻已挥军进迫邕宁。援桂军总司令范石生，于二十八日已在横县登陆，督率各部兼程赴邕。据最近永淳方面消息，刻下联军已有进驻邕垣之说，滇唐军龙云、邓达〔大〕谟、林俊廷部，沿江退回龙州云云。但此间尚未接有正式报告，然以现势而论，滇唐军必不能久守邕垣，则可决也。

当此南宁附近战事开始之时，桂北方面之沈军余众，又乘机袭桂林、平乐一带。其侵扰桂林者，为沈军邓右文余部，会合各处绿林，围攻桂林城。于是桂林突然告急，李宗仁在浔闻耗，急调驻防柳州之白崇禧、李石愚各部，取道雒容鹿寨，回师桂林，相机进剿。至平乐一地，位于桂林之下，为沈军往日根据地。自沈军败后，沈之部众大半窜入山中为匪，出没无常，防军极难清剿。近因南宁战起，黄绍雄驻平乐部队调赴前敌，沈之余众遂视为进取之机会，由沈部旅长沈健飞潜往恭城、贺川大山，召集旧部，于二十六日乘虚攻入平乐城。黄绍雄部之第二军第一路司令余志芳、团长韦云从闻耗，急由贺县拔队回平乐反攻。双方相持三日之久，至二十九日十二时，平乐沈军因缺乏子弹，势渐不支，平乐城遂为联军克复。但平乐市面经此一度之战事，大商店已为沈部败军搜劫一空矣。沈部退出平乐，复与桂北邓右文部会合，进扰桂林，故李宗仁不得不再调柳州驻兵，返桂林镇慑焉。（四月七日）

《申报》1925年4月13日，第3张第10版

## 桂省最近战讯　定滇军十日攻陷南宁

木庵

**【广东通讯】** 自邕宁附近开战后，双方在宾阳战一昼夜。初时定滇军（按，定滇军即桂省联军范石生、李宗仁、黄绍雄三部）黄绍雄部略为失利，退至迁江。嗣后浔州生力军开至，黄部复反攻，连战数日，滇唐军龙云所部节节败退，高田、八塘相继失守。而范石生等部则自永淳大败滇唐军林俊廷部后，又已进击至长塘、蒲庙，南宁已被包围。益以粤边南路之邓本殷，近日又与范石生携手，加入定滇军，邓由粤之钦、廉以偏师取道上思、苏圩、吴圩，以袭南宁之东。

邓本殷本为陈炯明之嫡系，此次邓之联范拒唐，实有两因：第一，此次陈炯明在潮汕完全失败，邓已失所凭借；邓为保存地盘计，不得不联范以自固，而绝滇唐将来假道钦、廉入粤之念。第二，邓与林俊廷前因争钦、廉地盘，林既失败，遁走广西，今林部已归附滇唐军，为滇军之乡导，将来滇唐得志，林必对邓力谋报复，故林附滇唐，而邓则加入定滇军以相牵掣，此邓之不得不加入定滇军之又一原因也。但林俊廷与邓本殷实力比较，邓之实力较优，定滇军得其助力，进行讨唐尤为顺利。且以邓军所在之地势而论，由钦袭攻南宁，南宁已陷四面楚歌中，故邓本殷军于本月九日由上思出发，南宁即已震动，城中滇唐军知不能立足，十日定滇军遂攻下南宁。

顷据滇军第二军留省办事处消息，谓"已接范石生由桂来电，本军已入南宁，现正准备前进，并分途追击。此次唐军损失甚巨，被俘虏甚众，敌人纷向龙州方面溃退"云云。刻下贵县后方之定滇军，悉赴永淳、长塘、蒲庙一带，范石生已乘船抵永淳，所有高级军官均已赴前方督师矣。（十四日）

《申报》1925年4月19日，第3张第10版

| 《申报》卷 |

# 桂省三路战讯

**【梧州通讯】** 自滇唐派兵入桂，桂乱四起，刻下战事计分三处：（一）南宁方面；（二）柳州方面；（三）桂林方面。查南宁方面黄绍雄、范石生两部，于前月二十八九、三十等日，将唐军龙云部击败于高田、八塘后，复于二日乘胜追至武鸣之高峰坳，与唐军激战竟日，胜负未分。至是夜四更时，黄部乘大风雨派兵五百人，各执手枪、马刀，冲入唐军步哨线，更以精兵三千随后攻击。唐军官兵多吸鸦片，且因连日战斗疲劳，未及提防，不能迎敌，遂纷纷向南宁溃退。

三日上午，黄、范两军已攻至南宁北门外之陆公祠，龙云见势不佳，遂由上关搭架浮桥，全部向龙州方面退却。黄、范两军即于是日下午入南宁城，一面分兵追击唐军，一面将林俊廷在离南宁三十里之蒲庙剪刀墟〔圩〕军队围攻。盖南宁在蒲庙之后，南宁失则林军已无归路，现闻已由对河亭子墟方面溃退。是役唐军损失甚多，闻李（宗仁）部俘获林俊廷在钦、廉携来之黎匪七百余名。按，黎匪即南蛮中之一种，性极残忍好杀，在钦、廉为匪时伤害百姓无算，邓本殷深恨之。此种黎匪胸前必悬一小木偶，谓为神像，可以避枪炮之危险云。现李军已将其运往灵山，交邓处置。

柳州方面，因韩彩凤收编邓右文后，全部约有三千人，开到柳城上雷、长湾一带，逼李部让出防地。李宗仁闻讯，于一日到柳，即督师进攻。二日在东泉将韩击败，毙韩军副司令吕荣，获枪三百余杆，韩向柳城之上雷退却，邓向鹿寨退却。三日，李军分两路，一向上雷攻击，一向鹿寨攻击。上雷韩彩凤亲出督战，激战三小时，势颇剧烈，仍为李军击败，被缴枪二百余枝。鹿寨方面，邓部闻风即遁，李宗仁现已入鹿寨，韩、邓则会同向桂林方面逃窜矣。桂林方面，于前月二十七日为沈鸿英残部沈荣光、陆云高等邀集各处土匪共约千人，乘虚攻城。驻桂林善后处长侯人松因防军单薄（仅二百余人），无力拒敌，率队退出，遂为沈军攻破。沈军入城后，奸淫掳掠，无所不至，商店富家，鲜有幸免，并烧毁民房二千余家。桂商民自受兵祸以来，以此次损失为最巨，凄惨情形，目不忍睹。平乐亦曾同时被沈军占领，大肆劫掠，惟次日即被黄绍雄部夏威克复，现夏部分兵向桂林进击。李宗仁亦向桂林前进，湘军叶祺〔琪〕、李品仙（皆桂人，与李、黄有同学谊）两旅，亦已由全州开拔，救援桂林。沈部不过千人，当无抵抗三路援师之力，计日间桂林当可克复也。

目下桂、柳一带土匪蜂起，百姓多栖山伏草，吞声野哭。其所以受此匪患，盖自沈鸿英失败后，粤刘（震寰）本与沈联，因不能回桂就省长职，遂委任其部下士兵向在桂为匪或与匪熟悉者百余人，各以"司令"名义，使暗入桂地，设立匪馆，或数十人或百人为一股，与沈残部联络，乘李、黄全力对唐之时，扰乱地方，以图牵制李、黄兵力。在彼辈军阀，因争权夺利，设种种诡谋，而地方人民不堪其苦矣。（四月十日）

《申报》1925年4月19日，第3张第10版

## 桂省南北之战讯

### 毅庐

范石生等反对滇唐就副帅电；沈鸿英部袭取桂林之经过

广西战事，自连日定滇军范石生、黄绍雄两部迫近南宁后，南宁已陷于重围中。滇唐军龙云、林俊廷部，业由城外之头塘，退入城中拒守。林俊廷部已由邕垣南门退至亭子圩，以御定滇军方面之邓本殷军。龙云曾一度请城内教士求和，联军未允，刻仍在进攻中。

范石生在永淳行营，闻此次滇唐就副元帅职，业已与李、黄联名发出反对通电，原电云："十万火急，各省各机关、各法团、各报馆均鉴：唐继尧窃柄滇政，贻祸川黔。去夏大元帅孙公，徇川代表但怒刚、石青阳之请，畀以副元帅；此次反肆狂吠，试一睹其机关《民治日报》便得其详。人非健忘，当能记忆。兹乘丧窃位，厚颜通电就职，未免滑稽，我国民誓不承认此人格破产、蛇毒狼贪之恶物也。特此电陈，伏乞公裁。范石生、杨蓁、李济琛、李宗仁、黄绍雄同叩。"

顷闻柳州方面，李宗仁率队在该处警戒。日前柳州、平乐之间，有陆荣廷余部韩彩凤军，在三江圩附近起兵，为滇唐军之声应。李宗仁、白崇

禧部急由柳州回师反攻，与平乐黄绍雄军向三江圩夹击。白部自柳州取道鹿寨四排圩北上，黄部由平乐西出，与韩部战于三江圩附近，刻已将韩部解决。〈后略〉（四月十五日）

《申报》1925 年 4 月 21 日，第 2 张第 6 版

## 国内专电二·香港电

龙云在邕，以地雷炸联军，闻黄绍雄受伤，范石生部退驻横州。黄恐龙云援军开到，调俞作柏部回驻宾阳，免归路断绝。现围邕联军声势大减。

又讯：范石生在邕城南长掘地道，欲炸南门，龙云在南门桥掘濠沟拒之。至真（十一）范军攻城，龙遣谭军出城拒战，直至文（十二）稍息。开战后以此役为最剧，范部死伤二千余人，人民死伤亦众，绅商请双方停战三小时，检埋路尸。后龙恐联军再掘地道，用火油百余箱焚毁城外各屋，范部因死伤过多，退驻横州，只留黄绍雄部围城。黄当炸城时，亲在葛麻岭指挥，龙军突至，黄以毡自裹滚下逃脱，致受伤。邕城食米，由文（十二）起仅足支持十五天，现由各团请愿双方息战。

《申报》1925 年 4 月 24 日，第 2 张第 5 版

## 桂战最近之形势

### 木庵

**唐继虞部将偷袭桂北；联军调重兵赴桂全布防**

广西战事，自联军围困南宁后，滇唐军因宾阳一役受重大损失，已转取守势，以待援兵开至，然后反攻。故南宁一城，自被滇唐军据以死守后，城内人民遭其抽剥者，痛苦万分。据邕垣逃难来粤者称"刻下滇唐军因初时决议固守南宁，故于南宁附近布置防御工事极为固，城外炮台、战壕均有重兵扼守。其计划系以南宁方面主守，以待黔边滇军乘机侵入桂之中、北二部，直捣联军之背。故现在南宁方面龙云等部，并力固守南宁

以待。然而南宁城中被龙部各军据守逾旬，所有米店之米石均被罝购，民食于是恐慌，附城建筑物与军事上之有关系者，辄被占驻，或夷为平地，以便利军事上之进行，人民多流离失所。城内商店因被防军勒使军用票，多有宁辍业损失而不甘受鱼肉者。目下市面萧条，城外险要多已为联军所占领，滇唐军只据各炮台以抵拒联军。因恐炮火殃及城内商场，不便开炮向驻城军队轰击，是以邕垣被围旬余，仍未攻下，但联军方面最后恐不免开重炮轰城矣。但邕垣人民现处于唐军势力下，受种种严厉之取缔与苛虐，咸盼军事早日解决，恢复自由"云云。

最近当局亦接有黄绍雄由前敌拍来一电，报告邕垣被围中之人民惨状，与上述之归客谈略同。联军中之范石生，文日亦有电来粤，言战事尚未完全得手，消费不赀，请将第二军平日在粤收入之赌饷，无论如何照去年成案办理，不得变更，以碍军行云云。观此，则邕垣战事尚非可旦夕决也。

联军方面，近又探知滇唐军在黔之唐继虞部刻已入洪江一带，拟绕道湘西，以入桂省之全州，将由全州南下，袭攻桂林。日前曾利用沈鸿英、邓佑〔右〕文部先占桂林，讵不旋踵又为联军之李宗仁部克复。刻下联军对于桂林着着戒备，李宗仁自入驻桂林后，即调所部向沈军追击，以免遗后患，而为他日滇唐军之响应。刻闻李部已追至桂林以上八十里之义宁，此间接到桂林电讯云："沈鸿英乘我进攻南宁，沈军袭取桂林，奸掳焚杀，天人共愤。宗仁闻耗，率队兼程进剿，救桂民于水火。仰承诸公威德，贼匪闻风向义宁、龚胜溃窜。我军跟踪追击至义宁、龚胜，夺获枪械六百余杆，毙匪甚众。沈现率残匪千余，向湘西窜逃，谨此奉闻。督办李宗仁呈叩，铣，印。"

联军经此一役，沈军虽败退，然鉴于前此之疏忽，且防洪江方面之唐继虞由全州抄至，为预防计，已在桂林以上一带节节布防，并调南宁方面过剩之兵力回师桂林。现在桂林方面，除李宗仁之第一军全部外，新近黄绍雄又调南宁附近之俞作柏全部、驻平南一带之夏威全部，分驻于桂林至全州之孔道，择要布防桂林东北之兴安、大溶江、界首等处。现已大军云集，梧州李济琛部近以梧州防务巩固，因亦抽调所部一旅至桂林，转赴全州方面协同李、黄部队防守矣。（四月二十一日）

《申报》1925年4月27日，第2张第6版

| 《申报》卷 |

## 桂战中之黔军动作

### 木庵

**南宁城中之兵祸谈；范石生袁祖铭之结合；黔军击败唐继虞部于榕江**

桂省战事，南宁方面尚在相持中。据闻南宁城内，尚有滇唐军龙云部陈铎一旅约二千余人，林俊廷部千余人。四月二日，城外东、南、北三门，已被联军范石生、黄绍雄部包围。当三日联军猛烈攻击之际，龙云即在城内召集军事会议，议决死守待援，一面飞电黔边胡若愚部到援。援军如未到，决不出城反攻，以保存子弹。因此次龙云各部远入南宁，粮弹均缺，子弹一项务以不浪用为主。至于粮食，则公举林俊廷所委之南宁财政处长颜某担任，向米店封仓，邕垣人民乃大起恐慌。益以城外数日来枪声不绝，居民愈旁皇〔彷徨〕无措。

有南宁绅士王大痴等，目睹地方惨状，慨然为民请命，上书军事当局，请顾念民瘼，早日息战退兵。乃竟因此批着唐军之逆鳞，被龙云拘捕，加以"摇动军心"罪名，将王等三人即日枪毙。龙云之布告则谓"本军入桂，原为扶助邻省自治，此次守城待援，即所以为中国前途计，为巩固西南计，非有仇于桂省。今王大痴等谓本军'据城死守，置地方人民于不顾'，似此不明大义，殊属胆大妄为，着即执行枪决，以昭炯戒"云云。龙军自此次残杀后，热心社会之士，已不敢再为和平之运动。而龙部兵士遂无所忌惮，四出奸淫掳掠。七日，城内鼓楼前北城脚及银狮巷一带，被劫二十余家；照壁塘之某成衣匠妇，及中府巷周宅之仆妇，皆被龙兵奸淫。现在殷商家庭俱已逃避龙州，其无力搬迁者则一夕数惊。以上为某教员甫自南宁逃出重围，避地来此间者所称述，俱实情也！

顷又据最近消息谓：邕城内龙云因被围多日，所蓄之米粮已日见告乏。九日起，各军均进稀饭，可见粮食缺少一层，为目下龙军之致命伤。又闻龙军因此已无斗志，龙云部之旅长陈铎，及胡若愚部下之旅长徐为光，已有输诚范石生意，刻正在拟订条件中。倘陈、徐两旅果幡然来归，则邕垣可不战而下，是则邕垣人民所昕夕以求者，第未知果成事实否耳？〈后略〉（四月二十五日）

《申报》1925年5月2日，第3张第9版

# 桂省军事最近要讯

## 一鸣

### 龙云死守南宁，联军限五日内攻克

【梧州通信】滇唐军自经宾阳、高田、昆仑关大败后，退回南宁，负隅死守，被联军包围已逾两旬。其双方攻守情形，已志前报，兹将最近消息撮要披露于下。（一）唐军龙云率所部死守南宁之原因，系奉滇唐电令，谓"胡若愚援兵已在途中，无论如何须死守南宁"等语。查胡若愚援邕兵力仅二千余人，由百色顺流而下，至果德登陆，向南宁前进。行抵武鸣，被桂省联军范部迎头痛击，剧战两昼夜，卒被范军击败，胡氏率残部千人向隆安方面退却。兹将范石生由前方致驻粤留守处李宗瑛〔黄〕电录下：万急，广州江防李司令（李系范军参谋长）鉴：本日遇敌胡若愚部于武鸣，我军第五旅新编独立团警卫四大队出击，大破之，获枪八百，俘虏逾千，其余为光扬、瑞昌二旅议降，正在磋商缴枪、收编条件中云云。（二）联军以龙云死守南宁，封仓锢井，人民饥渴而死者甚众，现决于五日内攻克南宁，以解人民倒悬。故连日在后方续调黄绍雄部炮兵二连，炮四尊；李宗仁部炮兵一营，炮六尊；范石生部炮兵一营，炮五尊到邕，以备攻城。（三）驻防粤省钦、廉之邓本殷，近鉴于唐军入桂之举动，委派官吏强霸税收，俱皆反客为主，实行其侵略政策，倘被其侵入钦、廉，不但蹂躏地方，而自己地盘及饷源亦必被其侵夺，因即联合八属人民，实行拒绝唐军入境。邓氏现已陈兵于灵山边界，俟桂省联军进攻邕城之时，彼即出兵南乡，进击唐军之背。（四）滇唐寇桂兵力号称三军：一为龙云（现在被困于南宁者）部，任先遣队；一为唐继虞部，拟由黔边直趋柳州；一为胡若愚部，入驻百色，作为后援。查其实际，不过占踞南宁之龙云所部三四千人而已，至胡若愚及唐继虞两部，一则已被联军击败于武鸣，一则未尝出云南一步也。此外则由龙云入桂后招编陆荣廷之边防系败将，如林俊廷、韦荣昌、蒙仁潜、李绍英等，及散兵土匪五六千人，此滇唐寇桂之实在兵力也。而联军方面之兵力，合李、黄、范三部，计共三万余人，滇唐入桂兵力不及联军半数，且劳师远征，接济困难，最为军事所忌，最后胜

利恐终必属于联军也。(四月二十七日)

《申报》1925年5月5日,第3张第10版

## 南宁激战之别讯

铜驼

范、李、黄失利之原因

**【梧州通信】**桂中战事:自龙云部之滇军进抵南宁,范石生部之滇军及李宗仁、黄绍雄部之桂军进抵宾阳、贵县,两军刁斗,时得相闻,前哨因亦常发生接触。但至四月十四日以后,始发生大战。盖龙云方面则待后援,范、李、黄方面则待布置也。至十四日,滇军胡若愚部有千余人由黔边到达果德县,即向范部挑战。但范部志在攻南宁,因以胡部增援,乃为先发制人之计,突攻南宁城东门,挖掘地道,用炸药燃炸。顾该城城墙,乃用巨石筑成,甚为坚固。当火药爆炸时,浓烟密布,范、黄两部即乘势袭击。滇唐部谭忍旅据坚固城墙,以机关枪迎敌。

十六日,胡若愚部进至武鸣,与边防军陆云贵及林俊廷各部联合,龙云部则向围攻南宁城东南门之范、黄两部反攻,血战四次,胜负未分。十七日,胡部由武鸣突攻范、黄之背,龙部以谭忍守南门,东门则分两路冲出。是晚龙部占领黄绍雄陆公祠之大本营及范石生青山塔之大本营,双方军士死伤总在三四千人。范部旅长杨芪被俘,总指挥杨蓁负重伤,二十三晚到梧思达医院医治,二十四日闻因重伤毙命。十八日,胡、龙两部抄出宾阳,范、黄部更退至三塘。十九日休战。二十日,胡部又有万余人续至,乃合同追至贵县、永淳,龙云即设大本营于永淳。

闻此次范、黄两部失利,其为原因乃无后援之故,即柳州、桂平方面之李宗仁部,又须应付上游之沈鸿英、韩彩凤,不能调动。就以范、黄两部而言,范部多为滇唐所利诱,范石生不敢使之任前锋,恐有反戈之虞;黄部只以蔡振云、伍廷飏、俞作柏、胡宗铎数部为中坚,是以战斗力甚薄弱,且对峙月余,亦甚疲乏也。龙云则得胡若愚为后援,而又联合林俊廷、蒙仁潜、韩彩凤、沈鸿英等,声势浩大,因之战事忽有此变局也。

(四月二十五日)

《申报》1925年5月6日，第2张第5版

## 桂战与粤局之影响

木庵

南宁范军小挫；粤当局应付刘部桂军之异动

桂省战事：自前月十六七等日在南宁剧战后，双方略有损失。查十七日一役，战事焦点，一在南宁，一在武鸣。武鸣方面联军获胜，南宁方面则联军范、黄两部略为小挫，其原因以十六日滇军援邕军胡若愚部，已由百色开至武鸣，人数约二千之众。当时范军第五旅长徐德率全旅及警卫大队开赴武鸣抗御胡若愚，双方遂大战于武鸣，结果胡部不敌，损失所部千余。但南宁城内之唐军龙云部，以范军五旅已开赴武鸣，西门方面联军力弱，遂于十七日乘此弱点，率部由邕城西门冲出，图与胡部夹击，势极凶猛。联军以徐旅及警卫大队已调赴武鸣，就近无兵可调，遂一时暂退，黄绍雄部退宾阳属之五塘，范部退蒲庙。

范、黄二人以围城之师忽退，急趋前线督战，并由范氏调所部第六旅长杨芪，率部向龙云军反攻。讵此时龙云为背城借一之举，殊为死战，范部杨旅不支。该旅长杨芪奋勇赴前线，亲放机关枪向敌阵扫射，讵竟于枪林弹雨中中弹阵亡，所部以其军官被敌击毙，进攻愈烈，卒将龙云等部击败，复退回南宁城。刻下范、黄二人已由浔州续调生力军加入，黄部之纵队司令俞作柏已奉令赴南宁；范军则增兵一大队，由永淳西上作第二次之围城。但此役之后，双方死伤不少，黄部学生军及范部第六旅兵士之受伤者，已先后运回贵县后方病院医治。十七日以后，两军受巨创之余，已无形中停战，大约双方补充完妥后，始开二次之激战矣！此为范军在南宁小挫之实情。

滇唐军以胡若愚援军开至南宁，尚无大功，南宁龙、林各部又未能出南宁一步，因此特派员赴港，与刘震寰磋商，请速调驻粤桂军返桂，以为南宁唐军之声援。刘氏因此日昨特由港遄往省城，尽调由飞鹅岭撤退石龙

之桂军韦严各师，秘密返省，候令动作。故前月二十九晚，突有全部桂军分水陆两路回省之警耗。刘部桂军抵省后，以一部驻于范石生部第二军之后方办事处附近，阴怀监视之意；复以桂军名义，将吴铁城所部警卫军平日征收之旅馆附加军费占去，不俟政府之批准，昨已派员前往办理，一面对于省城防务经费主张分商承办，意欲打破从前筹饷局之统一办法。因筹饷局自范石生入桂后，尚续拨范军应得之饷三月以为讨唐之用。今桂军主张分商承办，即拟直接将范军应得之饷瓜分，间接断绝其讨唐军饷之接济，此举实足为范军作战上一大打击。

当局因桂军此种举动，曾召集杨希闵、谭延闿、程潜、方声涛等，会议对付桂军办法。席间各要人均以滇唐无故兴师入桂，希图蚕食两粤，凡两粤人士，义当联结，为一致之抗御。今幸得范石生提师入桂，戢彼野心，如刘震寰军返桂，吾辈当一致劝止之。倘滇唐尚不知悔，早日调兵离桂，则驻北江之北伐军各部，如程部湘军，方部闽军，何成濬、朱培德部及陈青云部豫军，先调西上，以为联军之助，另由谭延闿、杨希闵拨一部湘滇军为后盾云云。据外间所传，则谓此项会议纯因近日驻粤之桂军运动为滇唐内应而发。盖滇唐借刘部桂军在粤捣乱，故当道亦借粤中各军之力为之监视，此为实力上制止联治派军队活动之方法。至于滇唐，近已通电就副元帅职，此间当局又恐其假借名义以号召，近有某要人曾有将大本营改制之提议。闻其办法，拟将大本营从前之单一制，改为委员制，取销大元帅、副元帅之名义，以免唐氏之凭借。此事在日前大本营会议，已提出一度之讨论，嗣为某氏所反对，谓宜取慎重态度，故一时尚未实行焉。（五月二日）

《申报》1925年5月8日，第2张第6版

## 桂省最近之形势

木庵

围攻南宁军第一次失利原因；范黄联军二次围邕情形

广西战事：自前月十七日范、黄两军在南宁稍退却后，被围城中之龙

云、林俊廷等部曾占回南城外之飞凤岭，十七日与范石生部之杨芪旅接战。查当日范、黄方面失利原因，系由于胡若愚部突然而来。盖范、黄军于围城时，不料胡部援邕军之速至，盖胡部取道百色东上，为程非十数日不能到达南宁。讵意右江河道，因春雨而水大涨，胡部三千余人乘船顺流而下，其速率过于汽船，比诸陆行可节一半之时间。故胡部数日间即抵武鸣，由武鸣大道冲出二塘，突焉而达目的地。致令范、黄联军措手不及，为所袭击。范部之第五旅及警卫大队，急调赴二塘抵拒由武鸣开到之胡若愚部，双方相持于南宁北门外之飞凤岭一带。此时城内唐军龙云、林俊廷部，以城外枪声四起，知援军已到，乃立即下令城中各部，准备出城作声援。十七〔日〕早七时，龙云亲率所部约三千人，集中于箭道；林俊廷部二千余人，在二军军部前集合。龙、林二人亲自督队，分由东、北二门冲出。范石生部之第六旅杨芪部首当其冲。相持数小时，范部旅长杨芪中弹阵亡。而此时二塘方面，胡部尚未击退，围城之范、黄联军前后受敌，于是势渐不支，迫得分途向对河及青年塔两方暂退。是役双方死伤不下千余，范军伤旅长杨芪一员，而唐军林俊廷部将谭澄，亦于飞凤岭一役战死。

范、黄二部暂退后，胡若愚部遂与龙云部会合，分道向宾阳、蒲庙二地反攻。范石生闻前方紧急，由贵县遄赴前线督战，卒将胡、龙两军击退。黄绍雄复由后方增调俞作梅一支队加入作战。二十六七等日，双方复在二塘、飞凤岭、大王圩、北门炮台、东门标营、南门商埠一带，大小十余战，唐军龙、胡两部均被击退入城，联军范、黄两部军威复振。二十七日，右翼黄绍雄部复占领北门炮台，左翼范石生部进占南门外之商埠，新加入之黄军俞部担任中路，该指挥官俞作柏现驻头塘。黄军之伍廷扬〔飏〕部任右翼，黄绍雄本人则驻二塘，策应一切。刻下南宁一城，又被联军作第二次之包围，而城内唐军增加胡若愚部，城中供应愈繁，苛剥日惨，邕垣一日未破，则邕民多受一日之痛苦。联军方面，现决以最速时间，限日攻破该城。连日增加生力军五千余人，加入中路及左翼两线，并决以大炮向城垣轰击。业由后方运到大炮十余门，限十日内将南宁攻克，故最近关于攻城利器已纷纷设备，闻又运到攻城地雷十余枚，每枚藏炸药十二磅，其轰炸力异常猛烈，准日间开始为第二次之围攻。

兹将连日联军由前方发来战报汇录如下：

（一）范石生电："急，广州胡代帅、杨总司令、许总司令均鉴：龙、胡残部于二十一日由右岸向蒲庙前进，被本军及桂军黄总指挥所部迎头痛击，纷纷溃入南宁，仍旧闭门死守，我滇、桂两军于二十七日追击至南宁城下，不难一鼓而歼也！知注特闻，军长范石生叩，二十八，印。"

（二）黄绍雄参谋处电："我军于感日反攻，在四塘大获胜利，俞指挥率部进至二塘，俭日前进，又与敌战于头塘，战约三时，敌势不支，仍退入城。现范军在左翼，伍司令在右翼，已将南宁包围。据邕城逃出者云，城内只有七日粮，龙军前次冲出，被范军击死在四百以上，此次必不敢再守。我军钟、陆两纵队，于明日可赶到，督办日内亦可到邕督师。龚杰元叩，艳，印。"观此，则李宗仁驻桂林之部队现已调至，逆料南宁二次之大战，不日又将发生矣。（五月四日）

《申报》1925 年 5 月 10 日，第 3 张第 9 版

# 范石生入滇之战讯

## 木庵

**范军庚日抵广南；唐继虞等尚支持危局**

定滇军范石生率部入滇，业抵富川。兹闻桂省援滇军俞作柏、刘日福两部，亦已在龙州出发；而第二路援滇军胡宗铎、黄超武两部，则由南宁趋百色，与范军会师于富川、广南一带。

此间顷接范军攻入广南之来电，报告如下："唐继尧据滇十载，暴武横征，穷兵黩武，吾滇父老兄弟，死于兵戈者数十万，死于饥寒者数十万，死于天灾者数十万。神怒人怨，罪不胜诛。彼昏不悟，又复搜检军实，假号援黔，扰乱粤桂，将欲集数省之精萃，供一身之欲为。此贼不去，西南不宁，吾滇百姓，将归刀俎。我范军长率命伐罪，率师回滇，拯溺救民，为民请命。德等负弩先驱，于庚日抵广南，敌将闻风溃散，各军欢迎入城，人心鼓舞，秩序如常，指日长驱，省垣不难一鼓而下。惟德等均属滇人，此次返师故里，原负整顿桑梓责任。一俟大局稍平，即当体我军长政见，放牛归马，尽弃干戈，休养宁息，吾滇百姓，庶其有赖。皇天

后土,实闻此言;区区私衷,诸维谅鉴。定滇军第三师师长徐德、第五旅旅长张定安、第六旅旅长马驷鸣叩,真,印。"

又范军总指挥田钟谷,于八月四日自前敌寄呈国民政府一快函,报告沿途迫击敌人及收编敌众情形,原函如下:"仗大元帅在天之灵,吾党之威,桂省于八月二日完全肃清,唐军已溃退净尽。职军系分二路,筱公(范石生字筱泉)率第五、六旅由百色出剥隘;谷率警备旅(原注:警备军改编)独立团(原注:收编之敌队)及独立旅,由镇远出富平。计自追击以来,左县太平下处廿村、土伏二塘诸战役,迎击尾追,数者备用,溃敌约三分之二,收编者约三千五百人,敌人已失战斗力十之九矣,底定滇疆,指顾间事。至于善后之方,专候钧旨裁夺。田钟谷,八月四日。"

最近消息,田指挥所部已抵富川,与范石生所部第三师换防,故第三师得于八日攻入广南。滇唐近虽出走,然昆明一地,尚以唐继虞部留守。由昆明至广南等处,则以由桂败回之龙云、胡若愚两部,节节防御。但龙、胡部队,自由桂省败回后,锐气全丧,战斗力已损失十分之六七。故范军徐师进迫广南,龙、胡两部即闻风败退。唐继虞在昆明闻耗,以广南失守,则滇之省垣危,因克日抽调驻昆明之刘祖荣,率两团兵力开赴广南附近,协同龙、胡两部抵御。而唐继虞则亲率所部,在后方援应。逆料广南以下诸地,尚有一场大战也。(八月二十七日)

《申报》1925 年 9 月 4 日,第 3 张第 10 版

## 桂省南宁震动

### 狂生

**滇军入据百色;李黄调兵赴援**

广西百色刘、范两部冲突一节,经志前报。兹悉范军自将刘部击败之后,领有百色,惟以兵力甚为薄弱,且多系从新入伍者,故未数日,即为刘部溃兵联合附近土匪反攻,卒致退去。该土匪不下五六千人,其指挥者闻系刘震寰旧部旅长黎鼎鉴等主持,故外间所传刘震寰运动土匪起事不为无因,其旗帜则书"滇军"字样,殆系与滇军联络,愿为前驱者。至参与

此役之真正滇军，则不过为龙云所部之三数百人而已。南宁得此消息之后，异常震动。坊间竟传谓"在一二日内，滇军又将再扑邕垣"，人民怵于前次围城之痛苦，罔不谈虎色变。现南宁已下戒严令，并派员检查邮电。李（宗仁）、黄（绍雄）二人则已分电浔州、梧州、平乐等处，派兵往援。故于去月二十日起，均有兵由桂江过梧、邕，行色颇见匆迫。新由粤回桂之白崇禧氏（黄绍雄参谋长），亦经专程上邕，应付军事。

至南宁商界方面，则间有致电梧商停止办货者，形势不可谓非紧张。但另一方面消息，滇省唐继尧现正从事整顿内部，尚无再举兵入桂之意。此次变动，全系刘震寰部下与边防系林俊廷、韩彩凤等结合所致，或亦未始无因也。

《申报》1926年3月8日，第3张第9版

## 滇唐进兵桂省之探报

铜驼

由百色向南宁进发

**【广州通信】**此次粤桂出师援湘，同时兼顾闽赣边防，故以朱培德主持对赣，何应钦主持对闽，其征调入湘军队，均赶程出发。在军事当局以为如是布置，当无顾此失彼之虞矣！

不意近据探报，滇唐忽于此时机中进兵桂边之百色，由百色取道南宁以图粤。此项探报，当第七军长李宗仁未回桂时，已得南宁急电，道达梗概。其后，接近南宁之灵山县县长宁可风亦来一电云：闻唐继尧军队已进至百色，未悉确否？如确，乞速布防等语。日前省务会议曾秘密讨论调查此讯是否真实，并电复灵山县长详为探报。

国民政府为策万全之计，亦急电桂省当局，探询实情。旋得复电，谓"滇桂交界之百色附近，发现一种军队，其行径似系向南宁方面进发，旗帜、服装均似滇军，故疑为滇唐军队。查其队伍凌乱无序，似由土匪集合而成，现已派兵前往堵击"等语。观此，则滇桂边境确发生警讯矣！第七军军长李宗仁本兼桂省督办，为巩固桂围之故，业于十八日回桂，并预行

致电南宁黄绍雄，约赴梧州会晤。黄得电，即于十九日离南宁赴梧，以期迅速商定应付百色滇军之方。此外，又得别方报告：滇唐之所以忽思进兵桂省，实抱向粤发展之希望。缘滇唐去年曾遣胡若愚、龙云、张汝骥、唐继虞各部入桂。师次南宁，为范石生所阻，乃退回滇境，伺隙再动。此次桂省出师入湘，计精锐之兵一万；留桂者，只二万。邕龙后方，究觉空虚。而桂省军人如沈鸿英、韩彩凤等，虽流徙于外，但一方得吴佩孚之助，一方又与唐携手，唐对吴前派其驻沪代表王九龄前往接洽，亦得互约合作之结果。陆荣廷近亦久蛰思动，与马济协商图桂，并派桂省国会议员林绎代表赴滇，与唐接洽。唐氏得此数方面之联结，进窥桂省之举，遂成事实。

闻其进兵计划分三军三师：一由百隘取百色而下南宁，为中路；一由广南出靖西而下龙州，为右路；一由黔边入西林而取柳州，为左路。中路以龙云当之，左路以唐继虞当之，右路以胡若愚当之。沈、韩二部为特别纵队，由湘攻桂林。事成，则畀沈以军政权、韩以民政权。

至其目的，第一步在肃清范石生余部；第二步，则去桂之李、黄。如取桂目的未能达到，最低限度亦可肃清范部，因范部实为滇省肘腋之患也。至目前唐军所以能突到百色者，以百色驻军只有桂军刘日福旅及范石生部，刘旅不足二千人，范部虽号称两师，亦仅千余人。唐军初由开化抽调数千人到百隘，百隘离百色不过数十里，刘、范以众寡不敌，均有退意，唐军遂得乘机进占百色。刘、范两部闻向南宁后退，预料此后滇桂间空气渐呈紧张矣。（六月二十三日）

《申报》1926 年 6 月 29 日，第 3 张第 9 版

## 云南整理纸币会议之结果

增加各项捐税收毁逾额纸币

云南纸币，在民八以前信用尚著，自后日渐低落，本年尤甚。滇唐对于六月十八日召集省议会，各法团代表、三迤绅耆并军政各机关长官共六十余人，开金融会议，由会员龙云、胡若愚、周钟岳等二十人提出筹增巨款，收毁纸币为金融根本救济案。列席诸人讨论之下，佥以云南频年用

兵，军费支出过巨，不得不发行逾额纸币，遂致无法兑现，币价低落，引起金融恐慌，公私交困，欲图补救，亟应将逾额纸币收回销毁。然欲收毁纸币，既不能贬抑物价、贻人民以损失，亦不能轻借外债、受外人之操纵，自应就旧有各项税收上酌量加征，期于立得巨款，解此难关。

龙会员等原案主张，拟将现时滇省各项收入，照现定税率，暂加一倍征收。以两年为限，即将增加所得之款，专为收毁纸币之用。其中有特别情形不能增加者，得酌减若干或竟不加；或因目前担负已重，不能再加者，则□带募公债若干，以昭平允。自两年后之第一年起，所有全省收入粮税款项，每年按照未加以前旧额减收一成，推至第二十年止。

此项办法大体上自可赞同，惟田赋附捐一项，近年以水旱偏灾、兵事匪祸之影响，农民受患良深。此次名虽加征，实则将来仍须偿还，为求名实相符计，应将"加征"二字修改为"随粮征借"，免致淆惑观听。又盐税军饷捐及锡税公债两项，一因关系民食，负担偏于群众；一因奖励出口，商艰宜予体恤，应否照原案办理，不能不特组审查会慎重考虑，再为提出大会公决。其余百货厘金、川盐厘金、预征布厘、商税、烟酒厘税、牌照税、公卖费、牲税、屠宰税、铜税、茶税、矿税、牲畜清油厘金、当课印花税等项，均可照原案加征。

至于本案根本精神，纯在政府财政公开，以及保障新增各款确用以整理金融之两点，应俟本案大体成立后，推举起草员拟定办法，交由大会公决，请政府分别执行，庶足以收确实之效果。经主席分别提付表决，多数可决。十九日续开第二次大会，据加征盐税军饷捐审查员赵世铭、陈价、陈钧等报告称："审查加征盐税军饷捐一案，经本席等公同讨论，金以滇省盐税，每百斤原征三元五角，后加军饷一元，后续加军饷一元（黑井区盐市政公所复加有市政费一元），每百斤已达五元五角之数。若再加征五元五角，人民负担未免过重，诚恐加税过重，外盐将愈充斥，而淡食者亦将加多，影响销额，诚非浅鲜。果销额减少，不惟所加之五元五角既无把握，而旧征之五元五角，亦将无法保障。为公私两全计，似宜酌减加征之数，原税三元五角及旧收军饷一元，照加一倍，每百斤共加四元五角。其新加之军饷一元，不再加征，似此或不致影响销额。每年销额以八千万斤计，共加征得三百六十万元，与原案预拟加征之数，亦不甚相悬……"

会议至此遂告闭幕，业由该会将议决各案报告滇唐矣。

《申报》1926年7月18日，第3张第9版

## 唐继尧、沈鸿英图桂消息

铜驼

**【广州通信】**云南唐继尧、桂边沈鸿英，图谋桂省，已传多次，然均因饷械俱竭，未敢发动。及湘战发生，粤政府方面迭据探报，唐、沈皆与吴佩孚合作，为不利粤桂之行动。唐已有电致吴表示出兵，沈则派韩彩凤、邓瑞征率部助叶（开鑫）。现因北伐军收复长沙，布置攻赣攻鄂，后方不免空虚，故唐、沈出兵图桂声浪愈高。闻唐氏以桂省兵力驻柳州者仅伍廷飏部一旅，驻龙州者仅吕光逵部一团，驻百色者仅范石生部千余人，其余如南宁之刘日福，郁林、浔州之黄旭初，梧州之韦云松，兵力皆甚单薄，认为有机可乘，曾在昆明开对桂出师会议，召集滇省将领及刘震寰等讨论计划，决议出兵三万，以龙云、胡若愚、张汝骥三军为主力，一由剥隘以直入百色，一由富州、镇边以直入龙州。广南、富州等处，已发现滇军集中举动。军饷一项，决议将个旧锡矿，向某处抵押借款若干万元，以资军糈。

连日百色之范石生部频致密电政府，报告滇唐动作。桂省腹部军队为巩固边圉起见，业由黄绍雄以戒严总司令名义，抽调前往边疆防堵矣。沈军除已入湘之韩、邓两部，现随叶军退守岳阳防线外，其余尚有三千余人由沈鸿英亲自率驻湘南绥宁、靖州六县。近应滇唐之约，将由绥宁、靖州入桂林、柳州，因桂林、柳州与绥宁等地接壤也。至沈氏在湖南，颇利用该地苗猺人为助。苗猺多蓄发，作明代装束，沈氏为迎合苗猺人心理见，亦蓄发蟠髻。苗猺人颇多信之，群呼沈为猺大王。现沈氏计划即以苗猺人编为队伍，以为图桂之先导。驻柳州之伍旅，及桂林之李宗仁后方军司令部，对沈此举极为注意，亦电请黄绍雄拨兵增防。黄对桂柳防务已电长沙李宗仁，请将已入湘边之李瑞明（明瑞）部一旅，由全州调回桂林、隆庆等处，以固后方。（八月九日）

《申报》1926年8月17日，第2张第7版

## 滇唐军队进占百色

### 铜驼

范、刘两军退守平马、恩隆

**【广州通信】**滇唐乘粤桂北伐机缘，出师图桂，喧传多日。其为计划，桂省当局曾据谍报，报告于国民政府亦有多次，谓滇唐动员，计为四师，共约一万八千余人，由龙云、胡若愚分别统率。龙部由广南经剥隘，直趋百色，顺流而下，以取南宁；胡部由罗平转柳庆，直趋桂林；刘震寰为前敌总指挥，前驻粤滇军师长廖行超为行营总参谋，八月上旬，确已发动。又谓滇军李嘉品部，前奉唐继尧命进窥桂省，亦已抵桂边，李部甚为唐所信用云云。依此以观，似滇唐图桂已成事实。至日昨政府又得到南宁急报，谓滇唐之师已于本月二十一日攻下百色，原驻百色之范石生、刘华堂两军，不战而退，现守平马、恩隆等处。滇唐方面之统兵者，为刘震寰、龙云二人。现南宁方面，已由黄绍雄抽调桂省腹部之第三、五、七各旅防军赶往迎敌；其南宁后方，则将附城乡团编为联队，担任后方治安。黄氏并为防范内部军队反侧之故，现亦由南宁沿大河而下检阅军队，一面又拟部署一切，以便出发桂边指挥。

至范部之退出百色，或系兵少之故。此外横州方面，则有林俊廷部约二千余人，林亦奉唐命为桂军第一路总司令，其势足与百色滇军相呼应，摇动南宁。日昨黄绍雄曾有急电来粤，报告防御百色方面情形，同时请粤方对林俊廷部有所预压。李济琛据报，经电湘省蒋介石请示办法，其防御林俊廷部，则令钦、廉警备司令陈济棠担任策应；一面并派莫昌藩入滇，说以互相不侵犯之意于滇唐，以期桂边免生事端，毋使影响于北伐后方。现桂林方面以唐既攻百色，则攻柳庆而趋桂林之举，或亦实现，是以桂林城亦已宣布戒严，各城门皆设有检查队，串炮、电光炮一律禁止燃烧。因桂林附近匪势甚炽，诚恐匪党响应滇唐之军也。（八月二十七日）

《申报》1926年9月5日，第3张第9、10版

## 桂省防滇之形势

铜驼

*粤省已派兵入桂；戒严例正式颁布*

**【广州通信】**滇唐之图桂，自滇军侵达百色后，已成为不可掩之事实。滇唐兵力及其计划，此间迭得报告大致：（一）据滇省探报，本次滇唐派兵入桂，鉴于去年之功败垂成，故同时对于袁祖铭、周西成、赵恒惕、沈鸿英、陈炯明，均有联络，以为声援。派刘震寰为总代表，在昆明城内水月宫设立办事处，以进行联络事宜。出兵计划：第一批为七团，约一万人，联合桂边各部散军，攻龙州、百色；第二批为十团，约一万五千人，联合湘边之沈鸿英部，攻柳州、桂林，俟达到目的，再定第二步计划。军中并带烟土二百五十万两，以便沿途变卖，借充军费。（二）百色防军刘日福报告谓："滇出兵六万，照去年入桂计划，第一路为龙云部，众二万五千人，经下动员令，由剥隘取百色，而下邕垣；第二路为唐继虞部，众三四万，由滇边出柳庆而取桂林、浔州。"

粤政府既得此项报告，故对防御问题前经令黄绍雄布置一切。日昨并实行派兵入桂，协助桂边驻军，力御滇军。查先发部队为第四军第十三师云瀛桥团，业已由肇庆封用民船十余艘，装载往梧，再由梧经过邕垣，转往龙州。第二批出发者，预定为钱大钧、李福林各一团，但开拔期未定。此外，并派兵舰运输枪弹二十万发，给与黄绍雄收交前方应用。至百色、龙州、南宁三处，现已驻重兵。查百色方面有刘日福、范石生、黄应瑜各部，约八千余人；龙州有吕焕炎、黄旭初两旅，约六千人；南宁有俞作柏旅及军校学生队，约三千余人。闻桂边广南已发生战事。黄绍雄因召集俞、刘、黄、吕各旅长及范石生等，会议多次，决定除划分全桂为五个戒严区外，并于本月一日颁布戒严条例，检查邮电，一面进剿平乐、昭平、藤县各处土匪，以防勾结骚动。兹录戒严通令如次："案据探报，云南唐继尧近乘我大军出师北伐，竟勾结吴佩孚，实行派兵，分途来犯，以图牵制我北伐之师。除呈报外，本省各地由即日起实行宣布戒严，以备不虞。现已呈奉国民政府第四零七号指令，并颁发戒严条例，除分行外，合将戒

严条例一本令发,仰即遵照办理。"(九月四日)

《申报》1926年9月12日,第3张第10版

## 滇唐仅能自保

*胡、龙已与范石生接洽*

【九月十九日广西通讯】云南自唐继尧图桂失利以后,军心瓦解,财政拮据,危机四伏,最近益甚。但以交通不便,地处边陲,内中真相,外间多不明了。近日南北剧战,张其锽一派乘间散布谣言,不日沈鸿英侵夺桂林,即谓唐继尧攻占百色,其实与事实完全不符。按滇唐现状,自保已虞不足,何有余力对外?并且广西对于百色边界,早已戒备周密,置有重兵戍守,共计范石生军八千人,黄日旭部五千人,本属无隙可击。兹将滇局内幕略述如下:

溯自前岁滇省出兵攻桂时,胡若愚、龙云二部最为出力,唐继尧弟继禹〔虞,下同〕所统之军最无战斗能力。当范石生与胡、龙激战时,继禹逍遥桂边,屯兵不进。迨范石生反攻激烈时,继禹始行发兵,但一遇范军即不战而退。盖继禹实一纨袴子弟,绝无军事知识,后胡若愚竭其全力,苦战许久,始得退回,保存实力。因此对于继禹之庸懦骄侈,恨之次骨。故去岁率师返滇,即在迤东召集部下,密议驱逐唐继尧左右"四凶"。"四凶"者,即唐继禹、王九龄、董择〔泽,下同〕及白某等四人。旋有在野要人出而调停,提出条件三项,经唐继尧承认,政变风潮暂告中止。查第一条,解除唐继禹兵柄,授以陆军训练总监闲职。第二条,唐左右把持政务营私自肥者,分别重轻,予以惩罚:重者驱逐出境,轻者斥退,许其改过自新。第三条,胡若愚为蒙自镇守使,龙云为昆明镇守使,省政府应特别遵重其意见。

胡、龙碍于情面,遂暂承认此种办法。但胡、龙二人手握重兵,不愿蜷伏于镇守使任,且时存改造云南之志,一举一动颇为唐继尧所注意。闻日前胡、龙派有代表,与范接洽,愿修旧好,冀于相当期内为非常之举,以救滇局。惟近日王九龄、董择等自日本、北京回来,省中即起谣言,谓董、王等奉有吴佩孚命,将滇省矿产抵押日本,购买军械,预备对桂用

兵，以为牵制革命军后方之计。惟目前滇唐势力远不及胡、龙两部，且胡、龙举动又深得滇人称颂，对桂用兵问题，其权实操诸胡、龙之手，胡、龙既不满意于唐继尧，且曾声明不再作无谓之牺牲，则滇唐联吴攻桂之计，一时决未易能实行也。

《申报》1926年9月27日，第2张第7版

## 范石生预备回滇

【广州】广西定滇军范石生部，最近招新兵四团，预备回滇。（十八日下午十二钟）

【香港】滇唐部将龙云、胡若愚，派代表与范石生接洽修好，有响应党军消息，范准备入滇。（二十日下午八钟）

《申报》1926年10月21日，第2张第5版

## 滇唐将领通范倒唐

【香港】胡若愚、龙云向范石生通款倒唐，范电蒋介石请示。闻黄绍雄昨抵粤。

【香港】香港龙门口发现讨赤军，钱大钧派兵往剿。

《申报》1927年2月15日，第2张第6版

## 云南新年发生内变

*龙、胡发动提出要挟条件，结果唐氏一律承认*

【云南特约通信】近来各地民军，纷起反唐，随之驻省各军，亦趁元旦索饷之际，遽行示威哗变。查唐氏除任用陈维庚等外，对于乃弟继虞尤为优待，不数年间，由一讲武学校学生，一跃而为陆军中将。论其功绩，毫无所树，滇中素著有战绩及富有学识之武人政客，对此大不满意。而继虞为人，对于部下异常苛刻，前岁滇军入桂，被范石生困于南宁，龙、胡

两军盼其由黔经湘西入桂，直达浔、梧，截击范氏后背。而彼因循延误，卒致范氏入滇，几败乃兄大事。及龙、胡两军在滇境战胜范军，继虞方率残卒数十回滇。彼开拔入黔时，所领饷糈最富，人数亦在三万以上，迨经黔回滇，沿途为土匪所击，死伤太半，已为各军所深恨。方龙、胡由桂败退时，曾约集全体军官，连名电呈唐氏，应治继虞以贻误军机之罪，将其枪决，以谢各军。唐氏急，惟以甘言安慰。及继虞返滇，唐氏即撤消继虞兵柄，令任训练总监闲职，各军军官士兵，恨之未已。

去岁夏间，唐鉴于连年向外用兵，枪械所失太巨，乃向某国购买枪枝七千，每枪子弹五百发。迨运抵省垣，唐将多数枪枝分发其所养之翊卫大队，令继虞管辖。龙、胡（若愚）两军六团，张汝骥三团，共九团，每团领得一百枝。龙、胡大愤，谓"我二人保存唐氏江山，今待遇若此"，未免不平，因之龙、胡二人遂怀异志。

至今年阴历新春，因欠饷已逾一年，尚未发给，龙、胡要求唐氏，始发半月。各军军官、士兵大怒，遂于正月初五日夜由龙、胡发动，率领驻省附近各团队全体士兵，武装开赴省城内外，一面拍密电及飞函昭通镇守使张汝骥、大理镇守使李秉阳，全数开拔来省，围攻唐氏。并派代表进省公署，面见唐氏，提出条件，令其急速发清欠饷，以后按月发清，不得再事积欠。一为驱逐继虞出境，限期三日，并查封其家产，全数充公，救济各地贫民。唐氏大惧，急派翊卫大队严加保护，并派周钟岳、由云龙向各方接洽。各城门、街市要口，俱有龙军把守；各大通路及火车站等处，尤加意防堵，防唐氏弟兄远遁。一时市民闻知，皆严扃门户，不敢出门，人心极为惶惑。一火树银花之锦绣新春，顿呈寂寞；各村市商帮之花灯、龙灯百数十起，均不准玩耍。各军政要人为唐氏所培植者，深恐祸及于己，于初五夜半逃至唐氏公馆，请求保存性命。其他条件，一为以后滇省财政完全公开；一为斥黜左右宵小；一为查办贪官污吏，慎选人才，以长民政；一为容纳省议会议案；一为与国民党联合；一为抵绝北方代表。条件提后至初八日，各军仍未撤退。闻唐氏尚在犹豫，龙部已集中安宁，胡部集中宜良，张汝骥部已开至距省四十里之杨林，李秉阳部已开至禄丰一带，将来未知若何结果也。

续讯：云南省会军警督察处处长兼昆明镇守使龙云，为云南军界翘楚。此次忽于新年初五夜，趁士兵索饷之便，急派所部堵截各城门要路，并架设机炮，极为戒严；一面先行飞电，密约蒙自镇守使胡若愚、昭通镇守使张汝骥、大理镇守使李秉阳，及驻省各军，率领全部开拔来省。市民异常惊惶，深闭不出，各军政要人亦微服而遁。龙云乃提出要求条件，迫唐氏承认履行。唐氏初尚犹豫，后因形势紧急，乃派周钟岳、由云龙、詹秉中向各方接洽，允许所订各条件。此时龙云率部在安宁，胡部在宜良，张在杨林村，距省四十里，李在禄丰，互相联络，相机而动。自得唐氏代表疏通意见后，遂限唐氏于最短期间开内政会议，修明内部，并限三日内驱逐宵小出境，查其条件，约为：（一）财政公开，清理积年决算；（二）发清二年来军政人员薪饷，以后按月发清，不得拖欠；（三）驱逐训练总监唐继虞、腾冲镇守使陈维庚、市政督办张维翰、前禁烟局总办李鸿纶、前省署秘书长白之瀚、锡务公司总经理吴琨、教育司长交通司长东陆大学校长董泽、外交财政司长徐之琛等十余人，并查封其家产，以作发饷救赈之用；（四）开发云南实业，赶速筑路；（五）增加教育经费，培植人才；（六）采纳省议会议决案，依从民意；（七）改良内政，裁汰私人，慎选有用人员；（八）查办贪官污吏；（九）驱逐左右宵小，永久不许叙用；（十）拒绝北方代表，与粤蒋联合，一致行动；（十一）于最近期间，唐氏须亲自出巡各县，视察民间疾苦；（十二）此后不得招兵，以资人民休养，并剿灭土匪等。唐氏已经承认，即提出私款三十万，分发欠饷。

龙氏乃出示安民，略云："照得本省军民两政，素称不良。此次由各镇守使联名呈请省长从速整理，以期适应世界新潮，贯澈民治精神，已得省长允许，各军民人等，勿得惊疑，各安其业。"唐氏亦出示云"此次各镇守使要求各条件，事属大公，本应实时承认。殊知外间不明真像，以讹传讹，致使各处军团，集中省垣，大非人民之福。今本省长已如所请，概行允准，令饬各军撤回原防，各商民等亦勿造谣生事，致干查究"等语。

初八日晨，并有国民党员沿街散发传单，谓"此次龙、胡二公为民请命，改良滇省劣政，各人民宜深加赞助，以期早日得享幸福"云云。唐继虞、陈维庚等，订于初十日出滇。又闻云南政府旧设八司，均有撤消之意，一切行政，悉归省署办理，以节糜费。至应施行各政，另设一军政商民联席会议，议决后方许施行。

《申报》1927年2月28日，第2张第7版

## 滇变尚无确实结果

### 唐继尧只允三条件

【香港】滇将胡若愚、龙云等通电，主改组省政府为会议制，先组划一军政机关，再改革民财政。唐继尧答允三条件：（一）改组省政府；（二）查办宵小；（三）维持省长职权不中断。胡等认为无诚意，率兵由蒙自进迫滇垣，一面电滇桂边境所部，睦邻固圉。（二十八日下午九钟）

【广州】范石生以滇已内变，拟请政府授胡若愚以第十六军长名义，本人则充该军党代表职。（二十八日上午八钟）

《申报》1927年3月2日，第2张第5版

## 滇省内变续闻

### 龙、胡等发表微电

【云南通信】此次龙、胡以武力威迫政府，呈请改革内政，省城各界对于此举，一致同情。各团体均派代表分头接洽，向各将领请求贯澈主张，澈底改造。其初未加入合作之驻省部队，亦临时接洽，表示合作。故在事起之初时，近卫各团队曾布满街衢，如临大敌，近已了解合作，同趋一致，地方秩序维持极佳。唐继尧知大势所趋，亦派员分向各将领疏通接洽，愿照微日通电所指办理，提出条件三项：（一）派唐继虞往南北各省分头报聘，定于本月十日由省搭车起行；（二）所有军事防备即行撤销，各军部队已离防者，一律开回原防；（三）政治问题，定期召集特别会议，解决一切。闻各将领对此提案，已抽象的认可，以期迅速排除障碍，而谋政治上根本之改造。同日午后，唐已将前三项提案通电宣布，胡、龙二督办对于放逐唐继虞等一层，亦不为已甚，即通电沿铁路各军警："如果唐继虞等十一日搭车出境，沿途保护放行。"

又讯：各将领对此通电三项，原表示抽象的认可，以验其是否诚实，再作理会，故又专电催促实行。如果唐继虞等不按期出境，是即无诚意，

别有阴谋,将另作进一步之解决。兹附录龙、胡等微电如下:"顷上帅座一电文曰:若愚等渥承知遇,擢领师干,职在服从,义当报称,何敢抗词出位,不惜犯颜?顾仰体钧座爱国之衷,俯察滇民□兵之祸;忠佞决难并立,公私不可两全;畏罪不言,疚心更甚。请为钧座缕晰陈之:治军之道,纲纪为先;施政之方,爱民为本。护国以来,吾滇声誉冠于全国,乃岁月几何,遽尔频遭失败!溯其兴替之迹,皆由唐夔赓(继虞)营私枉上,构陷同袍;驻川、驻粤滇军,先后被其破坏。将心解体,大业倾颓;贾祸贩烟,贻羞万国;建国之役,厥辜尤重。身长兼军,弁髦帅令,逗遛湘境,贻误戎机,士卒饥哗,将官苦谏。跟跄拔队,致覆全军,死伤万余,横尸山积,荼民辱命,实厉之阶。钧座宽大优容,未即加诛;期年以来,冀其悛悔。乃复包藏祸心,潜植私党,淆乱黑白,蒙蔽睿聪。冀出兵以攘权,借雪耻而耸听,必贻主帅于噬脐之悔,务陷人民于转死之危。苟遂私图,遑恤大局?综其欺枉之罪,非独二、五各军倚畀见嫉;即钧座直辖各部,亦被巧立名称,恣其分割。益以陈维庚二三竖孽,朋比相济,狼狈为奸,致使吾滇军政不纲,民治窳敝;敌耽环境,盗掠盈城;护靖声光,澌灭殆尽。夫巨憝不去,则纲纪无所守;庶政不公,则民命何所托。若愚等渥受恩知,饱经战阵,大敌当前,虽□勇气,小人在侧,终觉寒心。□□孑遗,孰□胞与;私交无怨,公愤有辞。曩经泣谏,□□明察;竭智尽忠,补天无术。今欲上酬推解,下拯创痍,伏恳钧座乾纲独断,大义灭亲,勒令唐夔赓等即日离去滇境。远佞亲贤,公开政治;安内睦外,易辙改弦。若愚等仍本良心知能,拥戴钧座,与民更始,弭祸乱于萧墙,奠桑梓于盘石。子胥诤言,早怀抉目之志;鬻拳强谏,宁辞刖足之刑。迫切陈词,伫候明命!蒙自镇守使兼东南边防督办胡若愚、昆明镇守使兼东北边防督办龙云、昭通镇守使张汝骥、大理镇守使兼开广临时善后督办李选廷、旅长杨瑞昌、欧永昌、卢汉、周文人、田钟毅、林丽山,团长王开明、陈茂槐、郑玉源、杨济滨、刘正富、徐守忠、张凤春、薛之标、曹仰乔,暨所属官佐士兵同叩。微,印,等语特达,伏祈仗义直言,主张公道,婉劝帅座勿信谗言,并促夔赓早自引决,以谢国民。云南幸甚,国家幸甚!胡若愚、龙云、张汝骥、李选廷、杨瑞昌、欧永昌、卢汉、周文人、田钟毅、林丽山、王开明、陈茂槐、郑玉源、杨济滨、刘正富、徐守忠、张凤春、薛之标、曹仰乔暨所属官佐士兵同叩。微，印。"

续讯：此次龙、胡等以武力要挟唐氏改革内政，驱逐宵小，已得唐氏承认。现下唐继虞、陈维庚，由政府以代表名义出滇，已于正月初十日乘火车起行，每人领旅费五千元，以后每月津贴三千元。龙、胡对此尚不洽意。内政会议行将开幕，由军政及各法团所组织。方唐氏未允准时，龙、胡曾通电全滇各法团及人民，以求同意。顷有省议会复电云："微电敬悉。远佞亲贤，公开政治，此固世界各国致治之道，尤为吾滇今日切要之图。来电痛抉时弊，仗义直言，谠论宏谟，良深佩慰。庄诵至再，樊虑为开。惟改革必须澈底，除恶务绝根株，若仅为一时之补苴，断难收永久之效果。本会外观大势，内察舆情，对于吾滇政治问题，应定改革方案如下：（一）推唐省长为云南总裁；（二）由本会议定省政府组织大纲，采用委员制；（三）由本会咨请，请政府即日通令各县，停止征兵；（四）改良税则，实行财政公开。以上四端，均为改良吾滇之重要方案，本会现订于二月十三日召集全体议员开非常会议，讨论上述方案，务期见诸实行，藉慰滇人之望。诸公远瞩高瞻，尚希南针时赐，临电引领，勿任翘企！云南省议会，文，印。"

《申报》1927年3月4日，第2张第7、8版

## 滇军变化与范石生

范电称愿率部北伐

【广州】据连日滇讯，此次滇将领系自□清侧，与党军无大关系。最近滇政府虽改为合议制，但仍拥唐继尧为主席，故滇局变化外传，系一种预定计划，借此以破邻省讨唐之号召，亦未可知。（三日上午八钟）

【香港】滇人请龙云投党军，龙允，请国民政府派员赴滇主持。（五日下午八钟）

【广州】范石生八日电称：迭听某军南下，某某西侵，义愤填膺。石生效力革命十余年，向以唐犹未伏诛，故请讨伐肃清西南。今唐已倒，滇事已平，愿率部队一致北伐，誓杀朔虏而后朝食。（五日上午八钟）

《申报》1927年3月6日，第2张第5版

## 滇省政变尚未切实解决

**各将领二次通电后之形势；胡若愚率兵进驻宜良；唐继尧尚未切实宣布办法**

【二月十四日蒙自东南社特信】此次各将领改造政治之意见与步骤，已志前讯。微日通电，不啻全军之先锋队，而省当局犹只抽象的容纳，并无具体的完备解决。虽唐、陈放逐，然余党尚多，且一切政治上之改建问题，亟待施行。故各军开进省垣附近之部队，尚未撤防。一面即于真日（十一日）将关于政治问题改建各大端，通电要求实施，大意即求宣布改组省政府为合议制，先成立军事机关，划一军权；继续再议民、财两政之组织办法。此种提案，与初议又比较平和简易，果省当局真诚觉悟，顺应潮流，则不难立见施行也！

滇中各将领，此次协力改造滇省政治，纯系自动的，非被动的。完全为谋滇省内部组织之完善与巩固，并无党化之意味。即范部之影响，亦无争权夺利之意见存乎其间。盖近来改造政治之潮流，本已澎湃全国。然而适应时势之需要，与地方之习惯，则又未必能削足适履，强求从同。故各将领外察大势，内审舆情，于是有协力改造政治之举。滇省政局，本来是统一的、有秩序的，徒为群宵弄权把持，倒行逆施，几乎破坏统一，紊乱秩序。对症下药，痛施针砭，故通电宣布：第一，驱除群宵；第二，办到政治绝对公开。

即为此也，胡若愚二次通电如下："百万火急，分送云南省议会、商会、宪兵司令部、讲武学校、将校队、入伍生队、盐运使、高审检两厅、市政公所、各司司长、各道尹、各县知事、各县议会公鉴：顷上省长一电文曰，'微电计达，明命未颁；群情激昂，势难遏抑。宵小窜流，期在肃清；政治公开，务当实现；一念之仁不决，三迤之祸立臻。比年以来，吾滇军、民、财各大政，误于群小之手。生杀任免，惟凭喜怒；用人行政，漫无是非。省务会议，虚有其名；谠论忠言，无繇上达。令出独裁，势同专制；主权在民，纯饰虚声。当今之世，首领顺应民众，以谋公共幸福，其道必昌；首领操纵民众，以图少数便利，其道必亡。远观古鉴，近察新潮；跻滇省于富强，救人民于水火；但当改弦，不可蹈辙。若愚等久列部曲，渥荷骈繷；反噬既不屑为，曲从又不忍出。钧座英明豁达，爱国爱乡，万望俯纳众意，宣布改组省政府，确现合议制精神；用人行政，取诸公决。最短期间提前成立军事机关，军权先归划一，地方易策治安；并续商决民、财各要政，务期共同组织，拥戴钧座，公开处理，滇省前途，庶几有豸。大局风云，瞬息千变；机不可失，时不再来。竭诚陈询，伏候裁决'等语特达。天下兴亡，匹夫有责；栋折榱崩，侨将压焉！伏望各抒谠论，共树宏猷；急起直追，勿再缄默！云南幸甚，国家幸甚！胡若愚、龙云、陈〔张〕汝骥、李选廷、杨瑞昌、欧永昌、卢汉、周文人、田钟毅、林丽山、王开明、陈茂槐、郑玉源、杨济滨、刘正富、徐守忠、张凤春、薛之标、曹仰乔暨所属官佐士兵同叩。真，印。"

日前，胡若愚又致电开化李督办，及滇边桂军黎、熊、陆、梁各部，广、富、邱各县知事，云："年来吾滇政治不纲，皆由二三不识大体者当前蒙蔽，非清君侧不足以言治理。微电通布情形，实出为国为民苦心。凡我滇人，谅□明达此旨。惟是边远各处，消息既不灵通，传闻或多失实，一涉误会，影响殊深。须知此次痛切陈言，悉原匡救情殷；本我初衷，尽我天职，各军政官员原有职责，仍须切实遵守。广、富为滇边门户，王司令责有专司；当此时机，尤应深沟高垒，严重布防。论粤、桂邻帮，原主亲善，以敦睦谊；但此疆彼界，亦当互不相侵。倘范部对我有越轨举动，亟须尽力抵御，以固边防。凡此设施，统由王司令随时随事，秉承李督办，认真办理。并由驻扎滇边桂军陆梁各部，特别注意防守，万勿疏懈。特此电达，即祈查照为荷。胡若愚叩。庚，印。"

十五日续讯：十四日昆明来电，第二次通电宣布后，省方答案虽未正式发表，已拟有条件三项：（一）容纳改组省政府；（二）依法查办宵小；（三）保持省长职权不中断。正分头派员向各将领磋商，咸认为与通电之主张相背驰，故尚无解决消息。省中派代表李达夫、张瑞萱两氏，于十四日到蒙，此间已以友谊的情感，招待于俱乐部。午间，胡若愚督办亲出接见，相与协商。结果仍希望回省切陈当局，早日照通电公布施行。闻近日省中空气，当局纯用一种阴柔手段，运动缓和。各将领处此时机，均认为有进一步解决之必要，迭来函电催促胡督办前进，以便策应协商。胡于最短期间,将具体解决办法多方考量。结果拟向阿迷、宜良一带移进,相机策应,处置一切。定期于本月十五号起节,镇署事务,派人留守,负责办由。又据昭通来电云:张镇守使所部,原已开进,一部到达省城附近杨林一带,暂驻策应。现张使决定亲率田旅,向省城附近开进,以便与各方将领会同商决一切。又讯:唐、陈业已出境,而唐、陈在滇时之职务,尚未明令免除。闻各将领对于此点,昨日复电请省当局,即日明令将陈维庚本兼各职免除;并将原日派往西防剿匪部队撤回,另行委员派队前往接防。

十六日续讯:昨日午后三句钟,胡督办由蒙乘特别快车前进,是晚就阿迷宿营。今日早到宜良驻节,率带步千团及警卫队,随从之参谋副官、幕僚人员甚多。蒙镇事务,则委派杨旅长与郭秘书长分代行拆,照常办理。今日接省署来电,略谓"滇省政治,亟须改革,以应时势潮流之需要。据各军请求改良政治,用意从同。已派员起草省制,并定期召集特别会议解决一切"。又谓"陈维庚原任腾冲镇守使暨剿匪总司令本兼各职,应一律解除。所有该剿匪司令部,并即撤消"。

省教育会来通电云:"微电敬悉,公开政治,远佞亲贤,实为吾滇切要之图,本会业表同意。现已于二月十五日召集大会,讨论革新政治,具体方案详情,容再续闻,谨以奉复。云南省教育会叩,元,印。"蒙自各界全体公民来电云:"窃查比年以来,吾滇政治专制黑暗,民人困苦达于极点。此次我钧使主持正义,倡首更新,公民等读悉颁布'微''真'两电,内载'肃清宵小、政治公开及改组省政府,提前成立军事机关'各条件,实足以致滇省于富强,救人民于水火,凡我公民,群相额庆。惟是局势风云,瞬息千变,一发千钧,机不可失。尚望我公毅力硕画,积极进行,始终贯澈,期于早达目的。况此大义昭然,人心倾向,必收良好结果,公民等不胜馨香企望之至!蒙自各界全体公民谨叩。"

《申报》1927年3月6日,第3张第10版

## 政变后之云南现状

【二月二十日云南通讯】云南政局形势,至今已渐入混沌之状。以目下大势观察,似滇局变改之重心点,已渐由蒙自而趋于宜良,盖以四镇守

使方在宜良会议也。因此之故,省城现已非势力集中之地。而外间尤传驻蒙将领,态度尚极激昂,以故人人心目中不无惊恐异常。至省中各机关,因此次政变,各军请求惩办宵小吴琨等十八人,内中牵涉现任长官极多,故皆不敢出面。以此各重要官署,十九皆无异停顿,因此除市公所与宪兵军警督察处等仍执行职务外,已成群龙无首之象。

当此之时,讵料教导队兵复一再殴击警察,事后虽经龙军长代发邮电,主张公理,呈请省座将该队连长以上官长交由军法惩办,警察得以复职,然当其全体罢岗时,全城秩序颇受影响。故以省市言,外表虽尚静寂,而内容则甚不安。日昨又闻前内务司长吴琨,已为军警将家业查封。查吴与其兄吴子榆同居,因之亦被波及。此项消息传播后,省中某要人即往富滇银行提取存款一十万元,该行竟不兑与,问之,则曰:"奉龙军长命,除平民、商号仍旧兑与外,其余达官贵人存款,均不准提取。"又闻驻开化何世雄旅,现因附和唐三,已为李军长派队解决,其部下则改编由军长统率。至何氏本人,刻方拘押开化。同时滇越铁道军警总局长刘鸿恩,亦拟去职远走,为人逮捕,以故其部下守备二大队,亦被军事解决。

要之,大局至此,非四使在宜良议有结果,殊无解决之望也。附录各文电如左:

△龙云上唐继尧书　云:"于日前随各军将领合词电呈,仰恳乾纲独断,大义灭亲;政治公开,民权解放;远俟任贤,与民更始。期同心于一德,流宏号于无穷。乃蒙虚衷纳谏,屈己从人,立见施行,不为众挠。凡在人民,与夫有识之士,听于下风,无不额手称庆,谓钧座此举,光明磊落,毫无权利之私,惟以地方为重。匪特求诸今世未见其人,即征诸历史亦戛戛其难。而一班宵小,平时以壅蔽为能,此时以造谣为事,有谓钧座实受胁迫,勉而出此。以此谰言,乘间播弄;冀死灰之复燃,庶禄位之永保。居心奸险,狗彘不食。夫五曰陷谏,载在礼经;临之以兵,左氏深许;昭示万古,大义懔然。盖以凡事之当推原其心,不可徒论其迹。如以陷谏、兵谏,即为胁迫,是必如若辈之缄口不言,言惟谄媚,一任在上者之种怨毒于人民,遗唾骂于后世。而惟是袖手旁观,长恶逢恶,假托恭顺之名,以图目前富贵,而始为得也。夫云之不敢貌为恭顺,以长恶逢恶

者，岂得已哉？盖云以一弩下之材，蒙钧座拔识于行伍之中，而授之以专阃之寄，感恩知己，已越等常；而于此旬余年之中，追随鞭策，昕夕不离。弹雨枪林，蛮烟毒雾，出生入死，无役不从。缔结之深，逾于骨肉，凡属滇人，谁不共晓？是以数年以来，凡钧座之举措，有不协于道、不洽于民者，无一不尽言开说，至于再，至于三，至于痛哭流涕！而群小之朦蔽间离者，不惟不谅其有所激而出之之苦衷，而反谓为'有野心而跋扈'，此尤云之所疚心而滋痛者！夫道合则留，不合则去；云虽弩下，亦熟闻斯义矣。而卒不忍出此为悻悻然去之小丈夫者，诚以备历险阻，患难相依，缔结之深，实逾于骨肉也！夫以逾于骨肉之亲，而一任群小之窃权肆虐，致令钧座护国、靖国赫然于中外声光，一旦扫地。而数百万父老子弟，前日之所仰望、所感戴、所称颂于钧座者，而以政治不良，日陷于水深火热之中。由仰望者转而诅咒，感戴者转而怨毒，称颂者转而唾骂，而责备于云者，更谓云之出死力以辅钧座之旋滇，实不啻出死力以制亿万生灵之死命于万劫不复之地！追原祸始，厥罪有归，云将何颜以对于滇之父老子弟？更将何词以解于滇之父老子弟？夫以钧座之名震中外，为西南所推服，为北方所惮畏，此固由岳降嵩生之特异，而亦由数千百万健儿之头颅、数千百万人民之财产，一一所代价，而始造成此伟大之资望，为吾中国数一数二之人，而乃败坏于数十群小之手，稍有智识者，谁不为钧座扼腕叹惜于不值？云所以反复筹思，泪渍于枕，甘蹈兵谏之嫌，牺牲一己以报十余年来感恩知己之血诚于万一，而不恤其他也！传曰：'君子之过，如日月之食；小人之过也，必文。'以钧座之明，而为群小所蔽，此钧座之过，无可讳者。然以云等之迫切陈词，而钧座一旦翻然从谏如转圜，毅行无瞻顾，此真如日月之食，无害于万古之明，为全滇人士所庆幸，而尤受恩深重者之所喜极而泣也！从兹一德同心，上下无阻。亲贤远佞，措施悉洽乎舆情；大法小廉，财政不私为己有。好恶公诸百姓，应付顺乎潮流；持之以恒，行之无倦。语曰：'千载而下，但观晚节。'将见钧座之声光荣誉，更驾护国、靖国而上，又全滇人士之所希望，而尤受恩深重者之所馨香而祷祝也！惟是云之所迫望于钧座者，悉荷曲从，仰见德量涵宏，尤见信任专笃。云非木石，敢不动心？惟务兹后更切祷于钧座者，务知已往之非，益凛冰霜之鉴，至诚大公，惕励将来。则此后对于钧座,誓本良知,贯澈终始。皇天后土,实所临鉴,临颖神驰,伏乞垂鉴。"

△省议会电　文电计达,本会于二月寒日,正式开会讨论改革政治方案,金谓"现因时局紧张,应提前公推代表,向政府及各镇守使接洽一切"等语。经众可决,随即推定张副议长士麟、彭议员嘉猷、王议员廷贵、赵议员时清、蒋议员文骏、李议员和清、宋议员世忠、雷议员开基、杨议员正荣、周议员开铭等十人,于二月十六日谒见省长;又推定赵议长世铭、张议员仁怀、秦议员康龄、段议员作霖、张议员绅、杨议员德彬、马议员炼、李议员承铎、李议员秋芳、李议员光组等十人,于二月十六日谒见龙镇守使;又推定李副议长相家、程议员梁材、郑议员洋、王议员庆霖等四人,即日首途,谒见胡镇守使及李镇守使;又推定蒋议员仁杰、陈议员兆安、马议员兴授等三人,即日首途,谒见张镇守使。除分电外,谨先电达。云南省议会,寒,印。

《申报》1927年3月7日,第2张第6版

# 云南政变后之杂讯

## 唐继尧之解答

唐继尧接到胡、龙等二次通电后,知政治潮流至此,非采用民众组织,必不足以平息,因拟四种解答如下:(一)省政府改组为委员制,迅组军事、民事、财事三委员会,允可照办。唯现当互相商酌,推选法学专家,迅为草定新政府组织法,以俟众议审核。(二)唐、陈既经出境,允予撤消沿途暨城防警戒,各军亦亟须专返防次。(三)对于各军所请惩办贪官一事,除业经省议会弹劾者,允予发交法庭审讯依法究办外,其余未经弹劾诸人,应由要求者广为搜罗其营私枉法证据,俟提出时立交法庭惩办。(四)于最短期中各军盼望成立军事机关一事,允立刻召集胡、龙、张、李四使开会商决。

依此形势观察,是云南大政方针,将由首领制一变而为民众的公开组织,可断言也。

### 龙胡在宜良会议

此次龙、胡以武力威逼唐氏改革内政,各将领所部,围驻昆明。龙、胡则远离省城,不与会面;一切要求条件,及与各处函件,概用传骑送递。省城内外,双方俱作作战之预备。唐氏所直辖之近卫各团,初犹与龙军处于对敌之地位,后亦与龙部一致合作,至今双方尚未撤防。复电催唐氏履行条件,开特别会议,以解决组织政府及军、民、财各要政。惟胡主委员制,龙意主合议制,双方意见尚未从同。故龙云乃于二月十七号,由北较场绕道至宜良,与胡若愚磋商开会议时之详细提案,以期一致。所任军、警、督察处职务,交由市政公所宪兵司令担任。

### 省城模范监狱被劫

自内变发生,反对方面极为活动。二月二十日晨,小西门内模范监狱,陡有人破监而出,囚犯逃走百余人,至小西门外潘家湾。内有数人,乘骑而逃,因城外预有人准备坐骑。及至省署闻风追捕,只捕获十余人。

### 吴琨李鸿纶被拘待审

前内务司长、现个旧锡务公司总理吴琨,因吞滇蜀铁路公司路款三百余万两,被省议会弹劾,请求惩办,得唐氏庇荫,逍遥法外。今龙、胡要求查办宵小,吴亦其中一人。二月十八号,已被拘至省署,无人担保,乃出资二万元,准在家待命。住所周围,均有密探暗查,已不得擅动一步。其他同受罚者,尚有前禁烟公所总办李鸿纶,因吞禁烟罚款,亦受龙、胡拘禁,听候审讯。其余诸人,如外交财政司长徐之琛,市政督办张维翰,盐运使袁嘉谷,教育交通司长董泽,实业司长、省署枢要处长由云龙,禁烟公所会办朱文开,大理副使李秉阳,军械局长曾鹤章等二十余人,须俟特别会议开后,另组特别法庭审讯究办,今已在家受禁。

### 李秉阳被囚

前与胡、龙联名要求改革内政者,系开广善后督办兼腾越镇使李选廷,非李秉阳。查李秉阳系大理副使,因克扣军饷,致将中甸副使罗树昌激变。陈维庚在迤西剿匪,现已诱来拘捕,押解来省。

### 富滇银行受限制之影响

当事实变初起,龙氏即密函富滇行:"自二月六日起,不准动用行内公私款项,亦不准收受各款。"故富滇行虽仍开张营业,然出入款目,概不汇兑支存。市内金融亦大为恐慌,现洋贴水陡涨,外省汇款涨至每百之百分三十以上。各公所无人办公,薪饷自一日起,已无着落。

### 解散民治党及民治学院

近年国内国家主义甚行,唐氏亦极信仰,故特向上海醒狮派聘来某某二人,来滇组织民治党。自十五年二月起,每月向财政司领款一千元,某某各津贴二百元,其余为党内公费。唐氏待此二人极优,除民治党津贴外,又委二人为政治顾问,又委为东陆大学、将校队、入伍生队、讲武学校教授、教官等职。该二人又怂恿唐氏组织民治学院,培植人才,分派各县,组织民治党支部,宣传国家主义。该二人为教务主任兼教授,一切用人,由二人向上海招来,势力非常稳固。今因政变,财政收入减少,经费既已无着,而龙、胡亦有条件,不许再办党与学院。故自二月十日起,已将学院及党解散,并有驱逐该二人出滇之说。

《申报》1927 年 3 月 8 日,第 2 张第 6 版

# 云南政局尚在酝酿中

*胡龙等发第三电措词愈严厉;得复后四使拟即由宜良入省*

【云南特约通讯】滇局至此,殆已形成一显著之变化,大势所趋,无可讳言。省长唐继尧对于军事当局所表示,似欲竭力采纳,并拟召集胡、龙、张、李四使,迅速来省会议,以期厘订中枢组织。旋以未能办到,又派张瑞萱(司法司长)、李伯庚(剿匪处长)为代表,急赴蒙自接洽。不料四处奔波,接洽均茫无结果而回。形势至此,似已愈为急迫,况中枢势同涣散,尤非持久之道。唐氏近对外人言,"自己本身,最能牺牲权利。

方当护法时代，自己能力尚能号召数省；迨顾氏回滇，余即敝屣尊荣，决然远引，遑论今日，更无再为留恋之必要。不过此番改政，必须负责有人。而回顾四使，平日均系地位相等，苟非法制精密订妥，纵己欲负气而去，过渡时代，或竟不相统属，漫无首领，更非自己所应对于父老也"云云。因此，随又另派王九龄、马骢，会同李伯庚偕往。时胡、龙二使方在宜良，而张使亦即日到宜。故会见结果，三代表将四镇守使所议办法节略，携回密呈唐氏，恳即克日允准。

不料阴历正月二十二之夕，三君归尚未久，四使又有万急电到，略云："愚等微、真两电，为民请命，盖欲窜流宵小，革新政治。幸蒙嘉纳，派员会议，当于马日根据民意，拟具省政府改组大纲。务期顺应新潮，公开政治；虽非尽善，敢云无私；自问天良，非谋权利。已于漾日交王代表九龄、马代表骢、李代表伯庚，带省商决，期以三日敬候答复。会泽爱国爱乡，悲悯为怀，倘以地方为重，自必虚衷容纳，布新之机，端在此举。若复内秉私欲，外蔽群小；假名磋商，希延时日；外施离间，阴备攻防；挟孤注之谋，为侥幸之计。届期无圆满答复，即是无诚意容纳；会泽自绝于民众，非愚等有负于会泽。和平绝望，责有攸归；泣血上陈，伏维亮察，唯父老实利图之！胡若愚、龙云、张汝骥、李选廷、杨瑞昌、欧永昌、卢汉、周文人、田钟毅、林丽山、王开明、陈茂槐、郑玉源、杨济滨、刘正富、高荫槐、张凤春、薛之标、曹仰乔，暨所属官佐士兵同叩，养，印。"观此无异一封哀的美敦书，且电中列衔，不曰"省长""联帅"，而曰"会泽"，弦外之音，已足使人玩味。唯截至今夕（二十四）止，此间尚无解答办法，滇局前途，尚不可预料也。

另据宜良通信：各军将领与各方代表，在宜良开联席会议。所讨论之事项甚多，一致主张认定今后政治公开之方案，从根本上解决，实有从速制定省制之必要。省方虽亦有起草省制、召集会议之宣示，而茌苒兼旬，迄不见有何省制发表，有何会议召集。例以往事，前岁之内政会议，何尝不有制定省宪之提议？两年来尚无声无臭，则今日之起草省制，结果或亦相同。故宜良会议之后，签〔佥〕以当兹政治新潮奔腾澎湃之时，今后政治上所应采取之方针，尚无定衡；省制起草，又将何所适从？滇既自动的谋政治之改进，自必顺应潮流，适合现情，一本民意之所在，而标定政治之准绳。省制为根本大法，固不容缓；而当此改造之初步，则改组省政府，尤为应时势之需要。省制不定，今后之政治固无所依归。若现政府不急改组，不特政治无依，即省制且将无从产出。政府组织，不过省制之一部，在省制未定以前，得一合法适当之政府，执行政事，则向来政治上待理之事务，均可迎刃而解。故现政府之改组，即事实上之改组，在最短期间内，便可得到具体的政治公开之实现，于是有省政府改组大纲之提出，即交省署代表王、马、李诸人，带省商决。犹恐当局不肯毅然改造，故复发出养电，以促实现。

顷闻已得到省署漾日复电，称"顷由王代表竹村等送阅《云南省政府组织大纲》，业经评阅。此次修改省制，原为刷新政治。计所拟组织大纲，亦与庶政公开之意相符。继尧对于此案，极表赞同，毫无异议，已照来函将原稿交竹村诸君封还，希由各军办理，特先电复"云云。闻各军对此，已准备入省办理矣。

《申报》1927年3月14日，第2张第6版

## 滇省政府拟改组

【广州】滇省龙云、胡若愚等，七日起改组省政府筹备处。军政府仿桂省办理，胡专任军政，龙专任民政，将假军、民两界选出。（十七日上午八钟）

【香港】胡若愚、龙云等筹备成立国民党滇省党部，胡任军政，龙任民政，予唐继尧以虚位。胡等现请国府派员指导改组省府，将由总裁制改为委员制。（十七日下午九钟）

《申报》1927年3月18日，第2张第5版

## 滇省务会议成立

【香港】滇省务会议成立，举唐继尧为总裁，龙云、胡若愚、王九龄等九人为委员，胡为主席。胡等九日通电就职。（二十二日）

《申报》1927年3月23日，第2张第5版

## 滇将领拥戴唐继尧

云南唐继尧辞职电发表后，胡、龙等各将领复电唐敦促就职，原文如下："万急，云南省公署唐总裁钧鉴：奉读漾一、漾二两电，仰见虚怀若谷，谦德为光，凡属军民，咸钦冲度。惟政府在新陈时代谢之交，首领居庶职百僚之上，表率端资峻望，提挈正赖老成。愚等艰难共济，曾经十年；风雨在舟，拥戴情殷。原期六诏河山永固，群情所在，谦退非时，望纳微、真两电之忠诚，适合组织大纲之规定，兹由各军集合民意，公推钧座为云南省政府总裁。除另备文咨请省议会制送证书、印信，并公推云面陈详情外，谨电奉闻，伏望俯允，并祈赐复等语特达，伏望敦促就职，以符众望。胡若愚、龙云、张汝骥、李选廷、孟友闻、李永和、杨占元、杨瑞昌、欧永昌、卢汉、周文人、田钟毅、林丽山、王洁修、郑玉銮、蔡祖德、袁昌荣、唐继济、朱旭、俞沛英、张培金、王开明、朱茂槐、郑玉源、杨济滨、刘正富、高荫槐、张凤春、薛之标、曹仰乔，暨所属官佐士兵同叩，有，印。"

《申报》1927年3月25日，第2张第7版

## 云南新政府改委员制

【云南通讯】我滇此次改政，已完全结束。计自阴历正月初六起，延至三月五号，新政府人选问题，已由教育会、商会、省农会、省议会、律师公会等五法团，共合派出代表二十八人，在省议会开票选举，结果当由各法团联合会名义，宣示于众。计省务委员被选举者，胡若愚、龙云、张汝骥、李选廷、马聪〔骢，下同〕、王九龄、王人文、张耀曾、周钟岳等九人；至候补省务委员，计又选出由云龙、熊廷权、陈钧、丁兆冠、胡瑛等五人。选毕，复又选举监察院委员，被选者计有顾视高、彭嘉猷、杨士敏、吴锡忠、尹守善等五人；既又选举候补委员，计有赵钟奇、□用中、张士麟三人当选。

迨选举毕，时已五句钟余矣，乃由当事者饬令卫兵，放大炮一十八

响,以志庆幸。目下新政府已订于三月八号组织成立,届期当必有一番热闹也。

兹录四使致南北当局电如下:"万急。南昌国民政府、北京国务院、各省各特别区军民长官、各法团、各报馆、各云南同乡会公鉴:自民国十四年后,爱国之士奔走呼号,咸欲息内争以御外侮。若愚等縻桂旋师,匡辅冀帅,安民保境,巩固国防。两年以来,夙夜兢兢,对北对南,初无歧视。乃有一二金壬,造作浮言,蒙蔽冀帅;捭阖纵横,罔顾大局。若愚等深维川黔粤桂,壤地毗连;唇齿辅车,情谊尤切。欲谋安内睦外,必须远佞亲贤,爰集同袍,请求罢黜。幸我冀帅英明豁达,除政治之障碍,谋滇省之革新。遣派代表马聪等,参加宜良会议,根据全民公意,商订《云南省政府改组大纲》。易辙改弦,公开庶政;闾阎不惊,秩序如常。现正依照新订大纲组织委员制政府,日内成立,另行宣布。诚恐远道传闻失实,特先电闻,诸维鉴照。云南蒙自镇守使兼东南边防督办胡若愚、昆明镇守使兼东北边防督办龙云、昭通镇守使张汝骥、大理镇守使兼开广临时善后督办李选廷,暨所属官佐士兵同叩,感,印。"

《申报》1927 年 3 月 27 日,第 2 张第 8 版

## 唐生智劝告滇将领

*拥唐为主……即与党为仇*

**【十九日长沙通讯】**云南此次政变,业经开会商定《云南省政府政治大纲》,改组委员制度,名为改良组织,实际上含有拒绝外人侵犯,仍保唐(继尧)氏地位之意。此次政变首领,云南蒙自镇守使兼东南边防督办胡若愚、昆明镇守使兼东北边防督办龙云、昭通镇守使张汝骥、大理镇守使李选廷等,曾联衔将此次改组政府情形,电告唐生智。

唐氏以胡等此举,颇有涂饰耳目、借阻范石生入滇之阴谋,故特剀切去电,劝其澈底改革,受国民政府节制,勿再拥唐,其文云:"蒙自胡镇守使、昆明龙镇守使,并转张、李两镇守使勋鉴:感电敬悉。四五之际,袁逆称帝,滇省首举义旗,西南闻风响应,帝制为摧,士夫交讦。自是以

后，冀赓挟封建思想，行并吞计画，勾结北洋军阀，蹂躏西南各省。卒之丧师于外，敛怨于内，往日光荣，扫地以尽。今诸公兴清宫之甲，决保境之计，用心固善，为谋可图。环滇以外，皆隶国民政府版图，滇如仍自翘异不受节制，实与国为敌。冀赓叛党，其恶已稔，党中同志，久欲得而甘心。如仍拥戴为主，实与党为仇，斯皆恶因，讵有善果？如果励精图治，必须澈底革新，否则虽有改良组织之举，人将视为涂饰耳目之谋。大信未昭，后患安弭？拙见所及，敢不以告？诸公明达，惟图利之，临电不胜翘企之至！唐生智叩，巧，印。"唐氏并一面致电范石生，请仍积极准备入滇，肃清滇池，以固后防，如有所需，当尽量援助云云。

《申报》1927年3月28日，第2张第6版

## 第十六军政治部对滇之主张

仍请饬令第十六军动员回滇

**【广州通讯】**国民革命第十六军范石生部，屯驻桂边，早有入滇计划。一切布置，亦多就绪，嗣以滇局变化，滇中将领派代表来粤接洽，加入国民政府。粤中亦有代表赴滇，协商一致从事于革命工作。故第十六军当时有取销入滇，调往北伐之意。

昨该军政治部主任杜龙甫，以滇局此次变化，纯为内部问题，龙云、胡若愚诸人，尚无决心参与革命工作。故仍请总司令蒋介石、总政治部主任邓演达，下令该军，催速动员回滇，其原电云："顷接龙州吕旅长焕炎皓电称，'前派赴云南工作之孔怀安，转来元删电如下：（一）元电，佳日，龙云、胡若愚、张汝骥、李选廷，宣布改革内政，铲除群小，仍旧拥护唐氏。现纷纷调兵，围困滇城，与唐继虞、陈维庚军，分据省城内外相持，不日将有大战。在滇桂边开化南之唐氏军队已调动。（二）删电，滇唐尚未下野，乃弟继虞及维庚，内外保护，专车寒夜到越；张维翰、徐保权被扣，政局如何未定，闻群小已拟一致拒绝革命军。其他军官，多数自危；士兵闹饷，恐龙、胡难以掌握，请火速乘机进兵内地'等语。据此，则为祸西南、扰乱我后方之唐氏尚未倒。纵使唐倒，亦不过军阀代谢而

已，不特与本党与云南民众无关，且将变本加厉，更危及于本党前途。两粤反动派俱依附唐氏，可为证也。若不于千钧一发之时机，乘其内斗，速出师讨伐，恐以后唐、龙、胡等，更勾结奉张，专力扰乱我政府后方，为祸不浅。坐失时机，殊为可惜。在此时机，为云南民众解放计，为本党主义实行计，为促成政府统一西南计，为扩大革命战线计，应请政府速下令，命十六军动员回滇，并令广西省政府实力协助。乘此滇局混乱之时，加以云南民众与唐氏部属之倾向，本军相信可于最短时间克复滇省，然后即拨大部队加入北伐。如此，则吾党之主义可以行于滇省，政府无西顾之忧，滇民获解放之福，补充北伐生力军亦易，诚一举而数利！时机不再，伫候明令。十六军政治部主任杜龙甫、秘书徐少杰及全体职员，同呈叩。"

闻十六军军长范石生，对于迅速入滇主张，尤为同情。日间亦电请政府，颁发明令，俾资进行。

《申报》1927年4月1日，第3张第9版

## 云南倾向国民政府

已派张邦翰等分往粤赣接洽

**【云南通讯】** 云南虽远在边隅，但自革命军攻下武汉后，云南内部形势业已大变，一般革命同志奔走运动，暗中飞跃尤为积极。因当时时机未熟，而昆明市复多为前政府耳目之地，以故特在个旧等处，秘密组织军政委员会，筹划倾向国民革命军势力。此次新政府改组，以该会之力为多。目下该会不但已在滇垣努力进展其国民党组织计划，抑且因该会去岁一再接洽，省政府委员龙云所部泰半已倾向革命；同时，并由龙担保胡若愚为军长。最近，驻桂省范石生军长，有将十六军长一职让与胡若愚军长，而自充党代表之说。省务委员会诸委员，则以大势所趋，自不能不遣派代表分赴粤、赣接洽合作事宜。爰于三月二十一日，提出省务委员会议决，派张邦翰、王绳祖、江映枢、李灿四人，分别迅往粤、赣。查张现方任命为外交厅厅长，兹既奉派，即日启行，其厅事由参事暂为代理。（三月二十六日）

《申报》1927年4月9日，第3张第9版

## 桂军电告龙云等拥护国府

【香港】桂七军电告：龙云等已表示拥护国民政府。（二十一日下午九钟）

《申报》1927年4月23日，第2张第4版

## 滇省政局之纠纷

拥龙之空气甚盛；拒范回滇在酝酿中

【云南通信】本省自"二六政变"以后，唐继尧虽仍为总裁，实不啻等于软禁。未几，迤西有拥唐军三团独立，霸占大理、腾永一带，不满意于倒唐各将，所有迤西各县团枪及税赋，悉被提去，又向人民搜索讨贼费，为数至巨，借以极力扩充军力，准备向省城进攻。并暗示龙氏，如能扫除各军，仍可合作。省政府各委员，已派龙部卢旅，开赴禄丰一带驻防。

不料四月初旬，又有省署少将谘议江映枢（滇中宿将）在临安石屏一带，大招集民军七八千人，打青天白日旗，称"国民革命军第二十三军军长"，占据迤南各县，声言驱唐，澈底改造。且因龙、胡虽已夺去唐氏权柄，而态度灰色，暗中仍拥唐氏，非采用急进手段，从新改造不可。胡若愚业于四月八日率部回蒙，欲与江氏接洽。但闻江氏以胡野心太大，此次改革若无龙氏与之抗衡，则将来恐不可制。故其主旨，在"拥龙""惩唐""倒胡"。省政府见此情形，恐难妥协，乃又派张汝骥部出驻宜良，决以武力解决。近日，又有开化旧军官王秉钧，亦大招土匪，已近五千余人，打"讨贼军南路总司令"旗号，与迤西讨贼军遥应，声言"保唐""拥龙""倒胡"。

至此次迤南江氏、迤西唐部、开化王氏，所以俱有拥龙之说者，盖因政变以后，唐氏软化，实为龙氏从中斡旋之力。又以龙氏自民十一镇摄滇中道以来，剿除巨匪，甚得民心。今若不与连络，恐人民不服也。其他若

张汝骥、李选廷诸人，实力不多，不足为虑。此外各县土匪，因各军集中省垣，又复骚动，人民皆有食不安、寝不宁之势。故此后滇局如何，尚难逆料。云南王九龄（竹村），为一政客式之投机分子，自在京沪失败后，历充唐氏代表，奔走各省，与国家主义派、社会党、共产党、国民党等联络，随处接洽。今滇政已变，王氏亦与胡、龙接洽，故仍得到省务委员及兼盐运使之职。近日，一面与迤西唐氏军队、迤南江氏、开化王氏大事联络；一面又向国民党输诚，并与四川、贵州各将领函件往还，鼓吹滇川黔三省联合，共掣国民革命军之肘。故胡、龙对王，现亦颇有戒心矣。

范军回滇之说，近又盛传范已于四月十二日誓师出发。龙云对于此事，无所表示；胡则于离省后，业与范军代表彭益齐君相晤，结果胡再答范一书，略云："筱泉学长兄勋鉴：日昨，彭君益齐来，持到手书，并面述尊意。其所以属望于滇政之改革者，持论始终一致，爱国爱乡，至为可佩！前经邮致一函，谅邀青览，此次在滇同志，因适应潮流，自动改组政府。盖恐兵戎相见，必致糜烂地方，故共谋革新，纳政治于轨道，使人民得相安。目前诸务皆已就绪，堪以告慰远怀。昨见港报登载吾兄以'滇事解决，毅然率师北伐'，集大勋而光故国，全滇人民额手共庆。现在滇中军队，团体异常坚固，自可与兄通力合作，树绩中原。所以为兄计者，亦莫善于此矣！但微闻吾兄仍有准备旋滇之说，咸以滇政既经改造，非复前此可以借口之时。倘贸然前进，则图占地盘之嘲，恐无词以自解。益以年来民生凋敝，财政枯窘，正补救之不遑，何堪再见干戈，增加痛苦？又况滇省现已遣派代表，前赴国民政府接洽。诸凡措施，务趋一致。本此数端，均不应有回滇进取之事，或系讹传，亦未可知。同人相与谋虑，设不幸而传言果真，誓必以团结之能力，行保境安民之职权，共同抵御。想兄明体达用，必不因此甘冒不韪，而自损英明也！兹因彭君回部复命，特托便致一函，借申悃愊，惟兄亮察。不尽欲宣，专颂勋安！四月七日。"观此，则知胡之不欲范军回滇，表示决绝。范果欲澈底定滇，滇桂战云，必不免矣！

《申报》1927年5月7日，第2张第8版

# 云南已易革命军旗帜

省党部已正式成立；南防战事尚在进行

**【云南通讯】**云南政府最近虽宣言，愿受国民政府驱策，然事实上尚未有鲜明的意思表现。因此，国民党在滇同盟会会员，日夕工作奔走。至四月二十四日，幸已达到目的，于是青天白日之党旗，突然涌现于省议会与省政府之前，党旗飘扬，气象一新。

闻是日以前，政府已以党员资格全体加入。故是日乃由国民党筹备员王九龄、由龙云（云龙）、马骢、张汝翼〔骥〕、李选廷、胡瑛、杨德源、马铃、杨士敏、李曰基、张培光、刘承祖、张祖荫、杨文清、罗家锴、李培元、杨大铸、邓孟石、邓质彬、董成志、彭嘉猷、吴肇义、王复生、姚立绳、胡占一诸同志，在省议会、省党部筹备处正式公开会议，并选举省执行委员暨候补议员。开票结果，计选出胡若愚、胡瑛、龙云、李培元、王九龄、杨大铸、李曰基、刘承祖九人，为省党部执行委员，后又选出杨德元、姚立绳、马秉丰、张祖荫、吴澄诸同志为候补执行委员。选举毕，当即高呼口号：一、拥护国民政府；二、奉行三民主义；三、实行五权宪法；四、废除不平等条约；五、打倒帝国主义；六、打倒封建军阀；七、拥护农工利益；八、确认男女平等；九、中国国民党万岁；十、云南国民党万岁；十一、中国革命成功万岁。毕，乃摄影、茶点而散。

我滇自江映枢宣称受"革命军"军长职后，一时集合所部，声势甚大，为此个［旧］、蒙［自］风声日紧。胡若愚奉到省政府讨伐令，当即督队前进。而江氏一方，亦已毁坏铁道，出兵佯攻个、蒙，而阴以劲骑，力向阿迷猛扑。以故上月十六日，阿迷铁道、电线一齐均被遮断。而铁道工程师巴都，亦被散匪掳去。迨十七日，在个、蒙接近之鸡街附近，业已发生战事。江氏亲自选择阵地，力与东南边防军白起成部相持。十八日早，江部健将李绍宗、李应鸿，统属二千余人向白进扑。适胡若愚部亦已于是日赶到鸡街集中，两方军队相遇，战事激烈。其后，李部不支，一部分沿个碧铁道线退去；中途又被十一团一营与个旧独立营，于铁道石路之中加以痛击，死伤甚多。江氏主力基干大部，则向临安退去。同时由省派出之第十五团与第九团，在婆兮一带取得联络后，亦向小龙潭、布沼坝夹攻，目下铁道业已照常通车。刻闻胡氏尚拟自率大队，向阿迷方面追击江、李残部，未知战局即能就此告终否也？（五月一日）

《申报》1927年5月14日，第3张第9版

## 云南龙云、胡若愚等电

各报馆均鉴：吾中国陷于次殖民地之地位久矣！诸同志秉承总理之遗训，大张北伐之义师，历摧大敌，屡克名城。列强为之惊心，国贼因而丧胆。脱离帝国之压迫，摧毁军阀之老巢，克奏全功，指顾间事！此固由于吾党同志之努力，与国民希望革命之迫切，亦因总理三民主义之适合国情，足昭全国人民之信仰故也！云等服膺主义，匪伊朝夕。虽形格势禁，表示无方，而信仰坚纯，则始终不渝。吾滇此次改革，则以赞助北伐为目的，与从前护国、护法诸役，殊途同归。盖统一全国之局既成，则建设人民政府自易。殊于战事吃紧之时，即闻党见有纷歧之说。最近阅中央监察委员会通电，始悉共产分子，朋比最高机关，巧立名目，中伤革命军首领，牵掣后方，致北伐前途因而停滞。捧读之余，已不禁发指！且奉行苏俄阴谋，欲引起国际战争，以实行世界革命；乃不惜以中国为"第二巴尔干"，供苏俄之牺牲，稍有人心，宁忍出此！夫共产主义是否实施于资本主义之国家，尚属疑问；至于我国生产落后、工商不振，不适国情，殆无疑义。乃少数受外人指使之徒，竟公然以此号召，阴谋活动。先总理以其为弱小之革命团体，优予容纳，加以庇护，而反喧宾夺主，以怨报德。去年以来，即谋倾覆政府；近更啸聚丑类，盘踞武汉，狡施阴谋，离间忠实同志；利用青年，把持农工运动。种种逆谋，昭然若揭。夫怀二心者，决不可使之虱处吾党；扰乱地方安宁者，决不能与之共同革命，不待智者而决也。敢掬赤忱，敬标三义：（一）蒋总司令为国民革命之柱石，吾党忠贞公正之领袖，凡属同志，理宜一致拥戴，完成革命工作。（二）共产党人谋叛有据，即应全国一致，肃清跨党分子。其首要之徐谦、邓演达等，即行逮捕，治以叛党卖国之罪。（三）定都南京，为先总理未竟之志愿，武汉已为叛徒所据，应请中央迁宁施政，以维国本而便指挥。滇省从国民

政府之后，为国奋斗，只知奉行三民主义，而不知其他。其有持过激主义以引起国民之反感、障碍北伐之进行者，惟有与海内同志铲除篡党蠹国分子，以贯澈先总理之遗志，而完成建国之全功。用特电闻，尚祈共鉴。龙云、胡若愚、张汝骥、李选廷、王九龄、马骢、周钟岳、王人文、由云龙同叩，虞。

《申报》1927年5月24日，第2张第5版

## 云南将出兵北伐

*胡若愚、龙云等已就职*

【南京】云南胡若愚就三十九军军长职，龙云就三十八军军长职，张耀翼〔汝骥〕就独立第十九师长职，不日有就职通电发表。（五日上午十一钟）

【南京】云南三十九军政治训练处主任，已拟定窦子进；三十八军政治训练处主任，已拟定蒋孝；独立第十九师政治训练处主任，已拟定赵澍。云南俟各军政治训练处成立后，即可抽调劲旅一军，出滇北伐。（五日上午十一钟）

《申报》1927年6月6日，第1张第4版

## 龙云等为唐继尧病逝致各报馆公电

各报馆钧鉴："敝省唐总裁蓂赓，年来政务殷繁，脑力已亏。入夏胃病复发，饮食锐减，牵缠经月，病势益增，中西医治，均属无效，竟于本年五月二十三日子时逝世。蓂公十余年来，效忠民国，对于革命护国诸役，功在国家；对于保境安民诸端，功在桑梓。一旦溘逝，悼痛同深！除设治丧事务所办理一切丧葬事宜外，特电奉闻，惟祁垂鉴。云南省政府省务委员会主席委员龙云，委员胡若愚、张汝骥、李选廷、王九龄、周钟岳、马骢、王人文、由云龙，叩，敬。"

《申报》1927年6月8日，第2张第6版

## 滇军之拥蒋讯

*拟调一部分参加工作；推龙云为滇省主席委员*

**【南京快信】** 云南代表张西林、李子璀来宁谒蒋总司令，陈报云南军事、政治状况。滇省兵队，属龙云所部者一万八千人，胡若愚所部者一万八千人，另有张汝骥独立师约一万人，服装、器械均极完备，饷项亦足自给。全军一致服从三民主义，愿追随国民革命军担任北伐及讨共事务。当经中央政府委任龙云为第三十八军长，胡若愚为第三十九军长，张汝骥为独立第二师长，并拟调云南出兵一部分，参加工作。张、李两代表电滇，报告接洽情形。

八日，接龙云、胡若愚复电云："张代表西林、李代表子璀台鉴：镇密。电函诵悉，兹将各情分述如次：（一）蓂公病笃，医药无效，已于养日子时逝世，除通电外，并转政府诸公。〈……〉（三）奉介公电及兄等函知，委云三十八军、愚三十九军、骥第二独立师，一俟委状关防到达，即正式通电就职。至拥介公及讨共都宁，此间于虞日已通电，想已早达云云。至云南省政府组织，前由唐继尧为总裁，成立省务委员。现在唐已病故，自应依照国民政府公布之《省政务委员会条例》改组，推龙云为主席委员，一切规则，由张、李两代表征取江苏省政府现行制度，邮寄云南，俾资仿办，仍须与各省一律设立中央党部政治分会，以促进行。"

《申报》1927年6月11日，第3张第9版

## 南京国民政府下之云南

*胡龙两使就国民军军长职；范石生回滇或可不实现；国民党全体通电表示拥蒋*

**【云南通讯】** 最近一旬以还，云南全省之局势，复由沉寂的而趋于热烈。盖省城因唐继尧之病故，社会中咸发生一种感想，以为云南用无限牺

牲而成革命伟人之唐氏，竟因为三四金壬左右，不克从先总理奋斗，卒令郁郁而死，殊可痛惜！正当此时，而南京蒋总司令与胡汉民先生，均相继用私人名义，电劝唐氏勿以封建自误，速赴宁商榷国事。电到时，唐氏病已不起，故滇人又甚懊丧。未几，此间复奉到蒋总司令及南京国民革命政府电，委龙、胡两使为国民革命三十八、三十九军军长，张使为革命军独立第一师师长。因此，军政各方面复稍转喜色。一时当局要人，正拟分头申贺，而胡军长适于此时率所部一团前来省城，闻将亲就国民党云南省党部执行委员之职，想将来云南必有一番新气象也。至于唐宅方面，除丧事系由当局查照副总统国葬办法代为照料外，刻因唐氏长子筱蓂病亦沉重，丧务、家务在在乏人主持，故当局已议决电致海防，促令唐夔赓迅速回滇，代为照料，并已派遣军队一团，沿途保护欢迎。此电昨闻已经发出，但不识夔赓是否依期赶到耳？

此外尚有一事关系滇省大局者，即驻桂范军决将回滇问题是也。刻闻此间当局认此项问题，最为形势严紧，故范氏派来滇垣诸人，已有一部分因嫌疑重大被捕。虽嗣后尚无甚株连，但滇当局确已电达南京政府，请速速制止范氏，其电略云："滇省此次顺应潮流，改组政府，原为努力革命贯澈三民主义起见，迭经电达在案。乃近据各方报告，范军长石生仍复甘冒不韪，分派党羽潜入内地，勾结土匪，积极图滇。似此甘心扰乱，不顾大局，滇省为保护地方人民安宁计，不能不取必要之处置。如一旦相见以兵，同在钧府旗帜之下而自相屠戮，不仅糜烂地方，殊损钧府威信。除饬属严防外，惟有电恳钧府严行制止，仍请将该军调赴前方，宣力国家。倘或借故迁延，即是有意违抗，恳请饬下黔、桂两省，协同剿办。于滇于国，两有裨益。为此迫切上陈，伏候核示饬遵。委员龙云、胡若愚、李选廷、张汝骥等，马，印。"惟记者刻得友人消息，谓范军长已电饬粤当局，有愿出兵扶助钱大钧肃清湘赣之说。或者唐氏死，范军或不果来，亦未可知也。〈后略〉

《申报》1927年6月15日，第3张第9版

## 北伐中之会师讯

*滇军计划出兵讨共；冯军商议会师方法*

【南京快信】蒋总司令亲赴徐州指挥军事，士气为之大振。云南自唐继尧逝世，胡、龙迭派代表张邦翰、李璨等来宁接洽，表示诚意拥党讨共，并新就蒋总司令所委之三十八、九两军长职。现蒋总司令特派李宗黄代表返滇，慰问军民；会同胡、龙两军长，澈底改编军队，施行党化教育，并筹备出兵讨共，完成国民革命。李代表已于昨日起程回滇矣。

另一消息：云南军长龙云、胡若愚，师长张汝骥，连日叠电南京代表张西林、李子瑾，转呈蒋总司令，筹商出师讨伐湘、鄂共党计划，业经就绪。龙、胡两部军队，原来编制，有旅长、无师长；现在依照国民革命军改编，有师长、无旅长。原来兵队一旅有兵二团，一营有兵四连，现在一律依照三三制，改组成二军，实额兵数三万人，出发参加革命工作，假道贵州，经贵阳入湘。

在讨共军未出发之先，须剿除本省土匪。由龙云拨所部两团、张汝骥拨所部一团，交由胡若愚统率，随同胡部将蒙自一带土匪肃清。胡若愚已颁〔班〕师回省，省城唐继尧之旧部，兵数尚多，自应重行改编。前传云南省城发生战事，当系改编汰弱留强，被淘汰者或稍反抗耳。今日云南龙、胡两军长，曾衔电请代表催中央政府，速将省政府政务委员兼任各厅长人员发表，俾得整理内政等语。〈后略〉

《申报》1927年6月20日，第2张第5版

## 云南胡若愚等为拘留龙云、卢汉致各报馆电

【云南】各报馆均鉴：滇省自改革政治以来，即遵照党纲，积极进行，期早完成革命事业。乃龙云既被选为省务委员，犹无时不思反动。前此暗纵江映枢潜赴南炉，勾结土匪，扰乱地方，意图倾覆政府，仍欲沿袭封建军阀，造成迭克推多。司马昭之心，路人皆见，若不亟事解决，即为革命

前途绝大障碍，云南全省将永无得见青天白日之时。若愚当经督师南下，打破江逆逆谋，击散各大股匪后，随即返省，与各军议决：于本月寒日午前三时，派兵分头围捕，已将龙云及其走狗卢汉，拘留监视；所属部队，亦经分别缴械。圆满结果，省中秩序安谧如常。特先电闻，即希亮察。云南省政府委员主席胡若愚，委员张汝骥、李选廷叩，寒。

《申报》1927年6月25日，第2张第6版

## 滇龙云军被胡缴械

【香港】某方息：胡若愚与龙云发生冲突，胡在省务会议席上捕龙，并缴龙部械。激战竟日后，龙部卒被缴械。（二十六日下午九钟）

《申报》1927年6月27日，第1张第4版

## 云南解决龙云案

【香港】龙云对输诚国府从中梗阻，致为胡若愚、张汝骥、李选廷等部于十三夕缴械。龙部一、二、十四、十六四团，十四日已缴械完毕；惟十三团及十六团一部，尚在禄丰、曲靖备战。但龙夫妻尚被扣留，俟各部完全缴械，方释。（二十八日下午八钟）

【香港】滇省务委会十四日电粤："奉国府密令，解决反革命分子龙云，澈底改革本省政治。本政府十三夜，将龙武装解除。'二六'改革不能澈底，即因龙私心自用；现障碍已除，一切建设，誓与民众开诚合作"等语。（二十八日下午八钟）

《申报》1927年6月29日，第1张第4版

## 滇省发生大战争

胡若愚缴龙云军械

【云南通信】六月十四日夜间三时左右，当明月在天时，忽闻附近发

现枪声数响，疑系何种小冲突，不以为意。不料未及一时，枪声密如珠串，劈拍不绝。天明后，机关枪声、大炮声，杂然并作，不啻一场大战，至为激烈。至九点钟时，乃稍见平靖。出门考察，方见由北门抬入伤兵甚多，始知夜间大演龙（龙云）胡（胡若愚）斗。胡军先分数股，一股占元〔圆〕通山北城楼，与驻扎北较场之龙军对垒开战；一股围攻龙公馆（住海子边东北角）。均与记者住居相邻近，故闻之较切。其激烈之状，虽辛亥重阳反正巷战，亦不如此之甚。十二时前，龙军已败退，向普基逃去。斯时欲派人出外调查，尚不易通过，惟见住海子边附近之孟旅长友闻、杨总务长德源两处，均被抄没；龙之公馆前面房屋，昨晚已被大炮轰毁。而此刻因龙公馆尚在包围中，枪声仍时时发现，全铺居民均闭门不出，邮局亦未开局，此信恐今日尚不能寄出也。孟旅长系唐之亲戚，有兵两团，近已归龙节制；昨晚住元〔圆〕通寺者，已被缴械。张汝骥军长闻与胡合作攻龙，故龙军相持至今晨不支，已向省西败退矣。又闻十四、十五两团，亦已被胡军缴械。

续讯：当六月十三号夜间，省政府胡主席奉令解决反革命军阀龙云时，机枪与手提机关枪声四作，嗣后又复开大炮数响。剧战至六句钟后，北较场龙部暨驻省孟部，虽已大体解决，而龙云则尚死守海子边不出。直至次日，胡主席派一秘书李嗣皇，偕同某领事，由龙宅人挖洞导入。至则见龙云额上似已着伤，寒暄后某领首言"此来系奉胡公嘱托"，并担保性命安全。于是龙云乃随之由洞而出，同到五华山上。龙胡既会晤，龙首言自己决定解职，"部队未缴械者，交由当局处置，己即只身决去。唯兵队尚围攻余之屋舍，原因闻为搜查卢汉。但卢决不在舍下，如不信，请趁余尚在，速为搜查可也"。胡主席见其如此，乃倩人速办护照，故龙氏今早（十五）业已出境。而同时省当局方面亦出示，保护龙宅，不准人折取龙宅一花一木，此事可谓已告一结束。兹将当时要电录下：（一）胡主席通电："万急，云南各局、各道尹、各县知事、各局所、各机关、各法团均览〔鉴〕：本省前次改革政治，误于龙云作梗，毫不澈底。昨奉国民政府密令，已于六月十三日夜，将该员职务、武装一并解除。现在省城秩序业已恢复，诚恐传闻失实，特此电知。所有各该地方一切事宜，务须照常办理，勿为谣言所惑，是为主要。省务委员会主席胡若愚，寒，叩。"（二）

龙云通电："云南各局，送各机关、各团体、各父老均鉴：云镇守滇东，兼充边防督办，数年以来，惭无善状。本年滇政改组，复承地方父老举充委员，本应一竭驽骀，以报桑梓。无如政治工作久无进步，加以目疾剧发，益觉难于支持。当此国家多事之秋，自未便以病躯从事。所有本兼各职，谨于本日一概辞去；所属各部队，概交由政府管辖指挥，俾得游历海外，借资调养。临电迫切，惟希鉴照。龙云叩，寒，印。"

《申报》1927年6月29日，第3张第10版

## 滇军解决龙云之详况

**【云南通讯】**滇省政象，近年因造成独裁制，并群小朦蔽、倒行逆施之结果，政治方面弊窦百出，军事方面纠纷时起，是以酿成"二六政变"一幕。"二六"以后，各军长对于本省军、民两政，本具澈底改良之决心，欲一举而廓清积弊，另布新局。无如旧时舞弊擅权之政客群小，为其本身利害计，乃以前此手段之施于唐继尧者，又转而施之于龙云。龙对于旧时现状，本主顾全，至是更多坚持。以是省政府改革，徒有虚名，更为一般人所不满。故国民政府复电令滇省澈底改革，以完成革命工作。龙于唐逝世后，复欲得唐直辖部队，以自固其权位。缘是，各军长乃有决定澈底改革，解决龙氏之计划。

六月十三日，海关税务司夜宴本省各重要官吏，胡、龙各委员以次均往，因定期于十四日午前一时为开始发动时期。胡部十、十一各团及机枪卫队，又张部十七、十九各团，李部十二各团并翊卫队，王洁修部，分别派往围攻龙之住宅及镇使署、第一旅部宪兵部、龙云警卫营，北较场之一、二两团，及十四、十六各团。此外，若拥龙之孟友闻、卢汉、周文人、杨德源亦派兵往捕。龙部全无准备。各军部伍均于午前二时余，到达各处；于前日三时，开枪发动。龙及各部属因变起仓卒，艰于应付，步十四团及十六团团部人员，均远扬无踪，仅由各营长率兵拒战于城外。北校场及虹山破荷叶一带，拒战死亡极多，省军亦伤亡不少。嗣经宣明政府倒龙意旨，并对其部属一律看待办法，大部分即缴械投诚，一部分则向西北方面溃退。至一旅各部及昆明镇守使署警卫营，则均无大抵抗，即行缴

械。卢汉、周文人、孟友闻、杨德源、白之瀚，均闻变远扬。宪兵各区队，即改隶王洁修统辖；以上各部至午前十二时，即已完全解决。城内外各街巷、要隘、城门，均由各军派队驻守，维持治安，当无意外情事发生，只作战士兵，略有伤亡耳。

至困攻龙云住宅之部队，因龙尚有卫队数十，军械枪弹极夥，虽放火焚去大门，一时终未攻入。并闻朔卫队在五华山放炮轰击，有一炮落其住宅院中，惟未开花，故自十三夜直达次日，各队仍均围攻龙。及午，知不易抵抗，即发函声明，自愿下野，请法、日领事代为调解，保其生命财产之安全，即出住宅。当由各兵将函传出，随由法领事、日领事商准省政府方面，即持抵龙宅，扶之而出。各军即时停止攻击，时已午后六时矣。龙妻随龙出，均至省政府，在光复楼上。闻龙云左眼部受弹微伤，其余各人则无恙；住宅仅大门毁去，玻璃窗打碎而已。至龙现听候政府处理，不日出省。

当日，省垣秩序由王季莲大队长负责维持，犹幸鸡犬无惊，安静如恒，人民亦均未受骚扰，仅在天明时不明真相，吃一大惊。并闻步十五团长张凤春、步四团长朱旭，均已倾心投顺；其步十三团及步十六团，虽尚在禄丰、曲靖，然大势已去，自不难分头派兵解决。故省政府委员会乃快邮代电云："省城各厅长、各机关、各法团、各报馆、各父老、各昆弟诸姑姊妹均鉴：现奉国民政府密令，'本省各军解决反革命军阀龙云，克期肃清，早日完成革命工作'等因，遵于本月十四号午前开始动作，未及半日，即克全城。该反革命军阀龙云，现已解决。所有各机关人员，着仍照常办事，无得自惊擅动，擅离职守，致干查处。除惩办该渠魁外，其余部属，仍皆一体看待，概不深咎。人民务须各安居业，倘有宵小乘机骚扰，一经查出，即以军法从事，决不宽姑。特此电令，着即一体遵照无违，切切，此令。云南省政府委员会，寒，印。"

又龙与法领事至五华山，晤胡主席。原定十七晨出境，不料龙之十四团、十六团，因战败退由富民县一带而去；孟旅之一、二两团，除缴械者不计外，亦退由此路而去，沿途不免有骚扰情事。政府以余孽未尽，恐生意外，故数日来，除任命张汝骥军长为临时戒严司令官、前朔卫队长为宪兵司令官，六城城门，除南门已辟为马路不能关闭，照常通行，其余五门均多关闭。人民至夜间八时，即不准通过。故市面虽热闹不减平日，然森严景象，仍不免令人畏惧也。

六月十七日，为省务委员会会议之期。是日议决之案，于善后有关，故录如左：是日会议，出席者主席委员胡若愚，委员张汝骥、李选廷、王九龄、马骢、周钟岳、由云龙，议决事件：（一）关于死伤官兵事项：（甲）由各部队长官及陆军医院切实清查呈报，分别抚恤奖赏；（乙）死者安埋，伤者调养，由军医课长主办；（丙）负伤官兵各发宽大衣服一套，由军政厅办理。（二）关于省城治安，应将军警督察处改为临时戒严司令部，以张镇守使兼任戒严司令，以镇署人员兼办；凡驻省军队、宪、警，均归戒严司令部命令、指挥、监督、约束（由参谋处速办）。（三）此项出力官兵，自营长以下，以四万元分别奖赏，详细办法由军政厅拟定。（四）通令各部，将收编建制部及零星人员、武器、马匹、公物，限一星期内详细造册，据实具报，由军政厅速办。（五）追悼此次阵亡官兵，由总务处会同军需局拟订办法，定期追悼。（六）对孟、高、刘、朱各部，委派大员，分往宣慰，由参谋处办。（七）迤西三团，仍催赵道尹照前令前往宣慰。

《申报》1927年7月5日，第3张第9版

## 云南最近之党务观

**【云南通讯】**云南自"二六政变"后，军政各权，转移于龙云、胡若愚之手。然一山不能容二虎，致市面上常有龙、胡破裂之谣。适迤南匪风大起，胡氏返防剿匪，龙并派其部下前往协助，谣传因之稍息。然自胡出省后，龙氏主政，信任李培炎、李培天，及唐氏余孽胡瑛、马铃〔骢〕、杨德源、王九龄等，夜郎自大，各方多不满意。

其时，滇中国民党党务，由王复生等主持。王乃共产份子，于去年得邓演达、孙炳文、林祖涵之力，派充滇省党务筹备员。其在滇行为，公然拥护武汉，宣称"三民主义为不澈底"，社会方面对之颇不满意。四月中旬，知广州政治分会已另派筹备员七人，筹办云南党务，并下逮捕王复生等之命令。龙欲利用时机，把持党务。一面借口于防止共党活动，派胡瑛等就省议会中设立云南临时省党部筹备处；一面于五月十一日，将王复生

等逮捕拘押。迨广州所派之筹备员到滇,屡与交涉,毫无结果。该筹备处竟自改为"云南临时党部",发号施令,大忙特忙。其实如何组织?如何宣传?皆莫明其妙。如令市政公所筹备市党部,各县县议会改为县党部,以及警察挨户勒令入党之荒谬举动,层见迭出。彼等对外来之筹备员,仅虚与委蛇,不着实际;而对龙则恭顺异常,致有御用党之称。外来诸筹备员,见交涉之不易得到结果,遂决定不顾障碍,自设筹备处,积极工作,努力奋斗;迨诸事俱已就绪,拟即宣告成立。

适胡若愚、张汝骥、李选廷、王洁修等,均不满意于龙云之专断,且因出兵北伐及其他问题,意见冲突,遂联合倒龙。于六月十四日上午三时发难,激战三小时,龙部大半缴械,龙氏刻已将军权、政权完全交出,闻不日即将出外游历。至依附龙氏之御用党,则已作鸟兽散矣!外来诸筹备员,遂于十五日将"中国国民党云南省党部筹备处"正式成立,呈报中央,启用印信,及通告各机关、各法团、各学校知照,并已派定昆明市党部筹备员,努力工作。

惟当倒龙之会,被拘之王复生等,乘机逸出,活动颇力。加以京、津、沪、宁、广州等处不能立足之共党分子,皆先后归来,与王勾结。其受彼等把持,并自称已得武汉批准之临时省党部又乘机复活,致与广州政治分会正式派来之省党部筹备员成立之省党部筹备处,又成对峙之局。胡、张等对党之认识尚浅,其左右又有已受共党之蒙蔽者,故对王等之活动尚未加以取缔。将来共党利用滇省边僻及当局不明党义二点从事活动,前途甚为可虑。幸一般民众,对于省党部筹备处方面颇为信仰,入党亦甚踊跃。即已入王党者,亦纷纷加入。则滇中党务前途,亦未尝不可乐观也。

《申报》1927年7月7日,第3张第9版

## 云南军民两政之除旧更新观

七月一日悬挂国旗党旗

【云南通讯】此间自六月十日晚间发生剧战而后,所有龙云、孟友闻两部,多逃往富民县属集合。嗣因朱旭一团复再开去,于是省城人民,不

无后虑。顾当局则持以镇定,盖其军事计画,确有把握也。现在浮言业已渐息,社会已有不安之象,而一切军政之新建设以起。方六月二十四号省务委员会开会时,出席者为胡主席若愚,他如周、李、马、王、张、田六委员均出席。会议之下,金以军政厅长马骢辞职,议决以胡主席兼理;财政厅长陈钧久未到任,新委陈价代理;现陈钧又恳切辞职,议决以张委员汝骥兼任。至内务厅长一职,周钟岳早因病辞职,先一日即由委员会议决以李委员选廷兼充。至是军、民、财三种要政,均已有人负责。而王委员九龄,一周前亦将盐运使辞去,遗缺早由委员会议决胡瑛办理,故胡使亦已视事多日。唯经此一番建设,马骢、王九龄、周钟岳三委员,专任省务委员会委员之职,以一意佐助当局云。至蒙自道尹陈钧再请辞去本职,当局因财厅兼职已准辞去,道尹一职实未便听其辞退,比经复电慰留。又任命代财厅长陈价为财政顾问,同时并电复王委员人文,盼速回滇就职,并饬富行速汇旅费,以便就道。政务方面,至是乃粗具规模矣。又此番改政,所有胡军各部,一律均改用革命军服色。刻委员会更饬知一切有司,严禁提倡共产,并通令各公署信笺公函,均须刊载总理遗嘱。而张委员汝骥,自接充戒严司令官后,即已商同市公所赶制青天白日党旗数万面,由警察发交各户矣。

翌日即七月一日,为滇省举行升旗典礼之期。青天白日满地红旗,大小一律,全市飘扬,光彩耀目,又是一番新气象。全市休业一日。午前十一时,在开武亭举行典礼,一切如隔昨之所定。十二时摇铃,各界齐集,主席及各界就位,随由胡主席宣布升旗义意,略谓:"今天举行升旗礼,若愚代表政府来说升旗的义意。云南自'二六'改革以来,早就明白表示过服从三民主义,拥护国民政府,参加国民革命。但是党旗国旗,始终未曾悬挂。现在政治上的障碍已经扫除,就在这个时期,升悬国旗、党旗,兄弟以为有三种义意:第一点表示鲜明三民主义的旗帜,第二点表示共同革命的决心,第三点表示省政府是向光明磊落、大公无私的青天白日的路上走,并且保证此后云南决不会有黑暗专制,及违反人民利益的政治出现。兄弟敢宣言,政府中同人没有一个不是本着这三点作去的。所以也希望全省民众,都受政府的指导,向着这三点共同努力。至于国旗这件东西,对外代表国家的威权和尊严,对内引起人民的敬仰,获得人民的拥护。党旗对于党和党员,也是一样最重大的一件事情。现在升的青天白日满地红国旗,原是先总理在光绪二十几年内就规定了的。'青天白日'表示'光明磊落、天下为公'的意思,'满地红'是全国革命的意思。在南京政府成立时候,汪荣宝等人主张用五色旗,以五色代表汉满蒙回藏五民族。他的缺点,是中国除五族之外,尚有其他之民族,五色殊不能包括,而且别无义意,不及青天白日旗含意的重大"云云。

继奏乐、升旗,鸣礼炮一百零一发。此时五华山及近日楼两处,均放烟火。升旗后,行升旗礼。先向国旗行三鞠躬,次向党旗行三鞠躬,再次向总理行三鞠躬。礼毕,由胡主席上亭,在总理像前恭读总理遗嘱。读完下亭就位,大众静默三分钟。过后胡主席演说,略谓:"同志诸君,同胞诸君,若愚不揣鄙陋,愿与诸君更造一新云南,进一步与全国同志更造一新中国。诸君均属血性良心之健全,谅早已有同心也。今后所施之各种政务,当本自己之良心和智能,鞠躬尽瘁,尽我职责;大公无私,信赏必罚;集思广益,群策群力;不为功名,不为富贵;为国家谋幸福,为人民争人格。吾同胞必以肝胆引吾,所敢断言也。虽然,愚有希望我同胞者一事,则如沸如烈之爱党爱国,牺牲一己一家、私利私情之精神是也。愚甚愿与诸君鼓舞精神,努力奋斗,再接再厉,百折不回,能耐此苦。恒此心也,我同志也,我骨肉也。今日一决此心,非至使我云南、我中国,对内完成国民革命工作,对外取消不平等条约,洗涤一切国耻大辱,造成光华灿烂、自由平等之伟大民国,以副先总理之遗嘱,誓不中止。诸君诸君,我辈之好身手,既将铲尽国贼,统一华夏。此后我们当更进一步,与国人突入觊觎我国家、奴隶我人民、半殖民我土地之侵略主义者之阵线,酣战淋漓之奋斗,而收最后圆满之成功。所以,今天我们在这升悬青天白日的革命旗帜的典礼,我们不惟要拥护他,还要顾念到'青天白日'的意义,清除一切恶劣势力及一切变相的妖魅,使他不能在青天白日之下存在,这是兄弟的一点希望了。"

《申报》1927年7月17日,第3张第9版

## 云南省务委员报告清党

中央社云：云南省务委员张汝骥等，昨致中央一电，报告清党及组党经过，足知云南党务已渐就绪。兹特将电文录后："前次因龙云阳为组党之名，阴行攘权之实，已于寒日完全解决。组织纯粹国民党各级党部，永属于南京中央系统之下，一致服从三民主义，拥戴南京国民政府及蒋总司令，终始不渝。特此电达，以后务祈指示一切为感。云南省委员张汝骥、李选廷等叩，鱼。"

《申报》1927 年 7 月 18 日，第 2 张第 6 版

## 龙云致各报馆公电

各报馆均鉴：云以驽骀，谬兴改革，未能澈底，致拂群情。特于六月十四日，将本兼各职一并辞去。所属部队，概交省政府管辖；其出走各部，亦切电告诫，饬令来归。云即拟束装，远游海外，增历学识，效用将来。倘昧愆尤，惟知怨望；敢祸桑梓，以觊利权？戎首自甘，邦人共弃；掬诚电达，伏冀鉴垂。龙云叩，马。

《申报》1927 年 7 月 22 日，第 2 张第 5 版

## 一省三党部之云南国党潮

胡若愚对于党国之要电

**【云南特约通讯】**此间自同盟分子，在省议会公开其秘密倒唐之军事委员会议，派人赴粤而后，于是王复生随与俱来，另立门户。军政方面，遂借委员调合为名，迅速加入，旋该会再请粤分会派员助理，筹办党务。越月，张禄等至，又立一省党部筹备处，遍处登报，征集党员，且指定三五私人家宅，为入党报名处。于是，一省三党部并立。

"六一四"而后，龙云部溃逃出省，所有龙派之加入党部，什九具函辞退，或隐匿不干党事。至是而议会内一部之党权，再为纯洁的平民所主

持，顾人财则转为缺乏。七月初旬，乃由蒋总司令代表余君祥炘，邀集议会方面杨大铸、邓质彬、张愚公、刘惠苍等，在得意春与张禄等茶会，中间且加入刘小谷等，互为商议。为统一党务起见，决定互相合作，借以达到本党实为整个的中华国民党。事垂成矣，杨等立返议会，召集职员会议。众意均以服从中央执行委员会命令为是，况本党先即曾向粤分会请求派员指导，乃张等别有意见，拒不到会，又不谅本党所处境状，转误称当局委员调解党潮一事，为委员筹备，本党实为遗憾。今既觉悟，实应竭诚欢迎。事方通过，讵张禄一方未免挟其势焰，迭次宣言援众，而同时对于王复生等攻讦尤烈。当议会开会时，张方方发布其省师与省中等学生脱离王复生等通告。至第二日，王派省中学生侵晨即围攻张禄等所设之圆通寺街党部，一时械斗之声，遍传省议会方面。是日方为合作开党员大会也，党员中有泣下者，因见张、王两方均有金钱，本会独无的款分文，党中杂役、书记、印刷等事，需钱最急，咸自愿乐捐资助。每人立掷一元半元，顷刻约得百元左右。杨等见众意坚持以待真正之南京命令，方欲发言，戒严司令部军警已至，云奉张军长命令，现当党潮剧烈，制止开会。次日，戒严司令部又令将三处党部招牌收去。唯议会方面，向来只事宣传主义，此番又未惹事，准予仅将招牌卸存。目下张禄、王复生两方，各挟其筹备员之势力，内部暗潮尤烈。胡主席恐酿巨变，遂一面布告，无论何级党部，一律均停止执行职务；一面复用政府名义，委派委员从新筹备真正之国民党部云云。云南国民党之信仰，至是乃一落万丈矣！

现闻新党部有择定在市礼堂之说，兹并将省务委员会胡主席对于国民党最近之要电撮要录之如后，电云："若愚等谨再郑重声明曰，三民主义者，先总理心力之结晶，亦举世所认为救时之良剂，我滇省全民所当奉为毕生圭臬者。军事之服从，即服从是；政治之训练，即训练是；教育之信仰，即信仰是；党部之遵守，即遵守是。倘有反是而托附伪党，倡为邪说以惑世扰民者，与同志共弃之。青年之学子，心志纯洁；劳动之同胞，思想单简。尤愿各同志迎机引导，纳入正轨，勿使误入邪途，以为真正之民党累。所望海内同志赐之援助，俾得达到与社会阶级合作，人民真正自决，参加世界革命平等革命之地，斯不仅一时一地之幸矣！"

《申报》1927年7月26日，第3张第10版

## 龙云恢复自由

### 就三十八军长职

**【广州】**滇省龙云五日电称：已恢复自由，并于五日就第三十八军长职。（八日上午八钟）

**【香港】**粤接龙云五日电，谓："前奉蒋令委云为三十八军长时，云因被胡若愚羁禁，未得就职。兹幸本军齐集，与滇民众驱贼，胡若愚、张汝骥仓皇宵遁，云已脱险，回复自由。谨于五日就三十八军长职，行使职权。"

*《申报》1927 年 8 月 9 日，第 1 张第 4 版*

## 滇省内战已平之宁讯

### 国民政府将派员查办

国民政府接云南省政务委员来电，云："南京蒋总司令、胡主席勋鉴：滇省隶属国府，升旗之日，万家欢腾，对于革命工作，均愿努力从事，始终不渝。月来简搜军实，议拟北征，冀成革命全功，俾见统一实现。讵意龙前委员云解职后，其所属部队，与胡前主席若愚所部各旅团，不能冰释。近在迤西方面冲突，进逼省门，势甚危岌。委员等以省城根本重地，万不可作为战场，当经恳切致函，极力劝阻；复经各界父老出任调解，力主和平。幸双方均尊重民意，各停止军事行动。本月二十三日，胡前主席已向东路退出，省垣负责有人，仰托福威，地方秩序照常安堵。诚恐传闻失实，谨电奉闻。再查各委员中已多去职，委员等即于本日全告解除职务，俟后之当局另筹组织，并冀鉴查。云南省务委员会委员周钟岳、王九龄、马骢、由云龙叩，寝。"

又驻宁代表云南外交厅长张西林，亦接龙云来电云："烦转张西林兄鉴：自胡、张、李等盗匪其行，变乱滇政以来，政况纷扰。多数士兵奸劫之举，无所不至；愤慨之念，中外所同，而三十八军官兵尤为激昂。彼昏不度德量力，派兵穷追，我军无可避免，誓师攻敌。欧、杨两旅先败于楚、禄，张汝骥继败于禄丰。现胡若愚仅率残余，仓皇于寅夜出走。张汝骥溃窜不能成军，张不知下落；李选廷、王洁修部，已于今晨解决。兹正派兵四出收拾，余敌不难扫平。作恶自焚，天理昭彰。滇中不良分子清办甚易，兄关心至切，特此告慰。"

闻国民政府以云南三十八、[三十] 九两军长，皆系中央任命之官，军事行动应听候中央命令。乃以私怨擅自称兵，殊属不合，有派专员查办之说。

《申报》1927年8月10日，第2张第7版

## 胡若愚出走后之滇局

王李两部均被缴械；胡在杨林宣布北伐

**【云南通讯】** 此间自胡若愚统率所部三十九军，于七月二十四日深夜退出省城后，一时龙部各军，本拟开入省城，嗣因徇各界联合会之请，入城者仅为最高级之官长胡、孟等一小部分，余俱屯驻郊外。次晚，龙云得胡子嘉之谅解，送还省城。

当龙还省时，龙、胡相见，均抱头大哭，佥以此次战事，均系王洁修一人挑拨。今王又已背胡还省，其背后必大有人在，诚恐彼此相煎，终为渔人之利。于是，胡、龙互责"何不早为告诉"，太息者久之。胡氏乃以三事托龙，据外间所传：一为设法使张汝骥脱险，盖张犹在禄丰被围也；二为彼此原系同袍，务请龙氏转达，对于胡部军官眷属，切勿任意报复；其第三则为军事问题。故龙氏回省未久，王、李两部即被缴械。

当龙部诸将之入省也，时王洁修犹率其昔日之翊卫大队，还居城中。省务委员马骢，因恐彼此冲突，乃劝令王部暂退。于是李选廷残部，连夜随王部移往巫家坝。果也龙部一到，即由朱晓东师长等，勒令王、李两部缴械。王部中郭营，立起而应之，故抵抗未久，两部即被完全缴械。现李选廷住于光复楼上，王洁修则被囚于昔日之军装局。

至省中现在形势，外间多言各军官什九均主张胡、龙、张三人同时下

野，以息战祸。故各军均奉三十八军新军长胡瑛之命令；其副军长一职，则由孟友闻任之。但同时又传龙、胡业已妥协，胡于杨林来电，宣布北伐，电云"漾电计达，若愚此次移师郊外，静候调停，对我乡邦，自问无愧。如误会出走各部果能弃嫌修好，相见以诚，则我二、十两军当即整旅北伐，完成国民革命工作，对于本省内政，绝不过问。惟有两项重要问题，极待商磋：（一）关于北伐之部队，禄丰方面张军长所率之欧、林两旅，及临安方面之杨旅，应请各调人设法，使其安全到达东防集中；（二）关于北伐之军实，饷、械、弹三者，均为出兵必须之物，应请各调人保障，以后执政当局务须尽量补充，随时接济。以上二项，立待解决，方能办到，祈即实行。勒马陈词，敬闻明教。胡若愚叩，有，印"云云，不识能否办到也？（七月二十九日）

《申报》1927年8月15日，第3张第10版

## 愈陷纠纷之云南

### 客军纷纷入境讯；龙云敬告民众书

**【云南通讯】**现在之云南市，谣言纷起，人心已觉不安。乃近日忽有"贵州军队业已分派二部来滇"之说，其前锋且已分头发现于罗平、平彝一带。人民闻之，尤为惊恐。至胡、张两军长所部，闻胡部方在东川，张汝骥军长则在澄江一带，沿途将团兵编为军队。日前外间盛传省军已为张军击败，惟尚无确实消息。盖云南至此，业已四分五裂，莫相统属，所有各方收编队伍，更时时就地提取款项，省中政府等于虚设，莫奈何也！刻下又传川军入境，脱此言果确，则外军纷纷入境，势更将引起纠纷。因此省中人士，多盼龙、胡、张三方和平，由胡、张率队北伐。刻虽派出代表四处接洽，特不知胡、张二军长果能照其通电实行北伐否耳？至省中局势，一言以蔽之曰："纷岐莫可名状。"目前虽有南京派来李宗黄君，多方为民众呼吁和平，实则是否有效，尚为疑问。而一般人对于外军来省是否奉有国民政府命令，内容既未能详悉，故实际上尤深焦灼也。

龙云近有《敬告全滇民众书》，录之如下：

"天佑云南,不旬月间,遂拨乱而反之正,俾吾努力革命之民众,重得解放于封建余孽、反动压迫之下,续上国民革命之坦途正轨。云亦获以锋镝余生,脱险归来,以与我全省最敬爱之父老昆弟、诸姑姊妹,在青天白日之下,悲喜相见,痛定思痛,百感交集!

"用将此次事变之由来,与夫个人平日之心迹,为我父老昆弟、诸姑姊妹一略陈之:吾滇之有'二六政变',原以迎纳新机,涤除旧染。则在位者首当清白乃心,致严于公私义利之辨,以期实现纯正的、廉洁的、公开的民主政治,而完成国民革命之基本工作。职是改革以还,军民合作,成立委员制政府,凡百公开,力趋正轨。方冀群策群力,一心一德,共谋造福乡邦,于以效忠党国。彼时云以革命之一份子,谬承邦人付托之重,亦尝勉竭棉薄,追随同志,以蕲收改革尺寸之效,藉慰民众望治之殷。不图事与愿违,心余力绌,消弭调护,日不暇给。虽犹建设之未遑,已苦心力之交敝。在当时一念之痴,以为人同此心,相率以正,则和平改革之中,自有兆民来苏之望。不图耿耿孤衷,诚难共谅,直行正道,或碍私图。爱人以德而不能,委曲求全而莫可,浸淫横决,遂有六月十四日之变。

"嗟我兄弟,同室操戈;环顾穷黎,孑遗弥痛!使我将士,肝脑涂郊原;使我民众,闾里为邱墟。凡此皆由云德薄能鲜,感导无方,以致有此阋墙自杀之惨剧奇祸!此云追维已事,言念疮痍,所为抚膺以长号、返躬而自责者也!夫以常日情势,警耗频来,险恶日甚,云讵懵然无知!知而早为之所,则彼虽行同蛇蝎,亦将无所施其毒技。其所以犹处之坦然,漫不为备者,则以云抚心自问,对公对私,鲜可内疚。既不愧不怍,夫何忧,复何悸?抑又以为纵彼甘冒不韪,贸然相犯,尚有委员诸公、多数民众,当必起而主持公道,仗义责难,俾彼昏知所畏忌,个人或以保全。不图彼方凭借暴力,阴贼险狠,侥幸一时,公然获逞。竟使委员多数之公意被其强奸,社会正当之裁制为所劫持,此则云所由不得不为公道正义一哭,而深为我政府与民众引为遗憾者也!

"至胡所以处心积虑,必欲置云于死地而后快者,根本上则由其封建余孽之传流思想,耽于割据独裁之军阀迷梦。事实上则尝有与云意见冲突,积不能容者数事,请得而备言之:'二六政变'所以毅然主动,原期澈底改革。特云主张对事澈底,而胡则主张对人澈底;云不欲过为已甚,而胡则必欲极意诛求。意见冲突此其一。吾国积年致乱之由,实缘军队私有,为阶之厉。故云力主将吾滇所有军队,收归省政府直辖,以期统一军权,化私为公,打破封建式之拥兵旧制;而胡、张辈则必欲趁机扩张一己实力,竞起瓜分原属政府之部队,攘为己有,借遂其拥兵称雄之野心。意见冲突此其二。政变以还,云对于用人行政,力主公开,任官惟贤;而胡则必欲举军、民、财三大要政,彼此朋分,以为把持政权、市恩酬庸之具。意见冲突此其三。治军首重纪律,必纪律严明,而后于民无扰;胡历年驻守南防,纵容部曲,恣为淫掠,大开赌禁,渔利自肥,迤南人民备受蹂躏,衔之刺骨。云为民请命,屡以为言,冀其稍加整饬,以恤民瘼而保军誉;胡阳诺阴违,托词延宕,循至人民痛苦益深益热,激成三次民变,彼治军无方,老羞成怒。意见冲突此其四。查办贪污,惩治群小,原系云最先主张,惟始终力持必俟证据确凿,方可置人于法,不欲过事诛求,殃及无辜;胡、张辈则必欲迎合一般不健全之心理,不问贤佞虚实,以为一网打尽之计。意见冲突此其五。出兵北伐,一面所以促成国民革命,一面亦所以减轻本省负担;而胡则必乘机利用,对于兵队饷械各项,大事扩增,极端要挟,不顾重累吾民、贻害桑梓。意见冲突此其六。

"凡此六事,事事皆可征实,初无一语相诬。推其用心,实不外封建割据、独占称尊之一念,而与云民主公开之观念,根本上绝不相容,此其所以煌煌文电,谓云为'改革作梗',诋云为'反革命',而彼则独以主席署名,对于其他委员之联署,竟抹杀而莫之顾也。至胡造种种莫须有之词,横相诬毁,综其借口,不外三端:一则诬云为反革命也。夫'二六政变',为云主动,拥护南京政府、拥护蒋总司令,以及反共讨赤各通电,均系云领衔拍发,此而谓为'反革命',则不知彼之所谓'革命'究系何指。二则诬云为暗助江映枢也。夫南防有事,云即派兵助剿,卒以双方合力之关系,南防始克底定,事实具在,讵可厚诬?三则诬云为蓄谋袭彼,彼乃先发制人也。夫当时彼辈在省,合计达八九团之众,而云所部则多驻省外,众寡悬殊,在势莫可。且彼派重兵相袭,而云住宅则仅有卫兵八人。云果有心相厄,何以漫不为备?凡此种种,概属诬毁谰言,不值识者一笑。而彼则竭情构煽,意图颠倒是非,以一手掩尽天下人耳目,亦适见其心劳日拙已耳。

"综上所述,均系此次事变之真因,与夫个人平日之心迹。曲直是非,自有公论,固无待云晓晓置词。惟是此番讨暴锄奸、吊民伐罪之战役,我阖省军民以拥护公道正义之精神,而获最后之胜利;又重劳我民众将士,本其爱国家、爱云南之真诚,以爱云之一身。云既获生还,私心感奋之余,誓将一本我牺牲之精神,拼此一身,谋所以报国家、报云南者,以还报我爱国爱乡之民众与将士!所冀此后军民合力,一本爱国、爱乡、公道、正义之面目,以与举国人士相见,期于国民革命、地方建设之前途,博得最后之胜利,以长留吾国吾滇革命历史上最有光荣之一页,则此役为不负,而云之余生为不虚矣!维我民众将士,其共勉之!

"现胡、张两部,势穷力蹙,仓皇溃走。念其同属滇人,不欲过事穷追,倘彼辈能翻然悔悟,纠合残部,听候编调北伐,则不唯网开一面,予以自新,并当蠲忿释仇,始终引为同志。若再徘徊歧路,一味执迷,甚至招聚土匪,勾结外兵,以图破坏革命,贻祸桑梓,则当视为阖省公敌,与众共弃。云为拥护国民革命、保障本省安全计,誓当以平民资格,纠举义师,为阖滇民众先驱,以锄奸慝而伐有罪。维我民众,幸共鉴之。"

龙云此次晋省后,各界于三日在省政府欢迎。五日,龙在委员会正式就三十八军军长职。本市各铺户居民,均挂青天白日旗志庆。兹录龙云就职通电如下:"南京中央党部、国民政府、蒋总司令、广州李总参谋长钧鉴,各省省政府、各军长均鉴:前奉国民革命军总司令蒋电令,任命龙云为革命军三十八军军长等因,旋蒙颁发任状印信到滇,业经省务委员会敬代收存。时云因被胡若愚等横加袭禁,未得就职。兹幸本军各部悉集省垣,全滇民众亦同起驱贼,胡若愚、张汝骥等仓皇宵遁,云已脱险,回复自由。仰体总司令倚畀之重,与全滇民众勖望之殷,谨于八月五日在滇恭就国民革命军第三十八军军长之职,并承总司令代表李君宗黄临场监誓授印,云即遵于是日启用印信,行使职权,誓以至诚,效忠党国。天日共鉴,此志不渝。谨电奉闻,敬乞赐教。国民革命军第三十八军军长龙云,徽,印。"

《申报》1927年8月26日,第3张第10版

## 云南各团体联合会劝息内争准备北伐

周钟岳等电:"鱼电计达,自二月六日改革政治以还,不幸复有六月十四日之变,建设之绩效未彰,破坏之事端迭见。内则同室操戈,演成分裂;外则省际地位,一落千丈。而共同主张之出师北伐计画,竟以发生纠纷之故而坐误时机,莫由实现,言之至可痛惜!然往者已矣,及今而谋补救,事犹可为。比得子嘉、伯群诸兄迭电表示'率部北伐,为国宣力',此诚与地方父老及钟岳等之主张不谋而合,具见顾惜地方、力持大体之义,至为佩慰。吾滇军于护国、靖国诸役,主持正义,为国奋斗,久著声光。今既同隶国民政府旗帜之下,服从主义,效忠党国,则出师北伐,自为目前急不可后之图,亦即解除内部未来纠纷、继续护靖已往功业之一绝大转关也。钟岳等备职委员,痛心滇事,不辞排难解纷之劳,敢作垂涕而道之请,谨以数事奉陈左右:(一)各方应以地方为重,完全停止军事行动;(二)胡、张两军请照来电,克日率部北伐;(三)客军入境,群情惶惑,应请子嘉、伯群两兄负责严切阻止,以平众愤而明心迹;(四)北伐部队请照黔周主席前电,就黔境择地集中,限期整顿完结,即行出发;(五)北伐部队完全以正式有军纪者编成,其他招集绿林、改编团警、占提枪械等事,无论何部,概行停止,以杜流弊而纾民困;(六)北伐部队官佐家属,由省政府负责保护,并酌定办法,按月接济;(七)北伐部队应补充饷械及经过路线,均电国民政府请示办理。以上各节,钟岳等认为极关重要,如荷采纳,即由钟岳等商同中央代表李伯英君,及地方父老,派员驰往与诸兄接洽进行,以资保证;一面即当切商现在由省出发部队,饬其各就相当地带停止,不得压迫,用示推诚相与之意。时机紧张,稍纵即逝,为国为滇,在此一举,唯诸兄实利图之。掬诚奉告,伫候复示为荷。周钟岳、王九龄、马骢、由云龙同叩,庚,印。"

李宗黄电:"特急,云南电局探送龙军长志舟、胡军长子嘉、张师长伯群、胡司令官蕴山、孟司令官益书,各师旅团长、省政府各厅长、省党部筹备处、各界联合保卫会、各机关、各法团、各报馆均鉴:支电谅达,昨以事实与时间之必要,已〔已〕于麻日同龙军长、政务委员胡张两君代表、各界绅耆，开会讨论，促进和平，曾得龙军长当场表示如下：（一）中央有命令制止军事行动，绝对服从；（二）中央代表同政务委员、各界绅耆，如能负责对方集中后决不反攻，亦可停止军事行动等语。但子嘉、伯群两兄开拔在外，未知真相如何，无从负责。今公举景星五、杨化中两君代表，前往接洽。若得同意，望即明白答复，俾便负责。现三十八、九两军，同隶国民政府，同属国民革命军，似不应各逞意气，继续争斗。除专电中央查核外，特闻。李宗黄叩，佳，印。"

龙云电："特急，滇省政府委员诸公、李代表伯英暨各机关、各界联合保卫会、各法团、各报馆均鉴：顷接委员诸公庚电，暨李代表伯英支电，关怀桑梓，力主息争，心苦语长，极深赞佩。此次我军不忍其豆相煎，实欲犯而不较，倘非相逼太甚，何至同室操戈。往事追维，叹息无暨；各电主张，纯为爱护乡邦起见，鄙意极表赞同。惟于最短期间，划出区域、路线，为北伐集中地点。而彼方有无诚意，如何保障？以事关全滇安危，此不能不特请加以注意者。云此番脱险归来，谬承军民过爱，勉负艰巨，目前专意从事收束军事，滇政自当公诸人民。倘胡、张各部愿留主滇政，即由云率师北伐，固亦夙所深愿也。敢布区区，即希公鉴。龙云叩，真，印。"

《申报》1927年9月1日，第3张第10版

## 滇局又有和缓情势

**【八月十八日云南通讯】** 云南自唐继尧下野后，局势日非一日。龙云、胡若愚两氏，虽曾受国民政府委任为第三十八军、三十九军军长，但两雄不能并立，为因个人之利害关系，时相冲突。月前龙氏部下复兴，胡（若愚）、张（汝骥）出走，遂致四处民军蜂起，各县人民惊恐万状，形势非常紧张，兼之谣言四起，有朝不保夕之现象。兹有友人来省者云：由省城到阿迷，沿途火车上，尽是民军上下。阿迷各栈房，均已完全停业，只有外人开设之洋酒店尚可存在，问其情形，均云栈内一切家具杂物，早为兵匪扫空。现城内尚有民军千余驻扎，其荒凉景象，令人感慨！蒙自则所有各铺号居家，无不关门闭户；城中则李绍宗部千余，驻镇守署及四城楼；城外李宝兰、孔亮部数百人驻扎。此数日大部队已开出鸡街一带，堵截张

汝骥。在前三日,张率孔开甲、莫朴、周兴国等民军五六千,及其原有军队五六千,要进个旧、蒙自。而驻在个、蒙之李绍宗部又不准来,人民非常惊慌。后得蒙道尹陈钧居中调停,筹给军饷六万元,始开拔退回建水。否则一到个、蒙,势必开火,则地方糜烂,不堪设想矣。本日由省城开来追张之兵,已追过大田山,想日内必有一场恶战也。迤南九属为自保计,现组织一民众保安会,公举陈钧为督办,朱渭卿为会办,各县设分会,将民军编制防守,并通电双方,不能在迤南开战。倘有不听调停者,则保安会派民军帮助截击之。大概此电出去,或可停战,亦未可知。

【十九日通信】滇省自七月二十三日夜间,胡部退出省垣向东路去后,当时胡部尚有张军长汝骥,率队在禄丰县孤城被围。旋因龙部大队多半来省,方得突围而出,绕赴南路,与胡部之杨旅长瑞昌联合,约有正式部队三四千人,先在宜良、澄江、黎县一带,大有返攻省垣之势。后经龙部之卢师、朱师及南防革命军总司令江映枢部队,合击张军杨旅、欧旅、林旅,死伤甚多,不能支持,退由曲江向临安方面而去,现在大田山驻扎。胡军长若愚,由省退出后,龙军长派张凤春师长率部追击,又派张冲师长中途截堵。刻闻胡军已退至昭通,一过江底,即将铁桥毁断。现经省政府周、王、马、田四委员,并南京代表李伯英君,及地方耆老,出而调停,双方均停止攻击。由此间派出代表窦家法、欧饱僧、景士奎、阳化中,分向胡、张两处商订条件,大约以后或有和平之望矣。

【二十二日通信】惊涛骇浪之云南市,自龙军长与省务委员会复职后,省中局势,已较为安定;惟各处战事,则尚未收束。张汝骥所部,方进扑鸡街,意在占领蒙[自]、个[旧]。幸该处驻有南防革命军一部,事急时又得总司令江映枢统率生力军万余赶到,再加以省中派往之朱、孟各师,地方乃得无恙。目下省当局已加委江总司令镇守蒙[自]、个[旧]、阿[迷]一属,盖以此等地方,不仅为全省精华,抑为省中咽喉也。至江君所部,原为同盟中人,组织倒唐部队,十九均系民团。军中有一部分,由同盟会人代为主持,全军纯系革命化,颇为龙云所倚畀者。

《申报》1927年9月6日,第2张第6版

## 周西成中止出兵

【**重庆**】周西成出兵援胡若愚平滇，因龙云已就军长职，中止。（四日下午三钟）

《申报》1927 年 9 月 19 日，第 1 张第 4 版

## 群雄并起中之云南

张伯群被困曲靖

【**云南通讯**】最近以来之云南，纷扰极矣！昆明附近虽得三十军龙云之维持，尚称安静，余则早已四分五裂。刻下昭通为胡子嘉，曲靖、沾益为张伯群，迤西为唐夔赓所守；又加以澄江之蒋世英，个〔旧〕、蒙〔自〕之陈和庭，亦均各自为政。目下张汝骥一方，自扑省被击退往杨林去后，省人士咸料其往迎黔军。讵贵阳最近突起重大事变（闻系因周部改编，川军二旅驱周），黔军已星夜议回。因之，张伯群军长遂被困于曲靖城内。张之家属已得确报，皇急异常。曲靖旅省同乡，昨以桑梓被围日久，城内外□□甚烈，无辜人民或伤或死或饿毙，逃生无术，故特发出哀呼之公启，略谓："自张军东退以来，我曲不幸，横遭大祸，城邑变为激战之区，生灵□作俎上之肉。区区小城，围攻已六七日之久。内则肆意搜括，财产一空；外则炮弹频加，血肉横飞。三四万人民，早已绝粟；数千家屋宇，大半邱墟。且也围攻愈急，防守愈严，城门紧闭，交通断绝。人民之幸而不死于大炮者，坐以待毙，欲求流离转徙于他方而不可得。呜呼！此亘古未有之奇祸也"云云。观此，当知曲靖之惨状矣！（九月十日）

《申报》1927 年 9 月 25 日，第 3 张第 10 版

## 唐继虞军进逼滇垣

【**路透社二十七日北京电**】唐继禹〔虞〕于本月十八日击败龙云之军，

占据距省十二哩之呈贡；二十一日进攻省城，剧战一昼夜，不支而退。委尸三百具，守军亦有死伤，城中平民中流弹死伤者，亦有若干。

《申报》1927年9月28日，第3张第6版

## 范石生对滇乱之主张

劝龙、胡一任北伐一暂留滇；并电周西成阻止出兵

【广州通信】滇省龙云、胡若愚迭起纷争，最近胡又有勾引黔军周西成入滇举动。龙云日前曾派参谋长刘师尚来粤，将滇省内情向粤当局报告，并趋谒第十六军长范石生，面递龙氏书函，请范率军回滇，实行以武力调停。范氏当以滇省内哄，自应听候中央解决，本人碍难率军返滇，但必要时本人或只身回滇，以个人资格出任调处，以息滇省战祸，亦未可定云云。范昨为调解滇事，已分别致电省各团体，及电止周西成出兵入滇。〈后略〉（九月二十日）

《申报》1927年10月5日，第3张第9版

## 公电·龙云为击败胡若愚致各报馆电

【云南龙云艳电】各报馆均鉴：胡逆若愚，拥护叛党，反动祸滇。经本军会合滇中政府、人民，群起讨伐，逆势穷蹙，窜走昭通。当以顾念地方，未忍穷加追击，犹冀其服从民意，悔祸北伐。讵胡眷恋穷途，贼心不死；妄借名义，收合余烬；勾结客军，大招土匪；进据宣威，大举反攻，当与我军于漾日激战于沾益县境。逆敌恃强顽抗，鏖战竟日，卒被我军奋勇冲击，逆众大溃，毙敌及俘虏二千余人，夺获大炮二门、机枪两挺、步枪二千余支。胡逆潜踪鼠窜，仅以身免，捷报飞传，人心大快。惟不去庆父，鲁难未已。胡逆经此痛创，逆势蹙不复振，现正跟踪穷追，计日当可成擒，交付民众裁判。谨以奉闻，即希垂鉴。三十六〔八〕军军长龙云叩，艳。

《申报》1927年10月21日，第2张第6版

## 龙云电告击败胡部

【香港】龙云二十九电告,二十三日在沾益县击败胡若愚,俘二千余人,获械亦二千余。(二十一日下午九钟)

《申报》1927年10月22日,第1张第4版

## 滇龙云有与唐继虞妥洽说

【云南通讯】唐继虞乘龙部围攻曲靖张汝骥及沾益胡若愚之时,以为省城空虚,由迤西率领唐继鳞〔麟〕、欧阳好谦等各部约三千人,及联络吴学显军,自称"北伐后援军",向省垣进发。黑夜攻城,当被龙部苏、龚各团及市民保卫会追击,唐军受创而退。至九月二十六日,省政府龙部及市民保卫会等,各派代表出城,与唐磋商和平解决。计龙部代表为唐小蓂(唐继尧长子),政府代表为省务委员马骢,人民团体代表为高现南、李印川、黄玉田、马子祥、童振藻等,至距城三十里之高峣地方开会。

龙方所提条件为:(一)西防部队与三十八军,论以往历史及现处地位,有密切关系,欲救滇危,非彼此开诚合作不能挽救。(二)目下全滇已无一片净土,推原祸始,罪在胡(若愚)、张(汝骥),论理论法,无妥协之可能,应由三十八军完全负责,澈底铲除。(三)黔军犯境,甘冒不韪;推其原因,系胡、张请求而来,西防部队同三十八军应一致对付。(四)对于滇政,无论政治、军事,本人毫无成见,悉听西防将领同各界人士妥议解决。

唐继虞对龙方条件,表示第一、第三两条均可赞同;惟第二条,张军长(汝骥)亦系痛恨客军深入,与我军一致者,应行提出办理,以冀减少兵祸,不能一律视为敌位;第四条,滇政本军不能独揽,须合龙军及各友军、各界人士,妥为解决。并提出意见五项:(一)希望龙军长志舟,通电赞同本军之调和御侮;(二)划省城为中立地区,各军移驻三十里外,省城治安归保卫会暨宪兵、警察维持;(三)克日停止军事行动,由本军及各团体共派代表到前线监视,违者共弃;(四)客军入滇,责有攸归,应由子嘉(胡若愚)

迅速通电表示，即拒止客军，以明心迹，否则引入客军，一意孤行，激动公愤，即当联合各军与众共弃；（五）即以省城或西山开和平会。

但龙方对于第二条绝不赞成，盖恐中唐继虞调虎离山之计。彼且乘虚而入，也对第三条因无人能负责保证胡、张不致反动，故亦不能妥协；对第五条，主张在省城开会；其余均可承认。嗣又经两方磋商维持现状办法，结果决定：（一）西军驻大普吉、黑林铺以西，至呈贡以南之线，不得再进，及有移动情事；（二）省军暂就现地驻扎，不得再进，及有移动情事；（三）以上办法，双方务须确实遵守，在会商办法未实行以前，不得违背，并由各界代表负责保证。

二十七日，双方签字。次日，省方各代表遄回省城报告。惟有人主张，以唐氏部队精锐者少，从未经过大战，且枪械亦极缺乏，战斗力非常薄弱。现龙部张凤春师已由曲靖调回省城（张师于二十九日返省），不如乘机将唐军解决。逆料龙、唐妥洽前途，尚有变卦也。（十月一日）

《申报》1927年10月23日，第3张第9版

## 滇中将领合对入境客军

### 滇西唐继虞大败

【十二日云南通讯】前张汝骥被围曲靖多日，胡若愚由东川来援被击，滇事因之不能解决。故迤西各部即由唐继虞率之进省，欲谋复辟，已被龙云攻退，全滇遂无一片净土。后经人民出而调停，主张息争御侮；胡、张亦愿弃嫌修好，愿率部先攻客军，继则北伐，以解滇危。一再磋商，于十月八日龙军始将曲围撤去，张始出城，与龙部前敌司令胡瑛相见，深悔从前之罪，自愿联络胡部，共退客军。至围曲之四师，将撤回省二师，合住省之二师共对付野心未死之唐三。

至唐三退回安宁后，一面与人民军政代表磋商和平办法，各条件省中已完全承认。而唐三尚欲死灰复燃，一面布置军事，在呈贡、晋宁一带勾结土匪，肆行抢掠，各县人民逃省者，日必数百人。至武定、富民、罗次方面，亦有该部兵队。省城东、西、北三面城外，俱为唐三所据，每日由

各省门暗运枪弹,以图内应,悉被守城士兵检获。外县运省之粮食,悉为唐部掠去,以致省中米价暴涨,人心恐惧异常。

至曲靖方面,龙部留二师为胡、张后援。又省政府主张,令唐三率一部出寻〔甸〕、嵩〔明〕进东川,率一部由罗〔平〕、元〔谋〕、武〔定〕方面共御川军,不知唐三能服从否也?

【十五日通信】省军龙部正攻围胡、张时,迤西唐三欲谋复辟,率欧、唐二师突来攻省,被龙部击溃,退守安宁碧鸡关;省中军民各界,派代表出城议和。唐三阳为敷衍,暗则勾结土匪,积极布防,又向省进攻。迨东部胡、张解决,所有龙部各师,一齐调回省城。见唐三恶迹愈昭,如向迤西各县招兵,并擅委知事,索款勒捐,及烧杀抢掠,无所不至。遂奉政府令,于十三日早下令攻击。龙部卢师担任正面,进攻唐三在马街海潮庵唐继鳞〔麟〕之第一防线。至正午十二时,双方激战甚烈。唐部因猝不及防,大受损失,全部四营被围缴枪械千余支,并俘获士兵千余、团长一人,机枪二挺,大炮一门。张师担任左翼,围缴敌人一营,俘获唐三之副官长一人,其余土匪亦当场用刺刀戳毙数百名。唐、欧各人仅以身免,率残部千余向安宁逃去,尽皆徒手,已不成军。至下午七时,已追至安宁。又朱师已绕道罗次狮子口堵截,不难完全解决。省中秩序如常,民心为之大快,龙部亦出示宣布唐三复辟阴谋及不受人民调和种种罪状,誓当俯从民意,将彼扑灭云云。

《申报》1927年11月1日,第3张第9版

## 滇局可望和平解决

【广州】滇省胡若愚、张汝骥派代表窦子进抵粤,报告滇局现状,谓龙、胡将妥协,龙云愿退出昆明。(一日上午八钟)

《申报》1927年11月3日,第1张第4版

## 龙云代表抵粤

【香港】龙云代表林鉴湘抵粤,否认唐继禹〔虞〕攻入滇垣驱龙说,

谓距滇垣三百里内，已无唐军踪迹。（十一日下午八钟）

《申报》1927年11月12日，第2张第7版

## 龙云严防黔军侵滇

**【香港】**龙云庚日通电，与张汝骥释嫌修好，前此内争，告一段落。惟黔周蓄意侵掠，近更增兵进逼，除正当防御外，请为声援，俾黔军知难而退。（十五日下午九钟）

《申报》1927年11月16日，第1张第4版

## 滇党务之流血剧

**【云南通信】**滇党务因未切实清党，故共党仍以亲友关系，托庇军事领袖之下，大肆活动。日惟造作空气，毁谤中央，对前由粤派回组党之张禄、蒋子孝，攻讦尤烈。（张等因设党部于圆通寺街，故曰"圆通派"）前由宁派回之李伯英代表，亦因赞成圆通派，大受彼辈攻击。

十一月三日，有成德中学学生梁元斌等数人，上街宣传。行至土主庙街，正高呼"打倒圆通派""驱逐李伯英"之际，忽有一便衣军人，与梁等提出辩论，未多几句，此军人即出手枪将梁元斌击毙。

当时消息传出，各校学生遂集合开会，认此凶手系李伯英等所主使，遂结队将死尸抬向五华山省政府前请愿，要求：（一）惩办李伯英及圆通派诸人；（二）缉拿凶手；（三）优恤死者，并开会追悼。当由龙云口头答复：（二）（三）两条允即照办，悬赏三千元缉拿凶手；其余（一）条，须待证据确实，方可照办。事后政府以分立之三党部，即圆通派、省议会派（龙御用党）、教育会派（有共产党混入者）纠纷不已，遂令宪兵警察将各党部之招牌取下，并出示"一律停止活动"，听凭中央解决。

《申报》1927年11月24日，第3张第4版

## 滇局突变

龙云通电下野

【南京】滇局突变,张汝骥十一日率部进驻省垣,龙云二十三日通电下野。

《申报》1927年11月29日,第2张第5版

## 滇省龙云下野通电

云南政局最近发生变化,张汝骥已率所部进驻省垣,龙云亦于二十三日解职,通电下野。其电文云:"特急,滇分送省政府各机关、各团体、各报馆、各县知事、各军师团长均鉴:前以变故迭乘,谬膺人民付托,承乏委员,共负艰危。复职以还,三月于兹,窃愧匡济之未能,早苦心力之交瘁。查现政府系属临时组织,原定期限瞬即届满,自当亟卸仔肩,依限解除委员职务,以符初衷。特电布达,即希公鉴。龙云叩,梗,印。"

《申报》1927年12月1日,第3张第9版

## 龙云为平息滇乱致滇籍在外将领通电

【云南龙云通电】国急。朱总指挥、金铸九军长、王治平军长、范小泉军长,并请转滇籍各将领、各同乡,均鉴:胡、张勾结黔军祸滇,初扰师[宗]、罗[平]、平[彝]、宣[威]一带,近复进占曲[靖]、沾[益]、□铄、陆[良]、□,与胡、张分路窥省,烧杀淫掠,惨不忍闻。人民逃死无所,环请讨贼御侮。查滇局叛扰,渴望宁息,无如委曲求全,百计无效。际此内奸外寇交迫,势不能不诉诸武力。寇氛虽恶,民意难违;实逼处此,血战在即;成败利钝,非所敢计。诸公爱护乡邦,幸赐声援,不胜迫切待命之至!龙云叩,庚。

《申报》1927年12月13日,第2张第6版

## 胡、张主张三分云南

但尚在磋商中

【云南通信】胡、张勾结客军侵滇,龙云应政府之命,全部开往驱逐。以杨林为第一线,横水塘为第二线,拔〔板〕桥为第三线,以胡瑛为前敌总司令,作战方略已拟定令发。孟、卢一、二两师,已在第一线准备,欲乘客军等尚未联络妥当时,施以各个击破之计。而胡氏患下痢咯血之症,难赴前敌。近阅胡、张部将联名通电,主张和平,各派代表商定治滇办法。以龙驻防省城及迤南,胡、张分治迤东,唐三驻防迤西。将来北伐,各派一部,不得单令一方担任;各就防地驻守,不得互相攻击。龙方因始终尊重民意,只须胡、张不再反复,即可履行。若以此为缓兵之计,则前途仍多危险,现尚在磋商中,故大战亦未发生。

惟黔军近日又增加三团于师宗一带,师宗、平彝、罗平、沾益、曲靖等县,被胡、张及客军,将公私款项、粮食、牲畜等搜括殆尽,男女皆迫令充兵役,违则重打。逃省难民日必千人,皆请求政府及三十八军,早日出兵驱逐。胡、张部下闻省军开至,又无饷项及粮食,故官兵来归及逃逸者日多,战斗力薄弱,军心亦甚涣散也。

《申报》1927 年 12 月 14 日,第 3 张第 9 版

## 滇龙云电告击溃胡、张

东南通信社云,滇省三十八军军长龙云,昨电致滇代表李云谷、刘师尚等,通告该军最近击溃胡若愚、张汝骥,及解决侵滇川军战况。原电云:"富滇银行分转李云谷、刘师尚、邹若恒鉴:佳曰,我军出击胡、张,连克易隆、马龙,敌退曲靖。左翼将川军完全解决,克复寻甸、东川,铣午在曲激战。敌大溃,分窜曲、沾,现正猛攻,可望荡平。龙云,筱。"

《申报》1927 年 12 月 22 日,第 4 张第 14 版

| 《申报》卷 |

## 讨伐龙云之要电

　　国急,中央党部、国民政府军事委员会钧鉴,各报馆转全国同胞公鉴:"溯滇省历年在军阀势力之下,与革命潮流背道而驰,爰有'二六'之举;方期扫除封建余孽,共见青天白日之旗,肃清金壬,拯救水深火热之民。乃龙云蛮夷成性,狡诈为怀;图谋私利,勾结群小,致革命事业未能澈底。不得已拘捕龙逆,旋复释放,冀其悔祸。讵料愈逞其凶险残恶之性,恣意胡行,竭力排斥忠实同志,不留余地;联络共党,酿成赤色恐怖;滥发纸币,致使金融混乱;强征厘税,敲骨吸髓;勾结土匪,个旧变为瓦烁〔砾〕;屠戮良民,省垣到处杀人。综其祸滇殃民之罪,罄竹难书。若愚等徇全省民众之意志,行本党铲除军阀之政策,爰率各军,大举进攻。连日大创逆军于宜良等处,龙部走狗卢汉、孟友闻等,皆溃退无踪,龙氏亦离省潜逃。援首有期,和平可望。此后,行当依总理之遗教,定治省之大计,务期群魔尽扫,三民主义得以实现于滇中也。谨此布闻,即希鉴察。国民革命军第三十九军军长胡若愚、第二独立师师长张汝骥元,叩。"

　　　　　　　　　　　　《申报》1927 年 12 月 26 日,第 4 张第 13 版

## 滇省内战消息

　　滇省自胡若愚、张汝骥借援川黔客军入境后,龙云、胡瑛两部顿受压迫,节节退让,故日前有黔军占领滇垣之传说。据最近消息,龙、胡两军军纪素佳,为滇人所爱戴。胡若愚、张汝骥等自黔桂失败,所部实力完全消失;回滇后,各招募土匪以图扩充。此辈烧杀淫掳,习与性成,近复纷借外兵,蹂躏乡土,大为滇人所切齿。以故龙、胡两军,鉴于滇省人心之趋向,采节省兵力之战略,乘黔、川各军猛进之际,节节退让,迨至相当时机,以龙云所部固守滇垣,而胡瑛率领全部迎头痛击。川、黔军进行过速,力已衰竭,骤遭逆袭,战力全失。胡、张所部匪徒更无抗战力量,相率逃窜,溃不成军。胡瑛乘胜趋进,闻已占领贵州盘县矣。

　　　　　　　　　　　　《申报》1927 年 12 月 30 日,第 3 张第 10 版

## 国府委员会议

**通过征收卷烟税条例；任定豫滇省政府委员**

【南京】国民政府委员会十七日开第三十三次会议，出席委员王伯群、蒋作宾、宋渊源等二十一人，主席谭延闿。〈中略〉蔡委员元培、王委员法勤、何委员应钦、朱委员培德提议：请任命龙云、范石生、胡瑛、金汉鼎、陈钧、张维翰、马骢、丁兆冠、张邦翰九人为云南省政府委员，指定龙云为主席，并任陈钧兼财政厅长，丁兆冠兼民政厅长，决议通过任命。

《申报》1928年1月18日，第1张第4版

## 国府第三十四次会议　任命龙云为国民革命军第十三路总指挥

国民政府委员会于一月二十日上午九时举行第三十四次会议。……决议颁布《北伐全军战斗序列令》，令文要点如次：（甲）北伐全军以国民革命军总司令蒋中正统辖指挥之；……〈中略〉（丙）……〈中略〉（九）军事委员会呈请："特派龙云为国民革命军第十三路总指挥，统辖第三十八、三十九两军；并请任命胡瑛为第三十八军军长兼第九十七师师长，卢汉为第三十八军副军长兼第九十八师师长，朱旭为第九十九师师长，孟坤为第三十九军军长兼第一百师师长，张凤春为第一百零一师师长，张冲为一百零二师师长。至原第三十九军军长胡若愚，称兵作乱，请明令免职，通令查办。"决议照办。〈后略〉

《申报》1928年1月26日，第3张第11版

## 中央执委开会纪　要求龙云厉行清党

议决要案六项

【南京】中央执行委员会，二十六日上午在中央党部开一百十六次常务会议：（一）关于浙江党务，前曾议决派改组委员会接收，现浙江省党部

临时执委会来电,请催往接收。经议决,派改组委员陈希豪、洪陆东先往接收,并催其余各委员立即前往。(二)云南党员张禄函称,清党以来,共产党以云南为逋逃薮,请令三十八军长龙云厉行清党,议决照办。〈后略〉

《申报》1928年1月27日,第1张第4版

## 滇省政府委员发表之经过

**【南京通信】** 云南省政府委员,已经国府第三十三次委员会议决发表,任命龙云、范石生、胡瑛、金汉鼎、陈钧、张维翰、马骢、丁兆冠、张邦翰九人为委员,并任命龙云为主席,陈钧兼财政厅长,丁兆冠兼民政厅长。

查滇省委员发表之经过,由前云南省公署参谋处长李雁宾代表来京,向国府方面陈述各节,经蔡元培、何应钦、朱德培〔培德〕、王伯群四委员拟具名单,提出议案,经国府会议通过。原文如下:"据云南代表李雁宾面称:云南自十六年二月改革以来,方期奉行三民主义,努力革命工作,效忠党国。不意胡若愚排除异巳〔己〕,借遂私图,于六月十四日兴兵构乱,大肆抢掠,又复勾引客军,糜烂桑梓。因之群情愤激,一致敦促龙云负责戡乱。迄今半载,已将胡部完全击溃,驱逐客军出境,回复地方秩序。惟省政府尚未正式成立,施政无由,拟请中央明令委任人员,克日组织省政府,以专职责,俾地方政治早趋正轨,以慰人民喁喁之望,而抒政府南顾之忧等情。委员等查该代表所称,尚属实情。云南省政府有早日组织成立之必要,理合拟具委员名单,提出会议。是否有当,应请公决。龙云(前三十八军军长,现任滇军总指挥)、范石生(第十六军军长)、胡瑛(现任代理三十八军军长)、金汉鼎(第五路第三十一军军长)、陈钧(蒙自道尹)、张维翰(市政督办)、马骢(现省务委员兼军务厅长)、丁兆冠(内务厅长)、张邦翰(外交厅长)。"

云南省政府委员任定后,政府以滇黔两省,唇齿相依,如西南边陲之安危所系,特致电龙云、周西成两军长,及滇黔两省政府,务望团结一致,共济时艰,各保安宁。其电由云南无线电台分转,文云:"云南无线电台分转云南龙军长、省政府,贵阳周军长、省政府,均览:民国肇造,

军阀嗣兴；滇黔两省，迭建殊勋。屡当大任，护国靖国，声施烂然，为党国效驱驰，为全民作圭臬。粤稽往绩，实迈等伦。比年北伐兴师，所向克捷，未及一载，威加河朔。国民革命，正待完成，滇黔虽处边陲，形格势禁。然或举兵讨贼，或仗剑从戎，共策休明，奉行主义，皆克缵述鸿业，不隳光荣。政府爱国爱民，无间遐迩；每闻佳讯，欣慰良深。查滇黔壤地毗连，休戚既关，团结宜固；磋磨共励，应共同仇。所望各将领、各有司，本其知能，恪循政令，遵民主国之精神，纳群伦于轨范。相亲相爱，各保安宁；一德一心，共臻郅治。各将领、各有司咸睹时艰，必能仰副政府期许之殷，共慰人民昭苏之望也！特此电达，其各勉旃。国民政府，霰，印。"

政府又将部署滇、黔两省政府之统筹计画，电告刘湘、赖心辉，并望龙云与赖合作，维持川、滇边防，电文如下：（一）刘总指挥湘、赖军长心辉均鉴：滇黔川壤地毗连，谊关唇齿。建国以还，迭树勋绩；袍泽同忾，实共成之。迩来滇黔多事，乃眷西顾，殊为怅然。除业经统筹部署政务，并令努力安民外，特此电达，尚望勉相维系也。国民政府，印。（二）云南龙总指挥鉴：迭电计达，接□电，借悉近情。赖军长磊落精诚，向从命令，但能持安民之见，则纠纷自解，仰遵前令可也。国民政府，马，印。（二十五日）

《申报》1928年1月27日，第3张第9、10版

## 云南省政府定购双轮牙刷作奖品

云南省政府主席龙云，向本埠双轮牙刷公司定购"双轮牌"牙刷十万枝，作该省奖励士兵、官佐之用。兹由该省政府委员兼全权代表李云谷君来沪，已与双轮公司正式成交。闻其牙刷柄上刻有"不惜死、不扰民、龙云赠"字样云。

《申报》1928年1月28日，增刊第1版

## 中央常务会议纪　电令龙云厉行清党

中央常务会议于一月二十六日上午十时，在中央党部开会，出席委员蔡元培、于右任、陈果夫、邵力子、蒋中正、何香凝、郭春涛、丁超五、丁惟汾等九人，其讨论事项如下：（一）浙江省党部临时执行委员会铣（十六日）电，请速饬原派各改组委员来浙接收省党部，以便交卸而免纠纷案。决议：先着陈希豪、洪陆东两委员即日前往接收，并催各委员迅速前往。（二）云南张禄函称：全国厉行清党以来，共贼以云南为逋逃薮，请中央严电三十八军军长龙云，迅速厉行清党案。决议：电龙军长照办。〈后略〉

《申报》1928年1月29日，第3张第9版

## 范石生电劝龙云

【香港】范石生电龙云，劝勿侵黔，免循环报复。（三十一日下午九钟）

《申报》1928年2月1日，第2张第7版

## 南京七日大会

【南京】七日大会推定军事委员会常务委员十二人为谭延闿、阎锡山、杨树庄、冯玉祥、程潜、蒋中正、何应钦、李宗仁、李济深、朱培德、白崇禧、于右任，以蒋中正为主席。

【南京】七日大会通过之军事委员七十三人为：于右任、方振武、方声涛、王均、石青阳、白崇禧、田颂尧、朱培德、宋哲元、李烈钧、李宗仁、李济深、李鸣钟、李福林、李景曦、何应钦、何成濬、朱绍良、汪兆铭、周西成、岳维峻、金汉鼎、胡汉民、张群、胡宗铎、柏文蔚、孙科、孙良诚、孙岳、陈焯、陈季良、陈可钰、陈训泳、陈调元、陈嘉佑、陈绍宽、陈铭枢、夏威、曹万顺、张之江、商震、鹿钟麟、贺耀祖、黄绍雄、

程潜、温寿泉、冯玉祥、钮永建、杨发〔爱〕源、杨树庄、杨杰、杨虎臣、邓锡侯、邓宝珊、樊钟秀、卢师谛、刘峙、刘湘、刘郁芬、刘文辉、刘骥、蒋作宾、蒋中正、赖心辉、鲁涤平、阎锡山、谭延闿、钱大钧、顾祝同、徐永昌、龙云、马福祥、熊斌。（七日下午四钟）

《申报》1928年2月8日，第1张第4版

## 四次中全会任命龙云为军事委员会委员

四次中全会之最后一日，推定中央常委与国府军会各委员及主席……军事委员会主席及常务委员人选案，议决指定于右任、方振武、方声涛、王均、石青阳、白崇禧、田颂尧、朱培德、朱绍良、宋哲元、李宗仁、李烈钧、李福林、李景曦、李鸣钟、李济琛、何成濬、何应钦、汪兆铭、周西成、岳维峻、金汉鼎、胡宗铎、胡汉民、柏文蔚、徐永昌、马福祥、孙良诚、孙岳、孙科、陈可钰、陈季良、陈训咏〔泳〕、陈焯、陈绍宽、陈嘉佑、陈铭枢、陈调元、夏威、曹万顺、张之江、张群、商震、鹿钟麟、贺耀祖、黄绍雄、程潜、温寿泉、冯玉祥、钮永建、杨杰、杨虎臣、杨爱源、杨树庄、邓锡侯、邓宝珊、樊钟秀、熊斌、钱大钧、卢师谛、刘文辉、刘郁芬、刘峙、刘湘、刘骥、蒋中正、蒋作宾、鲁涤平、赖心辉、龙云、阎锡山、谭延闿、顾祝同为委员；以白崇禧、李宗仁、李济琛、何应钦、朱培德、程潜、冯玉祥、杨树庄、蒋中正、阎锡山、谭延闿为常务委员，并指定蒋中正为主席。以上各委员，交国民政府特任。

《申报》1928年2月9日，第3张第9版

## 国府致龙云电

南京国府哿电龙云，云："云南无线电台转云南省政府龙主席，并转各委员均鉴：迭致电令，计均达到。金碧无恙，惓顾为劳；全会完成，百事俱举。此时所最要者，大举北伐，统一诸华。团结精神，勤求上理；改革伊始，要在洞烛民情。滇省雄峙西陲，贤豪辈出，关于党国大计及地方

应兴应革事宜,该将领等与地方人民,必有所见,望及时敷陈,借资采择。现在滇中情形,立盼切实见告,政府统筹全局,必期有以慰喁望也。"(二十日)

《申报》1928年2月21日,第1张第4版

## 滇将领声讨周西成

**【国民通信社云南通讯】** 自龙云、胡若愚之争以后,胡若愚败退,即向黔省周西成请兵援助,以致引起滇黔之争。现胡已失败,黔军将全部退出滇省。兹录胡若愚向黔周乞兵电及三十八军讨周文录下。

胡若愚致黔周电:"国急。贵阳主席继斌仁兄勋鉴:密,亲译。敝省自'六一四'之役,龙部卢、孟各旅,率部西窜,暨此间派部追击各情,迭电奉闻,谅邀鉴察。昨据前方报告:该等在楚雄附近一带激战,我军受其伏击,牵动前线,乃于真日变换阵地,困守禄丰,敌我两方,伤亡颇巨等语。查该等势成穷寇,进退维艰,不能不拼此孤注,若不及早解决,宁独敝省之患,实为西南之忧。遂派伯群、于文同出发督师外,拟请吾兄派兵十团入滇协助。事机严重,利害共通,惟兹紧急之时,必伏缨冠之义。竭诚奉恳,伫候德音;临电神驰,毋任翘企。弟胡若愚叩,文,戌,印。"

又电云:"国急。贵阳周主席继斌仁兄勋鉴:亲译,密。迭奉电示,足见关怀;感佩之忱,匪言可喻。龙部拼死反攻,前方情形,日趋严重。俟各部集中,拟即亲出督师,乡国安危,在此一举!文同电请派兵增援,相爱如兄,当蒙照办;事机迫切,请速进兵援助,无任盼祷!弟胡若愚叩,酉,印。"

查上两电,系胡若愚去年七月临败出走时所发,由周西成披露,借作侵滇口实者。

第三十八军讨周文:"寇周西成者,出身厮养,根器由来微贱;混迹绿营,逢迎渐以升迁。尔乃虺蜴为心,枭獍成性。追随谷正伦,背谷潜逃;隶属王小山,取王自代。受罗成三之恩遇,竟杀罗身于播州;得石青阳之提携,反缴石械于赤水。加之巧趋善避,事事投机;鲜耻寡廉,方方俱到。受唐蓂赓之委任,复通款于北方;与袁祖铭为仇雠,更乞怜于重

庆。张奉皆其恩公，孙贼亦通信使。印信塞腰，威风真是八面；头衔满顶，人格贱仅二重。洎乎省权在握，黔驴自豪；主席称尊，沐猴不似。作威作福，大政由其独专；为云为雨，群僚莫敢置议。勒派烟捐于筹饷，强按人头而征兵。缚县令以游行，玷辱官常；枪无辜以示众，草菅人命。裙带有关，即绾兵符；苞苴不进，难擢要津。小恩小惠，无非田常之居心；大恶大奸，实效阿瞒之故智。固早为滇人所切齿，清议所腐心者也。最可痛者，滇黔本唇齿之邦，夙称亲善；胡、张肇腹心之乱，允宜征诛，彼乃利用虎伥，思收渔利。目无党国，自由行动，破坏革命团结，扰乱北伐后方。甘居戎首，妄兴无名之师；深种仇根，竟忘交邻有道。侵占我城邑，蹂躏我人民。委官撤吏，尽用流氓；搜款提枪，行同土匪。钱粮税课，恒加倍而征收；学实警团，惟多方以破坏。驮马搜封以去，破铜辇载以归。加以部队杂糅，半多乞丐；军风扫□，远逊绿林。户壁门窗，毁焚殆尽；鸡猪鹅鸭，打杀一空。敝衣滥絮不留，竹头木屑是要。奸污民妇，强盗无此凶横；毒打力夫，狱卒逊其残忍。以致马彝曲沾，悉变愁云惨雾；罗师泸路，尽成兽窟鬼墟。呜呼！开门揖盗，咎固在乎家奴；越俎代庖，责难辞于尸祝！内哄不靖，识助长之有人；外侮交侵，惟同仇之视我。本军爰整师干，大张挞伐，譬太阳之沃霜雪，如久旱之逢云霓。曳兵弃甲，实敌寇之写真；拉朽摧枯，如我军之胜算！第以余孽虽清，仅报东征之捷；渠魁未除，莫竟北伐之功。尚冀我滇省民众，怀兄弟急难之诗，赋戈矛同仇之句。陈师筑道，竟犁庭扫穴之功；秣马贵阳，完斩草除根之志。更望黔中同志，速举响义之师，自除害群之马。须知不诛曹错，难退七国之兵；早去庆父，便已鲁邦之难。檄到如律令。"

《申报》1928年2月21日，第3张第9版

## 云南三十八军凯旋回省

**【云南通讯】**三十八军自将川黔客军及胡、张击败于迤东曲靖、罗平一带以后，黔军已败退黄草坝及盘县等地，川军败退昭通、东川等地；被围曲靖之胡、张、阮等，亦突围而出，率千余人逃往盘县，与其败将林、田、杨、欧等会合。黔军近有来函，请求将彼俘虏枪械六千余放回。三十

八军前敌总司令，以彼侵略之心尚炽，未经允许，并由政府致电周西成，劝其速将胡、张交出，以免两省积怨；一面令第二师驻防曲靖、平彝，第三师驱逐昭、东川军，第五师及新编第一旅往迤西剿灭唐三之复辟军，第四师分布迤南剿匪，第一师驻防省城，第六师及江李管等分布宜良、陆凉、师宗、罗平。前敌总司令部，亦于二月六日由曲抵省，省城全市，皆悬旗欢迎。政府及全省商民协会，购备大宗毛巾、食品、香烟，慰劳三十八军全体官兵。南京政府则以川黔军不顾党纪，攻击同一旗帜下之国军，显系反动行为，已派广州中山大学博物教授部重魁（滇人）来滇，勒令川黔军急速退兵。

惟现据探报，川黔军尚图复进。除川军开来援兵四团，将抵昭通外，黔军及胡、张已拟定进兵计划：将以平彝为中路主力，进攻曲靖、马龙；左路罗平，右路宣威，仅以少数兵力牵制之。然三十八军势力雄厚，人数约在五万以上，且已早有预备，拟将迤西唐三解决后，再行歼灭此种残寇。该军前敌总司令胡瑛（蕴山）回省后，已奉中央委为三十八军军长；又第一师长孟坤（原名友闻），委为三十九军军长。至三十八军旧军长龙云，已委为第十二路总指挥兼云南政府主席。现正计画改编各师，归三十八、[三十]九两军统率事。

《申报》1928年2月22日，第3张第9版

## 周西成又增兵攻滇

**【云南通信】**周西成及毛光翔、阮德炳等，与胡、张结合，大举攻滇。业经三十八军击败于曲靖、平彝、罗平等县，并逐出滇境，惟因胡、张未被俘获，祸根未除，而黔周亦野心未死，故又增兵，以图反攻。计由贵阳开赴南龙四团，周自率领向罗平一带进攻；又令毛鸿翔率二团，先赴江底；其外并运来机枪、大炮四十余挺，准备决一死战。至毛光翔、杨寰澄及胡、张等，约有残部三四千人，拟由平彝进攻。现三十八军驻防罗平之江、李两部，已据谍报拍电省政府及三十八军军长龙云，请增援防堵。

《申报》1928年3月4日，第3张第10版

## 周西成呈报黔事

【南京】周西成派代表车鸣翼来京，上呈国府，报告黔省最近情形。（一）军事：现在对滇已停止进行，滇政府龙云亦派代表赴筑言和；惟滇省内容复杂，亟盼政府设法制止乱源，以免牵动大局。（二）政治：自龙云主政以来，锐意革新，盗匪渐须肃清，财政公开，积弊悉除，人民称便。积极经营汽车道，以贵阳为中心，长途马路二十余里，均已通车。（三）实业：创办泉水冲之煤油矿，可敷黔省之用；并开凿赤水、角脚两处盐井，电力、机器、设备亦将完全，燃料、食盐可不仰给外省。（三十一日）

《申报》1928年4月1日，第1张第4版

## 国府致滇鄂军人电

【南京】国府电龙云，云："云南龙总指挥，并转胡、孟、随三师长鉴：该师长等元电悉，体念时艰，力持谦退，情词恳切，足树风声。所请滇省暂不加编军队，仍由龙总指挥兼任三十八军军长，该师长均就原职，并辞去军长、副军长之处，应即照准，以令行军委会外，希即知照。"（二日下午九钟）

《申报》1928年4月3日，第1张第4版

## 国府任命龙云军职

【南京】国府任命龙云为三十八军军长，胡瑛为该军九十七师师长，卢汉为九十八师师长，孟坤为第一百师师长。（四日下午十钟）

《申报》1928年4月5日，第2张第4版

## 国府致龙云电

【南京】国府四日电云南龙总指挥云："铣电悉，该总指挥谊切同袍，荐贤自辅；该师长等力顾大局，辞荣弗居，公忠笃挚之忱，均足以救乡国之阽危，树军人之模范，和衷共济，嘉赖殊深。前据该师长等电请，辞去军长、副军长，仍就原职，并请暂不改编军队，仍由该总指挥兼任三十八军长各节，均经明令照准。另案饬遵，并着传谕嘉奖，以利戎行。"（五日下午六钟）

《申报》1928年4月6日，第1张第4版

## 龙云驻京代表谈云南省内情况

【大中社七日南京电】龙云代表李某，语本社驻京记者谓："滇省内部现已统一，极愿抽调一部之军队，参加北伐，刻正向蒋总司令接洽中。至该省省政府委员由中央指派者，业已补充完竣，堪称得人；惟党务方面，因云南地处边境，一切情形中央或不十分明了，故此次发表之党务指导员，颇有尚待中央考虑者。"

《申报》1928年4月8日，第2张第7版

## 川黔滇协商北伐

【重庆】周西成电约赖心辉赴遵义会晤，协商出兵北伐事宜。（七日上午十一钟）

【重庆】龙云派张槐三、黄子实入川，与刘湘商洽睦邻北伐事。（四日上午十一钟）

《申报》1928年4月16日，第1张第4版

## 滇黔两省预备北伐

【广州】王应榆前奉当局命，赴滇调和滇、黔两省内争。现已公毕，偕同龙云、周西成代表二人，十七日来粤，向政分会报告经过情形。闻滇、黔两省已预备北伐，俟有命令，即行动员。王日内将往韶关，组织北区善后委员公署。

《申报》1928年4月19日，第2张第7版

## 滇省出师北伐

【广州本报讯】滇省龙云，十日电李济深，略称"以二万锐师北伐，以一万留守滇防。请指示路线，并令知经过地方，当克日出师，前驱效命"等语。（四日下午八钟）

《申报》1928年6月5日，第3张第9版

## 胡若愚愿放弃滇事

四川革命团体欢迎指导员

【中华社五月三十日成都通信】近因下东战事爆发，当局忙于应付，斗智斗力，各极其妙。惟均在暗中布置，传言不一，尚难征信，兹仅简述两事以告读者。

胡若愚军长之表示。胡若愚、张汝骥等，自为龙云战败后，大都率残部退集川、滇边界，伺机而动。胡氏因与刘文辉有亲密关系，特来省面商一切，并于二十九日午后二点，在海国春西餐馆邀请此间各报记者聚会，冀获对彼主张之谅解。届时，宾主到者二十余人。席次，由胡向各记者历述幼时救国抱负、第二次革命护国等役努力情形、近年来在云南消除假革命军，以至于此次失败之经过暨云南此刻军事财政情形甚详。胡并言：今后若龙云幸而将云南治理就绪，服从国民政府及中央党部，则彼愿率所

部，在北伐前线上去工作云云。胡言毕，各记者均有恳切答词，约有四点：一、劝其坚持其志，努力作去；二、劝胡勉为国民党努力之精神，始终不渝，以发扬个人之党德；三、劝其抛开滇省不管，设法赴北伐前线；四、劝其赴川边开垦边地，并保障国防云云。席间有人问胡："在省尚能勾留多时？"胡言："不到半月，即回宜宾。"〈后略〉

《申报》1928年6月20日，第3张第9版

## 国府致龙云电

【南京】国府致云南龙军长电云："删电悉。滇省地属边徼，民困待苏，该军长尊重裁兵计划，期在实行，具见爱国爱乡，深堪嘉许。希先就滇省情形，妥拟办法，自行裁减。至中央裁兵方案，由军委会另案颁行，并即查照。"（三十一日下午十钟）

《申报》1928年9月1日，第3张第9版

## 龙云特派员来京谒蒋

【南京】云南省政府特派员何子房，衔龙云命来京谒蒋，接洽军政要务。现已事毕，返滇复命。（一日下午十钟）

《申报》1928年10月2日，第2张第8版

## 最近出版《党国名人传》

【本报讯】最近出版《党国名人传》，余牧人编辑，陈德征序言，朱剑芒题署。本书列举中国当今第一流人物，用传记体编辑，是堂堂正正的一部革命史，不是投机性质的滑头刊物。凡国民党四十余年来的运动，和现代党国要人的出身及经历，尽萃于斯。用历史的眼光编辑，用《史记》的笔法叙述。全书约十余万言，名人照片数十幅，当代要人无不各有详细记载。九十余名人衔名：孙中山、陆皓东、徐锡麟、秋瑾、熊成

基、温生才、赵声、宋教仁、黄兴、蔡锷〈……〉龙云、周西成〈……〉价目：全一厚册定价九角五分，实售八折，邮费加一，上海及各省世界书局发行。

《申报》1928 年 11 月 23 日，第 2 张第 5 版

## 中央政治会议　议决龙云电请二事

**【南京】** 国府转云南省府主席龙云铣电称：属府财厅长陈钧，坚辞不就；经令委陆崇仁代理，请明令准其代理。决议：照准。

云南省府主席龙云电中央政会：请加委马骢为云南盐运使。二十八日政会决，交国府。

《申报》1928 年 11 月 29 日，第 1 张第 4 版

## 国务会议审议龙云提议

**【南京】** 国府三十日第九次国务会议〈……〉中政会咨为本会议一六五次会议，准文官处奉论，转送滇省府主席龙云电，以该省财政厅长陈钧坚辞不就，经令委陆崇仁代理。到职以来，颇著成绩，请俯赐查核，加委陆崇仁代理云南财厅长一案，当经决议照准，交由国府办理，相应录案，咨请查照办理。决议：照办。

《申报》1928 年 12 月 1 日，第 1 张第 4 版

## 滇黔将有战事讯

**【香港】** 范石生二十九日由郴州电粤，谓："'接滇函，龙云已动员，滇、黔将有战事'等语，请严电两省制止。"（二日下午十钟）

《申报》1928 年 12 月 3 日，第 2 张第 7 版

## 龙云出兵滇边

【南京滇讯】龙云出兵滇边,所宣布名义:(一)为保境,对周、李战事,不加偏袒;(二)对任何方面,如有侵扰滇境者,决以武力应付。(四日下午七钟)

《申报》1928年12月5日,第2张第6版

## 滇黔用兵之制止

【南京】蒋主席因闻黔事未靖,滇军亦有发动之讯,嘱滇省府驻京代表李培天即电龙云:"现在滇境纠纷甫息,原有军队正宜休养训练,以固国防。黔省乱象,刻正严令制止,万勿牵入漩涡,致碍西南大局。至滇军编制,亦应划一;依国防需要,缩编为三师或二师之兵额。"(九日下午十钟)

《申报》1928年12月10日,第1张第4版

## 国府督促滇省禁烟

【南京】龙云电国府,请将该省烟禁暂行展缓。国府已电令:迅照中央所颁《禁烟法》铲绝烟毒,毋得疏忽。(十日下午八钟)

《申报》1928年12月11日,第1张第4版

## 关于黔战之粤方态度

范石生请制止龙云攻黔;黄绍雄表示襄助周西成;滇黔旅粤人之息兵运动

【五日广州通信】四十三军李燊部,日前移近黔边,乘机入黔,业与黔军周西成部发生接触。昨驻粤二十五军办事处发出捷报,谓据王总指挥家烈由松桃电称:李军猛攻沿河松桃等处,激战数昼夜,已于昨日将该部

完全击溃，有一部退至酉、秀方面，已被陈兰廷、穆瀛洲全数缴械，其余四散云云。又据贵阳无线电讯，谓来凤一役，李部完全溃败，被二十五军缴械数千；现李燊收拾余部，向鄂西退走云云。

粤中关于黔边战事，所得消息，大致如此。惟十六军军长范石生，迭接滇讯，谓滇省政府主席龙云，现已准备乘机攻黔，以报周西成助胡若愚攻滇之怨。滇、黔战事，恐将因此发生。昨特由郴州急电来省，请政治分会主席李济深去电制止，电云："广州云南会馆李参谋长转呈李主席钧鉴：近得滇中函，谓'云南预备动员，滇黔将有战事'等语。窃查全国初定，训政开始，各省军队不容擅启兵衅，糜烂地方。职已电两省当局，力劝息争。伏祈钧座，去电制止，以靖地方为叩。职范石生叩。"盖去年黔周助胡若愚攻滇，及今春滇龙向周报复，范氏均驰电为之调解也。

但此次黔边战事发生，周西成曾派第九路总指挥部副官长车鸣骥〔翼〕，来粤请援。车现已抵省垣，连日晋谒各当局，有所磋商；并拟在粤购办军实，回黔补充。一面又报告周、李两军冲突之经过，以免各方误会。闻黄绍雄以黔、桂有唇齿之关系，李燊出师无名，又不听中央明令制止，苟战事不息，不特黔省民众有不利，即桂省亦不无受其影响。故表示赞助黔周，以维持现局。对于黔周派员采办军实运黔，均予以利便，车鸣骥〔翼〕现已将回黔矣。

至旅粤滇黔人士，诚恐滇黔开战，兵连祸结，故亦分头作息兵运动。黔人于昨三日开紧急会议，议决致电李济深及中央，请速制止滇黔开衅。滇人亦在云南会馆开会，议决请范军参谋长李柱中代表晋谒李济深，请速电龙云，阻止出兵攻黔。并以龙军有集中曲靖出毕阳〔节〕消息，已径电龙氏，请勿擅开兵衅，词甚严厉。

《申报》1928年12月11日，第3张第10版

## 粤各军限月杪编竣　龙云代表赴粤协商

【广州】第八路总指挥部，对陈铭枢辞军长尚未批复。（二十三日上午八钟）

【广州】此间拟组织缩编委员会，以各军军长为委员，将于下月成立；

各军限一月三十日前编竣。(二十四日上午八钟)

**【香港】**龙云再派代表杨聚五来粤,二十四日谒李济深,商□编办法。(二十四日下午十钟)

《申报》1928 年 12 月 25 日,第 2 张第 7 版

## 云南各界联合会请制止滥发纸币电

急。上海张镕西先生、李仪廷先生、吕天民先生,苏州李印泉先生、李伯英先生,南昌朱益之主席、王治平师长、金铸九师长,北平王采丞先生、杨耿光先生,广州范筱泉军长、杜寒甫先生,叙州胡子嘉军长,毕节张伯群军长,暨旅外全体同乡,均鉴:顷上中央一电,文曰,"窃滇省富滇银行自民元开办至今,交易杜绝纸币,收入纯取现金;聚全滇之膏血,作银行之基金;众既称便,信用亦孚。自前省长唐继尧滥发纸币,一时价格低落,人心恐怖,爰有上年'二六'之政变;继任者宜如何整理,以解全滇痛苦。不意主席龙云自取得政权后,变本加厉,又发行纸币千余万元,胁迫民间行使,违者以军法从事;勒提沪富分行汇款六七百万,致滇商汇款无由取获。纸币每元跌至三角以下,汇水涨至三倍以上,以致港沪滇商多倒闭歇业,滇沪港汇兑不通者数月,乃犹不知悛改。近更向美国印钞票二千万元,分批运滇,头二批已到。若再将此项新钞发出,恐滇票必等于德之马克,全滇立陷于破产。唐氏执政十余年,经护国、护法诸大役,所发纸币不过三千余万,然犹全滇同愤,誓与偕亡。今龙氏执政,甫经一年,并未为国家作一事业,而用款至如是之多,更属骇人听闻!今幸中央财政会议通过《地方银行条例》,禁止各地方发行纸币。此为整顿各地方金融之无上妙策,亦即拯救滇民一线生机!伏望大府哀滇民之痛苦,救云南于垂危。根据此项议决案,明令滇省政府将上年新发行之纸票,限阴历年关内收完;与新由美运来之钞票,当同民众销毁,呈报备案,并严禁以后不得再发。暨到填年月,以及勒提汇款、现金等币,其未到之新票,令江海、蒙自两关严密检查扣留,则滇民感戴靡涯矣!如虑去年发出既多,收还不易,则此等款项,均为龙氏囊括,仍当责令其收回。况前以五角以上发出,今以三角以下收回,则仍可赚二百余万,在龙氏不为无

利,在民间则害取其轻也!迫切陈词,伏候删止"等语。

楼等再四思维,中央一秉大公,当有明令制止。然鞭长莫及,且虑徒失威信,发表不无迟疑。且龙云阳假服从之名,阴行割据之实。中央前派之省务委员,被龙拒绝,即已听其所为。纵有明令到滇,龙氏焉能遵守?际此训政时期,滇省尚在除外之例,转瞬阴历年关迫近,借口军政需费,势必将滥印者尽数发出,仍勒民间行使。纸币过量,生活无方,兵匪压迫,民不聊生;一旦酿成大乱,虽欲补救而无从。伏念公等皆同属滇人,同是生长聚息之乡,值此破产亡省、近在眉睫之祸,岂可漠不关心?尚祈共筹挽救之策,以解倒悬之厄!云南各界联合会代表孙晓楼、何兰荃同叩。

《申报》1928年12月29日,第4张第14版

## 川战可望逐渐结束

【南京】某方十二日接重庆电:杨森、刘湘军正在东昌、重庆间肉搏。滇龙云、黔周西成,近调停川战。杨森军近颇失利,着着退却,川战可望不再扩大。(十二日)

【南京】龙云致川将领电,有胜负之数,既难预必,冒不韪而出师无名之龌,当非智者所为。(十二日)

【南京】杨森电驻京代表:彼此次行动,系以武装调停川战,请蒋主席严令川中将领,不许再有军事行动。(十二日下午十钟)

《申报》1929年1月13日,第2张第7版

## 龙云请中央赈灾电

【南京】云南主席龙云电驻京代表李培天,谓滇省去岁迭遭天灾,望向中央请求赈济;并请李根济〔源〕、张耀曾、周钟岳、张维翰等为委员,襄助进行。(十九日下午二钟)

《申报》1929年1月20日,第2张第6版

## 龙云服从编遣会议

【南京】龙云顷电中央及国府,谓编遣会议非特整理军事,实系国家存亡。实行以后,军政统一,军费确定,国家根本建设,可迎刃而解。滇省地属边远,逼处强邻,国防所系,情势特殊。惟事关救国大计,在义不能独异,无论如何编遣,谨当惟命是听,绝对服从追随,各方同志务期一致贯澈。(十二日下午十钟)

《申报》1929年2月13日,第2张第8版

## 何键、龙云服从中央

【南京】总部息:(一)何健〔键〕电蒋主席,表示服从中央命令,已就讨逆军第四军长之职。(二)龙云派卢汉入京,表示绝对服从中央。来电有"枕戈待发、期灭叛逆"语。(二十八日下午十钟)

《申报》1929年3月29日,第1张第4版

## 龙云电蒋待命讨桂

【南京】龙云电蒋,谓:"湘事破裂,时局愈趋严重。云素托帡幪,只知拥护中央,服从命令,除积极准备待命讨桂外,滇省任务,即乞指示师长汉,俾有遵循。"(一日下午十钟)

《申报》1929年4月3日,第2张第6版

## 滇军三师向桂出动

【南京】龙云电蒋云:"迭电计达,统一初成,方深庆幸;武汉难作,实足痛心,稍一姑息,则国步艰难,又走回十余年来旧路。钧座忍痛挥戈,国事得失,争此一着。滇虽凋敝,大义所在,未敢后人。除通电外,

谨抒忧悃，敬待后命。"又电："已派兵三师，向桂边出动。"（九日专电）

《申报》1929 年 4 月 10 日，第 2 张第 7 版

## 蒋主席委任两总指挥

**【南京】**汉电：蒋任龙云为讨逆第十路总指挥，任何健〔键〕为讨逆四路总指挥兼新编第七师长。（十六日）

《申报》1929 年 4 月 17 日，第 2 张第 7 版

## 龙云代表抵汉谒蒋

**【汉口】**龙云部派师长卢汉来汉，二十日谒蒋，报告龙亦有铲除桂系之志，并决心拥护中央、保障统一。卢日内返滇，蒋拟《告十路将士书》，交卢携回。略谓："李白捣乱，此而不讨，国法何存？真有革命光荣历史者，自有拥护中央决心。拥护党国，爱护百姓，为革命军人应尽职责。"（二十一日）

《申报》1929 年 4 月 22 日，第 1 张第 4 版

## 三路军队会攻广西

**【南京】**闻蒋主席派何健〔键〕为中路、陈济棠为东路、龙云为西路，会攻广西。（二十三日）

《申报》1929 年 4 月 24 日，第 1 张第 4 版

## 龙云电告出师讨伐

委任各纵队司令官

**【南京】**龙云电其驻京代表李培天，谓："已遵令就讨逆军十路总指挥

职,十三日已动员。刻因黔军附逆,赖心辉、张汝骥两部图滇,故须先肃清黔境,再取柳州、桂林。一面仍以重兵取道百色、龙州两路入桂,会合南宁。"(二十五日专电)

《申报》1929 年 4 月 26 日,第 2 张第 6 版

## 滇黔出师讨桂

【南京】中央讨逆军已积极向广西前进。据京中所得确讯:滇龙云出兵两师;黔周西成来电,允可出兵十团;湘何已全部入桂。据军事当局语人,"广西仅有兵力十团,已在中央大军包围中,不难一战而平"。(二十八日专电)

《申报》1929 年 4 月 29 日,第 2 张第 4 版

## 桂省对湘布防紧急

*委定两路防御指挥官;范石生部由湘向桂进;蓝山一路将最先接触*

【二十八日广州通信】中央日前电令何键、龙云、陈济棠,分路围攻桂省。兹查粤陈对桂,尚未确定用兵,而滇龙则已决定动员,并委朱晓东为前敌总指挥。兵力拟除朱氏本部一师外,另有卢汉一旅、孟友闻一团。出兵途径,乃由滇西出独山,南取桂省之柳庆。但据探报,桂方对于粤滇,皆不甚注意,以滇粤与桂之间,有种种关系也;惟对于湘省,则有防御之准备,缘黄绍雄、李宗仁、白崇禧三人,以为湘省如周斓、吴尚、范石生、许克祥等,均无谅解之可能。故黄、白在桂林,对于防御湘省军事,更为积极〈……〉

至湘省攻桂,闻亦分两路:一由永州直迫全州,以窥桂林;一由蓝山直趋江华,以窥贺县、八步。但由湘边回桂之桂军黄旭初、王应榆部,已到平乐;吕焕炎、伍廷飏部,才离蓝山,故湘军距桂边尚远。惟闻由蓝山进者,为范石生及许克祥两部。范氏于二十五日由长沙返湘南,并先派十三旅长曾曰唯,率所部三千余人为前锋,业已到蓝山趋江华。江华距八步

仅六十华里，预料湘桂间军事，以此路接触最先。

范军沿途张贴"打倒桂系""拥护中央"标语，及发出讨桂宣言。又闻范军参加讨桂，系范石生前日亲赴汉口谒见蒋主席，蒋允拨给饷弹，故愿改由第四路总指挥何键统率，及任攻桂前锋。将来入桂后，则再率所部回滇。以其所部皆昆明子弟，出戍粤桂，瞬及十年，亟欲得归乡园也。〈后略〉

《申报》1929年5月4日，第3张第10版

## 滇军动员二万余人

**【南京】**龙云十三日电其驻京代表李培天云："旬月以来，我军朱、张两师及刘旅，已分道出发；李熙炎部，亦同时移动。云不日即亲率高旅等师部，继续出发。计此次出征部队，除李部外，滇军约二万余人。"（十三日专电）

《申报》1929年5月14日，第2张第7版

## 何键准备攻梧州

龙云部入桂告捷

**【长沙】**何键电粤陈，速攻梧州，以收夹击之效。（二十四日专电）

**【长沙】**何电：宜昌、汉口两飞机航全到，准备会攻梧州。（二十四日专电）

**【南京】**龙云二十一日电称，"我军奉命讨逆，取道独山入桂，筱在普安与敌接战。我左翼军大获胜利，生擒敌方前敌总指挥黄道彬，夺获枪枝千余，现正在追击中"等语。（二十四日专电）

《申报》1929年5月25日，第1张第4版

## 龙云电称击溃周军

**【香港】**龙云二十二电陈济棠，谓："周西成附逆，我军十九在黄草坝

还击,逆众大溃,生擒逆前敌总挥王道彬,缴枪二千余。现正乘胜猛进,一俟障碍消除,即移师攻□,直趋柳州。"(二十五日专电)

《申报》1929年5月26日,第2张第6版

## 滇军占领安顺

【南京】龙云电告:克复安顺,现向贵阳方而〔面〕进展。(二十七日专电)

【南京】中央社昆明电　龙云拨两师一旅共十二团,助李燊讨周西成。出曲靖,攻黔西南,刻已在黔花江接触。周军不支,将退守贵阳。又电:滇军左翼军二十六日占领安顺,俘获甚多,敌已纷纷溃退,现正向贵阳方面追击,约一周内可下。右翼军二十五日占领兴仁,取包围贵阳之势。贵阳一下,即可移师入桂。又张汝骥违抗中央命令,进攻昭通,已派大军剿办。(二十七日专电)

【南京】中央社二十六日电　龙部右〔左〕翼军本日由安顺向贵阳前进,右翼军取道独山入桂,为周西成部毛光翔在花江抵拒,当将击破。毛部窜向桂境,现正跟踪追击。周西成经此巨创,已不能成军等语。(二十七日专电)

【南京】龙云通电云　本军奉命讨逆,所属部队经于江日遵照指定路线,出发完毕。云现亲率警卫部队,由昆明启行,亟赴前方督师追击,期于追随总座,协同友军,直捣逆巢,迅销残孽。(二十七日专电)

《申报》1929年5月28日,第2张第6版

## 龙云部进占贵阳

【南京】龙云三十日电　顷据职部师长朱旭由贵阳来感电称,"我军感占领贵阳,周逆率残部向广西方面溃退"等语。除饬即跟追入桂外,职并督部赶进,期竟讨逆全功,谨闻。(三十一日专电)

《申报》1929年6月1日,第3张第9版

## 龙云出发赴贵

【南京】龙云电国府:"现出发赴贵。在未返滇前,省府主席职请以胡瑛代行。"(二日专电)

《申报》1929年6月3日,第3张第9版

## 张汝骥、胡若愚隔阂渐深

驻川已久之滇军军长胡若愚,近复收得孟坤全部。孟氏率官兵抵叙,系在四月二十七日。孟与现任滇省主席龙云火并,故来川归附胡氏。而三十九军胡若愚,则增加一部之实力,亦即为二十四军刘文辉多得一部之友助也。

至驻黔之张汝骥师,前与胡若愚本相一致,近因黔省主席周西成与川军长赖心辉有密切联络,而赖为同盟军,周亦与同盟军接近,因此张氏亦随周之态度转稳。故胡、张虽同属滇军,现已趋舍异途。然张之实力,则不逮胡远甚。前传张将对胡龃龉,即由周西成之关系而来者。

《申报》1929年6月7日,第2张第8版

## 昨日之国务会议　黔主席周西成免职查办

国府七日三十一次会议,出席谭延闿、胡汉民、蒋中正,主席蒋中正,列席古应芬、范熙绩。决议案如下:(一)周西成免职查办。(二)十三路总指挥兼滇省府主席龙云报告:"奉令出师讨逆,所有省府主席职务,拟暂以属府委胡瑛代办;至第十三路总挥职务,拟以职部总参谋长孙渡暂代行,乞垂察案。"决议:照准。〈后略〉

《申报》1929年6月8日,第2张第8版

|《申报》卷|

## 龙云电称黔政乏人主持

**【南京】**龙云电其驻京代表李培天，嘱译转何应钦、王伯群云："本军奉令讨逆，经黔入桂，克复贵阳，周有负伤身死说，黔政乏人主持。两兄为党国先进，桑梓硕望；对于黔政，应如何改组之处，请电知小〔晓〕炎（李燊），早早决定。弟本睦邻之旨，对黔事不便与闻，但期秉政得人，于愿已足。兹因兼顾东防，取道威宁，即前进督师攻桂，以竟讨逆之功。"（八日专电）

《申报》1929年6月9日，第2张第8版

## 王伯群致李燊、龙云电

**【南京】**王伯群电李燊转龙云，云："黔人苦压迫久矣！周西成暴戾专横，奴视民众，充其部落思想之私欲，演出偶语弃市之惨剧。党务被其摧残，政权视同私产；顽愚自用，倒行逆施，妄以贵州一省，抗命阻兵，自外党国，亡何足惜！只以一夫落伍，遂使吾黔之今日，几退于十九世纪以前之社会！戕贼青年，蹂躏学术，此则吾黔无穷之损失，其祸更烈于苛征暴敛，残杀无辜百倍也。兄等除兹元恶，出黔民于黑暗桎梏之中，俾复得居住生活之自由，有造于贵州省者，诚大矣！周氏频年剥削，元气大伤，培养生机，刻不容缓。其一切苛捐杂税，虐酷刑法，概予蠲除，使人民有苏息之会，更进而筹备训政时期之地方自治工作，促党化政治与教育之实现，养成人民运用四权之能力，此根本之要图也。目前军事善后问题，则残敌肃清，即当实行编遣。军权还之中央，防卫责于警察，确立预算以节流，为财政治标之方；开发交通，俾百业有次第振兴之路；输入文化，力求新知，使人才蔚起，则郅治可期。其余如厉行禁烟、澄清吏治、剔尽中饱、铲除贪污、保障农工、维护商运、减轻盐税、谋裕民食、停止招兵、与民生聚、服从民意、庶政公开，举凡周氏愚民政策之遗毒，皆当锄而去之，致吾民于光明之坦途，是又今日不可少缓之急务，抑亦黔人之所切望也。至于党务工作，虽有中央所派之指导委员负责，亦希切实协助，予以

充分便利，俾能积极进行，以谊切桑梓。遂忘浅陋，聊贡愚诚，以代遥祝；倘荷采择，幸何如之！"（十二日专电）

《申报》1929年6月13日，第2张第6版

## 周西成惨败之经过

*大坡岭一役为两军决战关键；周西成死耗之传说*

**【中华社四日重庆通信】** 黔省周（西成）李（燊）混战，现在胜负已决，其于西南局面，颇多影响。兹就此间各方所得贵阳函讯，汇志于后，以明经过。

函一：龙云、李燊合力大举入黔，合攻周西成。自五月十五日在兴义、盘县开始接触以来，军事进展极速，不旬日而将周军完全击溃，周本人亦传在镇宁因伤阵亡，其第一师师长毛光祥〔翔〕被围，第三师师长犹国才失踪，参谋长刘继炎重伤，部队伤亡过半。现仅有第五师师长黄丕谟，率领残部约一千余人，退守遵义。第十路讨逆军系二十五日完全占领贵阳，李军长晓炎已于二十八日入省，当即派队向遵义跟追，现已到达乌江。计现在黔东北之周军，尚有驻铜仁之第二师王家烈部千余人、驻思石之第七师廖怀肩部千余人，及原驻赤水之侯之担部千余人，连同黄部残余，共约五千人左右，实力虽仍属不薄，惟系散驻各处，一时不能集中，况又群龙无首，必不能反抗李部战胜之师，半月内黔局当可底定。

函二：龙、李军入黔后，周军节节失利。二十日，周西成亲率卫队一营，由贵阳乘汽车赴镇宁督师。二十三日，周之家眷及各部官佐眷属等，纷纷连夜向遵义方面退走，各商界均停止营业，人心惶惶，盛传周西成已阵亡。二十四日，由马怀忠负全城治安之责，现李军先头部队于昨日（二十八）进城，秩序甚佳。

函三：刻下滇军同李部，于十五日在盘县、兴义与周军接触后，已将毛光翔部横截于兴仁地方，而盘江、关岭又于昨日相继失守。本午，周亲督战于大坡地方，以后方未布置总预备队，左右翼亦无防守，仅正面突攻前进，即被滇军由小路抄出黄葛树，周遂陷于大包围中。闻已因受重伤阵

亡，部队四处溃散，已不成军。

函四：此次贵阳周继斌军，系分三路迎敌，统率者为毛群林、犹国才、黄丕谟，以刘继炎为前敌总指挥。在大坡岭、苟皮卡二役，周军几至全军覆没，刘继炎负重受，周继斌亦负伤甚重，外间有传其死亡之说。其部队现已退至紫云，刘继炎、黄丕谟现在遵义，毛群林、犹国才逃溃至盘江以南，皆不成军。现闻已派出代表，与赖德祥、胡若愚取联络，乘机攻云南之说。

函五：此次李晓炎率滇黔军二十团回黔，与周部先后四战皆胜，尤以镇宁之大坡岭一战，为两军生死关头，激战最烈。周不幸竟全军覆没，仅以身免。兹将是役详情述次：周西成自闻李军卷土重来之消息后，其兵力之布置，亦分中、左、右三路迎敌。以第五师黄丕谟担任正面，第一师毛光祥〔翔〕任右翼，第三师犹国才任左翼，约共八团兵力。接触后，三战皆北，盘江、关岭相继失守，乃退至镇宁葛树一带，准备扼险死守。因犹国才自知已不可为，不告即退，于是全军摇动。黄丕谟急电周西成，报告前方情况，并请周亲自出马。周亦知时机危急，乃亲率留驻安顺之总预备队，约六团之众，全数赶赴镇宁增加，并携带迫击炮七十多尊，手提机关枪一百二十余尊。时正面李军已与黄师在大坡岭前方激战最烈，周置左右翼不顾，亦不留总预备队，以为凭其携来军火，已足将李军压迫退却。殊不料尚未至前线时，李军左翼朱师与右翼张师，各率滇军三团，抄出黄葛树后方，将周军完全包围于大坡岭之洼地内。故周军火力虽强，竟无法施展；所部又全系新募之兵，毫无镇静工夫，自相残杀，尸骸狼籍，共死伤二千余众，器械完全损失，周本人受伤头部，参谋长刘继炎伤臂腿。周初犹能率残部百余人，由小道趋紫云；途间因大队逃来，伤势又重，愤极自戕（一说被乱军杀死）。黄丕谟、刘继炎仅率残部千余人，溃退安顺；嗣因李军跟追太急，竟不及找寻周之下落，即弃安顺、贵阳，向遵义逃走。

《申报》1929年6月14日，第2张第8版

## 龙云电商黔局善后

【南京】龙云电呈中央，略谓"职自出师讨桂以来，与李燊戡定贵阳，现地方秩序已复。而桂逆首领李宗仁、白崇禧、黄绍雄，仍率残余盘据柳

州、郁林一带。拟率部即日由贵阳赴柳，协同友军，共歼余逆。但黔局初定，伏莽潜滋，不可无人坐镇；已托李燊暂留贵阳，借资镇摄。所有军政善后事宜，均惟中央命令是听"等语。中央接电后，已复电准予所请，并指示军事机宜。（十七日专电）

《申报》1929 年 6 月 18 日，第 2 张第 6 版

## 龙云电告抵昭通

【南京】龙云电中央，报告本人已抵昭通，总指挥部亦移该处，定二三日内赴贵阳一行，与李燊会晤。关于军事上，略事协议后，即转赴前线督师。（十八日）

《申报》1929 年 6 月 19 日，第 2 张第 7 版

## 国府昨日下令　黔政暂由龙云处理

派李仲公、何辑五赴贵州；会同龙云、李燊商办善后

【南京】国府二十二日令："贵州省军民各政，暂由龙云以十三路总指挥名义，援照战时办法，从权处理，此令。""第四十三军长李燊，着即开复原职，并将从前查办处分撤销，此令。"又令："派李仲公、何辑五驰赴贵州，会同龙云、李燊，商办贵州善后事宜，此令。"（二十二日专电）

《申报》1929 年 6 月 23 日，第 1 张第 4 版

## 龙云电称不干黔政　由李燊暂维现状

【香港】龙云四日电告："我军二十七晚抵贵阳，周西成负伤毙命。黔政由李燊暂维现状，省府改组，听中央处置。云饬前敌将领，不许干预黔政，即日开拔入桂林。"（六日）

《申报》1929 年 7 月 7 日，第 3 张第 9 版

## 滇中军讯

【南京】此间滇籍某要人接昌〔昆〕明无线电：胡若愚、张汝骥上月进兵窥滇，迭遭失利，刻被滇军逼窜大光〔关〕，本月初大光〔关〕方面有极剧烈之战事。张汝骥行迹不明；胡若愚刻联合赖心辉，仍向叙府退却。龙云大部军队现在昭通，本人因滇省军政事务甚忙，三数日内将由昭通回昌〔昆〕明。（十三日专电）

《申报》1929年7月14日，第2张第8版

## 滇垣发生巷战讯

胡、张联络驻军内应；英法领馆均遭波及

【北平】云南省城发生巷战，系胡若愚、张汝骥联络该城军队内应，于十三日发动，死者华人百余，伤者千余。法领事馆受有炮弹两个，毁房数间，外侨无损害。龙云似已失势，法由滇越路酌派少数军队北行。（十六日专电）

【北平】据云南省城消息：此次黔军攻入省垣，巷战颇久，有火药库一座因而炸裂，附近一带屋宇均成平地，英法领事署亦遭波及。英领事署完全震圮，屋内之物几全毁坏，英代领事柯白受伤，但不重，详情今犹未到。（十六日路透社电）

【重庆】张汝骥、胡若愚返滇，师次昭通，被卢汉击溃，迭电刘文辉乞援，刘允筹充分之接济。（十二日专电）

《申报》1929年7月17日，第3张第7版

## 云南省城火药库爆发之沪讯

并未有发生巷战事；张维翰谈肇祸情形

连日报载：云南省城发生巷战，火药库爆发，震坏房屋甚多，死伤人

数不少，而详情如何，究未得悉。大中社记者昨访滇交涉员张维翰氏探询。据云：本日尚得云南省政府代主席胡瑛删日来电，同时并接家属电报，谓全系火药库爆发，并无战事。兹将张氏所述情形，分志于下。

肇事地点。云南省城北门内圆通山，原有一火药库。在前清时，曾爆发一次，震坏附近房屋甚多。嗣后云南政府有鉴及此，凡所购制火药，均存于北城外三里许之莲花池附近一古刹内，城内遂无药库，该地风景甚幽。

爆发原因。近因胡若愚、张如〔汝〕骥率所部复由川黔入滇，在大关一带，将返攻昭通。龙云亦将所部朱旭、张凤春、张冲各师，集中昭通防御，省城留守部队甚少。本月初间，盛传滇南土匪吴学显、禹发起等，因受胡、张委任，将进袭省城。滇省府当局，因此项火药，远在城外，恐为敌方所得，复雇工移入城内，仍置于圆通山旧药库内。因管理人疏忽，致遭火爆发。

震毁情形。该药库既爆发，附近房屋多被震坏。余之住宅，及英领事署、圆通公园螺峰街等近山麓之房屋，颇有损坏。

死伤人数。据余所得电讯，于死伤人数，尚无详实统计。但药库附近一带，地旷人稀，死伤人数，当不致如路透所传之盛。

昆明市况。云南省城即为昆明市，昆明市城内共分三区：城南为第一区，系商业区；城中为第二区，系机关集中区；城北为第三区，系居住区及高等学校区，圆通山即在该区东北方。该区西偏有东陆大学、第一中学、图书馆、兵工厂、造币厂，但离肇事地点较远，不致波及；东南偏有感化院、军械局，亦不致波及。圆通山附近以地较清幽，风景绝佳，中产以上人家，恒乐居住该处；此次肇祸，不无相当损失也。

《申报》1929 年 7 月 19 日，第 3 张第 14 版

## 龙云已回滇垣

【北平】外团息：龙云已回云南省城，胡若愚仍占大理，双方势均不弱，滇事不算终了。滇越铁路，由法人主持，仍照常通车。（二十二日专电）

《申报》1929 年 7 月 24 日，第 2 张第 8 版

## 蒋主席召见滇黔代表

【南京】蒋二十六晨召见黔驻京代表谭星阁，谘询贵阳实况，并决定：(一)任毛光翔为二十五军长；(二)调李燊来京任用；(三)黔政俟李仲公、钟〔何〕辑五返京后解决。（二十六日专电）

【南京】蒋二十六晨召见滇代表李培子〔天〕，面询滇局情形，并谕转电龙云："对胡若愚、张汝骥等，须速剿办，以免贻害边陲。"（二十六日专电）

《申报》1929年7月27日，第2张第8版

## 龙云电告击溃胡若愚、张汝骥

【南京】龙云电京，谓："自十九日抵省，值胡石〔若〕愚、张汝骥、孟坤等窜至近郊，当饬朱、刘等部于碧云〔鸡〕关一带将其击溃，迤西窜走。现增兵衔尾跟追，查敌军往西已入绝地。此役除当时击毙不计外，沿途逃散及掳获，约二千余人。"（二十九日专电）

《申报》1929年7月30日，第3张第7版

## 昆明反危为安之经过

*胡、张碧鸡关溃败；龙军向富安追击*

【七月二十一日云南通信】胡若愚、张汝骥、孟坤三部，由昭通绕道围攻昆明。十八日，据各方探报，胡若愚、张汝骥、孟坤等已到省坝，并于黑龙潭开一军事会议，商议进攻方针。嗣知省城东南方面各要隘，防堵甚严，不易攻入，乃改变计划，不攻东南而攻西北。当由黑龙潭循长虹山脚松花坝等处，绕至大小莲山，与龙军开始战斗，炮火甚烈，血肉相搏。激战数小时，胡、张不支，乃退向筑竹寺、碧鸡关等处，与龙军相持。至夜间，龙军朱师全部赶到入省，当由鲁旅、曾旅、刘旅星夜驰往碧鸡关助

战，始知对方系以孟坤担任左翼，胡若愚担任右翼，张汝骥担任中路。于龙军未到之时，即将碧鸡关高地要隘占领。龙军警戒稍疏，致上山仰攻时，多被胡、张用机关枪急射，死伤甚多。但龙军不稍退让，仰攻五六次，始将敌人击退。龙军恢复该关后，敌人向安宁方面退去，此十九日上午以前之情形也。十九日，省中六城门遂即开放，市面铺户亦照常营业。二十日，省城秩序已恢复，城外各要隘防堵工作，亦已撤消。龙军现正派大兵向富民、安宁方面追击胡、张，意在一鼓荡平云。

附龙云战报两则如下：

一、查胡、张、孟三逆，率众犯滇，合围昭通。经我张师刘旅，迭次击溃，俘获甚众；复不自量，弃昭攻省，虽蹂躏桑梓、震惊父老而不惜，实属罪大恶极。本府本部，为奠安党国、捍卫人民计，不能不予以痛惩。经于巧日派队进剿，在黑林铺、碧鸡关一带接触，不数小时，即将该逆等击溃四散，向安宁、富民方面窜逃，刻正跟踪追击。惟是该逆军经此次痛击后，已成流寇，难保其不四向鼠窜，合行电仰各该员等遵照，先事预防，迅将该境内团警，调集择要防堵。若发现逆军踪迹，一面防御，一面声报追击军队，俾收短期肃清之效。事关军情，切勿玩忽，致干严究，切切。主席兼总指挥龙、代主席胡瑛、代行拆总参谋长孙渡，巧，印。

二、查胡若愚、张汝骥、孟坤诸逆，乘我军奉命出黔讨逆，合力犯滇，围攻昭通；失利，复绕向腹地奔窜，妄欲进窥省门。经于巧日派遣大兵于昆明县属黑林铺附近，将逆军击溃。除向富民方面溃散一部外，该逆等复退据碧鸡关要隘，顽强抵抗。我军朱师刘旅，奋勇攻击，敌势不支；约近黄昏，乃乘间向安宁方面溃散。计是役击毙敌方官长百余员，士兵不下千余人，伤二千余人，生擒官兵七百余人；缴械来降者一团以上，溃散约二千余人，其余战利品无算。除饬各师跟踪追击分别剿抚，并分令各县调团沿途截堵暨派员收容外，谨以奉闻。龙云叩，参谋长孙渡代行，皓，印。

《申报》1929年8月8日，第3张第10版

## 李燊率部反攻贵阳　刘湘统筹安定西南计划

【重庆】李燊率滇军反攻贵阳，战事激烈，特派员李仲公、何辑五暂

缓入黔。龙云、李燊暨毛光翔、黄道彬等，均派代表来渝谒刘湘，要求疏解西南纠纷。刘湘决本中央意旨，统筹安定西南计划。（十一日专电）

《申报》1929 年 8 月 12 日，第 1 张第 4 版

## 云南火药惨案视察记

昆明火药爆炸惨案发生，损失巨大，难民流离，情形前经纪载，顷复得昆明来函，对于此案因果，言之綦详，辄复披露，亦慈善家所宜急图赈济之者也。以下为来函所述：

此次滇省奉命讨桂，朱、张两师率兵入黔，龙总指挥亦督军由曲靖而威顺而安顺。张师高旅原驻昭通，卢师长公出在港；省城防守，仅军警督察、宪兵司令与市政府。胡瑛委员为代主席，孙渡参谋长为总指挥部代行拆。先是滇省当令出兵时，孟坤师原驻昭通，不知如何，突率师离昭而趋黔边，表示脱离之意。嗣滇军深入黔境，张汝骥原系驻在黔边，受黔周羁縻，乃乘机袭入昭通，以示牵制。但因军力不足，仍被张师高旅击退。胡若愚原驻川边之叙永，孟师亦早与胡、张联络。三人共谋，以为省城空虚，不如弃昭直捣省城。乃合军卷土重来，佯攻昭通，大军则间道向省城突进。

省城得讯，即电促龙云兼程回省，一面布置防堵工事。正紧急间，适卢师长回滇，率兵防守板桥，人心稍定。讵七月十一日下午二时许，忽然惊天震地，霹雳一声，北门街火药爆发。闻此祸之造因，先是总部连日开军事会议，有军务处长胡某献议谓："北门外之北仓，藏有炸药三千二百箱（满清时所购置，唐继尧时又添置）。倘敌人以此轰城，则危矣！不如迁入城内，以备不虞。"卒议决迁移北门街江南会馆内，即忠烈祠靠背。议既定，此本为军械处事，但龙处长预防危险，不与其事，遂由军务处承办。

事发后，龙云赶回，即跟究主谋主办者何人。而人民亦归咎于军务、军械两处。龙抵省后，闻胡处长已匿不露面，即将两处长撤职，以平民忿。而龙处长不甘，街上遍贴启事以自白；复请政府组织军法会审，以期水落石出。事发后，政府仍以军事紧急，无暇顾及，只临时救护者，如红

十字会及各慈善会、各医院医士、教堂，纷纷携带药品器具，从事急救。所有露在地面之受伤人，无论轻重，抬回各处医院。一时焦头烂额，短〔断〕手缺足，状极可怜。顾医院已满，所抬回者，尚不及一半；有抬在街上已死者，有至医院即死者，有经过数日或十数日始死者，其治愈者亦甚多。各医院门首，白棺满地，哭声震天，市上棺材店为之一空。虽经各施棺会、慈善会及市政府督促各棺材店加工，昼夜赶造，仍属供不逮求。

十二日早，余随建设厅救护队前往灾区。所有附近一二里内，非持救护队旗，或袖口缝有记号，不能入内。自法国医院经青云街，均有军警盘查。至学院坡高处一望，周围一二里内，尽为焦土。房屋有全倒者，有倾去瓦盖者。圆通山本古翠可爱，树木尽为红土。龙云住屋，在海子边，亦摘去上盖。唐氏花园，因系新建，且又坚固，尚未全毁；其墓在圆通山，坟石亦多飞去。爆发地点，则有大孔周约二十余丈，深约三十余丈，所有街道房屋，均无痕迹可寻。街道石及屋基石，亦均不见，不知飞向何方去矣！

爆发地之人物，固已冲入云霄，而其附近之地，有全家俱灭者。余至一处，见有一年约三十余之妇人，头发俱焦，面犁〔黧〕黑，手中抱一约半岁之小孩吃乳，其身旁尚有五副小尸，施棺会代为殓埋。至老幼男妇平列一处，以待棺殓者，不可胜数。最惨者，附近尸首，遍地皆是。而爆发起原处，鲜有全者，头足身手肠肚肝肺，到处鲜血淋漓，经红十字会收拾凑合，有男头而女身者，有左足大而右足小、左手长而右手短者，有面目烧焦、虽亲人不能辨识者，其不能凑合之头足身手肝肠肚肺，则总入一瓮内，抬出掩埋。诸如此类，难以尽状！抬埋地面尸体，至十三日尚不能尽，因棺木不敷、工人难觅，又值雨水期间，臭气不可名状。

惨后发疫，又是一大问题。十四日，始由市政府在乡间雇募大群农民，发给锄头，开挖地内活埋之人。但灾区太广，一日工作无多，所得尸身，日只数十具。中有一家男女老少，集作一堆而死，其幼孩仍为母坚抱不释；亦有小孩尚含母乳者；尚有埋在地下数日尚不死者，有人巡至其地尚闻地下有声，发掘果得生人。有一小儿，见有人举锄开挖，大呼毋伤吾头；又掘得一生儿，手中尚持有饼干一二个。在着手开挖之数日内，每日尚闻有掘出生人之事，后则寂然无声矣！惟掘出之生人，有今日尚生者，亦有不久仍死者，其所以活埋数日而不死者，盖非身受爆伤，乃系墙屋倒塌，压在地下，或有屋椽支持，稍通空气故也。

江南会馆内，驻有新招军士二百余名，又其附近驻有宪兵数十名，均不见一人踪迹。又起事地点内之铺户数百家，居民千余口，均遭炸毙。有一家住在起事地点内，母子二人，针线度日，惟妇素孝翁姑。是日，其子自塾归，聒噪其母，要向某街买某物。其母只得锁门而去，甫行至某街，而住屋已成灰烬矣。又有一卸任姚县长返省，是日上午十句钟抵碧鸡关，有太太一、小姊二、少爷三、婢女二，一行三十余人，至省城公馆，仅过几十分钟，全家及力夫，均遭是祸。锡务公司阿迷经理陶冥阶，住龙门桥，于先晚抵省。是日午十一时许，友人王铸九邀其外出，甫出灾区外而祸作，归则其妻被墙压毙，所抱六个月之小儿独不死。其同住之邻妇，亦抱七个月之小儿，同压墙内，掘其子已死，母独不死。要之，有幸不幸，自不待言。

至搬运火药情形，系用牛马车驼〔驮〕运，震动力过大，遂遭爆炸。且北仓火药，共三千二百箱，运了两日，恰运来八百箱。有十余牛马搬运，因贮存太多，箱多朽坏，故两日间沿途多有火药漏出，太阳一烈，街口即现红烟。先晚，其地街董居户开会，举代表与政府交涉。不料是日交涉者尚未抵到官署，而声作矣。其起火之点，即在一牛车之车轮，碾压地下火药而起。一车爆发，连及各车；外面爆发，其已藏内之火药，亦同时爆发，因此听得连响两声。又有人自其车旁经过者，确知牛马各车已停门外，可以想知其爆发情形。此八百箱之火药，几轰去城内五分之一。若再过三四天，三千二百箱之火药同运入城，则其力又必再加四倍，将至全城同归灰烬，亦不幸中之幸也！在北门街拉车之牛，飞了一匹到海子边二我轩照相外，有一牛脚飞至平政街；其余拉车马牛，均多不见，只在附近地见了几匹死牛马，多无脚无角，其状亦极可怜！至于赶车人以及监运之职员军士，也不知飞那里去。江南会馆内，有一几千斤之巨石，竟飞到造币厂，幸未伤人。张君敬愚住土主庙街，其窗下有一巨石，突离地一丈余远。其余城外之街市，凡三层楼或旧房屋，尤大受影响；即三牌坊各高楼，以及卖线街一带，类多玻璃破坏。或震倒一部分，或墙壁开裂、墙脚歪斜，故全城房屋根基，均为不稳。灾区内之最重者，为北门街、龙门桥、学院坡、螺峰街、圆通寺街。

政府指土主庙及会馆祠宇，为灾民收容之所。每日各慈善家、各团体及洋人、广帮等，前往施食。包子、面筋、稀饭均有，惟稀饭无碗可盛，有用帽子的，有用两手掬的。后有某人施了几百土碗，同时也就有施竹筷的。如将各收容所的情形绘出，真是好一副难民图！此次灾情，伤亡数千人，房屋据市政府调查，共三千余户，损失之巨可知矣！

《申报》1929 年 8 月 26 日，第 3 张第 11 版

## 龙云日请平川乱

【南京】龙云以胡若愚、张汝骥、孟坤等残部，扰乱川滇边境，电国府请由该部派兵进剿，以维治安。（四日专电）

《申报》1929 年 9 月 5 日，第 2 张第 9 版

## 中央赈务处拨款赈滇灾

【南京】中央以滇省主席龙云电请拨款万元，救济灾黎，已饬赈务处设法办理，并于二十三日电复龙云知照。（二十三日专电）

《申报》1929 年 9 月 24 日，第 2 张第 6 版

## 滇省公路之急进

### 杨德惠

云南地处南边，省内多山，故有山国之称，交通梗阻。省政府主席龙云、建设厅长张邦翰，鉴本省交通之不便，故对建筑公路，甚为注意。其办法因省款短绌，初拟为义务工作，借此图迅速之发展；嗣因实施种种有碍，遂改为工作股本，以人民作工多寡之工资，换作公路股票。自此法通令各县施行后，颇著成效，然工作纡缓。主席龙云，近以军事结束，农事亦复有暇，乘此时期筹筑公路，甚为适宜，特颁布全省公路建筑大纲，分

省路、县路、村路三种，定三期完成之，以半年为一期，由民国十八年旧历十月初一日起，至二十年三月底截止，每期平均分段同时兴工。其第一期工程，省公路四线，县公路八线，分成八区。即由本年旧历十月初一日起，至十九年三月底止。兹将其第一期工程于下。

四大线省公路：（一）滇蜀路。由昆明起，经杨林、寻甸、者海、新桥，而至昭通。（二）滇黔桂路。由杨林起，经易隆、马龙、曲靖，而至罗平属三江口。（三）滇西路。由昆明起，经安宁、禄丰、广通、楚雄、镇南、祥云、弥渡、下关。（四）滇桂蒙剥路。由蒙自起，经文山、富州，而至剥隘。

县公路八分区：（一）第一分区。由昆明起，经呈贡、晋宁、昆阳。（二）第二分区。由昆阳起，经玉溪、江川、通海。（三）第三分区。由江川起，经晋宁、澄江、宜良。（四）第四分区。由昆明起，经富民、禄劝、武定。（五）第五分区。由曲靖、沾益、宣威、平彝。（六）第六分区。由曲靖起，经陆凉、路南、宜良。（七）第七分区。由文山、马关、西畴、麻粟坡。（八）第八分区。思茅、普洱。以上除四省道、八分区路外，尚有蒙化、顺宁、缅宁、景谷及永昌、腾冲等县，已由建厅筹划，同时修筑。其省府通令建厅云："为令遵办事，查路政为文明之母，举凡教育之进步、文化之传播、用兵之神速、政令之进行，以及工商诸业之发达，全赖交通之敏捷。当此训政时期，各省建筑公路，莫不积极进行。良以交通不便，一切训政事业，无从举办；关系国民生计，实属重要。吾滇素称山国，交通困难；筹通公路，刻不容缓。兹特拟定公路建筑大纲，随之令发。仰该厅长，即便遵照详细筹划，制定详图，即日派员前往测勘。并先行指令各县长遵照，早日筹备。凡县与县间公路，经过之处应如何选定，人民应如何征调，务于奉令后先行详细讨论。俟该厅测勘人员到后，即行商洽，按期动工，以期敏速。因此项公路为第一期工作，于本年旧历十月初一日起，务期各县同时动工，届期完成。现政府全部精神，注集于此。以后各县长之政绩赏罚，均以此为考核之标准。倘有届期不能完成者，即从严议处，决不姑贷。事关要政，切勿延玩，是为至要。"于此，省府切望云南公路之迅速完成，可见一班矣。

《申报》1929年10月15日，增刊第11版

## 川黔将士拥护国府

【重庆】西北军变,谣诼繁兴,刘湘、刘文辉、郭汝栋联合镇摄川局。毛光翔、龙云与刘湘、刘文辉、郭汝栋,密派代表互约,保障西南,拥护国府。(十七日专电)

《申报》1929年10月19日,第2张第9版

## 王柏龄到滇察勘灾情

【云南通讯】此次中央派遣王柏龄氏来滇,视察"七一一"灾情,已于九月二十五日搭专车抵省。是日,省府各高级长官、各界代表,均往车站欢迎;惟因车行过迟,直至下午七时始达省城。政府特设招待处于水月轩,为王氏寓所。二十七日午后二时,在省府大议场举行欢迎会,到者一千余人,开会如仪。由主席团报告开会宗旨,并致欢迎词,次王柏龄及龙云等相继演说,末复欢谦演剧而散。

愚于散会后,往水月轩访谒王氏,当蒙接见。略叙寒暄后,愚问:"先生此次来滇,负有几种使命?"王答谓:"此次来滇,并无何等使命。不过此次云南灾情,因距离太远,真相如何,在京难得明晰,故中央特派余来视察一切。"

问:"然则先生专为视查'七一一'灾情真相而来?"

答:"然!"

问:"先生对于云南政治、军事、教育及党务各项,有何种高见?"

答:"余对于云南各种情形,不甚明了,故不能表示任何意见。至于党务,吾等知中国国民革命已由破坏之工作进于建设之时期,但建设非比破坏之易。如一屋,数人于三小时可以破坏,但建筑恐三月尚不能完工。故现在革命青年不只摇旗呐喊、口上宣传,就能革命成功;余以为无相当知识之民众,更谈不上建设。试举一例,如昆明市有二十万民众,但能行使选举权者,恐不及三万;至于复决、罢免、创制等权,更谈不上。此种情形,要望训政之开始、革命之完成,再经百年亦不能也!故革命青年,

第一须锻炼自己建设之能力，同时引导民众、唤醒民众，使民众有建设之能力。如中央规定七项运动，为目下切要之工作，深望革命青年不要好高骛远为是！更有一层，青年之意志最易变动，知新奇则以为原有者太平凡。当此革命潮流高涨之时，意志不坚、迷途之青年，觉三民主义平凡，而共产主义才是真正革命主义。至于国家主义派，以前彼等附和反革命孙传芳、吴佩孚，大喊'内除国贼、外抗强权'之口号。还有改组派，彼等不能实际工作，只说不负责任之言语。彼等之论调，不过要鼓动青年，做其工具，满足其政治上之欲望，利己骗人而已。现在只有三民主义，才是吾人宽坦之出路；也只有三民主义之政府，才是民众之政府。〈……〉吾切望一般青年，认清种种派别，确定革命的观点，站稳立场，不要被谎言激论所惑。不然，在革命高潮，稍不注意，必误入歧流矣！吾等认清观点、站稳立场后，更须加一番自治之工夫。多数之青年只会说远大之志愿，总不反躬自问，须具有何种才能，始能达到何种志愿？须有何种自治自勉，方能达人立人？试问年力只能举片瓦之小孩，如何能参加建设的工作？若一般青年能认清观点，能努力求学，能领导全国，人人皆能自治，皆能做建设之人材，则中国国民革命之完成方有日可期也。"

《申报》1929年10月21日，第2张第8版

## 川黔将领筹商巩固西南

【**重庆**】刘湘、龙云、毛光翔密电筹商"一致拥护中央，先行巩固西南"办法。（二十七日专电）

《申报》1929年10月28日，第2张第8版

## 中央政治会议第二百零四次会议

中央政治会议今（十三）晨九时举行第二百零四次会议，出席者胡汉民、赵戴文、戴传贤、叶楚伧、陈果夫、孙科、古应芬、谭延闿，列席者刘纪文、曾养甫、邵元冲、李文范、陈立夫、王正廷、吴铁城、刘芦隐、

孔祥熙，主席谭延闿。决议案如下：（一）谭委员延闿等报告全国民食问题审查意见〈……〉（三）决议云南省政府改组，任命龙云、胡瑛、金汉鼎、张维翰、张邦翰、周钟岳、卢汉、朱旭、张凤春、唐继麟、孙渡、缪嘉铭、龚自知为云南省政府委员。

《申报》1929年11月14日，第2张第8版

## 中央第四十八次常会

中央第四十八次常务会议，十四日上午八时举行。出席者胡汉民、戴传贤、陈果夫、叶楚伧、谭延闿、孙科，列席者刘纪文、周启刚、赵戴文、缪斌、陈立夫、古应芬、李文范、余井塘、陈耀垣、吴铁城、朱培德、邵元冲、桂崇基、刘芦隐、张道藩、焦易堂、王正廷、马超俊，主席戴传贤。决议案如下：（一）推孙科、吴铁城两委员，戴传贤、刘纪文两委员，分赴东北、西北，慰劳前敌武装同志。〈……〉（十）派龙云、卢汉、张邦翰、陈廷璧、裴存藩、陈玉科、曾三省七人，为云南省党务指导委员。

《申报》1929年11月15日，第3张第9版

## 第五十一次国务会议

国民政府十五日上午八时至十时，开第五十一次国务会议。出席委员胡汉民、孙科、陈果夫、谭延闿、赵戴文、戴传贤，主席谭延闿。决议案如下：（一）决议改任龙云、胡瑛、金汉鼎、张维翰、张邦翰、周钟岳、卢汉、朱旭、张凤春、唐继麟、孙渡、缪嘉铭、龚自知为云南省政府委员。〈后略〉

《申报》1929年11月16日，第3张第9版

## 国民政府改组云南省政府委员会命令

国民政府二十一日令：（一）云南省政府委员龙云、范石生、胡瑛、

金汉鼎、陈钧、张维翰、马声〔骢〕、丁兆魁〔冠〕、张邦翰、孙光庭、周钟岳、卢锡云、卢汉，均着免本职，此令。（二）云南省政府兼民政厅长丁兆魁〔冠〕、兼建设厅长张邦翰、兼教育厅长卢锡荣、代理云南财政厅长陆崇仁、云南农矿厅长缪嘉铭，着免本兼各职，此令。（三）任命龙云、胡瑛、金汉鼎、张维翰、张邦翰、周钟岳、卢汉、朱旭、张凤春、唐继麟、孙度〔渡〕、缪嘉铭、龚自知为云南省政府委员，并指定龙云为主席，此令。

《申报》1929年11月22日，第1张第4版

## 滇省请设中央分行

【南京】滇省府主席龙云，因该省府币制紊乱，羌帖充斥，电财部，请饬中央银行在昆明省会设立分行，以资调剂金融。财部已转饬中央银行，即日派员赴滇调查筹办。（二十三日专电）

《申报》1929年11月24日，第2张第8版

## 龙云出兵讨桂

【南京】滇讯：龙云确已出兵讨伐桂逆，其前头部队，已抵百色。（十六日）

《申报》1929年12月17日，第2张第7版

## 公电·云南省政府宣誓就职通电

【云南电】各报馆均鉴：顷奉国民政府电开，任命龙云、胡瑛、金汉鼎、张维翰、张邦翰、周钟岳、卢汉、朱旭、张凤春、唐继麟、孙渡、缪嘉铭、龚自知为云南省政府委员，并指定龙云为主席等因，奉此，遵于十二月一日在本府宣誓就职，本府即于是日改组成立。自维任重材轻，汲深绠短，所冀邦人诸友，勤加督教，借寡愆尤，不胜感盼。敬布区区，诸维

察照。云南省政府叩,筱。

《申报》1929 年 12 月 27 日,第 2 张第 7 版

## 龙云等通电拥护中央

【南京】四川将领龙云、毛光翔、刘湘通电:"赞助阎百川号电,拥护中央,愿与袍泽共同努力。"(八日专电)

《申报》1930 年 1 月 9 日,第 2 张第 8 版

## 龙云电告滇省军情

【南京】龙云电京:"此次大局纷扰,反动份子协谋叛国,吾滇夙矢拥护中央,本拟出兵讨伐,因胡、张受逆党运动,密与勾结,适有乘机内犯之举。云为巩固后方计,亲率大军进剿。自上月出发强渡过江后,华永三战,张逆溃败,继复窜至两盘〔盐〕与胡、孟会合后,被我军追至两盘〔盐〕,分道合击,完全崩溃,张被生擒。至该逆等应如何究办,俟报请中央核办。"(六日专电)

《申报》1930 年 2 月 7 日,第 3 张第 9 版

## 张维翰昨接滇省来电　报告军事胜利

云南省民政厅长张维翰,昨接该省主席龙云一月二十七日自滇西行营来电云:"上海梵王宫饭店转张莼鸥兄鉴:自张发奎及桂系诸逆相继发难,叛党祸国;西南形势,顿觉严重。吾滇拥护中央,夙具真诚。原拟大举出兵,共同讨逆,适因胡若愚、张汝骥、孟坤诸逆与逆党勾结,乘机内犯。云为先固后方计,亲率大军,分路进剿。自上月出发强渡过江后,华永一战,张逆溃败,窜至两盐,与胡、孟会合,复被我军追蹑围攻,纷纷缴械。胡、张、孟三逆仅率残部千余,向木里窜逃。复经我军截击,完全解失,并在和尚村将张汝骥生擒;胡、孟两逆,亦被围就困。计此役逆军合共八千余人,除被地方民团截杀外,其余人械,完全被本军收回无遗。至

该逆等屡次肇乱，叛国祸乡，应如何惩办，俟回省后报请中央核示，特先电闻。龙云，感，印。"

《申报》1930年2月8日，第4张第14版

## 龙云报告击溃胡若愚、张汝骥

胡张两部窜入木里土司地

**【云南通信】** 第十路龙云部此次西征胡、张，克复永北、华坪、两盐。胡、张仅率残部千余，向木里土司地方逃窜，军事已告结束。现龙云拟由华坪凯旋回省，并有电致省府，报告战事经过如后："昆明省政府各委员、总指挥部朱代行拆均鉴，真电计达，此次逆军自盐城被我中路军击退后，当即缴械甚多。真日退至叛海子，复被我右翼军迎头痛击，胡、张落荒而走，辎重行李及所部几完全被虏。孟部本有投诚之书，因被我军压迫太急，率队远扬，其辎重及特务营亦被截获。逆党经此重创，枪支散失于民团者约千余支，其余被我军缴获者二千以上。总计残逆人械，不满千余，均向木里逃窜。我军为除恶起见，故除调各土司分头追击，并令木里迎头兜击外，并派高旅率同全部及卫士大队前往木里，务获首逆，解省究办。查逆军自盘据两盐以来，吸髓敲骨，十室九空，结怨人民，不共戴天。沿途被人民杀死及冻饿而死者，不下千人。预料逆党纵能窜至木里，所余当更有限。至于两盐给养，既感困难，气候尤复寒冷，故于删日分别班师回滇。除刘旅仍赴永北办理善后并防残敌内窜外，其余右翼军到达大姚、牟定待命。中路军到达武定、元谋待命，一俟总部到省后，再为分别调省。希即分电各镇，先期筹划粮秣，以便需要。所有俘虏除客籍者就地遣散外，滇籍者已派员率领回省。到时希即分别酌发衣服旅费，遣散回籍，决勿留用。此次逆敌倡乱，重苦边民；我军所在，莫不揭竿而起，共扫逆氛。各地民军，不下万数，既扰逆敌后方，复为我军侦察。又有羊旅分头截堵，奏功之速，有以致之。作战结果，伤亡仅十余名，为历来所未有。余何日回省，到华坪后再为定夺。总指挥龙，冬，印。"

《申报》1930年2月10日，第3张第10版

## 龙云表示拥护中央

【南京】龙云二十二日电其驻京代表李培天,谓自大理旋省,途中接蒋主席、各院长通电,借悉晋阎滥发狂言,为本党纪律及政府威信计,必须严予裁制。云南始终拥护中央,望向各方代达此意。俟抵省后,即通电表示。(廿七日专电)

《申报》1930年2月28日,第2张第8版

## 滇省电请制裁阎锡山

云南省委兼民政厅长张维翰氏,昨语《新上海》记者云:闻阎锡山近发漾电,任意假列人名,甚至有滇黔将领亦有被窃名义之说。如果属实,益可见其作伪心劳,不知滇省政府同人及将领全体,向皆服膺党义,竭诚拥护中央,始终不渝。本人最近尚接省府主席龙云来电,对阎之妄悖言论,深致愤慨,将通电力辟其谬,请中央严加制裁云。

《申报》1930年3月1日,第4张第14版

## 龙云响应五院长电

【南京】龙云顷电京云:"伏读三院长致阎删电,纠谬绳愆,无任佩仰。总座许身党国,勉膺艰难;上承总理付托,下系全国仰望。受命于党,进退本无自由;匹夫有责,革命何云礼让。诸公彰明革命态度,严申党国纲纪,词严义正,遐迩同钦。窃维反动初平,国基甫奠,凡在同志,宜如何开布公诚,竭息尽力,拥护中央完成统一。阎氏竟破坏统一,苟非昧于党义,真是反动自甘。不有制裁,党国何有?辞而辟之,犹余事也。"

(六日专电)

《申报》1930年3月7日,第2张第8版

## 陈铭枢接济龙云

【香港】陈铭枢接济龙云二十万,交刘沛泉带滇。(十一日专电)

《申报》1930 年 4 月 12 日,第 1 张第 4 版

## 龙云允出兵攻桂

【香港】陈济棠代表程璧金,由滇抵港转梧,据言龙云允出兵二师攻桂。(十六日)

《申报》1930 年 4 月 17 日,第 1 张第 4 版

## 龙云电告广西军事动向

【香港】龙云电告:李、俞残部由百色窜富川,经敝部截击,缴械千余,残部逃安南边境。(二十三日专电)

《申报》1930 年 4 月 24 日,第 1 张第 4 版

## 滇省准备出兵

【南京】某方息:滇省出兵广西,中央已允补助三十万,并拨助军械。现滇省航空司令刘沛泉,即将由海防回滇,与龙云洽商出兵事宜。一俟军械运到,即可出兵。(二十五日专电)

《申报》1930 年 4 月 26 日,第 2 张第 6 版

## 桂省战事又将紧张

滇省将派兵两旅攻桂

【广州通信】桂省战事沉寂已久,最近前方军事又略有变动。据第六

路军朱绍良昨日电告：第六路总部移驻六陈，毛炳文师占大湟江，八路军用重炮轰击浔城，敌退宾阳。俟八路军占贵县后，即联攻桂平方面残敌云云。

又据六路军某军官函述前方战情，略谓："我军前线各部，集中桂平、贵县、横县之南岸，严密监视对河敌军行动。六路军谭师岳森旅，由平南向浔进发；八路军总指挥陈济棠，十九晨十时率同总参议杨鼎中、第四舰队司令陈策等，出发大湟江视师，由梧州大南酒店步行至信孚码头，趁坚如舰出发。"闻陈此次赴大湟江视察形势，并与朱绍良商妥计划后，即开始总攻。刻八路军注重贵县方面，日前调往粤边之余汉谋、香翰屏两师，已奉命调返郁林；进攻贵县之正面，将以蒋光鼐、蔡廷锴两师担任，以李、余两师为预备队。

至敌军方面，主力似在贵县，桂平兵力较少，因恃桂平天险，只以桂军梁朝玑、许宗武两部驻守。李宗仁、张发奎等部集中贵县，杨腾辉、黄绍雄部集中柳州，白崇禧部则分布于荔浦、修仁、雒容等处，有取道昭平、马江，袭梧模样。敌因兵械两缺，采用游击战法，避实击虚，一方在桂平取守势。刻下六、八两路军对于肃清张桂军，已定有包围计划。中央特派刘沛泉为第四、六、八、十各路军联络专员，刘已于十四日在广州就职，日昨赴港转滇，并携有粤方某要人礼品多件，致送滇军司令龙云。刘此次回滇，系催促滇军出师入桂。闻滇省第十路司令龙云，已允派滇军第一百零一、一百零二两旅，将取道恩隆、百色，直捣南宁，以抨贵浔敌军之背。（四月廿三日）

《申报》1930年4月29日，第2张第8版

## 龙云派三师入桂

【香港】龙云决派卢汉、宋〔朱〕旭、张峰〔凤〕春三师入桂。（二十九日专电）

《申报》1930年4月30日，第2张第8版

## 龙云部抵百色

### 粤军决向大河急进　陈济棠昨又赴梧州

【香港】龙云部已抵百色，向邕进；桂军纷由邕开百色防堵。（二日专电）

【香港】陈济棠因滇军入桂，决急向大河进攻，收夹击之效。已函市长林云陔，转告粤领团，通知邕、柳、桂、平外侨，由五日起一律离境暂避，以四星期为限。（二日）

《申报》1930年5月3日，第3张第9版

## 桂省战事又将发动

龙云部已向百色前进；粤当局派兵防范……

【广州通信】桂省战事，日来仍无动静，故第八路总指挥陈济棠，得以抽暇回粤。刻闻前方□贵间，六、八路军仍监视对河敌人之动作，并准备一切渡河器具。现在专候黔、滇两军到达桂境，始大举包围浔、柳。顷据最近消息，黔军已有一部开抵桂之西境；至滇省龙云，近更积极动员。

日前，六路总指挥部曾派代表何子房赴滇联络讨桂军事。何氏昨由滇来函，略谓"前在梧奉一公（朱绍良别号）面谕，回滇与龙主席商榷出兵一层，深得赞同。刻已特派卢（汉）、朱（旭）、张（逢〔凤〕春）三师，准月底出发。弟俟各部队出动后，立即回梧复命"云云。最近此间当局又接滇省要电称：滇龙自奉中央命后，即调兵力十八团，开入桂边候命。前月二十六日誓师出动，是日滇各界开欢送第十路军讨逆大会。龙在大会演说，甚为激昂。计其行程，现该项滇兵将过百色。

附录滇省来电如下："寝云南各界开欢送第十路军讨逆大会，参加群众达五六万人，为云南空前之盛会。龙云报告：奉中央命令，讨伐张桂叛逆，有'拥护中央、巩固党国、牺牲一切，为革命军人之天职'等语，全场掌声如雷。计出师十八团，本周输运完竣。特达，艳，印"等语。根据

上述各电，预料桂战不日行将扩大。〈后略〉

《申报》1930年5月7日，第3张第10版

## 湘粤滇军准备会攻南宁

**【香港】** 湘军刘建绪、陈光中两部，已迫近桂林；滇军卢、张、朱三师已集百色，备夹攻南宁。（九日专电）

**【香港】** 龙云代表周伯甘抵省，谒陈铭枢；一二日内赴梧，谒陈济棠，商讨逆切实联络。（九日专电）

《申报》1930年5月10日，第2张第8版

## 陈济棠返梧后之桂战

*蒋光鼐任前敌指挥；滇军派定三师入桂*

**【广州通信】** 第八路总指挥陈济棠于昨三日由广州返梧，前方各将领即自前线回梧，请示进攻机宜。闻陈氏日间再由梧赴六陈（六陈距丹竹七十余里地，居平南与兴业之间），与第六路总指挥朱绍良商决总攻浔、贵计划。昨据六路军许克祥旅后方办事处接前方电称，略谓"第六路军定（五日）今日向浔下令攻击"等语。至八路军方面，闻系由兴业进攻贵县，陈济棠特任第六十一师长蒋光鼐为前敌指挥，所有郁林、兴业各处八路军，概交蒋氏指挥。六十二师香翰屏部，将进攻横县、永淳。缘近日横县与永淳间桂军设有防御工事，以保障南宁与贵县之交通，故八路军将以一部兵力斜出横、永，遮断桂军之联络。至六十二师李扬敬部，及八路副指挥吕焕炎之李德瑛、龚寿仪两旅，协同六路军攻桂平。此外，滇省龙云之第十路军派兵三师向桂边进，计第九十八师卢汉部、第一百四十师朱旭部、第一百零一师张冲部。卢师任中路，朱、张两师分任左、右翼，而以卢为总指挥，军饷由中央拨给，将会同六、八两路军，包围邕、柳。故桂省战局又已转趋紧张矣。（五日）

《申报》1930年5月11日，第3张第9版

## 龙云部前锋已抵百色

【云南】云南龙云出兵扶助中央,前锋已抵百色。昨与李宗仁部接触,日内即有激战。(十三日专电)

【云南】汪精卫、李宗仁,派代表廖时、黄成杰来云南,与龙主席接洽,被龙扣留,押省府严讯。(十三日专电)

《申报》1930年5月14日,第2张第6版

## 粤军已入南宁

### 蒋师全部抵诏　滇军占领百色

【香港】梧讯:滇军十七占百色,桂军刘日福向恩隆退。闻余汉谋师李振球旅十九入南宁,师部二十日亦移南宁。(二十三日专电)

【香港】陈济棠二十二日召军事会议。

【南京】毛炳文电京通讯处,谓桂省军事即日可告结束。(二十三日专电)

【南京】龙云二十二电其驻京代表李培天:刻接前方来电,我军先头部队已入百色,后部亦抵桂边,直向南宁推进。沿途逆军潜遁,尚无如何接触。(二十三日专电)

《申报》1930年5月24日,第3张第9版

## 吕焕炎等请止滇军入桂

【香港】吕焕炎、朱为珍派李毅来粤向二陈报告:"桂军收拾桂局,已有把握;请电龙云,着滇军毋庸入桂。"二陈意滇军系奉中央命入桂,故须先请示中央再决定。(二十四日专电)

【南京】毛炳文电京:待命北伐,现正由桂平、梧州陆续抵省,至将来取道何处,尚未决定。(二十四日专电)

《申报》1930年5月25日,第2张第7版

## 陈济棠请龙云饬滇军暂缓入桂

【香港】陈济棠已电龙云，请饬滇军暂缓入桂。（三十日专电）

《申报》1930年6月1日，第2张第8版

## 川滇黔将领之团结

【重庆】黔中盛传，滇军将借讨桂图黔。龙云电此间，谓无其事；刘湘亦通电，证系谣传。现在刘湘、龙云、毛光翔，团结川滇黔，力主拥护中央，西南决不至发现内讧事实。（三十一日专电）

《申报》1930年6月1日，第2张第8版

## 滇军已抵桂边　吕部由贵县开邕

【南京】军息：滇省府主席龙云奉令率兵东下，肃清桂部。已调遣部队于上月二十七日集中镇边，分两路进兵；六日已分抵恩隆、龙州两处，即着手肃清。（六日专电）

【南京】广州电：刘沛泉五日由滇抵省，除筹划粤滇航空事宜外，并代表龙云与陈铭枢商要公。（六日专电）

【香港】龙云因桂局解决，已中止出兵入桂。（六日专电）

《申报》1930年6月7日，第2张第7版

## 滇军两师入桂

【香港】龙云六日电告：朱、张两师全入桂，前队达龙州、左县，准备入邕。（九日）

《申报》1930年6月10日，第2张第6版

## 滇军已抵平马

【南京】滇省府主席龙云电京报告：滇军出发讨伐张桂，刻正积极前进，已抵桂境平马。（二十五日专电）

《申报》1930年6月26日，第1张第4版

## 桂局现状与滇军入桂

粤军维持桂局；滇军万余入桂

【广州通信】广西自吕焕炎死后，第八路军即以总部总参议杨鼎中驻梧，主持桂省军政。现在桂省形势，只柳州、桂林等处，尚有少数残敌窜聚；其余各要地，均为桂省新编军及八路军驻防。查大河方面，自桂平以迄江口等处，有新编桂军朱为珍部等布防于江口、藤县、平南；抚河方面，由新委平乐九属保安司令吕定祥负责维持地方治安；梧州一地，为两粤咽喉，有八路军分驻于大东路、北山、狮子炮台、抚河大利口及戎圩一带，又一部分军队分防于大山及三角咀等处。其余远在西北各属，则间有李宗仁等残部之韦云淞、陆福祥各部活动。近日又传李、黄残部之岑孟达军，有在抚河窃发消息，但此为民团及敌军所集合而成，绝无战斗力，不足为患。至南宁、柳州各属，刻下虽有韦、陆各部，然滇军已赶程入桂，收拾桂省西南、西北各地。

滇省府主席龙云，现为联络进兵入桂起见，特派军事联络员冯翼来粤，共商收拾桂局办法。据冯氏在粤宣称：此次滇军入桂兵力，共有十六团。计第九十八师卢汉全部、九十九师朱旭全部、一百零一师张冲全部；另由第七师唐继麟部、一百师张凤春部，每师抽出三团；又有李绍忠、王春山各支队，共万余人，统由卢汉统率，向广西进发。前头部队李绍忠、王春山各部，已过百色，日间可抵南宁云云。（七月一日电）

《申报》1930年7月6日，第2张第8版

## 桂政务特派员抵滇会晤龙云

【南京】军息：桂政务特派员颜德璋，定九日抵滇，即会同滇主席龙云，赴桂整顿政务，并堵防张桂残逆。（八日专电）

《申报》1930年7月9日，第2张第7版

## 龙云广西战况通电

【南京】龙云电京谓："十路军围攻邕城多日，敌方死守待援，人数虽只三四千，而工事甚固，不易攻取。若以大兵与之相持，尤为不值。现以一部监视邕城，切实封锁；另以大部向宾阳进展，与粤军会攻柳州，以收夹击之效。"（十一日专电）

《申报》1930年8月12日，第1张第4版

## 龙云代表到京公干

【南京】龙云派顾问李西平来京，分谒各要人，并定日内赴前方谒蒋，陈述要公。（二十六日专电）

《申报》1930年8月27日，第3张第9版

## 第八路军移师攻宾阳

滇代表陆雷来粤请接济军饷

【广州通信】桂省战事，近日忽趋重于大河，对于抚河只取守势。自十五六日起，八路总部在梧州白云山上布置防御工事，梧之西北险要，则敷设电网，同时梨木根、勒竹各地，亦布兵设防。后方防务既布置妥当，然后以重兵出大河。前锋部队沿江直上，八路总指挥陈济棠日前亲赴平南视师。对攻敌计划，决先攻破宾阳，以断柳州、南宁之交通。闻八路总部有限七日内

攻破宾阳，以助滇军直攻柳州。至入桂之滇军，刻已变更进兵计划。因八路军已移师攻宾阳，宾阳如破，则南宁可不攻而下。故滇军现又舍攻邕垣，而以卢汉、张冲两师越武缘，会攻宾阳，朱旭部则留防龙州。

此次滇军入桂，逗留许久，南宁虽未攻克，然对中央实竭力拥护。近日外间谣传入桂滇军有左倾消息。滇军为表白计，特由龙云派出滇警局长陆亚夫，及省府办公厅秘书雷松龄来粤。陆、雷两氏昨已抵省。据陆氏对人称，滇军此次入桂，共有四师之众，纯系赞助中央讨逆。外传滇军倾左，绝无其事，证以日来滇军张冲一师围攻南宁可知。最近卢汉、朱旭又将移师会攻宾、柳，宾、柳一下，南宁可无问题。但滇省素称贫瘠，今以四师之众远征入桂，关于饷糈接济，未免踌躇。滇军饷项，前虽由中央应允拨给，但中央近方应付西北，事实上难以兼顾。故第十路军入桂军饷，最好由粤接济。本人此次来粤最大任务，即为解决入桂第十路军军费。此点已与陈铭枢主席一度商洽。陈主席意，此为军事范围，应向陈总指挥济棠面商。故本人日内即由广州转程赴梧，与总陈〔陈总〕指挥接洽一切云云。（八月二十三日）

《申报》1930年8月29日，第3张第9版

## 云南之经济现状

云南今日之唯一吃紧问题，为经济状况日趋悲观。对外汇兑，据今日（十九）市情，滇币换法票每百元须伸水九百八十元，港币每百元伸水七百四十元，沪币每百元伸水六百四十元。而本省生产低落，日常用品多仰给外来，以是物价暴涨，民生日就憔悴。各机关职员，高级如省委、厅长，其正当月俸亦不过数百元；秘书、科长，则仅百数十元。三十八军前敌总指挥卢汉，在兼财政厅长任内，曾提议各机关职员加俸一倍半。现卢出发讨桂，案虽实行，而继任厅长陈维庚因支出突增，颇感棘手，履任月余，一再辞职。当局无法挽留，现新委陆崇仁继任。陆曾一度长滇财政，对省主席龙云颇称亲信，就职后在办事方面当易为力。但人民所唯一属望者，为对外汇水之低跌，不知陆果何法以处此也？

本省因汇水高涨，当局方面亦甚形着急。于是既有法定机关之财政厅，复有异军突起之整理财政委员会。此委员会之设立，亦已有年，对于

汇水之补救，未著若何成绩。现忽改为整理金融委员会，主其事者为省委胡瑛及唐继麟、张凤春各师长，其成效则尚未知也。

又去年十二月间，省垣特设之入口货特捐总局，迩因海关将照金单位新税率十足补水征收关税。省政府为徇商民之要求，决议于十月底将特捐局取消，减轻商人负担。查该局自开征以来至七月底止，总计收入滇币约二百八十万元。此间商人闻特捐局有取消之讯，纷纷电知港沪，目前暂停办货。惟据该局局长严继光之解释，则谓该局尚未奉到取消明令。如果特捐订于本年十月底取消，为商人利益计，最好于十月尾前赶办货物进口。盖海关照十足金单位征收后，商人对于大宗货物所纳之税，较之现时特捐及海关正税两项合计，且又加重也。例如每百斤粗纱，海关正税为滇币三十二元，特捐滇币十五元，共纳滇币税捐四十七元；如特捐取消，海关照十足金单位征收，则每百斤粗纱须纳正税滇币六十四元。大宗匹头如斜纹布，每匹现时共纳关税特捐滇币六元九角，十一月一日起每匹须纳滇币十一元二角，其他货物可以类推云云。此在特捐局方面，固期望于两月内增多收入，然在商人方面，未始无考虑价值也。（八月十九日）

《申报》1930 年 9 月 2 日，第 3 张第 10 版

## 龙云代表不日返滇

【南京】龙云代表李西平前过京赴前方谒蒋，有所请示，结果甚圆满。李日昨返京，日内即回滇报告。（五日专电）

《申报》1930 年 9 月 6 日，第 2 张第 8 版

## 滇军保护南宁外侨

【南京】外部前以南宁美孚行被滇军抢劫，曾电龙云查明办理。顷据复，谓已饬前敌各将士切实查明，迅予发还，并饬各将士嗣后对外侨认真保护。（十三日专电）

《申报》1930 年 9 月 14 日，第 2 张第 7 版

## 滇省请设殖边督署

【南京】滇省府主席龙云呈行政院,请设殖边督办公署,办理边陲一切事宜。现由行政院转咨立法院规定组织法,俾便遵照。(三十日专电)

《申报》1930 年 10 月 1 日,第 2 张第 7 版

## 龙云响应张学良电

【南京】龙云电中央国府谓:"张司令长官主席,息战罢兵,国是听中央措置,并声明拥护中央,完成统一,伟言谠论,遐迩同钦。诸凡反动渠魁,应知悔祸,早自为计,罢兵下野,以谢国人。伏望中央宽大为怀,不咎既往,期于和平统一,迅告实现。"(五日专电)

《申报》1930 年 10 月 6 日,第 2 张第 6 版

## 出洋考察研究者　龙绳武赴法考察军事

云南省府主席龙云之长子龙绳武,向在法研究军事学,去年奉乃父电招返国,谘询一切。上月偕同省府委员胡瑛来沪,日前转京晋谒蒋主席,面呈一切。业于昨日返沪,请领护照,以便再赴法继续研究军事。兹该项护照,业已办妥,月初即可放洋云。

《申报》1930 年 10 月 21 日,第 3 张第 10 版

## 龙云增兵入桂　李宗仁准黄绍雄辞职

【香港】梧讯:龙云增兵两师入桂,取道百色,沿右江下邕。(十七日专电)

【香港】李宗仁准黄绍雄辞副总司令职。(十七日专电)

【香港】闻张发奎军邓龙光部已集中长安,候缪培南收编。(十七日

专电）

**【香港】**陈济棠十六未回粤，闻在桂和战问题未决定前，暂不回粤。（十七日专电）

《申报》1930 年 11 月 18 日，第 2 张第 6 版

## 滇省入口货附捐取消

**【南京】**滇省府主席龙云电外部："滇省入口货附捐，已遵府令，于十月底实行取消。"（十八日专电）

《申报》1930 年 11 月 19 日，第 2 张第 8 版

## 入桂滇军撤回　吴学显等反对龙云

**【香港】**滇军吴学显、李绍忠等，在迤南通电反对龙云，迎唐继虞回滇。龙派张奉〔凤〕春师开迤南讨吴、李。张抵迤后，与吴、李沟通一气。龙恐省会有失，电入桂滇军卢汉回滇拱卫，卢部已陆续回滇。（一日专电）

《申报》1930 年 12 月 2 日，第 1 张第 4 版

## 桂省战云又将弥漫

入桂卢汉部滇军退滇经过；白崇禧、张发奎谋乘机窥滇

**【广州通信】**桂省军事，近来忽又发生变化。因张桂军以北方阎、冯失败，曾在柳州开一度军事会议，议决作最后之挣扎，采取远交近攻计画。盖深知保守柳、邕一隅，被困于第八路军，无法求出路。乃一面与八路军信使往还，磋商和平解决方法；一面迅集大兵，将入驻桂境之滇军卢汉等三师击破，拟乘势驱兵入滇。若一旦占滇为根据，即放弃全桂。故当黄绍雄、伍廷飏迭派代表赴梧，向八路军议和之际，张桂主力部队即移集左右江，向入桂之第十路滇军反攻。事前并运动龙州方面之李明瑞部，截

断滇军归滇之路。

本月中旬,突由白崇禧率桂军数千人、张发奎率两师,分向左右江挺进。滇军猝不及防,颇受损失,然尚结集卢汉、张冲、朱旭等三师,另一独立旅于平马一带,由本月十一日起至十五日止,与张桂军激战五昼夜。血肉相搏,为近日桂省少见之剧战。滇军以孤军深入,为兵家所忌,迫得暂行退回滇边。所有辎重,因运输不便,遗落不少。然是役张桂军亦死伤逾千人,双方牺牲之重大,可想而知。

滇军既退滇边,乃急派代表陆亚夫赴梧,向粤军当局报告张桂军口头言和之诡计,请第八路军迅行挥兵追击,滇军当再回师协攻。第十路军指挥卢汉,二十二日复拍来一电,请粤军迅攻南宁,以捣张桂军入滇之后路,原电云:"南宁逆军因我八、十两路军决于短期内分路进击,克复邕城,多已闻风先遁。现留邕城逆军无多,仅黄逆旭初残部及民团数百,共计不过千人,仅可一鼓而下。特此电陈,卢汉,养,印。"

卢部滇军一方电粤急攻,一方陈兵于剥隘一带,防张桂军闯入滇境;同时急电龙云,派队出滇边。闻龙氏以敌人犯边,有亲行出马消息。现先遣精兵四五团,由昆明开赴广南,赶赴剥隘,协同卢部准备反攻百色。

又据探报:张桂军方面,自分头出左右江后,桂军由白崇禧率领黄旭初、韦云淞两部约三千人,于本月二十日由恩隆进驻百色;另以张发奎率杨腾辉等部,由龙州绕道,图袭蒙自。张军顷已抵龙州,先将灰色军林俊廷部缴械,然后入滇。此外前桂军师长李品仙,由安南运械入龙州接济张桂军,更谋运动滇省失意军人在内响应。此间当局为防张桂残部之活动,已命前驻黔代表陈养初氏,致电黔主席毛光翔,迅饬驻湘西之王家烈师,回师黔境,折出桂西,长安柳州,协同滇军、堵击桂张军。原电云:"贵州省政府毛主席钧鉴:迭承电示,饬令绍武(即黔军前敌总指挥王家烈)速定湘西、移师长柳,协助讨逆,贯澈初志,感盼同深。现伯南(陈济棠)总指挥业回梧督师,肃清残敌,请电促绍武兼程入桂,以利戎机。无任企祷,弟养初叩。"

刻闻滇主席龙云已亲率大兵到广南,对白崇禧军迎头痛击。如黔军再加入,则桂省大战焦点,将移至桂西矣。(十一月二十七日)

《申报》1930年12月2日,第2张第7版

## 龙云贺蒋就行政院院长电

【南京】滇省府主席龙云及全体委员电蒋，贺就行政院长兼职。（三日专电）

《申报》1930年12月4日，第2张第6版

## 桂省战事沉寂原因

张桂军入滇之企图已失败

【广州通信】桂省前因粤军准备用飞机队轰炸南宁，故南宁城内张桂军纷纷移兵出左右江，拟乘机窜滇觅食。顷闻张桂军此举，似已不成事实。因张桂军初拟图滇时，除配置两部兵力，分道直取剥隘、昆明外，并运动滇省内部失意军人唐某、吴某等，在滇响应。讵近日吴某等在滇无机可乘，张桂军以内援失败，遂不敢长驱入滇。而滇主席龙云不特兵力足以镇压省内反侧，且更有余力协助退却滇边之卢汉部，陆续增兵滇边，严拒张桂军之窥伺。闻日前除调王旅补充团出发外，近又增调张逢〔凤〕春部全师，兼程开赴百色，会同卢师，准备向恩隆敌军反攻。

张桂军以滇省实力充足，且陈兵边圉，遂逡巡不敢西向，现在只得驻军于百色及龙州，此滇桂边境风云渐趋平息之故也。至张桂军后方之南宁，战事依然沉寂。其原因固由张桂军大部已退出邕城，远戍〔戌〕左右江。此外第八路军近以粤赣边境剿匪，粤军为固圉计，不得不在桂酌调兵力回粤，调往北江巩固防务。刻下除以余汉谋、黄任寰两部布防南宁之西北，杨鼎中、陈汉光各部布防邕城之东南，密切监视敌人外，驻大河之李扬敬师，已抽调谭朗星团回粤，严应鱼团亦将东返。故现在南宁附近战局，已趋和缓。观此情形，最近之桂局，又入休战状态矣。（十二月十一日）

《申报》1930年12月18日，第2张第8版

## 滇省关税减征展期

【南京】滇省关税减征，至本年底又告满期。该省主席龙云前电呈国府，谓滇省金融已经议定整理办法，最短期内自可就绪。请将关税减征继续展期，以便统盘筹划。经财部已决定展限至明年四月底止，惟入口货捐年内务必取销，以维税制。（二十二日专电）

《申报》1930 年 12 月 23 日，第 2 张第 6 版

## 张发奎军密图入滇倒龙

【香港】闻张发奎军现在龙州百色，联唐继虞、胡若愚旧部，图进兵昆明倒龙云。拟先将入桂滇军卢汉部击溃，然后入滇。（二十八日专电）

《申报》1930 年 12 月 29 日，第 1 张第 4 版

## 国府颁给勋章

【南京】国民政府一日令："国家欣逢履端之庆，眷维党国宣力之贤，张学良、何应钦、朱培德、杨树庄，特锡荣褒，用宣丕续，此令。"又令："国家绥疆戡乱，端赖群材，禀总理之遗谟，作干城于党国。胜残除暴，聿著勋勤；庆洽履端，宜颁懋奖。刘峙、韩复榘、何成濬、陈调元、王金钰、朱绍良、陈济棠、徐源泉、王树常、于学忠、贺耀组、杨杰、陈绍宽、沈鸿烈、张作相、顾祝同、蒋鼎文、王均、冯轶裴、张治中、陈铭枢、张惠长、贺国光、俞飞鹏、谷正伦、杨虎城、夏斗寅，着晋给一等宝鼎章。刘湘着给予一等宝鼎章。蒋光鼐、刘茂恩、马鸿逵、陈策、陈诚、蔡廷锴、范熙绩、陈继承、赵观涛、毛炳文、杨胜治、香翰屏、李扬敬、余汉谋、黄秉衡、陈季良、谭道源，着晋给二等宝鼎章。鲁涤平、龙云、张钫、上官云相、孙桐萱、曹福林、毛光翔、徐庭瑶、萧之楚、郝梦龄、周骏彦、陈仪、李鸣钟、刘镇华、张之江，着给予二等宝鼎章。李韫珩、曾以鼎、陈训泳，着晋给三

等宝鼎章。叶开鑫、胡宗南、胡祖玉、金汉鼎、钱大钧、谷肇民、李云杰、许克祥、韩德勤、阮肇昌、刘和鼎、沈勋、徐鹏云、武定麟、岳维峻、蒋锄欧、钱宗泽、何竟武、俞济时、林蔚、邱炜、王纶、张湘砺生,着给予三等宝鼎章。以示酬庸锡羡之至意,此令。"(三十一日专电)

《申报》1931 年 1 月 1 日,第 3 张第 11 版

## 龙云电告遵令裁厘

【南京】龙云电行政院及财部报告,遵令如期裁厘。(十四日专电)

《申报》1931 年 1 月 15 日,第 2 张第 8 版

## 龙云被迫下野

【香港】龙云被迫下野后赴安南,将来港,分向中央及粤请援。(十八日专电)

《申报》1931 年 3 月 19 日,第 1 张第 4 版

## 龙云已回昆明

【北平】法方息:龙云已回昆明。(二十日专电)

【南京】云南省府主席龙云,十九电其驻京代表李子厚,云"前拟请假回昭,因军民挽留中止。编遣事办理并无困难,昨以将领中有对于政治不甚明了,轻发议论者,故稍事整饬,不至生何问题,仍当仰体中央意旨,妥慎办理"等语。(二十日专电)

《申报》1931 年 3 月 21 日,第 2 张第 7 版

## 滇局已告平靖　编遣照常进行

【南京】滇省日前事变,系滇军卢汉、朱旭、张冲,各对龙云编遣部

队有所误会。龙曾一方电中央请假一月，一方往距昆明五十里之古庙休养。刻风波已渐平息，龙云亦回昆明。国府除电饬卢、朱、张各部，仍遵中央明令实行编遣外，又电龙云饬照常进行，并将编遣情形详细报核；对于省政，仍须安心处理。（二十二日专电）

【香港】龙云巧电粤代表周寿民谓："回籍事已中止，已于十七回抵省垣。滇中将领举动失宜，经稍予惩处，已平息。"（二十二日专电）

《申报》1931年3月23日，第1张第4版

## 卢汉等拥护龙云

【香港】卢汉、朱旭、张凤春、张冲等，十九电旅粤滇人，谓"唐继麟、张维翰、孙渡等同恶共济，流毒滇省，危害党国，当转电国府撤惩；主席龙公，功在党国，誓竭诚拥护"云。（二十三日专电）

《申报》1931年3月24日，第2张第7版

## 龙云电告回省　并请驳斥四师长呈请

【南京】龙云二十日电蒋主席：遵元（十三日）电于筱（十七日）回省。四师长径呈中央，越权率呈，实属荒谬；恳先予驳斥，以维纪律。至该师长等行动非是，及所指摘各员应如何办理，统候另呈。（二十五日中央社电）

《申报》1931年3月26日，第1张第4版

## 滇省政潮之粤讯

*龙云有折回昆明镇慑消息；卢汉、朱旭等通电拥护龙云*

【广州通信】滇省最近曾发生政潮，迨中委王柏龄过粤、遄回滇省后，即有电来粤，谓"本人业已抵滇，滇事不难解决"云云。日来滇省驻粤办事处及旅粤同乡，均接滇电，谓："龙云现已折回昆明主持一切，省内风潮完全平息。"

又滇省将领卢汉等十九日拍来一电，原文如下："广州云南会馆转旅粤同乡先生钧鉴：吾滇自唐继尧柄政，任用非人，营私图利，勾结军阀，反对先总理主义，以致穷兵黩武，民穷财尽，全省军民不堪其苦，乃有十六年二月六日之改革。讵意'二六'之后，除恶未尽，王□□等乘机挑拨，演成'六一四'胡张之变。逮及前年，本军正事讨逆，而孟、张、胡等叛变，并勾结张逆汝冀〔骥〕扰及后方，此皆唐氏余孽足以祸滇之明证也。今者胡、张、孟等已先后消灭，而唐继麟、张□□、孙□等仍系唐氏余孽。政府以其稍有技能，不忍令其闲散，乃予以位置，俾循力图建。讵该余孽等罔知悛悔，结党营私，乘唐逆继虞勾结反动派之际，唐继麟阴谋练兵，意图攫取军政权谋为内应，张□□则引用唐氏及各宵小以为爪牙，孙□挑拨军队、离散军心。似此同恶相济，非特流毒滇省，抑且危害党国！汉等忝负国家重任，并为滇民依托，正所谓难安缄默，当于三月十二日电请国民政府将该唐继麟等撤差惩办在案。诸公敬恭桑梓，全省同钦，对于余孽，谅所深恶，尚祈就近陈明中央，迅予撤差惩办，以除奸宄而杜后患，全滇民众实利赖之。至主席龙公，功在党国，且与汉等久共生死，誓当竭诚拥护，之死靡他。特恐远道传闻失实，致生误会，尚望详加解释，以释群疑，谨电奉闻。卢汉、朱旭、张凤春、张冲同叩，皓。"（三月廿三日）

《申报》1931年3月28日，第2张第7版

## 王柏龄抵昆阳

【云南】中执委王柏龄二十三日抵昆阳，省府、党部均派员到海防迎接，龙云及各国领事亦到站欢迎。（二十四日专电）

《申报》1931年4月2日，第2张第6版

## 龙云电称滇局已告底定

【南京】龙云十日电国府云："四师长擅捕省委，滥发通电，聚众要

挟，实属大干军纪。云为党国前途、贯澈编遣计，业于七日毅然将张凤春撤职拘留，卢汉、朱旭、张冲一并免去师长职，并降张冲为第九旅长，其各师部即日撤消，改编为旅。现在大体已定，内部益臻团结，全省安定如恒。"（十二日专电）

【香港】龙云十日电旅港同乡，述滇变经过。于本月七日，将卢汉、朱旭、张凤春、张冲概免师长职；凤春情节较重，并加以拘禁查办。所属部队，即废师改旅，力加整饬。（十二日专电）

《申报》1931年4月13日，第1张第3版

## 龙云声讨达赖

【南京】龙云电驻京办事处，转石青阳、格桑泽仁、诺那呼图克图等谓："近月以来，传闻前藏达赖甘受英帝国主义之驱使，援助西康大金寺喇嘛，劫财夺产，侵地略城。近尤肆行无忌，藐视中央。似此为虎作伥之举动，势非明张挞伐，不足以惩其狂妄！云念滇、康唇齿之谊，实难坐视不问。中央若有所命，自当挑率精锐，誓赴西陲国防之用，以解康民倒悬之苦。诸先生谊切桑梓，望就近吁恳中央，速定大计，则国防幸甚，西南幸甚！"（十六日专电）

《申报》1931年4月17日，第1张第4版

## 龙云电告滇省军情

【南京】龙云电京："滇军编遣就绪，三师长赴港说不确。朱旭回籍省亲，卢汉、张冲在省；孙张、唐张虽辞省委，尚足法数。废师改旅后，以张冲、龚顺璧、鲁道准〔源〕、龙雨苍为旅长，别无更动。"（二十八日中央社电）

《申报》1931年4月29日，第2张第6版

## 龙云拥护中央

【南京】龙云六日通电到京，驳古、陈各电，并望全国一致拥护中央，扫除蟊贼，巩固统一。（九日中央社电）

《申报》1931年5月10日，第3张第9版

## 公电·龙云拥护中央

云南来电："各报馆均鉴：接诵邓泽如等卅日通电，撼拾浮词，妄肆攻讦，泄一朝之私忿，而不顾大局之安危，曷胜骇异！夫提案弹劾，自有正当程序，今不问全体监委是否同意，提案是否成立，而遽贸然通电，故作张皇。明明泄忿而假托公言，明明煽乱而诡称护党，其发动之方式，固已自陷于违法；其煽惑人心、摇动大局之阴谋，更复昭然共见于天下。且既依法提案，自当听候依法解决，乃不旋踵而有陈济棠等江电，如响斯应，挟武力以相恫喝，欲复陷国家于分崩离析之中，稍有人心，宜莫不叹息痛恨！阎冯新败，赤寇方张；人民之痛苦未苏，列强之凭陵犹昔。中央秉承遗教，夙夜忧勤，操危虑深，力谋统一。方冀弭纠纷之局，而渐趋建设之途，固属国人懔漏舟覆巢之戒，宜如何激发天良、共图赞护。矧为负责同志，更当体念艰难，顾全大局，若稍一不佞徇私害公，逞意气于一时，置党国于不顾，□□丧心病狂，自绝于党。我革命袍泽，本党同志，洞悉利害，明辨是非，当不致为所摇惑，盲目附和也！蒋公靖献党国，身系安危，遗大投艰，精诚不贰。受命于党，何云把持；体国公忠，岂同劫夺。其挺身负国家之重任，非出于争权夺利之私。方今收回法权，初开国议，外交内治，急切莫逾此时。方勉竭股肱，以翊赞之不暇，又何忍倒行逆施，相煎太急？云于蒋公无所偏护，第念内战频年，甫有统一希望，蒋公身先北伐，实为完成总理遗志之人。如果有背党叛国行为，则吾辈亦岂能坐视？若因其忍辱负重，遂责以违法揽权，使当事者救过不遑，谁复为国家任艰巨？诚不忍统一大局、光明前途，败坏于一二金壬之口。伏望举国同胞、本党同志，仗义执言，力辟邪说；伸张正气，讨伐奸宄。云虽无

似,不敢后人也,谨布区区,伏维公鉴。讨逆第十路总指挥、云南省政府主席龙云叩,鱼。"

《申报》1931年5月11日,第2张第7版

## 何等复龙云电

【南京】何成濬等联合二十五将领除通电声讨陈、古外,并复云南省主席龙云,赞成鱼电主张。电云:"鱼电捧诵回环,钦佩莫明。值此叛逆敉平之余、匪共猖獗之际,本党同志莫不振奋图治;期于破坏之后,努力建设,奠定邦基,树立永世强盛之业,完成总理未竟之志。乃邓泽如、古应芬、陈济棠辈,竟于举国望治、民会开始之时,敢以虚无之词、门户之见,倒置是非,擅发通电,不惜逞一己偏愚之愤,希冀挑拨内乱、破坏已成之局。是无异为匪共造机会,为民众掘坟墓,祸国残民,莫此为甚!不加声讨,势非至财力俱尽、国破家亡,不足以快其意。弟等矢忠党国,精诚无二,有敢为戎首危害国本、摧残民生者,誓当奋起挞伐,以维和平之局,而免破亡之惨。除通电外,谨此奉复。弟何成濬、李鸣钟、徐源泉、吉鸿昌、范石生、夏斗寅、张印相、萧之楚、钱大钧、陈诚、罗卓英、张振汉、葛云龙、戴民权、何振藩、谢彬、郭汝栋、刘培绪、郭勋、赵冠英、王光宗、潘善斋、李定五、容景芳、徐德佐、孙鸿仪叩。"

《申报》1931年5月16日,第3张第9版

## 张之江等为和平通电

【南京】张之江、梁冠英、孙连仲等,顷通电响应何应钦及龙云主席,谓"统一不容破坏,和平不容摧残"等说。(十九日专电)

《申报》1931年5月20日,第1张第4版

## 中央与国府纪念周　王柏龄讲安内可以攘外及滇事

中央党部二十七日晨九时,举行一二二次纪念周,到中委陈果夫、陈

立夫、丁惟汾、余井塘、王柏龄、苗培成、方觉慧，暨职员来宾六百余人，由丁惟汾主席。行礼后，王柏龄报告，略谓，"现在内叛、外侮、赤祸共鸣，表面虽严重，但安内可以攘外，内叛不生，外侮不来。石友三之叛变，背后确有日本帝国主义者之勾结，助以金钱，且俟到得平津，尚拟助以械弹。粤方亦派陈友仁、刘纪文赴日，乃为订定卖国条约，送给日人种种利益，以谋叛乱。此时适有万宝山案发生，故外侮完全由于内叛而来，现应先除赤祸，讨伐叛逆。中央与东北已出大军，合围石逆，不出十日，必可解决。粤方牵连着党的问题，须发挥党的正义，如有正义，则必无人敢再言叛。此次粤变，云南首先通电纠正，关系很大。兄弟曾二次赴滇，愿将云南情形，略为报告。欲求明了云南党务情形及今后建设之需要，必须熟悉云南的环境，以及政治、经济、交通各种近况。考云南在三千年前，即隶属中国版图，但始终是放任。直到明朝朱元璋之弟慕〔沐〕国公到滇，感觉人口太少，决定移民实边，当移江南人民三百万到滇，分布全省，休养生息。若干年来，土人亦多同化，惜移民仍属太少，故现在半开化之土人，尚不在少数。就地理上说，云南之面积若干，无人能知其详。地面多山，有行三十日尚未出县境者，其面积之大，可以想象。西接缅甸，缅滇划界，至今尚为悬案。自英人筑铁路至江心坡与片马后，高黎贡山以西，已非我所有；英人又筑□公路长数千里，直达西藏，将来之西藏，亦殊危险。南接安南，划界之时，因满庭〔廷〕昏庸，曾弃地三千余里；民初厉行禁烟，人民遂夜间移界，又损失了不少。此外东为桂、黔，北邻四川，瘴气特多。自辛亥革命后，滇人乃得管理滇事。蔡松坡在滇，建树特多，此后无大进步。交通初由湘、川入滇，费时均须二月；海禁开后，始可由香港到海防，乘一日半之火车，乃到国境，再乘滇省火车而至昆明。此乃云南出外之咽喉要路，全为法人把持，经过货物，一概课以重税，以殖民地之眼光视我，因此愈使云南内地之生产低落，故造路殊为需要。现云南一年可造成千余里公路，只因人力、财力所限，未能积极进行。讲到金融，则有富业〔滇〕银行，专办内外汇兑；此外有法人之东方汇理银行，发行纸票，吸收现金，以致汇价益高。论其气候，省城地方，不冷不热，但边界上有极热的地方；西北又极冷，半年有雪。省内物产，寒、热、温三带的物品皆有，矿产尤富，人民朴实耐劳。云南党务，在同盟会时，同志很多；自唐继尧唱为联省自治之邪说，乃与本党绝缘，此为民十二年至十四年事。北伐以后，始有十六年之政变，唐继尧下野。当时广东政治分会，派人前去组党，不幸竟错派了共产党，嗣即发生各方怀疑与争执。胡若愚乘机鼓动政潮，经过龙云同志努力戡乱，始告平定。至于今日，党的纠纷，又继之而起，老同志、CP份子及中央派去的，各成一个省党部，一时竟有了三个省党部。此后中央的人与老同志结合打倒共党，但以后又复分化，中央乃决一律撤回，重行登记。经过兄弟一次视察之后，即重派指导委员，成立了现在的省党部，时经一年工作，成绩大有表现。数次破获共党机关，故共党在滇，绝无死灰复燃之可能。及至兄弟第二次到滇视察，下级党部已成立十四个，复经组成二百余个民众团体，反对法帝国主义空气亦颇激昂，政府人员对党已生很大的信仰，民众思想都倾向三民主义。此次粤变发生，滇省首倡正义，起而驳斥，此实重要之表现。果能举国如此，则国内安定，外侮亦不能乘隙而来。故谓'安内可以攘外'，实为至理名言也"云云。报告毕，散会。

《申报》1931 年 7 月 28 日，第 3 张第 9 版

## 最近各省办理急赈情形

**【云南省】**龙云电："盐津、昭通、彝良等三县，水涨堤崩被灾。"

《申报》1931 年 9 月 16 日，第 4 张第 13 版

## 龙云电告吴学显已正法

**【南京】**龙云电告："唐继虞、吴学显等，受桂逆主使，扰乱滇南，意图牵制。〈……〉同时并将吴匪学显生擒，于十五解省，明正典刑，甚快人心。"（十七日专电）

《申报》1931 年 9 月 18 日，第 2 张第 7 版

## 云南下级军官来沪投义勇军

同来者计有二人，其一因贫病交迫，图自杀唤醒国民，幸经舢板夫救起

此次日本出兵侵占我国东省诸地，有志青年莫不奋起从军，以冀效命疆场，夺回国土，是以各地纷纷发起义勇军之组织。最近有云南下级军官二人，离队来沪，拟加入义勇军为敌前驱。不料内中一人，不幸患病甚重，盘费用罄，竟尔投浦自杀。幸得遇救，未与波臣为伍。兹将详情分纪于下：

怒眦欲裂。云南第十路讨逆军总指挥龙云部下炮兵大队小队长陈用中，字绍周，年方二十二岁，系该路教导团干部队炮科毕业，文墨亦颇通顺，平日极有爱国思想。自上月十八日东北事起，为时不久，惊耗传遍全国。陈于部队中恶劣消息频频传来，闻之怒眦欲裂，曾向其长官请愿，欲求将第十路军开赴东北前线，与日人决一死战。而长官告以政府自有对付办法，如果须要用兵时，再候命进发不迟云云。如是者至二至三，卒未达其目的，于是乃有离队来沪决心。

来沪投军。嗣与其同学名周祥者（系该部候补副官）谈起日兵暴行，拟赴前线与日人拼命之事，二人志同意合。因见上峰尚无美满答复，闻上海各地有救国义勇军之组织，其目的在为国牺牲，以保疆土，遂不惜离开久共患难之同队弟兄，筹得川资若干，辗转绕道来沪。云山远隔，长途跋涉，其饱受困苦自不待言。抵沪后，人地两疏，不知义勇军部之所在地，遂寄寓于棋盘街一新商栈，再候访问。〈后略〉

《申报》1931年10月19日，第3张第11版

## 张邦翰抵平谒张

【北平】云南建设厅长张邦翰，今午抵平，代表龙云谒副张，并询东北被日侵略经过。张谈："滇省收入每年一千余万，刻正筑汽车路，期与

广西衔接，定明年底可完成二千余里汽车路，全省有汽车三百余辆。滇国防关系重要，已将本省军队按照新式编制就绪，每年约须军费二三百万。本人定今晚谒副张，三四日后赴沪。"（二十三日专电）

《申报》1931年10月24日，第3张第9版

## 救灾昨讯·水灾急赈会之要讯

〈前略〉赈务委员会函：以准滇省府主席龙云电告盐津、彝良、昭通、镇雄等县水灾惨状。〈后略〉

《申报》1931年11月8日，第4张第15版

## 四全代会昨开七次大会　中执监委选出廿四人

【南京】四全大会于二十一日下午二时举行第七次会议，计到代表四百零二人，列席代表十四人，中委二十一人，列席候补中委二人，主席蒋中正，秘书长叶楚伧。〈后略〉

【南京】中执委选举开票，截至今晨二时止，得票较多者如次：周佛海、顾祝同、贺耀祖、夏斗寅、萧吉珊、朱绍良、谢作民、钱大钧、段锡朋、张砺生、黄慕松、张学良、罗家伦、马福祥、龙云、郑占南、戴愧生、王陆一、李敬斋，尚余百余票未开竣。（二十一日专电）

《申报》1931年11月22日，第3张第11版

## 四全代会昨开八次大会

【南京】四全大会二十二日上午九时举行第八次会议，计出席代表三零七人，列席代表十二人，中委十六人，列席候补中委二人，主席林森，秘书长叶楚伧。报告事项：（一）宣读第七次会议事纪录。（二）秘书处报告文件（计贺电六，请愿文件十）。（三）各地党务报告。（四）宣读《中华民国训政时期约法》。（五）宣读第四届中央执监委员当选人名单及票

数：一、当选为中央执行委员者四人：周佛海二零九票，顾祝同一四九票，夏斗寅一四九票，贺耀组一四一票；二、当选为候补中央执行委员者十四人：杨杰一三九票，萧吉珊一三七票，朱绍良一三五票，龙云一三一票，谢作民一三零票，马福祥一二四票，钱大钧一一七票，段锡朋一一七票，郑占南一一五票，黄慕松一一四票，张学良一一四票，张厉生一一三票，罗家伦一零零票，戴愧生九九票，李敬斋九八票。张学良同志因被选为监委，故以票数次多之李敬斋同志当选；三、当选为中央监察委员者四人：张学良一零九票，杨虎九一票，蒋作宾八九票，洪陆东八零票；四、当选为候补中央监察委员者二人：黄吉宸六五票，方声涛六一票。十二时三十分散会。〈后略〉

《申报》1931年11月23日，第2张第7版

## 陈李电邀龙云协商西南边防

**【香港】**陈济棠、李宗仁联电龙云，请派员来粤，协商西南边防。〈后略〉（二十一日专电）

《申报》1931年12月22日，第2张第7版

## 西南五省联合之先声

在粤成立西南各省对外协会

**【广州通信】**西南数省近鉴于环境关系，须一致团结，以应付时局。自李宗仁、白崇禧报告越南外人有扰桂边模样后，西南当局对于联合进行，愈有根据。于是西南诸省代表乃在粤发起组织"西南各省对外协会"筹备会，于本月中旬开一度筹备会议，并决定该会原则六项如下：（一）西南通力合作，一致对外；（二）请国府即日召集西南边防会议，成立西南边防委员会；（三）要求国府预筹饷械，并修筑西南沿边要塞，及分段完成西南交通；（四）积极组合西南各省民团，为政府对外后盾；（五）严防卖国内奸破坏西南一致御侮之行动；（六）组织外交后援会，并

即日推定该会各省筹备员：计（四川）李伯申、金复兰、黄圣祥，（云南）周伯甘、高煊、杨茂章，（贵州）王孝恭、张蕴良、韦降魔，（广东）黄麟书、霍广河、李任仁，（广西）王逊志、刘范、王公度等十五人，设办事处于长堤亚洲酒店。经开筹备会二次，并电该各省当局速派负责代表，赶期到粤开会。除川、黔、桂、粤各代表已集中外，滇省龙云亦指派香港富滇银行行长萧寿民来粤，与此间当局洽商一切。

各省代表相继抵省后，于是西南对外协会复于廿二日举行成立典礼，假座大东路省党部礼堂开会。是日下午一时开幕，各省在粤同志莅会者百余人，公推云南代表杨茂章为主席。白崇禧到会训话，大意希望三点：（一）协会应将外患压迫情形尽量宣传，唤起民众一致对外；（二）设立西南银行，俾西南民众及归国华侨有所信仰，以便安心投资、兴办实业；（三）促进西南交通，宜先将西南各马路沟通以利运输，并连络西南各省铁路，以固国防。次由云南周伯甘、杜志远等报告滇省现状及滇边情形。最后高煊报告大会筹备经过。

报告毕，开始讨论，议决下列事项：（一）通过大会简章；（二）大会宣言交会员参订修正；（三）呈中央党部、国民政府、一中全会，请实现该会所定六原则；（四）邀请西南各省武装同志，为本会名誉会员；（五）出版刊物及组织各省支部；（六）募集基金，由执监委员分向各省征集；（七）执监委员，决由各省筹备委员召集该省会员分选，限三天内将各该选举结果报会，俟下次大会追认；（八）定二十七日下午一时再开会议。（二十三日）

《申报》1932年1月1日，第4张第16版

## 粤府结束就绪

西南政委开临时会

【香港】粤中委一日发出宣言，取销粤国府，遵四全决案，设中执会西南执行部、西南政委会及军委分会。前国府各部六日已结束就绪，执行部由中党部改，政委会由国府改，军分会由军委会改。执行部定常委五至七人，

已推定胡汉民、陈济棠、白崇禧、刘纪文、陈策、李扬敬等。(六日专电)

【香港】政讯：邹鲁有十日回粤任中大校长说。(六日专电)

【香港】西南政委六日召临时会，出席：萧佛成、邓泽如、白崇禧、陈济棠、香翰屏、刘纪文、林直勉、杨熙绩等。对内对外，均有讨论，内容未悉。(六日专电)

【香港】国府西南政委名单：张邦翰、黄旭初、李宗仁、毛光翔、罗翼群、陈策、李晓生、区芳甫、张惠长、龙云、唐绍仪、林云□、程天固、冯祝万、林直勉、杨熙绩、陈融、邹鲁、伍朝枢、林翼中、刘纪文、李蟠、邓泽如、吴尚鹰、萧佛成、马君武、陈济棠。推唐绍仪、李宗仁、萧佛成、邓泽如、陈济棠为常委，陈融为秘书处长，杨熙绩设计处长。

军委会委员：李宗仁、陈济棠、白崇禧、张发奎、李品仙、叶祺〔琪〕、刘兴、张惠长、陈策、余汉谋、香翰屏、李扬敬、李福林、薛岳、徐景棠、缪培南、朱晖日、卢焘、唐绍仪、邓泽如、萧佛成、刘纪文、伍朝枢、林直勉等二十七人。陈济棠为委员长，不设常委。(五日专电)

《申报》1932年1月7日，第4张第13版

## 龙云不赞成西南设执行部

【香港】龙云二十电复陈济棠、李宗仁：若赞成西南设执行部及政委会，谓大局不再现裂痕，不特举国惶惑，而外交前途，障碍势且益多。倘或不成事实，固国家大事之福也。(二十八日专电)

《申报》1932年1月29日，第3张第9版

## 粤桂将领通电努力抗日　粤各界积极筹巨款

【香港】粤桂全体将领陈济棠、李宗仁等巧通电：自东北沦陷，继以沪战发生，亡国惨祸，已迫眉睫，非集全国力量，为长期之抵抗，则无以挽危亡。惟共党乘机肆虐，此诚国之大患。济棠等当此危急存亡之秋，岂无自靖自献之志，今后惟有赋同仇之诗、怀阋墙之戒〈……〉李宗仁派阎崇阶赴滇谒

龙云，商国防。（十九日专电）〈后略〉

《申报》1932年2月20日，第2张第8版

## 龙云电告匪首正法

【南京】龙云电告：滇省南防之匪首禹发起，经龙旅生擒，在省正法，并击毙要匪不少，滇边可期安谧。（十九日专电）

《申报》1932年8月20日，第2张第8版

## 刘湘表示根本消灭刘文辉

内江会议后三路攻嘉仁；每日军饷耗费三十万元；军兴以来搜括逾一万万；诱滇黔军入川扩大战局

【重庆通信】刘湘、杨森等召集会议于内江，不圆满而闭幕后，沉闷的川局，遂又趋紧张。六日，刘湘于自〔流〕井调动全军，分三路向刘文辉军进逼。……刘文辉遂从容对付刘湘，厄〔扼〕守铜河岷江一带，配置重兵，建筑坚固工事，作为久计。渝军无从进展，以致战事延长，因此刘湘不得已又变更计划，派代表林某遄赴云南昆明，请滇军出兵，许以共同利益；并助毛光翔底定黔局，解决王家烈，促毛出兵协助攻刘文辉。据林某由昆明来电：已得龙云允许，决定出兵相助。日来上川南之会理地方，已发现滇军入川，共有三团之众，但屯驻会理，尚未前进。

刘文辉则连电广东方面，请予制止滇军入川，否则覆亡无日；一面并电龙云，询以出兵入川之真象，并请龙明白表示态度，龙尚未复电。至于黔军方面，黔局既已粗安，四师师长侯之担部队，已由叙南七县向嘉定包围刘文辉军，闻战事颇为激烈。毛光翔□派蒋在珍率四团入川助刘湘，冀刘助彼底定黔局。但川中七千万民众，以川军内战尚在力谋制止，而滇黔又复入川助长内乱，人民吃苦，将越不堪！遂一致通电反抗，并请中央严重制止。但效果如何，则未易断耳。（八日）

《申报》1933年1月12日，第2张第8版

## 龙云代表抵南昌谒蒋

【南昌】龙云代表裴存藩、杨虎城代表胡逸民，均抵省谒蒋，报告滇黔军政，并请示。（七日专电）

《申报》1933年2月8日，第2张第8版

## 陈济棠召开抗日会议

【香港】〈前略〉但懋辛接龙云电，对加入西南国防会有所主张，但二十二持电访粤要人接洽。粤派崔广秀二十一来港，谒胡汉民商要公。（二十二日专电）

《申报》1933年2月23日，第2张第7版

## 川滇黔大联合

由刘、龙、王订定合作条例；并筹设三省联合办事处

【重庆航信】川局战事，早告结束，并渐复战前之常态。而黔省战事，因王家烈得桂方实力援助，亦已告一段落，只西路车鸣翼之余部，未告肃清。滇省方面，自龙云登台迄今，尚称平静无事，惟龙近感陷于孤立，难以应付环境，特倡议川滇黔三省大联合，以期维持现局，不生变化。闻王家烈对龙主张极表赞同，刘湘亦允川省加入。于是龙云乃派代表卢寿慈、王家烈派代表徐道纬、刘湘派代表林碧珊，互相交换意见，取得一致同意，共同订立川滇黔三省合作临时条例，以资遵行。其内容如次：

第一条　本条例由川滇黔三省共同订，订立名为《川滇黔三省联合条例》。

第二条　本条例之订立，系为促进川滇黔三省合作共同联络，安定地方，推行军民各政，稳固边圉，用纾中央西顾之忧。

第三条　本条例由四川刘湘、云南龙云、贵州王家烈，共同发起订

立。施行后，川滇黔三省，均一致遵照，不得违背。

第四条 川滇黔三省对外一切事项，均采一致行动，所派驻留各地代表，主张一致，不得纷歧。

第五条 川滇黔三省一切生产事宜，三省一致联合，共同开办。

第六条 川滇黔三省对境内匪类，应一致联合不分畛域，共同剿灭。

第七条 本条例在川滇黔三省联合办事处未正式成立以前，应得适用。

第八条 本条例由川滇黔三省当局签字盖章公布后，发生效力。

第九条 本条例自川滇黔三省正式合作条例产生后，即作无效。

上项临时条例，已经川滇黔三省认可施行。现刘湘、王家烈、龙云正进行筹设三省联合办事处，准备于三月内开川滇黔联合大会。（二十三日）

《申报》1933年2月25日，第3张第10版

## 冯玉祥派徐谦南下

黔滇湘代表亦相继莅粤

**【广州通信】** 近日各方代表络绎莅粤，其最令人注目者，为冯玉祥之代表徐谦。闻徐业已抵港，行踪极秘，在港曾面谒胡汉民、李济深二人。至徐之任务，大约为报告冯之旧部情形及联络西南。徐并谈及冯玉祥旧部，多数请缨为国效力，惟经济困乏，如西南能予以助力，当能投袂而起，为御外侮之前驱云云。

西南政务会近对西南各省，锐意团结，前已派麦焕章赴贵阳联络一切。兹以黔局略定，更派麦氏由黔入川，与川省某将领等接洽。至黔省王家烈，近亦派卢焘来粤为全权代表，又派张蕴良在粤组织黔军驻粤办事处。王昨又有电来粤，报告黔军吴剑平率残部退驻兴〔义〕、仁〔怀〕，电请改编。王为肃清西路、疏通滇黔商路起见，已令柏师长辉章率部渡江。柏师十三日进驻兴、仁，吴部周、宋两营哗溃，由柏师派队缴械改编，黔省西防，日内即完全安定等语。微闻黔省毛光翔、犹国材〔才〕等失败后，一则入川请援，一则入京请示办法。故西南急派麦焕章由黔入川，与川军某将领谋应付。而桂省白崇禧，亦急行由粤回桂，以便策应黔王。是

则黔省之战，不但为内部之争，其背后尚有两大势力之暗斗也。

滇省态度，日前曾派代表但懋辛、张冲二人来粤。张冲旋即离粤赴沪，但尚留省。据但氏称：此次奉滇龙（云）命，目的在与桂省当局磋商要政。因彼此邻省关系，待解决事件甚多，故本人先行到桂，继而来粤。外传滇省加入西南国防会，未免言之过早云。昨据政务会消息，谓但氏抵粤后，晋谒各当道结果，十八日已将接洽经过情形，电致龙云报告。是滇省加入西南国防会否，尚待龙氏之复电也。〈后略〉（二月十九日）

《申报》1933年2月26日，第3张第10版

## 龙云代表北上谒蒋

【汉口】龙云代表李梓侯，十九日由京到汉，二十日北上谒蒋，报告滇情，并请缨御侮。（十九日专电）

《申报》1933年3月20日，第2张第6版

## 犹国才部回黔

犹、王两部尚无接触确讯；川刘、滇龙为犹、蒋索驻地

【京讯】日前报载重庆电讯，报告犹国才部得龙云接济，向黔进发，已与王家烈部开火。据可靠方面所得电讯：截至前二日止，并未交战。犹国才前到沪以后，以有人侦其行踪，故滞留数日即乘船南下，由港赴滇，于上月十六日抵滇，与滇主席龙云晤谈，龙即予以弹药、枪械之补充。犹氏所部共五千余人，现分驻于滇东罗平、师宗、宜良、平彝各县。惟去黔边极近，犹氏于二十日离昆明，前赴罗平，整理部队，军队尚无已开动之报。而退入川南之黔军蒋在珍部，原与犹部合作，现仍留驻南川。惟川之刘湘与滇之龙云，以黔军不宜久驻邻省，已分别电致黔主席王家烈，为犹、蒋两部索驻地，俾得归还本省矣。（国闻社）

《申报》1933年4月3日，第2张第8版

## 滇中苗匪暴动

【香港】滇邱北苗匪二千余暴动，李宗仁、白崇禧电龙云，贡献剿抚办法。（十日专电）

《申报》1933年4月10日，号外第1版

## 龙云派员到京

【南京】滇主席龙云为明了日军进寇及华北抗日实况，派参议高蕴华，旅长谷晨溥、鲁子泉等十人北来，调查接洽。于十六日抵京，即往军委会晋见朱培德，定今明日赴赣谒蒋陈述，并请示一切，再定北上考察之途程。（十六日专电）〈后略〉

《申报》1933年4月17日，第2张第5版

## 犹国才部由滇回黔经过

经龙云等数度斡旋；王家烈划防地给犹

【重庆通信】黔省自王家烈复入贵阳后，犹国材〔才，下同〕乃赴京请援，旋间道赴滇，向滇省主席龙云请出兵相助，恢复黔局，愿划十县作酬。龙与犹本同一立场，颇有允意。但龙又恐为粤桂所不满，乃变计而为犹、王作调人，着犹于云南边境，收集魏、吴残部约五千余人，军糈暂由滇省接济，以维现状；一面致电王家烈，请对犹部予以相当之安插，不致发生其他变动。

是时，王家烈因东路车鸣翼部，尚未有相当解决；北路侯之担部，又与毛光翔往还甚密，顾虑殊多，但表面仍不肯示弱，对龙云主张，不肯接纳。于是犹国材遂大震怒，即委吴剑平为前敌总指挥，彼自任总司令，率部五千向兴义、安顺等县进攻。王则派李成章旅及何知重师前往迎敌。双方遂于兴义附近接触，同时黔省反王空气，亦乘机而

趋浓厚。

王家烈感觉环境不佳,所部实力仅一万左右,散布全黔,尚患不敷,实无掀起战争之能力,不得已乃派毛月秋赴昆明谒龙云,请转达犹国材停止军事行动,共商和平办法。龙云即应其请,紧张之黔战,遂告和缓。犹国材并亲赴罗平,与何知重磋商一切。和议结果,由王家烈欢迎犹国材返黔,并划兴义、安册〔顺〕等三县归犹部暂驻,及按月拨军饷五万元接济犹部,一场风云始告云散烟消。

惟犹以部众五千,三县地盘,难于分配,乃复致电王家烈,表示所部回黔,系暂驻性质,一俟有相当机会,决率部北上抗日,请将盘江八县一并划与。初王家烈不允,认为盘江八县划给犹军,与兴义等三县共计十一县,防地既阔,将来犹部羽毛丰满,难免不举兵逼筑,逼彼下野。复经毛月秋、卢寿慈、龙云等竭力斡旋,王始允诺。现已正式划给,犹部亦已分别进驻矣。(四月十八日)

《申报》1933 年 4 月 21 日,第 2 张第 7 版

## 黔局复趋严重　王家烈部三面受敌

【南京】黔籍某要人谈,自王家烈回转贵阳,毛光翔出住赤水,蒋在珍退入川境,犹国才只身来京,黔省大局本已暂归安定。惟自犹国才由越南到滇后,集合旧部,复得龙云两旅之助,遂暗电毛、蒋,约同进兵。时蒋在珍已亲自重庆磋商结果,刘湘给两旅援兵,并补充枪二千七百支,遂率部兼程进兵。毛光翔得犹、蒋两方之电,亦自赤水出兵南向,于是黔战又起。王部三面受敌,有不支势。

今接黔中来电:犹部已将盘江八属占领,进逼安顺,并占遵义,与王部之寥怀忠师相持于乌江沿岸。侯部进取黔西,与王部激战于鸭池河间,同时某方亦有出兵一师助王之说,黔局又趋严重。今闻中央已去电制止,未识结果如何。(十日专电)

《申报》1933 年 5 月 11 日,第 1 张第 3 版

## 李仲明谈黔变经过

【南京】黔省党委李仲明来京,言上月中旬犹国才部进窥黔南,蒋在珍部进犯黔北,王家烈即自动将盘江八县让□犹部防地。后龙云从中调解,黔南战祸已消。蒋在珍部曾取得桐梓,到达距遵义城北七十里之板桥地方,经侯之担部由仁怀侧击,蒋部败走绥阳,当[与]由南川进窥黔北之杨其昌部相会。行至土平,又遭追击,溃不成军。

昨黔电:蒋、杨均退入川境,至蒋部攻占松坎说,因松坎为川黔界地,北连川境綦江,南达贵州桐梓,蒋部由此退过,或为事实。(二十八日专电)

《申报》1933 年 5 月 29 日,第 2 张第 5 版

## 川省大规模战争之第一幕

【重庆通信】川局自刘湘力谋统一后,即与杨、邓、田各军联合,在重庆召集所谓统一会议。〈中略〉闻二十四军刘文辉早知此次作战要吃大亏,惟不料其侄刘湘竟决心澈底解决自己。现以本身实力虽属不弱,但饷糈困难万分,曾在省召集该军各师旅长会议,将所有家财,一并捐出,用作战费,以为最后一逞。同时于防区各县,勒派临时军费,总额共约五百万元。各方搜括,战费不下五千万元,欲肆其金钱政策,分化联军势力。结果竟毫无效力,而所部之陈鸿文师,反通电各方,归还二十八军邓锡侯建制;其川康第四师王元虎,传亦将脱离刘氏而归邓。近闻刘文辉拟固守岷江沿线,以待时机。如联军围攻过急,则率全军放弃川中地位,并放弃西康防务,退向云南、贵州两省发展。云南龙云,与刘有隙,而龙仅有实力三万余。刘在川虽败,实力尚有八九万人,全军入滇就食,龙云势惟退让而已。并闻刘得滇后,以滇贫瘠,养兵力量薄弱,将另以一部入黔就食,与王家烈合作,冀养实力,以图卷土重来。是刘文辉野心,不因崩溃而息也。(七月十三日)

《申报》1933 年 7 月 16 日,第 3 张第 11 版

## 叶琪赴滇谒龙云

【香港】叶琪奉白命，三十日抵港，转滇谒龙云。（三十日专电）

《申报》1933 年 7 月 31 日，第 3 张第 9 版

## 龙云电王家烈请停铜仁军事

【汉口】龙云电王家烈，请停铜仁军事，犹国才将赴滇。（八日专电）

《申报》1933 年 8 月 9 日，第 3 张第 10 版

## 李宗仁、白崇禧派员赴滇与龙云修好

【香港】李［宗仁］、白［崇禧］续派徐文明、罗㦸氛携亲笔函赴滇，与龙云修好。（十七日专电）

《申报》1933 年 8 月 18 日，第 3 张第 10 版

## 黔战再起　犹国才电沪报告战况
### 龙云对王家烈下最后警告

国闻社云，黔中战讯频传，言人人殊。记者为明了真相起见，特访熟悉黔情之邓鸣阶氏，详询究竟。承出示犹国才冬日来电，述过去事实及现在战况甚详，原文如下："邓鸣阶先生勋鉴：密。吾黔不幸，变故迭乘。□者丕绪（即蒋师长在珍）回师，羽如（即车师长鸣翼）西进，才亦率部渡江，原拟三路齐发，□□□防。因志公（即滇主席龙云）□□□阻，并愿出任调停，不得已悬崖□□，退回盘八。窃以为邻省既出而斡旋，绍武（即王家烈）或有悔祸之心。殊一面以甘言对滇，一面仍积极用兵，丕绪竟因之失败。顷据羽如迭电称：敌军廖、□、皮、曹各部，约万人，奉绍武命令，于马日复并力猛攻铜仁。迫于正当防卫，当联络杨师长其昌、李

指挥可达，同时夹击。激战两昼夜，幸将敌全部击退，并在青水塘、转山塘及铜城附近，缴□敌枪千余枝，敌部伤亡甚众，仆河死者在两营以上。本军为顾全地方起见，并未穷追。而寝日敌复进窥两江口，企图反攻。其昌可□两部激战终日，仍被击退。感、俭两日，战事尤烈，敌军前后惨败伤亡，在两团以上。现廖、皮退玉屏，曹退江口，决将跟踪追击，并迭催才督师渡江。才曾电询滇方如何应付，得复：经于艳日电怒刚（即滇代表田怒刚）向王下最后警告，大意：'王如确行其各个击破计划，滇惟有退出和议，并请怒刚克日离黔；否则务于九月一日起，切实停止军事行动，听候调□，蒋军仍须并案办理。'志公关切黔事之盛意，固甚可感，但绍武向来迷信武力，自粤械到后，尤非铲除异己不可，恐非口舌所能挽救也！先生爱护桑梓，素所钦仰，尚祈设法劝阻，振导祥和，无任拜祷之至！犹国才叩，冬。"

《申报》1933 年 9 月 6 日，第 4 张第 13 版

## 金沙江西岸藏兵野心大炽

滇北吃紧　中甸亦被侵占

【南京】川省内战中，藏兵向西康暗中推进。近刘文辉失败，西康驻军更无后援，金沙江西岸藏兵乘机入寇。藏兵前线统帅高伦，已向驻扎昌都川军邓旅长提出哀的美敦书，要求川军全部退出金沙江沿江各县，谓各该县原系藏兵戍区，去年被川军进占者。现在情势异常险恶，邓电川请求，如无应援，将被迫退走甘孜云。又云南省主席龙云昨有急电到京，报告滇北中甸已被外军占领，据探察结果，知系藏军侵占。闻龙云□，滇北防御空虚，认为前途极为可虑。（六日专电）〈后略〉

《申报》1933 年 9 月 7 日，第 1 张第 3 版

## 彭学沛谈近事

【南京】彭学沛语人：（一）此次庐山会议所讨论范围，不外财政、外

交、内政等问题。至于会议内容，未接详细电告，汪三五日内返京方知。（二）藏犯滇省中甸县，国府已接该省龙云电呈证实，并请示应付办法。滇北防御空虚，前途极为可虑。（三）黄河水灾救济会章程尚未审查完毕，俟汪返京临时会议时，当可提出通过。（七日专电）

《申报》1933年9月8日，第2张第8版

## 康藏军隔金沙江相持　滇边乱事即可消灭

**【南京】**藏军侵占中甸，南犯滇边。据西康党务员格桑泽仁谈："达赖反复无常，早为国人公认，实则徒受第三者之挑拨利用耳。康藏间军事，两军仍相持于金沙江两岸。近来冲突，滇边之乱，据龙云电京，当为康藏滇交界处之土民骚扰，延及滇边，不日即可消灭，当无重大问题。此种变乱，前年本人在滇时亦曾发生；经晓谕后，立即星散。此次龙氏为根本安靖地方计，已派军队往剿。参谋本部为边境土民时有发生扰乱，亦经边事组各专门委员，研究根本解决办法，刻下尚在讨议中。"

石青阳云："藏军要求西康驻军退让朱倭、德格、瞻化三县事，本会迄未接到正式电报，仅奉到中央交来刘文辉来电，现已由会饬交西藏达赖驻京办事处，电藏询问真相。候真相查明，再拟具办法，呈请中央核办。"（九日专电）

《申报》1933年9月10日，第3张第10版

## 滇北中甸确有一度纷扰

地民蠢动已告平息

**【南京】**滇北中甸被回民占领，李培天电龙云询真相，尚未得复，惟行政院参谋部已接滇省府来电，谓滇北中甸地方，确有一度纷扰，系地民蠢动，非外兵侵入。经派队往剿，据报已告平息。（十日专电）

《申报》1933年9月11日，第3张第9版

| 《申报》卷 |

## 藏兵侵滇警耗

### 云南协会得滇主席来电

云南协会为滇康数省旅外有力人士所组织，对于西南边防、文化、建设、政治，素极关心。良以数省强邻逼处，稍一不慎，即召亡省之痛，藏卫早已拱手让人。自九一八以后，滇边、西康，屡屡告警，其形势严重，不下于东北。顾以数省军人，徒事内哄；中央、东南，均以鞭长莫及，无力筹边。以致国土日促千里，浸假滋蔓，而有最近中甸失陷多日，尚未收复之事变。查中甸绾错滇康藏三省，为云南入藏要道，与阿墩子、丽江相犄角，屏藩滇西，在军事上尤有重要地位。不幸此次因受川刘牵掣，当地驻军单薄，为数千携有最新式武器之藏番所乘，全境失陷，滇康震动。

五六日前，本埠云南协会得悉此种消息，即召集理事徐韫、宋崇九、胡仲鸣、冯汝骥等会商。经决定，先行电询滇主席龙云，并勉省政府应切实筹边，克期收复。昨晨，该会已接到滇龙急电复，称"上海金神父路云南协会公鉴：青电诵悉。查中甸蛮匪聚众数千，县城又无险可守，以致失陷。昨据大理主任史华电呈：已派独立营长李从善率部赴援。本部仍恐匪众兵单，无济于事，复经电饬大理刘旅布团加派第三营全部驰往助剿，并准于必要时得由史主任调用驻永胜龙营以资补助。又查此次蛮匪皆着军服，不无主使，复电达中央参谋本部，请派战斗机一二架，驰赴战地侦查匪人后方情形，俾明真相。诸君子远道垂询，具见关怀桑梓，特此电复，借抒廑系。龙云叩，元"等语。闻该会鉴于形势严重，关系国防及滇康安危，将于十七日（星期日）召集理事会，商讨具体办法云。

《申报》1933年9月16日，第4张第15版

## 蒙藏会调查中甸匪情

【南京】龙云两电行政院，报告蛮匪窜扰滇边，围攻中甸，正派队进剿，并派飞机出发侦察。行政院据电后，除令迅派队进剿，巩固边防外，并函蒙委会澈查真相。蒙会已电龙及朱调查员琼真，查询一次，以便应

付。(十六日专电)

《申报》1933年9月17日，第1张第3版

## 交部筹备渝黔滇航空线

【南京】交长朱家骅电云南省政府龙云云："本部现在筹办渝黔航空路线，已饬中国航空公司，由沪驾机飞渝，作渝黔试飞准备。因思滇省相距密迩，且拟饬其顺途试航，以筹辟新线。惟昆明机场面积大小若干、四周有无障碍、地土是否坚实平坦，恳烦查明电复。"(二十一日专电)

《申报》1933年9月22日，第2张第7版

## 中甸蛮匪将消灭

【南京】滇主席龙云二十一日电其驻京代表谓："中甸蛮匪大败，已被我军围困，不日即可全数消灭。"(二十三日中央社电)

《申报》1933年9月24日，第2张第8版

## 中甸已告克复

【南京】龙云代表李培天宣称，接滇电：中甸二十四夜克复，匪众三千余，击毙九百余，生擒五百余，获枪马六百余。我军因无大炮，伤亡亦在四百以上。生擒者除首要数十名外，余从宽释放。(二十六日专电)

《申报》1933年9月27日，第1张第3版

## 王家烈召何知重回黔　犹国才约龙云攻王

【南京】黔省王家烈、廖怀忠、王天锡部，与杨其昌、雷鸣九、车鸣翼三部在东路（镇远）激战，双方各死伤千余人。西路犹国才（在兴仁）已约龙云之助，龙令万保邦、时三严据黔攻王。北路蒋在珍亦将得刘湘派

田冠五之补助，并已电邀在沪之邓汉祥到蓉，商出兵之计。王家烈昨已电京，促其第一师长何知重飞回贵阳，应付一切。何已于十四早起程，其驻京代表徐朝光同去。又闻毛光翔部之机要处长傅长民及其秘书彭泽民、副官长周自民三人，到赤水运动该部官兵，当将傅、彭、周三人拘捕枪决。（十四日专电）

【南京】贵州省城城防司令周日庠以犹国才向滇请兵入省，黔局形势颇呈危急，电京请示应付办法。来京之第一师何知重，今晨离京赶赴南昌，会晤何键后，即赴长沙飞往贵阳。（十四日专电）

《申报》1933年10月15日，第1张第3版

## 龙云派队助犹国才反攻贵阳

【香港】龙云派万保邦部助犹国材〔才〕反攻贵阳，十六日在镇远发动。王家烈调廖怀忠、王天锡等部应战，双方死伤逾千人，刻增援续战。（二十六日专电）

《申报》1933年10月27日，第1张第3版

## 滇龙云主席电慰史氏昆仲渡江

【南京二十六日电】滇省府主席龙云二十五电王教长、石市长云："昨夜广播电讯，欣悉东北游泳选手史姓兄妹，以无家可归，决今日横渡大江，冀唤醒国人热情。壮举增光民族，除电驻京办事处，备品奉赠、借志敬佩外，特电慰劳，敬烦代达。"顷王已电复详告史家三杰渡江游泳成绩优异情形，并已将来电转达。

《申报》1933年10月27日，第4张第14版

## 黔省战事详报

### 联军省军对垒　战事形势险恶

【南京】黔战外间传闻异词，京粤两方所传消息互异，王家烈谓"黔

并无战事",粤电称"犹国才得龙云助,已在镇远接触"。盖犹军在黔之极西兴仁,镇远在黔之极东,相距一千二百里,去事实远矣!京方专函询黔方,得其详报如下:自驻西路兴仁之犹国才,得滇龙派万保邦等三团由兴入黔后,除饬所部向花江河推进外,并约在北路之蒋在珍与在东路之雷鸣九、杨其昌、车鸣翼各部,同时发动。现王家烈已委定刘冥杰为西路总指挥,率八团之众向镇宁出口。北路军事仍交由在赤水之侯之担全权处理,仅加委袁锦文、侯之玺以补助原驻遵义之侯汉佑而已。东路方面,更已早派廖怀忠、王天锡、皮光泽、曹天全等部分别对垒,且在镇远以下开火有日矣。

惟联军方面,背景复杂。犹国才固全靠滇龙,蒋在珍亦全靠川刘,杨其昌、车鸣翼又全靠湘陈渠珍,雷鸣九更全系兴义系之某全力接济。此黔战之所以能扩大,亦黔战前途所以日趋险恶也。闻内外黔人,惟对犹国才之勾引滇军大为痛愤。旅重庆、广州、北平者,且有传单评犹卖省求荣。联军方面之所以甘于勾结邻省者,实迫于王家烈之向两广积极购械而起。现毛光翔为避免旅外黔人之反对及接洽各方起见,已派前驻京处长邱运昌及副官长韩文,携带巨款,绕由渝、汉、平、津、京、沪一带活动。又邱、韩已抵上海,寓白尔部路某汽车行楼上。据云:倒王工作必成云。关于某方接济雷鸣九之电台、军饷等军用品,据知内容者谈,已得严老仁自告奋勇,前去联络其把兄某,保证通过湘省,将见联军之迫近贵阳云。在联军方面,即不得川滇之助,而人枪亦多于王家烈。然省军部队整个枪械精良,战将众多,则非联军可比。〈后略〉

《申报》1933年11月7日,第2张第7版

## 西南政变声中贵州王家烈之态度

以福建陈铭枢为中心之西南政变酝酿,前星期中传说甚盛,今虽稍趋缓和,然独树一帜之企图,固未尝放弃也。前传陈铭枢自称五省联军司令,列举有闽、桂、黔、滇、赣。分而言之,闽省蒋、蔡为陈旧属;桂省李、白本具野心,自不免与闽省有默契;至江西则全属伪托;滇、黔虽僻

处边陲，然其态度如何，颇堪注意。新声社记者昨于访旅沪黔人之与省政有关系者，得悉黔省与西南之关系及其最近之情态，兹分志如下：

### 王本倾桂

贵州省政府主席王家烈与第三师长犹国才时相倾轧，曾内战数次。犹结外援于云南，故前次黔战再起，龙云曾派兵助犹。至王家烈则因地理关系，与桂省李德邻、白健生等较为接近。故黔战中，李宗仁即电龙云，责其调停，甚谓如调停无效，而滇军有入黔者，则四集团军亦将派队至黔云云，以相胁制，而王、犹之战亦即停止。故以前日之关系言之，王家烈本倾向于广西也。

### 拥护中央

最近西南借外交问题而酝酿政变。李宗仁、白崇禧等，与陈铭枢早相默契；至黔省之王家烈，在一般人之意料，以为必惟李、白之马首是瞻，讵事实上王素拥护中央，对此种背叛中央、独树一帜之举动，不肯附和；复因地势关系不能与西南（尤其是广西）立异，故始终不表态度，以免开罪强邻。

### 改造黔政

然桂系对之颇为不悦，据前日所得电讯谓："第四集团军顾问张彭年，近日在粤港等处活动，鼓吹西南当局改造贵州政治甚力。现张于上月下旬，由广州赴南宁，与桂省李（宗仁）、白（崇禧）、黄（旭初）有所接洽。在邕留数日，即首途赴滇，向龙云及犹国才等接洽矣。"由此观之，桂系对黔王之态度不满可见一斑。

《申报》1933年11月20日，第2张第8版

## 龙云电京请讨闽变

【云南】龙云电京云："中央党部、国民政府，林主席、汪院长、南昌蒋委员长钧鉴，各省市党部、省市政府、各路总指挥、各报馆均鉴：顷奉

中央号电,借悉陈铭枢等在闽〈……〉妄组政府,实属荒谬。当此国难严重,宜如何切实团结、共济艰危,乃忽有此背叛党国举动,丧心病狂,莫此为甚!并闻有擅假'滇黔闽桂湘总司令'名义,尤属妄诞已极,实为国法党纪所不容。应请中央声罪致讨,用儆凶顽;谨布腹心,即盼亮察。龙云叩,漾,印。"(二十三日中央社电)

《申报》1933年11月25日,第1张第3版

## 汪院长电复龙云

【南京】汪院长电复云南省主席龙云云:"漾电诵悉。闽中少数叛变,中央已严为处置,各方亦义愤同深,最短期间即当消弭。兄治理有方,指挥若定,奸人自无从假借。远承电告,弥佩忠诚,仍希遍谕所属,加意镇摄为盼。"(三十日专电)

《申报》1933年12月1日,第1张第3版

## 各方声讨闽乱

〈前略〉

【广州】何键及龙云今日均电西南政会,赞助讨闽。何电内谓"以抗日军而利用日本军械,以剿匪军而联共以组织叛逆政府,不胜讶异"云。龙电谓:"现无举五省总司令之理由,盖除闽省外,他省无一与闻此阴谋也。"(一日路透电)〈后略〉

《申报》1933年12月2日,第3张第9版

## 滇党委裴存藩到京

【南京】滇省党部指委裴存藩,六日启程绕道安南,二十五日抵沪,二十六日到京,向中央组委会报告滇党务,并请示工作方针。据谈:自闽变发生后,龙云即通电痛斥陈、李等罪恶,对中央绝对拥护。滇省近正努

力剿匪，政治安定，党务进行极顺利，本人留京一周即返滇。（二十六日中央社电）

《申报》1933年12月27日，第2张第7版

## 黔战将终情况

*犹国才忽与王合作；蒋在珍亦向王屈服*

【京讯】近来关于黔战情况，传闻异词。兹据新由重庆来京之某君谈云，联军方面，自东路车、雷、杨、李各部攻下镇远，并将王家烈部川将皮德霈击毙后，省军形势极为险恶；后何知重赶飞到筑，人心稍定。王家烈即以何氏应付西、北两路，改遣柏辉章全师东下援助廖怀忠，始将车部驱逐出镇，并截断雷、杨两部之联络。于是联军方面在西路之犹国才，与在北路之蒋在珍，皆受其背景之掣肘，不得不各自为计。尤以犹部素无作战能力，忽闻龙云有调回助犹之滇军万保邦部之电讯，又传王家烈有抽调东路廖部以解决西路之议，乃随风转舵，迭电向王家烈表示合作，略谓"吾辈同乡同学又同系统，关系何等密切，如再各走极端，徒与素唱打倒廿五军之兴义系制造机会，岂非自杀之彰明较著者"等语，文长千余言。

王氏阅之大悟，遂决派何知重偕高等法院长谢薰陶、特别党委黄充宇，暨但懋辛、傅春初，于十二月二十八日由省分乘汽车西上，再由果树改乘肩舆，当于本月四日到达犹、黄氏所在之兴义县，交换意见。结果，以王部既称二十五军，而犹部亦以二十五军之名义向外宣传，不如即以军长让畀犹氏，免贻有两个二十五军之笑话。犹氏对此，极为满意。至在北路之蒋在珍，见王部派往犹部接洽者，既有龙云之代表但懋辛，更有刘湘之代表傅春初，不但是云南不愿助犹之象征，抑亦四川不为己助之明证，因亦向王家烈提出要求：愿得正安一县为防区，俾可合作，以同御二十五军以外之一切部队，当得王氏允许，由驻遵义之侯致君从中斡旋。现蒋部业由川边之东溪向正安开拔完毕，正从事第二步之商榷。至联军方面称为虎将之雷鸣九，突传阵亡，在联军实受打击不少，此黔战之所以日

就结束也。

《申报》1934 年 1 月 12 日，第 3 张第 9 版

## 黔桂边境将开黔省和平会议

**【香港】**西南派缪若虚赴滇，与龙云商时局。王家烈决在黔桂边开黔和平会议，李宗仁亦将被邀参加。（十九日专电）

《申报》1934 年 1 月 20 日，第 2 张第 7 版

## 四中全会请假中委之人数

**【南京】**中委因病不能出席全会，特电中央请假者，有谢持、熊克武、何世桢、赵戴文、冯玉祥、陈嘉祐、杨庶堪、丁惟汾、许崇智等九人；因事请假者，有龙云、桂崇基、李宗仁、白崇禧、李任仁、何应钦、顾祝同、朱绍良、阎锡山、杨爱源、张贞等十一人。（二十二日中央社电）

《申报》1934 年 1 月 23 日，第 1 张第 3 版

## 中国航空公司西南线试飞成功

国闻社云，中国航空公司为增开西南航线，而试飞昆明之总飞机师安利生、机航组副主任聂开一，已于昨日下午四时四十分返沪。〈中略〉在滇盘桓凡一星期，备承龙云主席等之优待，对于开航事业，亦有详细探研。滇当局固渴望此线能早日开航，俾与中央畅通音问，且信使往还，免纡道滇越铁路费事需时之种种波折也。在此接洽以后，旋即径返四川；虽预定计划须赴贵阳，然以山岭太高、气候欠佳，且以前曾作贵州之试航，故此次无再度前往之必要矣。〈后略〉

《申报》1934 年 1 月 31 日，第 3 张第 10 版

## 英人在片马开矿　外部电滇调查

【南京】英人在云南边境片马地方开采矿山，并未取得中政府同意。外部已电云南省主席龙云切实调查，如果属实，即向英使提出交涉。（七日专电）

《申报》1934年2月8日，第3张第9版

## 龙云电告英人擅自开矿　中央令外部提交涉

【南京】滇主席龙云电呈中央，报告英人在滇边擅自开矿，不服制止。中央已令外部照会驻华英使，提出交涉。（十八日）

《申报》1934年2月19日，第1张第3版

## 滇边英人活动　外部已提抗议

【南京】外部据滇主席龙云电呈：英人在云南边境邠〔班〕弄地方召集会议，暨派英兵二千余人进占该地，并沿途备筑汽车路，希图占据该处金矿。外部已再令滇省交涉员王占祺，就近交涉制止；并电伦敦我国驻英公使郭泰祺，速向英政府提出抗议，令该处英军撤退。（二十二日专电）

《申报》1934年2月23日，第1张第3版

## 英商侵滇采矿　外部提正式抗议

### 英外部承认事出偶然　将制止缅甸公司行动

【南京】缅甸公司带武装护卫，侵入滇境班洪地方开采金矿。外部曾令驻仰光领事许瑞鋆，向英方交涉，未得结果。我驻英公使郭泰祺，乃向

英政府提出抗议。英政府对郭使抗议，业已复牒，说明立场。外部已根据事实，正式照会该国驻华公使，表示我国态度。闻照会业经送出。（六日专电）

【南京】英人在班洪开掘金矿，外部据云南省府主席龙云及云南外交视察员王占祺查明后，电令驻英公使郭泰祺，向英政府交涉。现英外交部已承认事出偶然，将电令印度总督转饬缅甸公司，制止行动，预料此事不致扩大。兹据滇人某言：云南吗普区澜沧县所辖班洪与班弄地方，有著名之金银矿场。上年十二月十九日，英国派其驻缅军队二十余人，侵入我澜沧境内，擅取该地矿场。自班洪事件发生至于今日，为时将届两月。英国对于该地金银矿产，确已实行开采；随来英兵，步、骑、炮、工俱有。予在缅时，即闻英政府下令，征集巨象十数头，运输机器，前往班洪。此项机器，纯系用以采矿者。当英军到达班洪之日，班洪幼王即由缅京仰光随来。盖班洪一带，系野狉巢穴，因其犷悍难驯，凶狠好杀，汉人鲜至其地。班洪幼王曩与其兄不睦，出奔缅京。英人对彼待遇优隆，为之建造洋房，一切衣、食、住、行供应颇厚，并命其入学，对于英文更为深造。故班洪幼王，在前虽系野狉酋长，毫无知识，及今视之，其程度学识殆与国内高中毕业者相伯仲。〈后略〉

《申报》1934年3月7日，第2张第7版

## 班洪问题英方之答复

【南京】英人开矿地点，在班弄并非班洪。以前缅甸与云南划界之初，英方以司格德线为界，我方依黄色线为界。若系班洪地方，则在黄色线界以内；若在班弄，则在黄色线界以外；且班洪、班弄之间，相距四百余里。中央及云南同乡，前系根据滇省主席龙云之报告，而龙主席亦根据边地官吏之报告。惟所称边地官吏，驻在镇康、顺宁、澜沧各县，离班洪地方亦尚有数百里，中有土司驻守。是以我方所得报告，与英方之答复两不相符。政府为确实起见，昨电令龙主席，再将地点经纬度确实呈报，俾免有误。至派员赴滇边视察，尚为第二。（二十四日专电）

【南京】云南旅京同乡会对英侵班洪强迫开矿事，除成立滇缅划界促成会外，并草成致英使贾德干书。候译成英文，即送请英使转达英政府，从速撤退英兵，并与我政府划定滇缅界线，俾免纠纷。（二十四日专电）

《申报》1934年3月25日，第2张第8版

## 英侵澜沧尚无官电证实　驻京英领发表谈话

【南京】日电传英人侵占澜沧县消息，四日外部已致电滇省府查询。京英领署方面表示，谓此项传说或系电传错误。又滇省驻京办事处负责人云："英占澜沧，尚无官电证实。真相如何，俟省府电到后，不难大白。惟据最近所传确息，英人确系占据镇康县。该地产金丰富，较班洪之银矿，尤为可贵。英人得寸进尺，其野心正未可限量。闻英人侵略方式，系收买不肖土人及缅境土人为先锋。其正式军队，则在后督促。西南边防岌岌可危，根本解决办法，端赖划清界线，免外人借口云。"（四日专电）

【南京】行政院某员云："报载英侵澜沧，滇省当局迄未来电报告。兹为巩固西南边防起见，已由院急电滇主席龙云，迅即派员前往调查具报；并令外交、军政、参谋三部，赶即遴派专员，赴滇勘察，划清界线，免为外人借口侵入。"驻京英领语访者："日电英兵占领澜沧，本署未接电告，该电所称或系有作用而发。敝国政府及人民，对华只求通商贸易，决无侵略土地野心。平日滇缅交界处，贵国土人与缅印土人，时有小冲突，均系私相争执，无关大体。据余揣测，在滇缅交界处，两方土人小突冲容或有之，但决不如外传之甚。"（四日专电）

《申报》1934年4月5日，第1张第3版

## 法国人在滇省之活动

### ——美记者游滇所得印象

美国鲍尔的摩《太阳报》驻华通信员威兰般登氏，近曾游历云南，考

察法国在该省活动之实况，将其见闻撰文载诸纽约《时事月刊》，兹照译如左，以资参考。

华人方面，指责法、日两国对于彼等在华活动之势力范围有一种谅解，此说引起对于法兰西远东帝国之注意。按，法在远东，除广州湾租借地，及在津、沪、汉、粤四处之小租界外，其势力集中于印度支那。而在中国西南部，尤其外人罕到之滇省，握有特别利益，法人亦不讳言。近数月来，华人批评家觉得日本在满洲之举动，使列强在华之均势动摇，势必引起他方面之反动，因有法国即将占领云南之说。此项说词，不仅根据于相信法、日间对于分割中国有谅解，并根据于法在云南之活动显然增加之事实。

通信员（著者自称）因鉴于此种传说之广播，遂亲往滇省旅行，实地调查法人活动状况。调查之后，觉并无可以显示法人正拟急剧改变其目前政策之征象。但其在滇省之独占的控制，显然扩增，则余确有所发见。

滇省对外较便利之交通，只赖铁路一条。而此路经过印度支那，其所有及管理之权，均在法人之手。该路从东京湾之海防起，经印度支那之首府河内，再至云南省城。全路虽仅长五百三十哩强，但其经过滇境之二百八十八哩一段，山路崎岖，海拔耸峭。在滇越边界处约高二百五十尺，在云南府则高至六千四百尺。该路无特别快车，又山路多盗，故夜间停开，从河内至云南府，须历三日。

滇省内除少数区域外，全部皆山，盖其省境泰半乃在包括西藏与川省大部分之希马拉耶大高原上也，其若干山峰高出海面二万二千尺。因此之故，与中国他部恒不相往来。

在滇省北界之扬子江，仅有小船可以通航。若由云南府以骆驼旅行至叙府，需时二十三日；再由水路至上海，其间须停搁多站，此路全程至少须六星期。

尚有一路，系以骆驼由省城至蒙自，改乘铁路至桂省之南宁，再由西江水路达广州，需时约一个月。反之，从广州经海防至云南府，则不满一星期；又从上海经海防至云南府，亦不过十日。再则由骆驼队旅行，颇为耗费，仅有贩运鸦片堪任之耳。

多年前，曾有敷设一滇缅铁路之说。但英人方面，至今未实行对法国势力作此挑战，近来亦未有提议者。故法国控制云南之门户，一无反对，封固之货物经过印度支那，为法人所不许。故一切运往云南之货物，经海防时必由法国海关检查；一切出入滇省之旅客，当然亦须取得法国护照。虽据余所知，此种护照从未被拒给与欧人或东方人，然旅行者均受重大监视。

商品之运输，则常遭禁止。凡来自非法国的来源之军器或药弹，概不能经由东京入滇省；凡军用品虽来自法国方面者，亦非由法当局给予特许不可。然一与法人友好之政府，不难取得其所需之军用品，自不待言。当余在云南府时，曾有价值美金一百四十五万元之军火交到，此数约当该省预算收入之百分之六十。亦可附带说明者，无线电收音发音机，法人均列入军用品内，禁止经印度支那运入滇省，即来自法国来源者亦然。余在云南府时，曾见该机一套，系一华人从上海经叙府运入者，其运费恰等于该机在上海之售价。凡用于制造军火之任何物品，必须领得特别许可证，方能从东京运入。例如在云南府之英国医院，必须从驻在该地之法领事取得准许，始能运入各种必要之酸剂。

飞机亦被列入军用品。在一九三二年，有云南政府所购美国机六架，被拒绝运输。后经华盛顿国务院抗议，始得通过。其后滇政府续购四架，乃从一法商行家购得者。

凡由印度支那经过之各货，皆被征种种之税，惟锡之出口除外，盖由条约订定免税也。所征各税之额，以印度支那境内所销耗各货之税额为比例。法国货输入印度支那，其关税率当然较外货为低，其经过税亦然。因此输入云南之货，法货视非法货占优势，华货亦受同样歧待。目下滇政府虽在与法方订约，期使华货视非法国的外货稍占优惠，然当记者草此文时，法国尚未批准该约也。目下各种通过税之总额，最低者为法货之值百抽五，最高者为非法货之值百抽十五。

各种通过税与运费，皆随时大变其率，并不先知照外商，其目的盖在优惠法商也。例如数年前，一美商与法商、英商竞争供给滇政府所需之自来水管。美商投标之价，洵属甚廉，彼亦自信不致为法商所压倒。然合同卒为法商所得，后乃查知当法货水管运到海防时，河内车站张贴公告，声明水管通过税已临时减低，而铁路运费亦由路局布告暂减云。

除上述之独占的方法外，关于非法货之运输，常闻有稽延及破裂之诉说。据云，法货从海防至云南运输颇迅，而非法货则恒须两个月乃至六个月始运到。如是，在中国他部，法国贸易虽远不及英、美、日三国，而在滇省则占有其对外贸易之百分之六十强，固不足怪矣！

按，在滇省之外国贸易内，美占百分之二十，英占百分之十五，其他非法国之外国（德日两国为主）止占百分之五。至于外国商人，只有德人一名，为一华商小水电公司所雇用，此外无有非法人之外国商人在滇省者。除法国商业以外，所有少量外国商业，如美孚油公司等，咸为华人所经营。

云南虽为中国第二大省，其面积达一四六七一四方哩，然非重要之商业区域。人口只有一千一百万之谱，三分之二为汉人，三分之一为苗族，苗人大都乃极贫者。对外贸易，除军火一项不列入海关报告外，在一九三〇年总值达美金二〇五五六一九四元，一九三二年则跌至四五八二九二一元。

锡与鸦片，为滇省两大输出品。前者多运销美国，后者全销于本国。锡产总值年约美金三百六十万元，鸦片值三倍于锡。

全省可耕之地约百分之二专种鸦片，米粮须从外输入。农田在全省面积中只占少份，致有若干地方，人民常苦饥馑。鸦片为军人榨取私利之主要来源，其税饷占该省公收入之百分之二十。吸烟之人普及全省，其数多于余所曾到之中国任何他省。

云南除产锡外，尚有许多其他矿产，如煤、铅、锌、铜、锑、银及多量而劣质之铁，今只锡矿一项广为开采。法人对于各矿，从未要求开发，至少暂时以专掌握铁路交通为满足。

滇政府之主要成分，为军人的寡头政治。其领袖为龙云将军，表面上服从南京，实际则完全独立。龙氏似并不过分的与法人友睦，但为取得军用品之供给，不得不与法人交结。且据华人方面所说，法人于云南财政上保有一种坚固之控制，此说得有权威的中立方面之大量支持。盖滇省因财政状况之不稳，其银圆价时时下跌。当其政府借锡或鸦片之出售，在上海或香港取得贷款时，此等贷款辄为法国银行所收买。该行在省城设有一分行，乃在滇省之唯一外国银行也。

法人在中国西南其他区域之野心，并不显明。自一九一四年以来，曾有一种计划，拟在粤省广州湾与印度支那边界间之沿海造一铁路，经桂滇两省而达云南省城，再经四川叙府达重庆。关于此项铁路之合同，曾由前北京政府与中法实业银行协议，该银行且曾以垫款若干交与北京政府。后该银行倒闭，款亦未还。该草合同内未有"若不履行条件，合同即行作废"之规定，迄今法国既不将该合同让渡与别一法人公司，亦不肯取消之。故法国除控制滇省铁路之外，在西南全部握有此种既得之权利；而在地理上，并具有特别之利益焉。

至于他国，除日本、中国不计外，多与法国之政策有利害关系。英之于缅甸、西藏，俨然为保护国，对四川亦眈眈注目，而此三地皆与云南毗连。又苏俄以西藏为俄与英属印度间之缓冲国，对于西藏之将来，当然不能漠视。由是言之，法兰西之远东帝国及其帝国主义的野心，实与在亚洲之势力平衡有深切关系也。

《申报》1934年4月7日，第3张第9版

## 英法侵滇　院部未接报告

### 龙云派专员宣慰土人

【南京】据报载：班洪王胡玉山已与英兵开火三次，现尚在相持中。及峨哈寨被法兵进占各节，举国重视，关系边防甚巨。记者十三日分向各关系机关探询，据行政院及外部负责人谈称：截至今午，均尚未接到该项报告，并已分电滇省府查询真相。（十三日中央社电）

【南京】云南边境英人班洪后，正在调查交涉中。忽建水县党部通电，谓二月间武装法兵百五六十名，突侵中猛，将峨喇〔哈〕寨完全占据，请全国声援。惟外部截至十三日止，尚未接云南省府关于此事之电告。该省府驻京办事者李培天现不在京，无从问询。外部十三日据建水党部电，特电致滇主席龙云及外交特派员王占祺，迅速查复，以凭交涉。（十三日专电）

【南京】班洪事件，近由驻在思茅之第一殖边督办李曰垓，会同驻在藤〔腾〕冲县之第二殖边督办杨益谦，二人亲往班洪调查。李、杨二氏已经出发，约两星期后，即有稍详之报告到京。滇主席龙云，以英方利用班洪当地少数土人祖英协助开矿，多数土人出而抗拒，遂发生土人与土人之战争。龙已派定陆〔禄〕国藩专员前往班洪，向土人恳切宣慰。陆〔禄〕氏前为滇边土司有年，土人对之颇具信仰。昆明有外交特派员王占祺，仰光有领事许从鋆；英国在仰光亦驻外交专员，在昆明有英国领事。滇省当局近将班洪情况呈报中央外，并通报王占祺、许从鋆，就近向英领事及专员等交涉，分两步骤：一、在滇缅界址未勘明以前，英方停止在班洪开矿；二、由中英两国各派专员，会同查勘滇缅界址。（十三日专电）

《申报》1934年4月14日，第3张第11版

## 地方自治学会成立

【南京】中国地方自治学会十三日晨在华侨招待所开成立会，到会员卢锡荣等，及各机关代表来宾共约百余人。卢主席报告开会宗旨，继尚其煦报告筹备经过，旋各代表来宾致词，至十一时毕，即接开会员大会，并选举职员。钮永建等十五人当选为理事，龙云等九人当选为候补理事，李毓九等十一人当选为监事，张乃燕等七人当选为候补监事。（十三日中央社电）

《申报》1934年5月14日，第2张第8版

## 李宗仁调停黔省犹国才、王家烈纠纷

【香港】犹国材〔才〕代表蔡子政、王家烈代表但懋辛抵粤，二十八日谒陈济棠、李宗仁。李晚宴蔡、但，调停犹、王纠纷。（二十八日专电）

【南京】王家烈电京，否认滇军助犹国才攻贵阳说。（二十八日专电）

【南京】某报载，黔战又起，滇主席龙云以八团兵力，加入黔军，助犹国材〔才〕部进攻贵阳，在守〔安〕顺与王家烈部激战。据云南驻京办事处李宝潆声称，龙主席有电到京，谓绝无其事，云南素来服从中央，决不干预任何内乱。（二十八日专电）

《申报》1934年5月29日，第1张第3版

## 南昌新运已著成效　聘请各省市指导员

【南昌通讯】南昌新运促进会〈中略〉七月一日改组成立，由蒋委员长自任会长，并聘杨永泰、熊式辉、何应钦、黄郛、邵元冲、吴铁城、陈果夫、张学良、阎锡山、陈公博、朱家骅、石瑛、褚民谊、袁良、沈鸿烈、刘镇华、于学忠、何成濬、张群、陈仪、刘峙、鲁涤平、韩复榘、何键、邵力子、宋哲元、徐永昌、龙云、刘湘、朱绍良、马鸿逵、傅作义、王家烈，为各省市指导员。总会于会长之下设干事会，并设主任一人、副主任一人、书记一人、助理书记一人、干事二十二人，以下分调查、设计、推行三股。各股股长及副主任、书记、助理书记等，则由干事兼任。计主任为熊式辉，副主任邓文仪，书记阎宝航，助理书记李焕之；调查股长李厚征，设计股长范争波，推行股长邵华。其余干事，亦多为军政界领袖兼任。〈后略〉

《申报》1934年9月6日，第3张第11版

## 龙云派员入粤　白崇禧即将返桂

【香港】龙云派但懋辛来粤商要公，下周可到。（七日专电）

【香港】白崇禧定十二日回桂，主持剿湘南匪军事。（七日专电）

《申报》1934年9月8日，第3张第10版

## 中航公司奉令筹辟云南航线

*筹备经费念五万元　用最新式双发动机*

中国航空公司为发展交通，应各界之要求起见，曾计划开辟云南航线。现又奉令赶速筹办，筹备经费二十五万元，业经批准，各情分志如次。

### 请求开辟两度试飞

云南地处西陲，交通不便，尤多高山峻岭，宛如世外桃原〔源〕。该地人士，群向中央请求开辟航空线，俾利交通。中航公司曾于去年派机先后试飞两次，一次由重庆出发，一次由广东出发。惟均以天时恶劣，兼之单发动机不能运用自如，致未有具体结果；况经费浩大，遂于无形中延迟迄今。

### 筹备经费拨到五万

现以交通急需，亟宜发展，云南省府主席龙云氏商请中央早期筹辟，当蒙允准，并训令中航公司速为筹办。至云南之机场及无线电等，均正由滇方积极筹备，经费二十五万元业经批准，并已拨到五万。

### 用最新式双发动机

据该公司总经理戴恩基氏谈：该线虽属天气恶劣、多崇山峻岭，然用双发动机飞机，当不生问题。该线将来拟由重庆经贵州，直达云南，现正在积极计划中。拟定购最新式之洛克飞机，惟修理方面略感困难。此外尚须顾及座位及用油问题，均宜郑重，但短期内总可决定。〈后略〉

《申报》1934年10月22日，第3张第12版

## 中央训令交部筹辟滇航空线

【南京】滇主席龙云近又商请中央，早期筹辟滇省航空线。中央已训令交部，即速筹办。至云南之机场及无线电等，均由滇新筹备，经费二十五万元，并已拨到五万。将来飞航时用双发动机，定购最新洛克机。惟该机修理困难，又座位及用油问题，亦正研究中。该线航程，经重庆、贵州而至云南。（二十七日专电）

《申报》1934年10月28日，第3张第6版

## 中国航空公司计划川滇试航

【南京】中国航空公司副董事长美人毕克壁，将飞汉口转渝，视察路线，稍留返沪，俟返沪后，即计划川滇线试飞，明年春间开航。至云南机场及无线电等之建筑费廿五万元，龙云经呈准中央核拨。将来该段路线，天气恶劣，兼多崇山峻岭，为避免危险计，议定向美购置双发动机之派克飞机较为合用。（二十一日专电）

《申报》1934年11月22日，第2张第8版

## 滇边土目代表谒龙云

【昆明】滇西边境葫芦王地、班洪等十七土目，特派代表赵子福、甘别等十人，赴省谒龙主席。月底抵省，痛呈班洪被侵略经过、率兵抵泉情形，及葫芦王地在中国之历史，语多沉痛。惟副代表甘别，因病殁于店中，殊为不幸。（七日中央社电）

《申报》1935年3月8日，第3张第8版

## 滇实业厅裁撤

*归并建厅　仍由张邦翰任厅长*

【昆明】省府议决：（一）将实业厅归并建设厅，仍由张邦翰任建设厅长；缪嘉铭仍兼任银行行长及经济委员会委员。（二）两厅接收交代，限于本月十五日以前办毕具报，以凭转呈中央。（三）为促进全省省县道及节省开支起见，应即成立全省公路总局，主持办理。总局设督办一人，由龙云兼任；会办以杨文清充任。公路经费委员会应即裁撤，归并公路总局办理。（四）应于省会及各县城乡镇选择适当地点，设立运动场。省会地方除原有北门外运动场外，应再辟运动场二；各县城及其乡镇应各设运动场一。以后各县应积极提倡运动。（十七日中央社电）

《申报》1935年3月18日，第1张第3版

## 英兵侵占猛角、猛董事件　龙云电京已查询究竟

【南京】关于英兵侵入猛角、猛董事，滇省驻京办事处长李培天已接龙云复电，谓省府亦未接到是项报告，当已去电殖边督办李薮〔曰〕垓、杨谊调查，询问究竟，并嘱李详查此项消息来源。（二十五日中央社电）

【南京】滇同乡会得悉英兵侵占猛角、猛董，企图开采该地金矿。据李培天接滇省府复电云，英兵侵占猛角、猛董事，省府未接报告。查猛董位于班洪之南，猛角位于班洪之东南，相距仅数十里之遥。想滇缅界址一旦划清，此类事件当可不致发生云。（二十五日专电）

《申报》1935年3月26日，第1张第3版

## 中政会决议要案

【南京】中政会二十七日晨开第四五零次会议，到汪兆铭、叶楚伧、

居正、林森、陈公博、孔祥熙等三十余人，由居委员正主席，决议要案如下：（一）行政院呈请修正《海军部组织法草案》，交立法院审议。（二）考试院呈送《技术官任用条例草案》，交立法院审议。（三）修正《中央银行法·原则》第四项，准先予施行；其理事员额，修改为十一人至十五人。（四）通过《特级上将授任条例》及《上将任官施行条例》。（五）常务委员提请，特任蒋中正为特级上将，通过。（六）特任阎锡山、冯玉祥、张学良、何应钦、李宗仁、朱培德、唐生智、陈济棠为第一级陆军上将；陈调元、何成濬、朱绍良、韩复榘、宋哲元、刘湘、刘峙、万福麟、何键、白崇禧、刘镇华、顾祝同、商震、傅作义、徐永昌、于学忠、杨虎城、蒋鼎文、龙云、徐源泉为第二级陆军上将。（七）追认特派张学良为军事委员会委员长行营主任。（廿七日中央社电）

《申报》1935年3月28日，第1张第3版

## 陈调元等任第二级上将

【南京】国府三日令：陈调元、何成濬、朱绍良、韩复榘、宋哲元、刘湘、刘峙、万福麟、何键、白崇禧、刘镇华、顾祝同、商震、傅作义、徐永昌、于学忠、杨虎城、蒋鼎文、龙云、徐源泉，任为陆军上将，叙第二级，此令。（三日中央社电）

《申报》1935年4月4日，第1张第3版

## 龙云通报云南战况

【南京】滇主席龙云二十八电驻京办事处云：匪二十五窜羊街营一带，经我安旅击毙四五百名，散乱溃逃。曲靖、沾益均安靖，无匪踪。（二十九日专电）

《申报》1935年4月30日，第1张第3版

## 蒋飞抵昆明

*龙云及民众出郊欢迎；列队十五里盛况空前*

【昆明】蒋委员长与夫人十日下午三时由贵阳乘飞机，五时到达昆明。龙主席以下，及民众、学生出郊欢迎。自飞机场至云南大学十五里之间，沿途列队，途为之塞，实开空前热烈之盛况。（十日中央社电）

【昆明】蒋委员长十日下午三时，由贵阳乘飞机飞昆明，下午五时降临巫家坝机场，同来者有宋美龄、吴稚晖、晏道刚等。到场欢迎者为龙主席及顾夫人、各省委厅长、省指委，以及驻滇各国领事、各机关长官等。机降后，均趋机前致礼欢迎。委员长脱帽答礼，神彩〔采〕奕奕，旋赴欢迎台稍憩，即分乘汽车直赴行辕。学生、民众往欢迎者，由三元街到巫家坝列队约十余里之长，欢迎民众塞满街巷，党国旗飘扬，全市欢声雷动，为滇中从来未有之盛况。（十日中央社电）

【云南】蒋委员长夫妇今日抵昆明，官民欢迎，甚为热闹。蒋由贵阳乘机出发，费一时半抵此。滇省要员及领事等皆在机场欢迎，沿途有军队、童子军及女学生排队迎迓，全城升旗挂灯。（十日路透电）

《申报》1935 年 5 月 11 日，第 1 张第 3 版

## 龙云宴蒋

*昆明举行提灯会；陈布雷飞抵昆明*

【昆明】十一日晚〈……〉龙致欢迎词，略谓："（甲）委座此次来滇，打破历来国家元首垂问纪录。（乙）以往各项设施有错误处，请委座尽量加以训示，并恳主持提挈。（丙）云南始终为国家、为正义而奋斗，服膺委座之意志，奉行一切命令。"继由委员长训词，略谓，"云南是一个最重要的革命根据地，在革命历史上是至有光彩的。中正久想来观光，未能如愿；今能与各同志见面，快乐情绪，当不可以言语形容。中央和云南可以说是相依为命，中正个人和龙主席亦是共甘苦、同患难的。自从中正

在中央负责以来，龙主席也在云南主持省政；中正和龙主席可说是同一个时候，共同担负总理所遗交下来的革命责任"云云。是夕委座及龙主席异常快慰。（十三日中央社电）

【昆明】今夜此间举行提灯会，此为热切欢迎蒋委员长夫妇之表示，参加者有学童七千人。童子军与女学生制造灯彩，颇具巧思。灯之种数甚多，有扎成坦克车、飞机、轮船等形式者。提灯会穿行各街而至蒋委员长所寓之大学校舍，并放焰火，历一小时余始毕。童子数百人立于校舍前高唱党歌，并聆蒋委员长训话。（十二日路透电）

【昆明】中委陈布雷于十一日下午二时半飞抵昆明，教厅长、省指委均到机场欢迎。（十三日中央社电）

《申报》1935年5月14日，第1张第3版

## 李宗仁续派员赴滇

【香港】李宗仁派王文熙继叶琪入黔转滇，与吴忠信、龙云商要公。（十八日专电）

《申报》1935年5月19日，第2张第8版

## 龙云电请协助滇省政费

【南京】滇主席龙云电行政院：滇省政费收支相衡，每年不敷一百七十余万元，非请中央拨款协助，则禁烟计划无法澈底办理。行政院汪院长将原电交财政部核议。（二十日专电）

《申报》1935年5月21日，第1张第3版

## 蒋飞黔转川

龙云与各界人员等热烈欢送

【昆明】十九日下午一时，蒋委员长及龙主席乘机往金沙江会理一带

视察匪情，六时返行辕。下午二时，宋美龄与顾夫人同往陆军医院，慰问伤兵。（二十一日中央社电）

【昆明】蒋委员长二十一日晨十一时由行辕起节，先偕龙主席乘车，赴龙宅午餐。下午一时，同赴乌家坝机场，各省委、厅长、省指委、高级军事长官、各机关长官、新闻记者等，上午十时即赴机场驻候；各校男女学生亦于上午即往沿路两旁，整队恭送。一时许，委员长及主席车到，驻候各官员即恭迎入彩亭休息，各国领事亦相继赶到，谒见委员长，甚为欢洽。三时半，容克机准备妥当，委员长于万众欢送声中，偕各随来人员与欢送人员辞别登机，渐渐离开昆明，向贵阳飞去。蒋夫人宋美龄，中委吴稚晖、陈布雷，下午一时乘滇越铁路电轮车赴个旧，参观锡矿矿山。（二十一日中央社电）〈后略〉

《申报》1935年5月22日，第1张第3版

## 李宗仁派员赴滇谒龙

【香港】李宗仁派王哲渔赴滇谒龙云，定下周动程。（二十九日专电）

《申报》1935年6月30日，第3张第9版

## 叶琪遗缺将由李品仙补

【香港】四集团参谋长叶琪遗缺，拟委李品仙补。桂前派张彭年赴滇谒龙云。公毕，十日可返港，转桂复命。（十日专电）

《申报》1935年7月11日，第2张第8版

## 滇省龙主席代表唐继麟昨抵沪

日内晋京谒当局请示

申□社云：云南省政府主席龙云氏，以最近滇省各项行政设施及建设进行，须向中央方面有所请示，故特派唐继麟氏北来。唐氏奉命后，于上

月间由滇启程，本月初抵港，即于六日由港搭昌兴公司日本皇后号离港来沪。该轮原定昨日八时到沪，因受飓风影响，至昨日晚间八时始抵埠。唐氏登岸后，即下榻旅舍，在沪有二三日勾留，然后赴京，晋谒汪院长等中枢要人。

《申报》1935年9月9日，第3张第10版

## 龙云未派代表到京

【南京】报载龙云派唐继麟来京报告滇省政府，并有所请示。顷据滇省府驻京办事处称：龙并无派代表来京请示事，上说恐系误传。（十一日中央社电）

《申报》1935年9月12日，第2张第6版

## 中英滇缅勘界我方委员明日出发赴滇

委员随员等已全体来沪集合；今晚十时登轮明晨一时启碇

申时社云：中英滇缅勘界委员会我方委员梁宇皋、尹明德，偕同秘书随员等一行，业于昨日全体集沪，已定今晚登大来公司杰弗逊总统号，明日清晨三时启程赴港，再转海防赴滇。梁氏等定今晨十一时在新亚酒店旅次，招待本市报界，报告此去工作目的等详情。探志详情如次。

### 我方委员全体到沪

中英会勘滇缅界务委会我方委员梁宇皋、尹明德等一行，原定本月十日由京出发来沪，嗣因各项应用物件尚未齐备，故全体人员暂延缓来沪。梁宇皋氏则提前于十三日来沪，准备一切。兹悉其余所有随员等，由秘书李丽莹、汤承祜率领，于十五日晨八时离京，当日下午三时抵达。委员尹明德因事留京，至昨日下午一时三十分，始由京抵沪。

## 今晚搭轮赴港转滇

我方委员等昨日全体齐集沪后，已决定今晚登大来公司杰弗逊总统号赴港转滇。按，杰弗逊轮，已定今日清晨六时进口，将泊浦东白莲泾大来公司码头，于明日清晨一时即将启碇。故梁、尹等各人员，今晚十时前即须登轮。又悉：此次梁氏等赴滇边，因路程遥远，边区各项生活设备均不周，故各种生活上需要之各种用具，如行军床、蓬帐、桌凳，均须特制携去。再加以勘界工作方面应用之测量仪器等，及所携行李，极为繁重。该项行李已于十五日运沪，现寄存北站。俟今晨杰弗逊轮抵沪后，将先派专员，负责搬运。

## 委员尹明德氏谈话

委员尹明德氏昨在寓次，语申时社记者。据谈，本人与梁委员宇皋等一行，原定十日出发；兹因准备各项行装器具等未竣，故延迟五日来沪。现所有全体人员，已在沪会齐，定明晚（即今晚）登杰弗逊总统号启程。预定行程十九日抵港，再改搭轮赴海防，然后循滇越铁路赴昆明。与龙云主席等晤面商谈后，即于十月下旬，由昆出发赴滇边。该路行程最艰难，旅行除骏马藤桥外，别无其他交通工具，行期约需四十余日。若遇阴雨，或需时更多。故抵达目的地，当在十一月中旬，届时即行准备开始工作。盖滇缅边界多瘴气，惟冬末春初间较少，须利用此时期以完毕勘查工作。至此次勘测工作范围及原则各点，系根据本年四月之中英双方换文办理。进行步骤，不外先行作一度精细检查，然后根据测量及检查结果绘制地图，次再行调查界桩及确定界址。俟勘查工作告一段落，将在滇开委员会议。会毕后，再依据双方换文第二及第三条之规定，将实地勘查经过报告政府，必要时再向政府提出个人意见，俾供本国政府参考云。

## 英方委员亦已出发

我方委员启程后，中立委员伊斯兰氏，亦已定十月中由瑞出发。至英方委员克拉格（Mr. J. Clague）及格罗斯（Mr. T. S. Grose）两氏，除格罗斯氏原系英政府派驻缅甸官员，现已在缅外，克拉格氏亦已于十五日偕随员等由印度启程。预定十一月底，中立及中、英三方委员，即可在目的地会合。

### 今日上午招待记者

又息：我方委员梁宇皋、尹明德等抵沪后，以启程在即，外界对此次中英滇缅勘界颇为注意，为使各界明了起见，特定今日上午十一时，在北四川路新亚酒店，招待本市各报社记者，报告一切。

《申报》1935年9月17日，第3张第9版

## 国联卫生专家司丹巴明日启程赴滇

协助姚永政防疟计画

申时社云：国联卫生专家史〔司〕丹巴氏自来华后，曾于去年南下，赴桂省考察。对于该省卫生当局诊治恶性疟疾，已获得一部份之解决，表示赞许及深切之期望。此次卫生署派员南行，取道黔桂入滇调查后，经悉心研究所得，该地瘴气系属恶性疟疾之一种。卫生署方面，同时复应滇省主席龙云之请，续派姚永政代该省设计防治方面，并请司丹巴氏南下协助。司氏应邀后，决定于下月一日启程赴港，取道安南入滇协助。并闻司氏拟以其工作结果，向明年在新加坡举行之国际卫生会议报告。

### 植金鸡纳

滇省思茅及红河沿一带，土地肥沃，气候良好，而备受瘴气影响，坐致利弃于地，甚为可惜。该省建厅，因鉴于金鸡纳树，不特可为一般医药用品，尤能克制此种瘴气，曾于数年前设法购置籽种，经七次试种，均告失败；然仍不以失败灰心，又于印度加拉吉打地方购来籽种，费二千八百元，派员往红河沿边一带再加试种，结果遂告成功。现经栽植者已达万余株，与印度所产无异。顷建厅计划，拟仍将红河沿边再加广植，推至思茅

内地各处。〈后略〉

《申报》1935年9月30日，第2张第8版

## 国内外各地中委名录

**【南京】**六中全会五全大会，拟如期举行。各中委行踪，在京者六十余，在沪者十余，其他散居海外及国内各地。在京者汪兆铭、叶楚伧、蒋中正、朱家骅、陈公博、丁超五、杨杰、戴传贤、陈立夫、覃振、陈策、朱培德、李宗黄、张贞、桂崇基、居正、白云梯、顾孟余、马超俊、邓家彦、何应钦、王柏龄、石瑛、孙科、周启刚、李文范、柏文蔚、经亨颐、茅祖权、邵元冲、傅汝霖、张道藩、克兴额、曾仲鸣、谷正纲、焦易堂、关索人、赵丕廉、黄慕松、王祺、唐有壬、段锡朋、罗家伦、萧吉珊、梁寒操、唐生智、陈树人、张继、洪陆东、陈璧君、恩克巴图、吴敬恒、褚民谊、张人杰、郭春涛、萧忠贞、纪亮、陈布雷、邓飞黄；在沪者宋子文、王伯群、程潜、谢持、吴铁城、何香凝、李烈钧、孔祥熙、张知本、于右任、王正廷、张定璠、杨虎、张发奎、柳亚子、孙镜亚、薛笃弼、宋庆龄；在山东者冯玉祥、丁维汾、蔡元培、方觉慧；在河南者刘峙；在湖北者张群、钱大钧、夏斗寅、甘乃光、何成濬、张学良；在江苏者陈果夫、周佛海、缪斌、李敬斋；在川者谢作民、曾扩情、顾祝同；在平津者王法勤、刘守中、鹿钟麟、张厉生、李煜瀛；在两广者唐绍仪、香翰屏、邓泽如、许崇智、李任仁、黄旭初、詹菊似、郑占南、崔广秀、区芳浦、李宗仁、白崇禧、陈济棠、余汉谋、林翼中、刘纪文、刘芦隐、萧佛成、李绮庵；在赣者熊式辉、范予遂；在晋者阎锡山、赵戴文、王懋功、朱霁青、杨爱源；在黔者曾养甫（已启程在途）；在滇者龙云；在陕者邵力子；在甘者朱绍良；在古巴者张惠长；在土耳其者贺耀祖；在赴美途中者胡汉民；在意者刘文岛；在英者黄少谷；在日本者蒋作宾（廿八日回国）。（二十日专电）

《申报》1935年10月21日，第1张第5版

| 《申报》卷 |

# 龙云为云南省普通考试处处长命令

国府六日令：派龙云为云南省普通考试处处长，此令。

《申报》1935年11月7日，第2张第8版

# 五全大会昨行闭幕典礼

蒋中正宣读大会宣言致闭幕词；代表直接选出中委二百零八人；通过主席团拟定中委五十二人；四届中委会党务报告议决通过

**【南京】**五全大会二十二日下午三时开七次大会，选举五届中委，五时许完毕，七时开始计票，漏夜工作，至二十三日晨七时始毕，共选出二零八人。廿一日下午三时，续开七次大会，续选五十二人。五时半，举行闭幕典礼，由蒋中正主席领导行礼后，宣读大会宣言，并致闭幕词，约历二十分钟完毕，全场报以热烈掌声，大会遂圆满结束。（二十三日中央社电）

**【南京】**五全大会二十三日下午三时，续开七次大会，秘书长叶楚伧报告选举中央执监委员及候补执监委员二零八名之结果。主席宣布依大会选举办法，中央执监委及候补执监委之名额，尚有五十二名待选出，兹主席团为节省大会时间计，已拟定五十二名名单，并推蒋中正同志加以说明。蒋说明主席团拟定名单经过及各人履历，全场无异议通过。（二十三日中央社电）

## 五届中委当选名单

**【南京】**五届中委当选委员名单如次：

（甲）代表直接选出者，执行委员一百人：蒋中正、汪兆铭、胡汉民、戴传贤、阎锡山、冯玉祥、于右任、孙科、吴铁城、叶楚伧、何应钦、朱培德、邹鲁、居正、陈果夫、何成濬、陈立夫、石瑛、孔祥熙、丁惟汾、张学良、宋子文、白崇禧、刘峙、顾祝同、朱家骅、杨杰、马超俊、张治中、曾扩情、贺衷寒、蒋鼎文、方觉慧、陈济棠、黄慕松、钱大钧、韩复榘、何键、曾养甫、刘芦隐、陈诚、周佛海、徐恩曾、洪

兰友、余井塘、陈策、邵元冲、张道藩、陈布雷、方治、陈公博、梁寒操、李宗黄、刘纪文、徐源泉、潘公展、王法勤、柏文蔚、王陆一、张群、刘维炽、吴醒亚、丁超五、赵戴文、蒋伯诚、顾孟余、甘乃光、陈继承、萧吉珊、王以哲、李文范、张厉生、周伯敏、王柏龄、苗培成、刘健群、谷正纲、梅公任、余汉谋、郑占南、王漱芳、朱绍良、林翼中、谷正伦、傅作义、吴忠信、王祺、黄旭初、戴愧生、于学忠、陈肇英、张冲、萧同兹、周启刚、麦斯武德、卫立煌、洪陆东、焦易堂、李生达、田昆山。候补执行委员五十人：吴开先、薛笃弼、叶秀峰、赖琏、谷正鼎、陈调元、俞飞鹏、经亨颐、萧铮、吴挹峰、陈树人、李品仙、邓家彦、林叠、朱霁青、时子周、陈庆云、王用宾、刘建绪、傅汝霖、张强、王正廷、黄季陆、唐生智、黄实、余俊贤、李任仁、宋庆龄、曾仲鸣、张定璠、吴保丰、罗家伦、赵棣华、李敬斋、杨永泰、罗翼群、尼马鄂特索尔、马鸿逵、谢作民、段锡朋、陈泮岭、王懋功、杨爱源、陈访先、李嗣璁、程潜、张钫、郑亦同、张贞、张知本。监察委员四十人：林森、张继、蔡元培、吴敬恒、张人杰、杨虎、邵力子、李宗仁、谢持、杨虎城、王宠惠、许崇智、张发奎、陈璧君、恩克巴图、柳亚子、蒋作宾、褚民谊、程天放、胡宗南、香翰屏、黄绍雄、宋哲元、商震、邵华、李煜瀛、李烈钧、孙连仲、薛岳、刘镇华、龙云、李福林、庞炳勋、麦焕章、林云陔、萧佛成、贺耀组、王子壮、覃振、姚大海。候补监察委员十八人：鲁荡〔涤〕平、雷震、欧阳格、王世杰、刘文岛、李次温、何思源、刘守中、谭道源、彭国钧、闻亦有、邓青阳、张默君、狄膺、杨庶堪、唐绍仪、马麟、郭泰祺。

　　（乙）主席团拟定名单经大会一致无异议通过者，执行委员二十人：罗桑坚赞、贡觉仲尼、乐景涛、李扬敬、唐有壬、王泉笙、缪培南、王均、熊式辉、夏斗寅、鹿钟麟、王伯群、徐堪、傅秉常、刘湘、陈绍宽、陈仪、彭学沛、茅祖权、沈鸿烈；候补执行委员十人：陈耀垣、赵丕廉、诺那、王昆仑、赵允义、区芳浦、程天固、詹菊似、石敬亭、吴经熊。监察委员十人：章嘉、熊克武、安钦、秦德纯、盛世才、王秉钧、司伦、王树翰、徐永昌、张任民；候补监察委员十二人：崔广秀、潘云超、何世桢、胡文灿、李绮庵、萧忠贞、孙镜亚、陈嘉祐、溥侗、黄麟书、陆幼

刚、杨熙绩。(二十三日中央社电)〈后略〉

《申报》1935年11月24日，第1张第3版

## 云南起义纪念日　滇全省运动会开幕

【中央社二十五日昆明电】今日为本省起义、拥护共和二十周纪念日，全省运动大会今晨在北门外运动场举行开幕典礼。会长龙云及杨文清、唐继麟等，各机关长官均出席。昆华区参加运动团体学校，计六十余单位，运动员达万数千人。十一时开始行礼如仪，会长龙云致词后，由省指委报告云南起义意义。继全体职员及运动员行宣誓礼，并绕场一周，遂开始竞赛，全场空气极壮烈。参观民众逾五六万，洵本省盛举。

《申报》1935年12月27日，第3张第12版

## 国府颁授勋令

【南京】国府一日发表授勋令如下：蒋中正、何应钦、朱培德、唐生智、阎锡山、李宗仁，各给予一等云麾勋章，此令；冯玉祥给予一等云麾勋章，此令；陈济棠给予一等云麾勋章，此令；钱大钧给予二等云麾勋章，此令；陈绍宽、刘峙、何成濬、朱绍良、刘湘、杨虎城、徐源泉、白崇禧、龙云、韩复榘、宋哲元、于学忠、商震、徐永昌、杨爱源、傅作义，各给予二等云麾勋章，此令；顾祝同、蒋鼎文、陈调元、陈诚，各给予二等云麾勋章，此令；杨永泰给予二等云麾勋章，此令；贺国光给予三等云麾勋章，此令。〈后略〉

《申报》1936年1月1日，第1张第3版

## 李次温降落平彝乡间

【贵阳】李次温五日下午二时，乘昆明机飞京，至桐梓遇雾折回，至平彝县东北三十英里之乡间降落，人机幸无恙。吴忠信急电龙云妥为照

料。(七日中央社电)

【昆明】中航昆明号机,五日晚降落亦资孔北十五华里、距平彝九十里之处。机全毁,机师电员无恙,一乘客受微伤。滇该公司负责人已于六日晚遄乘汽车往平彝,照料一切。(七日中央社电)

《申报》1936年3月8日,第2张第8版

## 胡畏三谒龙云

【香港】陈济棠代表胡畏三,六日抵昆明,谒龙云。(八日专电)

《申报》1936年3月9日,第2张第6版

## 陈济棠、李宗仁代表抵滇

【香港】陈济棠代表王若州〔周〕、李宗仁代表张任民抵滇,与龙云商洽。(九日专电)

《申报》1936年3月10日,第1张第3版

## 李次温精神尚佳

【贵阳】省党部顷接龙云及滇省党部来电:李次温十三日抵昆明,住法甘美医院诊疗。李手足伤重,精神尚佳。又中央对李伤势至为系念,航汇药费五百元,由龙云转交。(十七日中央社电)

《申报》1936年3月18日,第2张第6版

## 龙云派代表赴粤　会商发展交通

【香港】龙云派李埔,偕陈济棠、李宗仁代表王若周、张任民,来粤商发展交通。(十八日专电)

《申报》1936年3月19日,第1张第3版

## 龙云代表到京谒蒋

【南京】龙云派唐继麟来京谒蒋委员长,报告中央军校昆明分校近况。连日正参观各军事学校。据谈:滇各地甚安谧,残匪均已肃清。(二十三日中央社电)

《申报》1936年3月24日,第2张第5版

## 龙云兼任中央军官学校校务委员案通过

【南京】行政院廿四日晨开二五五次例会,出席孔祥熙、蒋作宾、陈树人、刘瑞恒、黄慕松、王世杰、吴鼎昌、陈绍宽、何应钦、张群、俞飞鹏、曾养甫、翁文灏、蒋廷黻,由孔祥熙主席。〈中略〉

任免事项。军事委员会函请:(一)以冯玉祥、阎锡山、龙云兼任中央军官学校校务委员案,决议通过。〈后略〉

《申报》1936年3月25日,第1张第3版

## 冯玉祥、阎锡山、龙云兼中央军校校务委员命令

国府三十日令:派冯玉祥、阎锡山、龙云兼中央军校校务委员,此令。

《申报》1936年3月31日,第2张第7版

## 白崇禧将飞滇

【香港】白崇禧拟日内飞滇黔,与龙云、吴忠信面商剿匪。(一日专电)

《申报》1936年4月2日,第2张第7版

## 顾祝同昨飞滇

【贵阳】顾祝同七日上午十时，偕韩德勤赴清镇机场；十二时四十分起飞赴滇〈……〉本省教厅长叶元龙、保安处长冯剑飞亦偕行。叶系与滇当局商讨边疆教育问题，冯系考察滇省团队组织，均短期间即返黔。赴机场欢送者，有刘兴、徐源泉、夏斗寅、吴忠信、万耀煌、郭思演等数十人。（七日中央社电）

【昆明】行营主任顾祝同，七日午二时由筑乘机飞抵昆明，龙云等到场欢迎。冯剑飞、叶元龙同来。全市悬旗欢迎。（七日中央社电）

《申报》1936年4月8日，第1张第3版

## 昆明县境已无"匪"踪

【昆明】军息：〈……〉现昆明县境已平靖，匪已全部过河，普渡河东岸已无匪踪。又郭汝栋、李觉、樊崧甫三纵队所部已入滇。十一日，郭、李、樊三纵队长已抵省，晋谒顾祝同、龙云，请示机宜。十二日晚七时，省府设宴欢迎。（十三日中央社电）

《申报》1936年4月14日，第1张第3版

## 蒋介石飞抵昆明

*滇各界举行盛大欢迎；龙云等均赴行辕谒候*

【昆明】蒋委员长二十二日下午一时一刻，乘飞机由蓉飞抵昆明。先是二十日，滇党军政学各界，已得蒋委员长来滇消息，特发起盛大欢迎。是晨，各界长官、各部队、学生、民众等，均全体出动，前往飞机场一带迎候。直至午后二时半，知委座未成行，始各返城。二十二日晨复得确息，龙云以次各军政长官、党务人员、各机关科长以上全体千余人，仍准时到巫家坝机场迎候。军分校员生、近卫步队、民众团体、各校男女生，

行列绵亘数里。午后一时三刻,蒋所乘飞机出现云霄,于万众欢腾、军乐悠扬声中降落。龙云率高级长官趋前迎迓,各官员亦在行列中敬礼,蒋依次答礼。旋分乘汽车入城,直赴省府光复楼行辕。全市遍悬国旗,满贴欢迎标语,民众万人空巷。蒋车过一律脱帽致敬,秩序肃然。旋龙云率党政军各重要长官,赴行辕谒候。(二十二日中央社电)

《申报》1936 年 4 月 23 日,第 1 张第 3 版

## 蒋介石飞黔

【昆明】蒋委员长二十五日晨八时赴军分校,对全体员生训话后,十时即赴机场,偕同来人员乘机离滇飞黔。龙云以次党、军、政各机关官员、部队,均到机场欢送。(二十五日中央社电)

《申报》1936 年 4 月 26 日,第 1 张第 3 版

## 行政院通过特派龙云为滇黔"剿匪"总司令

【南京】行政院二十八日晨开二六零次会议,出席孔祥熙、陈树人、蒋作宾、黄慕松、陈绍宽、何应钦、王世杰、刘瑞恒、张群、张嘉璈,孔祥熙主席。〈中略〉任免事项:〈……〉军事委员会函,请特派龙云为滇黔剿匪总司令、何键为长沙绥靖主任案,决议通过。〈后略〉(二十八日中央社电)

《申报》1936 年 4 月 29 日,第 1 张第 3 版

## 龙云等任职命令

国府三十日令:派胡世泽为出席国际防止私贩麻醉药品公约会议代表,此令。又令:特派龙云为滇黔剿匪总司令,此令。又令:特派何键为长沙绥靖主任,此令。〈后略〉

《申报》1936 年 5 月 1 日,第 2 张第 8 版

## 李宗仁昨返桂

【香港】李宗仁向政会请假两月，五日午偕夫人乘广三车至三水，转轮回邕。濒行谈：龙云被委滇黔剿匪总司令仅见报章，龙就职否未接电通知。传胡、陈及余赴湘晤蒋说不确，桂无改大洋制事。胡赴桂及白来粤，均有是意，但行期未定云。（五日专电）

《申报》1936年5月6日，第1张第4版

## 中政会决议案　追认龙云、何键职务

【南京】中央政治委员会二十日晨开第十四次会议，到林森、孔祥熙、朱培德、邵元冲、马超俊、何应钦等十余人，由蒋副主席主席。决议事项探录如下：（一）通过《惩治偷漏关税暂行条例》，并准即日施行；（二）通过修改完成《沪杭甬铁路借款合同》；（三）通过《修正滇越铁路合同章程》；（四）追认特派龙云为滇黔剿匪总司令，何键为长沙绥靖主任。〈后略〉

《申报》1936年5月21日，第2张第5版

## 粤方拟发表胡汉民宪草遗言

【香港】胡未逝时，拟有关于宪草之宣言，粤方拟将其发表。（二十四日专电）〈中略〉

【昆明】滇各界追悼胡主席大会，已定二十五日至二十七日在省指委会举行。二十五日追悼，二十六日各部队、学校代表公祭，二十七日党员及民众团体公祭，龙云被推为大会主席。追悼期间，一律下半旗，停止娱乐、宴会。参加人员一律缠黑纱，并即发表胡先生事略及遗像卡片，令各报出追悼专刊。（二十三日中央社电）〈后略〉

《申报》1936年5月25日，第1张第3版

## 龙云代表返滇复命

【香港】晋阎锡山、鲁韩复榘,均电陈济棠、李宗仁、白崇禧,请命驾晋京,会商大计。龙云代表刘震寰,十日返滇复命。(十日专电)〈后略〉

《申报》1936年6月11日,第1张第3版

## 龙云电陈济棠、李宗仁、白崇禧

【昆明】昨传粤桂军已开入湘境,滇主席龙云九日特电致陈济棠、李宗仁、白崇禧,痛陈国是,盼粤桂将领省悟。原电云:"广州陈伯南兄、李德邻弟、白健生弟同鉴:顷诵各电,备悉一是。当兹华北危急之秋,诸公主张抗日救国,忠义之气溢于言表,实用钦佩。惟兹事体大,应先协商统筹,谋定后动,始于事有济。闻介公已径电诸公,有所商榷。如能本此开诚商协,俾众志成城,国可以救,匪可以灭;否则使人愈有所借口,匪得乘隙。瞻念前途,实多忧虑矣,谅必有以明裁者!谨复。"(十日中央社)

《申报》1936年6月11日,第2张第6版

## 曾扩情由蓉飞陕

【成都】曾扩情十八日上午七时,乘欧亚机飞西安。略事勾留,将转京向中央请示。龙云长公子绳武,十七日由昆飞省,与曾同机飞陕。(十八日中央社电)

《申报》1936年6月19日,第2张第6版

## 龙云对滇学生训话

说明云南拥护中央态度;反对两粤假名抗日谬举

【昆明通讯】自两广当局置国家纪纲、民族生命于不顾,假借抗日之

美名，移兵进犯湘闽赣边境以来，此间军民极为愤慨。龙总司令曾于六月二十五日午后二时，在北校场老营盘对学生训话，发表"两广借口抗日，行动越轨；本省拥护中央，不背初衷"之政见，异常重要。训词要旨如次："诸生皆曾受高等教育，思想纯洁，为将来国家中坚份子。余今日来此，原意在与诸生晤面，略为训勉，对于时局本不准备言及，惟思诸生皆系优秀青年，似有与讲时局之必要。但在未谈之先，余且问诸生：此次两广的抗日举动，事属真耶？假耶？（诸生立即高声答称'假的'）诸生既知两粤此次抗日之举系假，余得将两广与中枢之局势略为叙述。当九一八以前，两粤对于中央，意见已有不同。惟中央素以宽大为怀，是以双方信使仍络绎于途。吾滇虽与桂省接壤，然对于政见，则始终不与之苟同。吾人切望国家之团结统一，深盼两广方面能以国事为重。然两广若不放弃其自私自利之念，则其与中枢之关系，殆难转佳。讵料月初彼方竟尔发动其所谓抗日勾当，举国人士，洞悉其隐，知其言不由衷，卒不获得同情。现两广行动越轨，已成骑虎之势；将来演变若何，尚难逆料。然既系动机不良，则其结果自可想见。至于我滇所持态度，则以为中国系若干行省构成，然地方与中央非对立关系，而为统属关系。滇省对中央无论就法理与事实，均当为中央之命是听。吾滇政见，数十年如一日；征诸以往事实，在在可引为证。民十八时代尚未统一时，桂系拥有半壁河山，但云南则始终反对，讨逆军即于其时成立。今两粤势非昔比，云南对两粤，自然反对到底，只知拥护中央完成统一，不背初衷。甚盼诸生澈底了解当局对中央及时局之态度来定信仰，勿信谣诼。"（一日中央社电）

《申报》1936年7月2日，第1张第3版

## 《国防会议条例》

全文共八条　经核准施行

【南京】《国防会议条例》业经十三日二中全会第二次大会通过，顷已公布，原文如下：

第一条　为整理全国国防，特设置国防会议，讨论国防方针及关于国防各重要问题。

第二条　国防会议以左列各员组成之：一、议长、军事委员会委员长、副议长、行政院院长。二、会员：（一）中央军事机关各长官、军事委员会两副委员长、参谋总长、军事参议院院长、训练总监、航空委员会委员长；（二）行政院关系各部长（军政、海军、财政、外交、交通、铁道等部长）；（三）中央特别指定之军政长官。

第三条　国防会议审议事项如左：一、国防方针；二、国防、外交政策；三、关于国防事业与国家庶政之协进事宜；四、关于处置国防紧急事变事宜；五、国家总动员事宜；六、关于战时之一切组织；七、其他与国防相关联之重要事宜。

第四条　国防会议由议长召集，每年开大会一次；遇必要时，得召集临时会议。

第五条　国防会议决议事项，由议长呈请中央，交国民政府令主管院、部、会执行。

第六条　国防会议每决开会，以一星期为限；如遇必要时，得延长之。

第七条　国防会议设置秘书厅，秘书厅厅长由参谋总长兼任；副厅长二人，由军事委员会办公厅副主任参谋次长兼任，其组织另定之。

第八条　本条例经中央执行委员会核准施行。（十四日中央社电）

【南京】国府十四日令：特派蒋中正为国防会议议长，此令。特派蒋中正为国防会议副议长，此令。特派阎锡山、冯玉鲜、程潜、朱培德、唐生智、陈调元为国防会议会员，此令。特派孔祥熙、何应钦、陈绍宽、张群、张嘉璈、俞飞鹏为国防会议会员，此令。特派李宗仁、白崇禧、陈济棠、刘峙、张学良、宋哲元、韩复榘、何成濬、顾祝同、刘湘、龙云、何键、蒋鼎文、杨虎城、朱绍良、徐永昌、傅作义、余汉谋为国防会议会员，此令。（十四日中央社电）

《申报》1936年7月15日，第2张第7版

## 杨永泰等抵牯　京各要人纷赴庐山

【九江】牯岭电话：杨永泰、张治中廿四日午抵牯；孔财长及财部随

从人员，廿四日下午五时抵浔，约八时许可抵牯。（廿四日中央社电）

【南京】云南省主席龙云，月前派公子龙绳武驻京。现于二十四晨九时飞浔转庐，谒蒋委长。（二十四日专电）

《申报》1936年7月25日，第1张第3版

## 国内要闻

国府令：派龙云、薛岳为滇黔正、副绥靖主任，顾祝同任黔省主席。蒋电劝李、白接受新职。飓风在厦门登陆。

《申报》1936年8月3日，第1张第3版

## 龙云代表赴庐山谒蒋

前桂军总司令刘震寰（显丞），于日前由粤到沪，寓静安寺路某公寓，将于六日晨乘中国航空公司邮机赴京，转往庐山。据新新社记者探悉：刘氏系代表新任滇黔绥靖主任龙云，晋谒蒋委员长，有所请示云。

《申报》1936年8月4日，第3张第10版

## 龙云代表刘震寰昨飞庐

### 谒蒋委员长商陈

新声社云：前桂军总司令刘震寰（显丞）奉蒋委员长电召，七月底由滇抵沪。初卧病于广慈医院，病愈后原定今晨飞庐，现经提前于昨晨七时，即行中国航空公司邮机，离沪飞浔转庐。淞沪警备司令杨虎特派秘书王之南，赴龙华机场欢送。刘氏此行，代表新任滇黔绥靖主任兼云南省政府主席龙云，携有绥靖方案，谒蒋委员长商陈云。

《申报》1936年8月6日，第3张第10版

## 陈济棠将放洋

【香港】黄麟书谒蒋后,已有电回陈济棠报告。陈济棠、陈维周购定法邮船亚林美士船位,十一日离港赴法。但陈济棠热度仍高,能否成行,届时方定。(七日专电)

【香港】前陈济棠、李宗仁派赴滇代表胡畏三、邓振铨,因运动滇军倒龙云,被龙扣留。(七日专电)

《申报》1936年8月8日,第1张第4版

## 龙绳祖谒蒋后返京

【南京】滇省主席龙云之公子龙绳祖,赴庐代表乃父谒蒋委长暨中枢各要人,报告滇省军政建设情况,顷已事毕。十一晨乘轮抵京,准备漫游全国名胜,秋后返滇。据云:龙对中央始终拥护,对蒋委长尤极服从。广西李、白异动,预料不久可就范,云南决不致发生影响。龙早有来京谒见中枢当局之愿望,因政务繁忙,未能分身。将来如有机会,拟呈准中央,北来一行。(十一日专电)

《申报》1936年8月12日,第3张第9版

## 时人行踪录

考试院副院长钮永建,昨晨乘八时早特快车返京。

国民大会选举总事务所副主任褚民谊,昨晨八时三十五分,乘沪杭早特快车,离沪赴杭公干。

铁道部常务次长曾镕〔养〕甫,昨晨七时许,乘车由京到沪。

滇黔绥靖主任龙云代表刘震寰氏,前赴庐晋谒蒋委员长。公毕,由庐到京。原定昨日飞沪,嗣因事临时展缓,至今日乘坐中国航空公司沪平南下机飞沪。

《申报》1936年8月16日,第4张第13版

## 龙云代表赴庐山谒蒋

〈前略〉前桂军总司令刘震寰,前衔滇省绥靖主任龙云之命,由沪飞庐山晋谒蒋院长,有所请示。嗣因蒋院长飞粤,故刘氏在庐稍事勾留后,昨晨乘坐中国航空公司沪平线南下机飞沪,当于十一时十分到达龙华飞机场。下机后,即返静安寺路旅次憩息。〈后略〉

《申报》1936 年 8 月 17 日,第 3 张第 12 版

## 刘震寰今晨飞粤

中央社云:滇黔绥靖主任龙云之代表刘震寰氏,前赴庐晋谒蒋委员长,有所报告。业于日前公毕,由庐到京。昨日乘坐中国航空公司之沪平南下机飞沪,当午十二时四十分降落于龙华机场。前往欢迎者,有淞沪警备司令杨虎之代表王之南等多人。刘氏下机之后,当即径赴旅邸休息。刘氏原籍广西,历任桂军总司令及广西省长等职,对于桂省有深切之关系。故特定于今晨乘坐中国航空公司之沪粤机飞粤,斡旋桂事云。

《申报》1936 年 8 月 18 日,第 4 张第 13 版

## 龙云、薛岳任职公电

各报馆均鉴:案奉国民政府派字第六十六号特派状开,特派龙云为滇黔绥靖主任,此状。派字第六十七号特派状开,特派薛岳为滇黔绥靖副主任,此状。并奉军事委员会令发《滇黔绥靖主任公署组织条例》,饬即遵照办理各等因,奉此,遵于八月二十四日就职。云等自维轻材,谬膺重寄,南望时锡箴言,借匡不逮,至所企祷。除呈报外,谨此电达,惟希垂鉴。滇黔绥靖主任龙云、副主任薛岳叩,马,印。

《申报》1936 年 8 月 23 日,第 3 张第 10 版

## 国庆节之津汉滇粤各地均有热烈庆祝

〈前略〉

**【昆明】** 十日晨九时,绥署、省府召集各军政学各界千余人赴烈士祠,由龙云领导行礼致祭。祭毕至省府举行庆祝典礼;十一时招待驻滇外宾;夜间省市学生三千人举行盛大提灯会。全市热烈庆祝,盛况空前。(十日中央社电)〈后略〉

《申报》1936 年 10 月 12 日,第 1 张第 4 版

## 京滇公路周览会展期

**【南京】** 京滇公路周览会,原定下月内举行。龙云以滇公路平彝数路面尚未铺竣,曾呈行政院请予展期。行政院顷照准,展至明年三月,并定廿八日上午在政院召开筹备会全体会议。(廿二日中央社电)

《申报》1936 年 10 月 23 日,第 1 张第 4 版

## 蒋委员长最近二年来言行辑要

〈前略〉(民国二十四年)五月十日,由黔偕夫人飞抵昆明,民众列队欢迎,达十五里之长。

五月十四日,出席云南各界欢迎大会,训词:"希望全滇民众负起复兴民族之责,并望开发富源,建设工业化之云南。"

五月十五日,召集滇垣各校长训话,勖以"本新生活要义,管训学生"。

又,在唐继尧住宅前凭吊良久,并瞻仰钱南园先生祠堂。

五月十七日,龙云夫妇陪委员长暨夫人游览安宁温泉。

五月二十日,召集昆明中等以上各校员生训话,勖实行新生活。

五月二十一日,离滇飞黔。〈中略〉

（民国二十五年）四月二十三日，由川飞滇视察。

四月二十五日，由滇飞黔，视察新生活运动，并参观苗民跳舞。〈后略〉

《申报》1936年10月31日，第2张第8版

## 公路查勘团由黔抵滇

【昆明】中央公路查勘团钱诒士、薛次莘等一行廿七人，十一日晨乘车四辆，由曲靖起程，即晚安抵昆明。公路局禄国藩、杨文清、张大义等高级职员，均往古幢公园欢迎。据钱诒士谈：本团于上月三日由南京起程，经过徐州、开封、西安、汉中、成都、重庆、贵阳而达昆明。此行系查勘京滇沿线公路干道进展情形，沿途所经颇多艰险特别工程，但经各地官绅民众群策群力之结果，已一变而为康庄大道。京滇相距数千里，一车而达，洵为快事。在滇约逗留三四日，即乘原车返京。十二日，公路局邀钱君等游览安宁温泉；十三日将晋谒龙云云。（十二日中央社电）

《申报》1936年12月13日，第1张第4版

## 各方纷请讨张

【广州】粤各界民众团体、学校代表五千余人，十五日举行各界讨张靖难大会。（十五日中央社电）

【郑州】陇海路特别党部十四日通电全国各界：一致主张呈请中央讨伐张学良。（十五日中央社电）

【汉口】湖北记者联合会、汉市戏剧各会、武汉文艺社、江汉思潮社、中兴周刊社，十四日电中央，请明令讨张。（十五日中央社电）

【重庆】此间市商会、市农会、市教育会、市报协会、市职工俱乐部，顷联电中央，请严惩张学良。（十五日中央社电）

【昆明】龙云、薛岳十四日特电呈中央及通电全国，声讨张学良。（十四日中央社电）

【郑州】郑陇海党部、县党部、商会、记者联会，因张学良背叛党国、胁劫统帅，异常愤恨。通电全国，一致声讨。西北剿匪总部驻郑办事处，十四午被解除武装。（十五日专电）

《申报》1936年12月16日，第1张第3版

## 龙云电复何总司令派代表晋京

【昆明】龙云接何总司令铣（十六日）电，略谓：受命于免〔危〕难之间，靖国救难，仔肩责重；一切事务，诸多请益。望抽暇命驾，莅京一行，俾得共商至计；如事繁不能分身，请派代表前来。龙以巧（十八日）电复何，略谓：因事变初起，为安定人心计，暂不赴京。已托黄实君乘机飞京，并再派高荫槐君克日趋谒左右，承教一切。黄、高到后，如仍须弟续来，自当束装启行。（二十日中央社电）

《申报》1936年12月22日，第1张第3版

## 余汉谋、龙云代表晋谒中枢当局

【南京】余汉谋代表李煦寰等抵京后，即分谒孔副院长、何部长，陈述余主任关怀蒋委员长蒙难之至意，并报告粤治安情形；二十二日晨又谒孙院长，并访宋子文，探询蒋委员长近况。又龙云代表黄实已自滇抵京，并已晋谒中枢各当局报告。（二十二日中央社电）

《申报》1936年12月23日，第1张第4版

## 黄实谒中枢当局

【南京】云南主席龙云代表黄实，二十三日谒中央当局；复派高荫槐代表驻京接洽一切。现龙云拟于必要时亲自来京。（二十三日专电）

《申报》1936年12月24日，第1张第4版

## 龙云代表高荫槐抵京

【南京】滇主席龙云续派高荫槐代表来京,报告滇政,并谒蒋委员长问安。高于二十七日由滇乘欧亚机抵京。(二十七日中央社电)

《申报》1936年12月28日,第1张第4版

## 滇各界庆祝元旦

【昆明】滇各界以委座回京、国运更新,全省准备热烈庆祝。昨在省党部召集各机关、团体代表,开庆祝筹备会议。议决:(一)定一月一、二、三三日,于潘家湾运动场开云南各界"庆祝民国成立纪念及蒋委员长回京大会"。(二)庆祝办法。一日举行庆祝大会,夜间各校举行提灯大会,省党部放电影;二日、三日夜间在光华体育场、日间在潘家湾,露天演戏;一至三日夜间,均召集市县龙灯、狮子、花灯分布全市,热烈庆祝;二至四日夜,在省党部举行游艺会。(三)推张邦翰为大会主席,陈廷璧为会场总指挥,并请龙云、任可澄及各省委厅长出席讲演。(四)庆祝期间,各市悬旗、张灯彩、贴春联,以伸庆祝。(三十一日中央社电)

《申报》1937年1月1日,第1张第4版

## 滇军分校补习班毕业

【昆明】昆明军分校第一期军官补习班,二十九日午后一时在该校举行毕业典礼;绥署干部大队亦于同时举行,军政各高级长官均到校参加。毕业生员计分校二百零八名,干部队一千零三十八名。兼校委龙云亲临训话,并代表蒋校长颁发证书;各长官亦有训示。蒋校长、何部长、唐总监、校委余汉谋等,均特颁训词宣读,景象极为肃穆。(三十日中央社电)

《申报》1937年1月31日,第1张第4版

| 《申报》卷 |

## 何子房谈云南边县需要开发

**五福等语言文字隔阂；此来考察原以资借镜**

　　云南为我西南重省，国人对之极为注意。惟边区各县，以交通欠便，殊多隔阂。申时社记者昨晤新自云南来沪之滇黔绥靖公署少将参军兼署五福县县长何子房氏，探询边陲近情。何氏曾奉龙云主席之命，前赴边区各县考察，故知之甚详。据谈，孙总理夙以开发西南为怀，蒋委员长更关心滇边事业。自龙主席主政以来，秉承中央政策，饬属一体苦干。迄今各大要政，俱见成绩；一切政治、军事、教育建设，均日臻完善。此次本人来沪，系考察此间各项新设施，俾将来归去有所取法。何氏继谈及边区普思、澜沧、五福等各县情形，其地毗暹罗、接缅越，在国防上实为重要，矿藏尤极丰富。只以人民知识浅陋，一切语言文字、信仰、风俗习惯，更与暹缅接近，隔阂情形，可见一斑。

　　至滇省出产丰足，农产有著名之普洱茶叶、樟脑、桔梗、棉、米等，矿产有著名之金、银、铜、铁、锡、煤、钨、水银、石棉及最著名之云母石等。然以五福等边县交通不便关系，外间多未能享用；以交通欠便，对国内输出不若输往暹缅为多；然亦以交通不便，无大发展。是以开发云南对外贸易，对暹罗交通亦颇重要。此次特邀同暹罗中华总商会执行委员兼中暹协会秘书许葛汀来沪，将滇南情形报告各界关心滇边事业者，并盼旅暹侨胞及国内各界开发云。何氏在沪不多勾留，拟于日内晋京，向当局报告边防情形，及接洽建设新滇省、开发交通等事宜云。

《申报》1937年2月3日，第4张第14版

## 缺席三中全会各中委电中央请假

　　【南京】三中全会开幕，一部份中委因事或因病不克参加，已纷电中央请假，业已由秘书处提出十六日一次大会报告。计有马鸿逵、香翰屏、刘文岛、陈济棠、林翼中、黄麟书、区芳浦、薛岳、龙云、宋哲元、程天

放、傅作义、卫立煌、顾祝同、陈继承、张任民、李宗仁、杨爱源等十八人因事请假；王树翰、李扬敬、黄慕松、谢持、唐生智、韩复榘、蔡元培、王祺、顾孟余、阎锡山、丁惟汾、刘镇华、刘湘、赵戴文等十四人因病请假。（十六日中央社电）

《申报》1937年2月17日，第1张第3版

## 缪嘉铭访何廉报告

【南京】滇省委缪嘉铭卅一日晨赴政院谒政务处长何廉，代表龙云报告滇民、财、建、教及地方治安情形，并在京候谒蒋委员长，面陈一切。（三十一日专电）

《申报》1937年4月1日，第1张第4版

## 京滇周览团出发在即　翁文灏等欢宴

【南京】行政院京滇公路周览团，决于五日出发。龙云一日电褚民谊，对周览团表示热烈欢迎，褚已复电申谢。翁文灏、秦汾、褚民谊、何廉等，定四日下午四时欢宴周览团，庆祝此行成功。京市府并定周览团出发之晨，在中华门外联合中央各机关举行庆祝壮行大会，现在正积极筹备。闻所定庆祝仪式，极为隆重。关于团员报到，行政院已通告团员于四日上午九时至十二时、下午三时至六时，亲至经委会报到，并持凭团证领取徽章等件，准于五日晨在励志社出发。团员请于该晨携同行李准七时到达，九时出发。周览会办事处为测验周览新车安全否，一日下午特举行试车，结果成绩极佳。（一日中央社电）

《申报》1937年4月2日，第1张第4版

## 滇各界开会欢迎京滇周览团

*到各界代表二千余人；省府绥署并举行宴会*

【昆明】滇各界三十日晨九时，在省振委会开欢迎京滇周览团大会，

到龙云、任可澄，黔代表吴奇伟、郝梦麟〔龄〕，各机关长官、团体代表等二千余人。褚团长及各团员入席后，由龙云主席并致欢迎词，略谓云南地处边远，所有政治、经济、文化建设，均为各省后，大以才、财两缺，希望中央予以协助，并盼周览团诸公尽量指示。继褚团长答词，首谓此次由京至滇，仅一百零六小时半即达。此路完成，西南与中央已完全打成一片。次谓公路建设积极意义有三：（一）开发地方富源；（二）调节物产供给；（三）促进真正统一，并盼早日完成各路支线。末谓龙主席处此贫瘠边省，建设不易，而能有如此成绩，实足钦佩。伍副团长代表团员致谢词。及吴奇伟致词后，由艺师男女生唱欢迎歌、呼口号，并全体摄影纪念。午后参观书画手工展览会、圆通公园、省立大学、军官分校、昆华中学。晚省府、绥署宴会，并闻在滇时间延长二日，一部团员将赴个旧视察。（三十日中央社电）

【昆明】京滇公路周览团，二十九日晨九时半由曲靖出发，沿途各县城乡镇长官、学生、民众，均列队致敬礼，并放鞭炮欢迎。午后三时半抵昆明，龙主席率军政长官、学生、团体、民众等约十余万，在古幢公园列队欢迎，至七里之长。褚团长及各团员到此下车。褚团长与龙主席及重要长官一一握手为礼，旋即于万众热烈欢迎中整队步行至招待所休息。记者往访褚团长，据谈，此次承蒋院长命率领周览团，全程约三千公里，沿途无何困难即平安到达，实为交通史上之一新页。所见各省建设极猛进，尤以黔之山岭公路短期内完成，由京可直达滇垣，使中央与西南打成一片，足值庆颂。仍盼各省公路支线早日修竣，完成全国周密交通线，而以巩固国防。又伍副团长连德语记者：万里长征得顺利完成，实足申庆。沿途各省建设均极猛进，赣之新政与朝气颇可效仿；湘之工业发达，将来可成为重工业之中心；黔之山路建设成功，足可表示努力建设决心；滇青年极活泼，甚为欣慰。总之，此行确为我国民族团结重要关键也。（二十九日中央社电）

《申报》1937年5月1日，第1张第4版

## 京滇公路周览团在滇游览名胜

褚民谊电蒋、汪报告行踪

【昆明】京滇公路周览团仍照原定日程，于五日离昆明、宿曲靖，因

曲靖、安南间途远雾多，六日改宿盘县，七日宿安南，八日宿安顺，九日到贵阳。然后分南北两路行程，南路至衡阳，北路至重庆，在汉口会合返京。南路计褚团长、薛总干事及团员、机师、勤务共一一〇人，乘车及行李车十三辆；北路计伍副团长、周干事及团员、机师等共七十三人，乘车及行李车九辆。周览团二日晨游览金殿、黑龙潭；午后游览筑竹寺、海源寺。褚团长并于午后四时，在党部召集受训公务人员训话。新运会励志社宣传车一日晚在军分校映放《今日之中国》电影片，观者极感兴奋；二日在北校场、三日在巫家坝、四日在市内体育场映放。（二日中央社电）

【昆明】京滇公路周览团褚团长及团员，三十日下午四时在圆通公园致祭阵亡烈士墓，献花圈行礼，极为雍容静穆。继至唐继尧墓致祭，并在墓前留影。一日晨参观民众教育馆及各学校，褚团长并在昆华师范向各体育教师演讲体育问题，并表演太极拳；又赴各学术团体之联合欢宴。午后二时赴军分校参加阅兵，晚六时各级党部及民众团体在党部公宴，并举行游艺会，褚团长亦参加表演。三日扩大总理纪念周，由褚团长主席领导并训词。（一日中央社电）

【昆明】三十日晚，绥署、省府欢宴京滇周览团各团员，龙云以下各高级长官均陪座，约二百余人，情绪极热烈欢洽。（一日中央社电）

【昆明】龙云邀京滇周览团于一日下午三时在军分校参加阅兵典礼，除全体团员到场外，并有吴奇伟军长及各省委厅长等三百余人。（一日中央社）

【昆明】京滇公路周览团抵滇后，褚团长电告蒋院长谓："蒋院长钧鉴：本团二十九日抵昆明，车行甚顺。拟在滇勾留八日，分队参观后，仍由黔分南北两路取道桂川回京，谨先电闻。褚民谊叩。"又电汪主席谓："汪主座钧鉴：本团二十九日抵昆明，所得印象极佳，拟在此勾留八日返京，谨先电闻。"又电曾市长养甫谓："本团此次出发，周览黔滇两省，沿途所经公路，工程艰巨，所见劈〔擘〕划周详。缅怀贤劳，益深钦佩；樽辉在望，特此电闻，借表微忱。"（一日中央社电）

《申报》1937年5月3日，第1张第4版

## 龙云接见周览团员

【昆明】龙云四日午后二时,在昆省府接见京滇公路周览团薛总干事、周副总干事、杨宙康、何遂、郑岳等,叙谈欢洽。五日晨九时,接见第一队团员律鸿起等,十时半接见第二队团员,午后二时陆续接见第三、四、五队团员。褚团长四日晚安抵河口,沿途受盛大欢迎,本晚返省,共赴省府宴会。(五日中央社电)

《申报》1937年5月6日,第1张第4版

## 京滇周览团检阅滇垣童子军

*褚民谊由河口赶到参加;晚欢迎会褚表演踢毽子*

【昆明】京滇周览团因龙主席恳切挽留,特延期两日,现准七日晨离省。省府五日晚六时设宴饯行,军政各高级长官作陪,褚团长亦于七时半由河口归来莅席。席间特演唱京滇剧助兴,宾主二百余人极尽欢畅,至十二时始散。童军理事会六日午后一时,在军分校举行童军大检阅,褚团长、龙主席为检阅长官,各团员及高级长官为检阅官,参加童军四六二二人。龙云定午后四时邀请褚、伍两团长,总副干事,各队长在省府茶会话别。晚雅集社欢迎全团员,特演剧助兴,并请褚团长表演踢毽子绝技。团员何遂、宋一痕、郑岳、陈方白、王个簃五君,假民教馆开书画、摄影及金石展览会,多珍贵出品。龙云五日午后亦往参观,备极赞许,将留数件在滇作纪念。(六日中央社电)

【昆明】京滇公路周览团为视察滇越边境实况,由团长褚民谊率一部团员乘滇越铁路汽车,经宜良、开远,当日达河口。军长郝梦龄偕来,所经各地,民众悬旗结彩,热烈欢迎。至开远午餐,该处学生献旗致敬。夜抵河口,商民持灯结彩,列队里许,并开会欢迎,由褚氏向各界讲演。边疆人民得中央使节亲临慰问,咸欢欣鼓舞,认为空前盛举。铁路上法国职员及越边官吏,亦竭诚招待。滇越间邦交本极敦睦,褚氏声望素为法人钦佩,此次来此后,尤予法人以良好印象。该团于本日乘原车回省。(五日中央社电)

《申报》1937年5月7日，第1张第4版

## 京滇周览团昨午离滇

【昆明】京滇周览团七日午十二时离昆明赴黔返京，全市悬旗欢送，龙云及军政长官、男女学生、部队、团体、民众等数万人，由古幢公园起冒雨列队欢送。褚团长率全体团员由怡园招待所排队步行，频与欢送者答礼。至古幢公园，龙云及各高级长官与褚、伍两团长及各干事，一一握手为礼话别。在万众欢送声中，始各上车浩荡而离昆明。七日晚宿曲靖，十一日抵贵阳。省府派杨文清、裴存藩及招待四人，随车护送至平彝。又财厅、公路局、教厅、督练处派员四人，随该团赴桂考察。团员何遂、罗尔瞻等八人，六日晨搭滇越车，往安南转赴桂。褚团长临行前语记者：沿途各地及滇省建设之突飞猛进，甚感快慰；交通进步，感情文化赖以沟通，中央与地方关系日趋密切。京滇公路通达，周览团使命完成，实为中央与地方团结一致之具体表现，深可庆幸。到滇后往各方面参观，印象均极佳好。承省府、党部及各界热忱欢迎招待，实深铭感。滇省力有未逮之各项事业，当详呈中央，设法扶助推进云。（七日中央社电）

【曲靖】京滇公路周览团七日下午一时半于微雨中，在十万人热烈欢送情形下离滇。团员对昆明均表深切留恋，盼有机再来，以偿心愿。沿途虽雨势愈大，惟路坦山少，晚七时平安到达曲靖。晚餐后，召集全县党、政、军、学各界五千人，参观《今日之中国》电影。观众极为兴奋，每当蒋委员长出现银幕时，均起立致敬并鼓掌欢迎，盛况一时。电影映后，由褚民谊训词，夜深始散。全团定八日晨赴盘县。（七日中央社电）

《申报》1937年5月8日，第1张第4版

## 褚民谊昨晨到沪谈京滇公路周览感想

龙云竭诚拥护中央；苗猓颇具团结精神

中委褚民谊，前任京滇公路周览团团长，于二十六日率领一百团员返

京，谒汪主席等报告周览经过，并处理国民大会选举总事务所事务后，于昨晨七时乘车到沪，处理中法国立工学院校务，当晚即行返京。新声社记者曾访晤褚氏于中法工学院，据谈，本人等系由南路经广西至湖南衡阳解散后而回，往来共历四十九日。尚有北路部份，日内即可抵四川，在重庆解散后回京。沿途完全乘坐公共汽车，计实际汽车行走时间共为一百零六小时。倘易以普通自备汽车，则比较更可缩短时间。

所有各省公路，工程为甚美满，多系用石子铺成，路面广阔。就一般情形而论，当以湖南最为普遍，比较最好。而云南亦甚佳，不过路程不远，仅自边境至昆明一段，约三千公里。所有详细情形，在京业有谈话发表，下星期一尚须出席中央纪念周报告。现所欲言者，即此行所得印象，不胜愉快。湖南之苗、广西之瑶、云南之夷，各色种族均曾与晤，彼等尽皆体魄强健，不若汉人之文弱。自织而衣，自耕而食，而尤具团结精神，惜缺乏文化。苗瑶儿童与汉人儿童相处，已不乏同化，颇多与汉人通婚者。

滇主席龙云，竭诚拥护中央。所有中央政令，如实行禁烟、训练民众，均极具成绩。龙氏并以云南妇女缠足之风尚炽，特为严令解放。地方情形，亦甚安定。全省无匪患，气候清爽；全省无患肺痨病者，故滇省实一天然之大肺病疗养所。出产方面，如铜、锡、火腿、大理石之类，乃举世著称。故滇省前途，有极大之希望。至于滇缅边界地方，因路途过远，未曾前往。今此中英滇缅界址纠纷悬案业告解决，我国收回领土不少云。

《申报》1937年5月29日，第3张第10版

## 唐继尧铜像已运抵滇垣

【昆明】故军政府总裁唐继尧，治理滇黔十余年，勋绩卓著，护国、护法两役功在国家，海内共仰。滇官民全体金议公葬建祠，并建铜像，借表崇敬。现铜像已由义大利铸就，运抵昆明，安建大观公园，并订六月廿日举行揭幕礼。龙云昨特通电中央及各省党、政、军人士，征集嘉言，并请于六月十五日以前寄滇。（十二日中央电）

《申报》1937年6月13日，第1张第4版

## 龙云访问记

赓雅

从成都到昆明，陆行要三十多天；乘飞机仅需三点半钟，因决定乘飞机前往。当飞机冲出成都的朝雾，望着昆明方向飞去，遥见白头翁似的峨眉春雪，非常晶莹耀目，和峨眉平肩的高峰，雪花也把它渲染成银世界。既而飞过很长的空程，并越过许多峻岭雪山，昆明的古城崇楼、华山双塔，已在目前了。飞机降落乌〔巫〕家坝机场，从飞机场进城，还要走八九公里的一段公路。过古幢公园，进状元楼，向西去就是宽坦笔直的大街。路北旧有的东岳庙，已经销佛毁像，改设民生工厂；在劝业场的城隍庙，亦已打倒泥塑，将殿宇改做大众电影院了。马路上全铺着光滑匀整的石条，过得胜桥到金马大街，并转北入三市街，再进大南门，过三牌坊，直到马市口长约三四里，都是昆明市的商业繁华区。

金马大街和三市街的市容，铺面是水门汀西式建筑。两旁人行道上植有槐树，金马坊和碧鸡坊的高大精美，堪媲美故都的四牌楼。大南门的近日楼，高矗天空，也很仿佛故都的前门。近日楼前还有个市路环绕的小公园叫近日公园，附近是鲜花市，花香扑鼻。走进近日楼去，铺面却又一副景象，纯是两楼一底的中式建筑，椽头横梁，雕画龙凤，并油上碧漆，满镶玻璃窗。底层的铺面门窗，却是色调相配的朱红，古气盎然。可惜建筑是同梁合柱，一家不慎，即株连其余。

外省人初到此地，首先感觉不便的，就是币制复杂问题。随便吃些点心，就要三元五元；坐一天的人力车，也非十几元莫办。究其原因，则以滇省通用纸币，在富滇新银行未成立以前，是以富滇银行旧币为本位；新行成立后，经通令以新币为本位。中央公布法币政策，自应以法币为本位，惟因生活程度素低，民间以旧币计算物价，积重难返。故新旧滇币，尚流行通用，不过币值也有一定的标准，富滇银行旧票一元，可换中央银行辅币一角，或值富滇新银行新币二角。换言之，中央票一角可抵新票二角、旧票一元。故市面所通称的"元"，如吃点心要三元五元，不过是中央票的三角五角而已。

滇黔绥靖主任兼云南主席龙云氏，是毕业于云南讲武堂，由民十七握有滇省军政大权以迄于今。据一般人传说，其所以能致是者，则以事无巨细，都不轻易放过。譬如军需局要造干粮袋和水壶，式样适用与否，都要征求他的同意。绥署和省府的临时开支，大概在滇票百元（国币十元）以上的，就得使他知道。绥署委任一个排长、省府委任一个县长，各项手续办妥，最后还要取决于他的意见，举一可以反三矣。

昆明城中有两个小山：一个叫圆通山，在东北部，现改造为圆通公园，风景甚佳；一个叫五华山，在中央部，省政府即高踞其上，形势尤为幽胜。五华山有参天的古柏，以及夜间"光复楼"所射出的强度电光，都可于数十里外清晰见之。至若登临展望，近则市景翠湖，远则西山滇池，也都一一罗列眼底。传吴三桂在滇起兵，曾在上面营造宫室。但现在的"开武亭"、"光复楼"及"办公厅"等，都是入民国后的新式建筑了。只以地区限制，仅绥署附设其中，民、财、建筑、教各厅，尚未能合署办公。绥署或省府的一般公务员，都称"去办公"曰"上五华山"。

我也上过五华山，为的就是去拜访龙氏。龙氏精神焕发，谈吐警觉，谈话的范围非常广泛，兹摘要记些出来。他认定中央外交政策，是很稳健、很有办法。古人说"凡事豫则立"，对外乃重大问题，举凡充实军力、屯积食粮、便利交通、训练组织民众，事事都准备得确有把握，然后发动的效力才伟大。打虎要用全力，搏兔也要用全力。无论局部的、全部的发动，都应用举国精诚团结的全力以赴之。而且要持久，如熬干粥似的，非熬到胜过敌人不可。如是，复兴国族、规复失土，才有合理的希望。对于训练民众一点，仅集训一两月且不传习枪法，在用途上必鲜实效；然若接连多训数月，又恐违误农时。故宜按《征兵法》，抽调壮丁，编组常备团队。农忙则使务农，农闲则使集训，如是三四年后，庶可抵得一个实际的战斗兵。

云南与安南、缅甸若发生外交问题，大事呈报中央，小事就地解决。前政府所欠外人之款，计滇票七八百万元，早已还清。滇越铁路所收滇票，前有向省府兑现之例，现已无形取销了。云南正规军，现缩编成二十团，约计二万五千人，并采取征兵制，实行精兵主义，故共产军两次窜滇，得收以寡胜众的胜利。此外各县还有常备队，分头维持各地的治安。

禁烟问题，已遵照中央条例实行办理。过去未禁烟时，全省所征烟税，几占财政收入二分之一；兹已毅然实行施禁，同时并提倡种植棉花、油桐、漆树等植物，与办纺纱织布厂，以抵补烟地收入，而挽回外溢的利权。（未完待续）

《申报》1937年6月27日，第3张第10版

## 云南烟禁实况

赓雅

云南天时气候，素称美善，故物产极为丰富。据建设厅长张邦翰谈述各种物产质量，略记如下。

云南五金矿产藏量最富，其中以煤、铁为尤丰。全省一百三十县局，几乎没处不产煤铁，在边远的地方更特别的多。铁矿间或有人开采，煤则因林原广漠，烧用不尽，纵煤层天然暴露出来，也很少有人加以垂青。他如个旧之锡，会泽、巧家之铜，鲁甸、双柏之银，文山、平彝之锑，蒙化、凤仪之砒，都已开采见效。至于硫磺、镍、金、铅、锌、钴（金属化学原质之一，坚如镍，色青白而微红，价极贵，故工业上很少用它，惟有养化物制成的铅末，色彩鲜艳，多用作颜料）等矿，产地亦很多。各矿产量，除个旧锡因有悠久的税收历史，得知年产六七千吨以外，其他多系土法开采，规模简陋，且采辍无常，尚无调查数字。还有大理石、水晶石、石棉、石膏、磁土、明矾、滑石、天然碱、颜料石等，也是产额无定。

云南的天然林原广袤，在一千万亩以上。所产松、杉、柏、栗等木材，利益无穷。关于食用、药用、工业用之林产物，也是非常丰美。如茶叶、紫梗、樟脑、乌桕、漆树、油桐、棉花、板栗、松子、核桃、银杏、龙眼、荔枝、木耳、香菌、竹笋、竹参、茯苓、虫草、有色木棉（产墨江县坝榴村，计有红、蓝、黑三种，鲜艳甚于市上所卖之棉线，惟仅寥寥数株，现正设法多种）、三七、（多年生草，外敷可止血消肿，内服系温补剂）、鸡棕〔枞〕菌（系滇省特产食物，鲜美胜于"味精"，从前明熹宗最好吃此物，专设驿站采买至京，产地仅蒙化、嵩明等寥寥数县）、虎掌

菌（价尚较鸡棕〔枞〕菌为贵，滇省上等酒席用）以及肉桂等数十种特产药材，每年产量销数都大有可观。

本省农民，往昔栽植鸦片殊多，现已决计于本年内完全禁种，纵有碍于省府税收，亦所不惜。省府此项收入，每年合国币一百余万元，筹补方法已有相当把握，惟民间经济损失很成问题。因为全省产烟年达四千余万两，除本省消耗其半以外，其余二千余万两都运销他处，至少可换回国币二千余万元。今既毅然禁绝，此项经济上的损失，自应另筹抵补方法也。盖鸦片关系于云南出入口货物价值，颇为重大，缘云南历年大宗入口货，棉纱、布匹约值国币二千余万元，绸缎、丝绵、药材、化装品及其他杂件等约值一千余万元，共计三千余万元至四千万元。至于出口货，大锡值一千七百余万元至二千二百万元，山货、药材约值四五百万元，共计二千三四百万元。在以前禁种鸦片时，每年入超一千余万元至二千万元；自鸦片复种后，此项入超巨数，不惟可以相抵，有时还貌似出超。另据云南经济委员会发表：云南前入超每年约在二百余万两，自民二十年变为出超，直至二十四年，竟达国币一千一百余万元。所以当日步步趋跌的旧滇票，因得滋润之力，而可维持相当平稳的地位。鸦片与云南经济、金融关系之深，可见一斑。故此次禁烟抵补办法，应先使出入口货价在相当期间，务求平衡。但目前出口货中，如山货、药材，则外销不畅；幸大锡能尽量输出，应速设法增加其产量。他如钨、锑、石棉、云母片石等，亦要积极从事开采，以应市销。

省府主席龙云，对于禁种鸦片问题，亦曾有所表示。据云："禁烟以后，收入锐减，于万分困难中，已筹有抵补办法。种烟的山地原田，大都可以改种冬季作物。至于其他适宜植物，尤以桐、棉二项为首要。桐油是本省重要出口货，已就适宜植桐的元谋等五十七县划成植桐区，各县已于去秋各购种籽五百斤去播种。推广植棉一项，曾向全国经济委员会买来种籽三万斤，分发宜棉各地，从事种植实验。此外在昆明市南门外，还开办机器纺纱织布厂，将以本省所种的棉花为原料。"关于全省禁烟状况，自省府决定"三年禁绝"政策后，并于二十四年起严行实施。禁种方面，已有八十五市县全绝毒萌，其余正严厉施禁的四十四县，亦决于本年内按限全数扫清。禁吸方面，计全省登记烟民，达十七万六

千一百十二人。目下在昆明市戒烟医院戒烟的烟民，为数颇多。（未完待续）

《申报》1937年6月30日，第3张第9版

## 云南的教育

### 赓雅

云南教育经费，近年指定由卷烟特捐充之，并由教厅组织专管机关，是以得以独立，教育事业因得随时扩充改进。兹将各级教育情况，分述如次。

一、高等教育。云南省立大学，创办于民国十年，初名"东陆大学"，系私立性质，设文、工两科。文科分政治、经济、教育三系，工科分土木工程、采矿冶金两系。中华文化教育基金董事会派员莅滇视察，认为办理妥善，曾酌予补助经济。十九年，改为"省立东陆大学"，改设文、工两学院，后又增设教育学院。二十三年，改称"省立云南大学"，现有文法、理工、医三学院。文法学院有政治、经济、法律、教育及中国文学□系；理工学院有采冶、土木及数理三系；医学院有医学专修科，拟添设实习医院，并招收本科学生。现有教职员六十四人，学生二百三十一人，已毕业生四百余人。现该校院舍不敷应用，已将附近省立昆华中学校址划归入校，以作建设各学院及体育馆、师生宿舍等之用。统计建设及设备各费，约需国币二百万元。云南原是受协省份，当然无力单独筹措，目前正分定年限数目，向中英、中法两庚款委员会及教育部请求补助中。

二、中等教育。（一）中学，分省立、县立、市立、私立四种，总计高、初级六十四校，学生数一万一千余人，男女生约为六与一之比。（二）师范，注意实施义务教育及边地教育。全省分为七个师范区，每区都完成省立师范一校，或男女两校，并于各省中或省职合设简师学校，以便大量培养小学师资。校数共有六十三校，学生数六千余人。（三）职业学校，分省立、县立、市立三种，总计高、初级十三校，学生数一千三百余人。

三、初等教育。自实施推行义务教育及边地教育，各地初等教育的数量就大有增进。（一）全省初等教育，短期小学八百四十八校，初级小学

一万零一百八十六校，完全小学七百三十一校，简易小学六十六校，幼稚园三十六校，学生共六十二万七千余人。（二）省立边地小学，计三十六校，学生五千七百七十二人。边地教育因环境特殊，推进极难。且边地民族极其复繁，细分之约四百余种……也许过去中国西南各省，曾是他们原始聚居的中心地，不过因为汉人势力发展到来，他们才乔迁到那些边地区域去了。尤其是散居边地的苗、棘两族，介乎英法三千多里的属地边疆。第一，因为语言习俗的不同，一时叫他们来受语文教育，使之同化，当然是不容易的事。第二，他们的生活技能很幼稚，家庭谋生不易，常使小小的学龄儿童就担负起一部分粗劣的生产工作。第三，英法对于拓殖事业非常注意，一面在我边地打着宗教招牌，办学校、施医药，去笼络人心；一面又在缅甸、安南境内，对于新去的云南苗民，发以耕牛、农具及二十元的资本金，目的不仅在诱人归附，而是想豢养成为虎作伥的工具。在此种种情形之下，若去推行强迫义务教育，一部分的无知愚民，就难免要逃之夭夭了。然若仍旧一味的放任不管，使外人更得乘机诱惑，那么这将愈拖愈糟。

现教厅长龚自知，认为推行边教不容稍缓，因多方派人考察研究，并向教部请求补助经费。于二十四年度起，办成卅六个省立边地学校。边教办法与内地普通学校不同。据龚厅长谈：学生虽以招收苗民子弟为主，但边地各族均在收容之列。每校每级的经费，都有一定标准：学生给养，每人每年书籍费国币一元，文具费五角，制服费二元五角至三元，均一律供给；伙食费则每班定供十五名。此外，为使开化各土司接受现代教育起见，在昆明另设有私立南菁学校，凡系土职子弟来省就学者，都得用全部公费，送入该校肄业。省立各边地小学所在地，多是距省城二三十站（走一天算一站）的边远区，惟现有的边教学生数，比之全省苗民人口，还不及二千分之一；再较边地苗民人口，也不及百分之一。此后应继续积极推进，更不待言了。

此外，教育当局为想把省会省立中等学校联成一片，以便教学训管起见，特选定背山面湖、风景幽美地区之昆明市大西门外至黄土坡一带，建设省会教育中心区，使昆华工业、昆华师范、昆华农业、昆华中学等校，在区内分别另建新校舍，先后迁入。又原有省立图书馆，在城内翠湖之北，环境虽优美，惟建筑不适用。现已筹得国币二十万元（外有龙云私人捐助购书费国币三万元）另择地新建现代化图书馆一所，以唤起社会人士的研究兴趣。

《申报》1937年7月4日，第3张第12版

## 兰肃空线下周复航

**【西安】** 欧亚兰肃线，决下周复航。二十号机，六日晨十时由蓉到陕后，即载肃站人员飞兰。预定当日飞返陕，载旅客赴兰，七日再飞肃。又二十一号机，现留昆明，备龙云飞京用。（六日中央社电）

《申报》1937年8月7日，第1张第4版

## 顾祝同等抵京

分访冯玉祥、白崇禧等；刘湘、龙云即飞京谒蒋

**【南京】** 顾祝同六日下午六时半，自渝乘中航机抵京，俞飞鹏、陈继承等均到机场欢迎。顾下机后，即往谒蒋委员长，报告川康整军进行现状，在京将有数日勾留。又何成濬六日晨自汉乘轮抵京，当往谒蒋委员长报告武汉治安情形，旋分访冯玉祥、阎锡山、白崇禧叙旧。（六日中央社电）

**【重庆】** 刘湘决于七日乘中航机飞京，同行者有省府秘书长邓汉祥、侍从室副官长曾伟澜。至滇主席龙云，将赴蓉偕刘飞京说，官方未奉此电。（六日专电）

**【重庆】** 滇主席龙云，定八日乘欧亚机由昆明飞蓉，九日偕刘湘飞京，谒蒋委员长请示。川省府秘书长邓鸣阶随行。（五日专电）

**【成都】** 刘湘六日上午十时，在省府召各军首长及省、绥两署高级人员会议，商讨巩固后防及参加御侮抗战事宜。邓锡侯等均出席讨论，并各发抒意见，请由刘湘提请中枢核夺。（六日中央社电）

《申报》1937年8月7日，第1张第4版

## 龙云今晨飞蓉转京

【成都】龙云定八日晨，由昆明乘欧亚专机来蓉转京。龙预定在蓉留一宿即径飞京。（七日中央社电）

【重庆】刘湘今晨飞京，离渝时在机场召见金融界谈话。对渝市金融困难，刘氏决负责请求中央救济，以维后方安宁。建厅长刘航琛亦随机飞京。川康绥署顷接龙云电告：决八日偕卢汉等乘欧亚机飞蓉转京。（七日专电）

《申报》1937年8月8日，第1张第4版

## 龙云昨飞抵蓉　定今日飞京

【成都】滇主席龙云，偕教厅长龚自知、党委裴存藩等一行五人，于八日下午五时三十分乘机飞抵蓉，定九日飞京。川省府代主席嵇祖佑暨各军长、各机关代表，均往机场欢迎。龙氏下机与欢迎人员寒暄后，即乘车入城休息。旋应军政首长欢迎，龙氏精神甚健，据语中央社记者，中国已至最后关头；对国事主张，蒋委员长在庐山谈话中已剀切说明。蒋委员长系全国最高领袖，所发表之谈话即系代表全国人民之谈话，本人谨当遵行，共赴国难。本人此次晋京，拟请示滇省应准备事项与负担之任务；对地方现状，亦拟乘便陈述。在京约勾旬日，即行返滇云。（八日中央社电）

《申报》1937年8月9日，第1张第4版

## 龙云昨飞抵京

*白崇禧、刘湘谒林主席；马占山赴晋晤阎转绥*

【南京】目前国难严重，已届最后关头，各地军政长官多于近日内纷纷来京，向中央当局请示重要机宜。云南省政府主席龙云，偕教厅长龚自知、省党委裴存藩一行五人，于九日下午五时半由蓉乘欧亚班机抵京。京

中各界前往欢迎者极众，有蒋委员长代表姚味辛，汪主席代表褚民谊，军政部长何应钦，交通部长俞飞鹏，陕行营主任顾祝同，陆大校长杨杰，立委吕志伊、何遂、张维翰，及各界代表胡若愚、周孝伯等百余人。飞机降落后，龙主席即偕员下机。龙氏身着灰色长衫，精神矍铄，当与欢迎者一一握手致谢，旋同何部长乘车入城休憩。记者往访，承龙氏发表谈话如次。龙氏首谓此次为本人初次来京，沿途所睹市内一部卓著建设，至为钦佩，想其他部分建设定必尽美无伦；次谓年来中央迭次召开各项重大会议，咸因远在边省，职务羁身，未获如期来京，现在国难异常严重，已届最后关头，故奉召遄程前来。关于国家大计，蒋委员长已有确定方针昭示中外，本人除竭诚拥护既定国策、接受命令外，别无何意见贡献。事已至此，理应少说废话，多负责任。身为地方行政负责者，当尽以地方所有之人力、财力，贡献国家，牺牲一切，奋斗到底，俾期挽救危亡。（九日中央社电）

【南京】滇主席龙云，九日下午六时乘欧亚机到京，候谒蒋委长。滇教厅长龚仲钧、党委裴藩、政训处主任杨沅、外部驻滇办事处秘书陈公宪等同来。（九日专电）

【汉口】龙云偕滇教厅长龚自知等四人，九日上午十时五十分由蓉乘欧亚班机飞抵西安。蒋鼎文、何柱国、孙蔚如及行营参谋长赵启骍等，均至机场迎迓，与龙晤谈甚欢。略进茶点后，于十一时三十分乘原机飞京，约下午五时可到达。（九日中央社电）

【汉口】龙云偕龚自知等由成都乘欧亚机启飞东来，过西安时稍停，下午二时半到汉。曹振武、郭忏、金巨堂等多人至机场迎接，由郭招待午餐，三时三十五分乘原机离汉飞京。（九日中央社电）

《申报》1937年8月10日，第1张第4版

## 龙云访各要人

【南京】龙云今晨分谒中枢各当局，下午见汪主席及各院长等。在京勾留旬日返滇。（十日专电）

【南京】云南省府主席龙云，于十日下午四时晋谒汪主席，畅谈甚久。汪主席对于此次来京各方面长官皆属旧识，连日把晤，惟龙主席则属初

见，叙谈达一小时之久。汪主席对于龙主席治滇政绩，极表钦佩，关于滇缅勘界等事亦曾论及云。（十日中央社电）

【南京】龙云初次入京，备受各界欢迎。白崇禧、张嘉璈等于十日上午往访龙氏，作普通拜会。下午一时，孙科、杨杰等并设宴招待。龙氏旋恭谒总理陵墓，并游览陵园诸胜，参观各项建设，叹为壮观。谒陵后入城，往谒汪主席，报告省政。晚间应何部长宴，并商国事。（十日中央社电）

《申报》1937 年 8 月 11 日，第 1 张第 4 版

## 宋子文由沪抵京

与蔡廷锴同访白崇禧等

【南京】经委会常委宋子文、前十九路军长蔡廷锴，十一午同乘飞快车抵京。下午二时分访白崇禧、刘湘、龙云等，六时谒蒋委长，晚蒋欢宴。宋定十二日返沪，蔡在京将有相当勾留，并定十二日谒林主席致敬。（十一日专电）

《申报》1937 年 8 月 12 日，第 1 张第 3 版

## 龙云谒林主席

【南京】顾祝同、龙云，十一晨先后赴国府觐见林主席，致敬并报告各该省军政情形。（十一日专电）

【南京】龙云于十一日晨觐见林主席，主席特赠"一品锅"以示慰勉。旋列席中政会，是为龙氏初次参加中央会议，各委员均表欢迎。会后返邸，汪主席往访，谈判半小时。龙氏于下午往访孙院长。（十一日中央社电）

《申报》1937 年 8 月 12 日，第 1 张第 3 版

## 中政会昨开例会

追认任王用宾为中惩会委长

【南京】中政委会十一日晨开第五十一次例会，到汪兆铭、林森、叶

楚伧、居正、覃振、程潜、王宠惠、邹鲁、马超俊、孙科、于右任、冯玉祥、何应钦、陈公博、丁惟汾、钮永建、陈立夫、王伯群、李文范、陈璧君、谷正纲、梁寒操等念余人，列席张群、曾仲鸣、柏文蔚、赵丕廉、龙云、蒋作宾、邵力子等五十余人。由汪主席，决议事项如下：（一）追认国府令，准兼中央公务员惩戒会委员覃振辞职，特任王用宾为中惩会委长。（二）鲁省办理土地陈报及试办地籍图测量，准照该省府所拟办法办理。（三）政院函为护路队兵之过犯及逃亡情事，请准适用军法办理，准予备案。（十一日中央社电）

《申报》1937年8月12日，第1张第4版

## 龙云谒蒋

【南京】龙云于十二日上午十一时谒蒋委长，报告省政。（十二日中央社电）

【南京】冯玉祥十二午访桂主席黄旭初、滇主席龙云，晤谈大局。（十二日专电）

《申报》1937年8月13日，第1张第3版

## 蒋访晤龙云

【南京】蒋委员长于十三日上午往访龙云，垂询滇政及国防建设情形，谈一时许。午间张嘉璈设宴招待龙氏。闻龙氏在京尚有二三日勾留。（十三日中央社电）

【南京】铁长张嘉璈，于十三日午欢宴龙云。下午，龙赴外部访王外长。（十三日专电）

《申报》1937年8月14日，第1张第3版

## 龙云招待京新闻界

【南京】龙云以离京在即，特于十四日晨招待京中新闻界，到《中央

日报》、《申报》、《大公报》、《新闻报》、《新民报》及中央社记者等十余人。龙氏首称：本人身处边陲，来京困难。此次奉召入京，谒见各长官时，一见如故，深引为幸；今得与诸君谋面，尤感快慰。龙氏继谓：此次国难异常严重，本人兼程前来，请示机宜。对于抗敌大计，蒋委员长已有确定方针，本人除竭诚拥护外，别无他见。实宜少说废话，多负责任。本人身为疆吏，当尽所有人力、财力贡献国家，以期杀敌致果。龙氏末谓：我国此次全民族抗战，出于自卫，全国军民心志齐一，最后胜利必属于我，然吾人切记胜勿骄、败勿馁。至此，各记者均兴辞而退。（十四日中央社电）

《申报》1937 年 8 月 15 日，第 1 张第 2 版

## 龙云返滇

【昆明】龙云偕龚自知、裴存潜〔藩〕、李希尧等七人，廿二日晨十时半由蓉乘欧亚机返抵省，返威远街私邸休息。（二十二日中央社电）

《申报》1937 年 8 月 24 日，夕刊第 1 版

## 龙云召集僚属训话

【昆明】滇主席龙云，二十四日午后二时召集军政警学各长官及科长、少校、署长以上约三百余人，在省府大礼堂训话。龙首述晋京经过及观感，维持滇省所应努力事项，加以详切指示；末谓吾人报效国家时期已至，万不容有丝毫规避，人人有到疆场牺牲之决心，胜利必然属我，然后我人格、国格可保，民族可复兴。语极动人。（二十五日中央社电）

《申报》1937 年 8 月 26 日，第 1 张第 2 版

## 湘滇准备抗敌工作

【长沙】省府电令各县：国难严重，各县市受训壮丁，应依《社训纲

要》规定，赶速编组义勇壮丁队，限八月底备齐武器。（二十六日专电）

【昆明】滇主席龙云返省后，当夜八时即召集各省委、厅长、参谋长、旅长等，于私邸谈话。首先详述晋京经过情形，及讨论今后滇省应有之努力等，至十二时始散。龙对记者发表谈话云：此次奉召晋京，筹商大计，各方首脑共聚一堂，精诚团结，共赴国难，已得到事实上之表现。余在京曾目击空战实况，觉敌机器材与技术均不如我。在全国总动员为国家民族争取生存之际，凡属国民，正是献身报国的大好机会。今自当检讨本省人力、物力，尽量贡献国家。吾滇热血男儿、忠勇将士，能有组织、有力量的共赴国难，最后胜利必属于我。在京迭次晋谒蒋委员长，并蒙一再访晤，殷殷垂询，观爱精诚，使余深感领袖人格之伟大。委座健康已完全恢复，意志坚决，有此伟大领袖为我国家民族领导，必取得最后胜利也云。（二十四日中央社电）

《申报》1937 年 8 月 28 日，夕刊第 1 版

## 劝募救国公债　各地分会成立

〈前略〉

【昆明】省府接中央电：指定龙云为云南救国公债劝募分会主任委员，缪嘉铭副之。省府当于三十日午后召开临时会议，决积极扩大劝募，完成救国使命，并推陆崇仁、丁兆冠等十二人为委员，定九月二日开成立大会。（三十一日中央社电）

〈后略〉

《申报》1937 年 9 月 2 日，第 1 张第 2 版

## 蒋、汪、阎等电贺朱德、彭德怀　就第八路军总副指挥职

【南京】第八路军总副指挥朱德、彭德怀，通电就任新职后，蒋委员长、汪主席、阎副委员长暨于右任、程潜、刘峙、商震、何键、吴铁城、陈果夫、薛岳、余汉谋、刘湘、冯治安、陈仪、孙蔚如、贺耀组、何成

潜、熊式辉、韩复榘、赵戴文、陈绍宽、龙云、蒋作宾、张道藩、何柱国诸氏，均有电致贺。蒋委员长贺电略谓："忠诚谋国，至为嘉慰。仍希一致团结、共赴国难为盼。"汪主席贺电略谓："敌忾同仇，至深壮烈；遥致敬意，并祝成功。"阎副委员长贺电略谓："两兄遵令改编所部，追随委座，前驱杀敌；复兴民族，我武维扬。引企旌麾，良深佩慰，特电复贺。"其他贺电从略。又该路军现已派叶剑英在京组设办事处，以便随时向中枢承商一切。（十一日中央社电）

《申报》1937年9月12日，第1张第2版

## 滇省府主席龙云长子龙绳武昨完娶

滇省府主席龙云之长公子龙绳武与胡淑贞女士于昨日下午三时，假座告罗士打酒店举行结婚典礼，由周□臣爵绅任证婚人。国难时期，仪节从简，龙主席亦以省务待理，不克来港，宋子良、郑铁如、倪士钦、简东浦等，多往道贺，情形甚为热闹。

《申报》香港版，1938年3月1日，第1张第4版

## 滇、陕两省健儿续开前线参战

【重庆七日电】今日有滇军一师，由滇省经过新辟之公路开到重庆暂时驻留，即将转道赴前线参战，尚有两师滇军将继续北上。此等滇军，俱戴钢盔，体质强健，军纪良好，此间对之印象殊佳。记者见彼等在空地休息，阅读报书，可见其知识程度之高。营外民众争相围观，对此等由远道开来之抗日健儿，互相称道不已。同日，又有中央军校学生六千，由常德来重庆，将在川省入新校舍受训。（路透社）

【汉口七日电】重庆电：云南军事领袖龙云，谒蒋委员长请示出兵后，已有再接再励之表现，昨有滇军两师开抵此间，军容极盛，大受民众欢迎。查此两师现已陆续分派在鲁、豫、赣各战线，担任作战。

《申报》香港版，1938年5月8日，第1张第2版

## 要闻简报

黔主席吴鼎昌，十一日现昆明晤龙云，商两省交通、治安问题。

《申报》汉口版，1938年5月12日，第1张第1版

## 龙云定今飞汉谒蒋请示机宜

【昆明十八日电】第×××军，决月尾出征杀×，滇各界于十八日晚假省党部礼堂欢送，到孙军长以下各将领及各长官、各界代表等二十余人，情绪极热烈。滇主席龙云，定十九日晨飞汉谒蒋委员长，请示机宜。（中央社）

《申报》香港版，1938年7月19日，第1张第2版

## 龙云今日飞汉

【成都十八日中央社电】龙云改十九日晨由昆起飞，据此间关系方面息，龙过蓉不拟停留，即乘原机转飞汉口。

《申报》汉口版，1938年7月19日，第1张第1版

## 龙云由滇抵汉　谒蒋请示抗战机宜

云南省政府主席龙云氏，偕教育厅长龚自知、新富滇银行行长缪嘉铭、省党部执委裴存藩等七人，于昨日下午五时半由昆明乘欧亚机经川飞抵汉，政府长官前往机场欢迎者，有何应钦、徐永昌、贺耀组〔祖〕、褚民谊、姚琮、孔院长代表盛恩颐、张部长嘉璈代表赵祖康暨卢军长汉等五十余人。龙氏下机后，与往迎者握手致谢，旋乘汽车至旅邸休憩。记者晤龙主席于机场，叩询莅汉任务，承告称：本人此次奉命来汉，晋谒蒋委员长，请示有关抗战机宜，并报告后方种种设施。记者嗣叩以云南省近情，

龙氏称：滇省民气振奋异常，对于抗敌情绪尤为高涨。

《申报》汉口版，1938年7月20日，第1张第2版

## 滇主席龙云奉召飞汉

【成都十九日电】龙云奉蒋委员长电召，十九日由昆明飞蓉转汉，晨十时一刻抵蓉，邓锡侯、王缵绪、刘文辉等均赴机场欢迎。龙下机后，即在机场与邓等进餐，并作寒暄，至十一时一刻仍乘原机东飞。据龙在机场语记者，奉领袖电召赴汉，报告滇政并有所请示，旬日左右即将返滇。抗战以来，滇已出兵×军，计×个师，另补充兵×个团，计约×余万。滇军参加台儿庄会战，与×撑持达两星期之久，叠挫×锋，幸本军损失并不重大，现犹继续在前方作战。滇后方安定，昆明人口较平时增加一万以上，社会反臻繁荣云。又滇教厅长龚自知、财厅长缪嘉铭、政训处长裴存藩、公路局会办杨静涵、河口督办李西天、秘书罗耀春等，随龙飞汉。（中央社）

《申报》香港版，1938年7月20日，第1张第2版

## 王缵绪到汉

代理四川省政府主席王缵绪，昨晨七时由成都乘欧亚机直航来汉，昨午零时三十五分到达。据王主席语记者：此行系奉召向最高领袖陈述省政，并请示一切要公。又何应钦、何成濬、钱大钧等昨晚七时设宴，为龙云、王缵绪洗尘。

《申报》汉口版，1938年7月24日，第1张第1版

## 滇省经济建设　龙云畅谈进行情形

云南省龙主席云抵汉后，即晋谒蒋委员长，报告后方种种设施，并分谒中枢各长官，晤商有关各项建设之方案，日内返滇。记者昨访龙氏于旅

邸，叩询一切，据称：本人此来得见委员长政躬康健，对抗战建国大计，具有坚强意志与深谋远虑，实令人感奋异常，相信领袖必能领导我民族，达到胜利之境。

继称：京沪平津各地带大学，先后迁至昆明，均已顺利开课，在此抗战中，以极短之时间，使各级教育不至停顿，本人至感愉快。至各工厂移入滇省后，曾分别派人相机会商，共同进行生产工作，本省近年对于煤、锡、铜、铁等矿业，已积极开工，但为求大规模之发展，外力尤在所必需，故现已有多数工厂参加开采工作，其余一部份顷正进行筹划中。

总之，一切人力、物力均宜贡献于国力之增长，以使国防经济及产业建设与抗战中之需求，得以联系，万勿使之停滞而不用。并谓：自抗战发动之初，本人除严切注意训练军队，以便开往前方抗战外，即命建设厅澈底筹划交通网之开辟，一年来之努力，成绩尚佳，惟愿继续努力，以期实现原定计划，则对于将来之抗战，庶有最大之贡献。

龙氏末称，此次来谒中央各长官后，对于云南将来之建设，曾商定更进一步之具体方案，俟本人返省后，即以明令公布实行，决不稍懈。滇省人民因各军出发杀敌，至为振奋，工作日益紧张，生活方面尤极端节约，而爱国运动，亦日形高涨。所以本人每向民众训话时，则谓在此抗战期中，吾等矢志救国，领导国民者，宜用最大努力克服自己，鞭策自己，做到绝对精诚团结，同时必须发抒精诚，做到铜铁一般之坚固，然后可击败敌人，以复兴我中华民族。

《申报》汉口版，1938年7月26日，第1张第2版

## 龙云抵蓉谈话　川滇密切联络

*今日与邓、潘等交换意见；西南各省应为国家尽责*

**【成都二十六日中央社电】**龙云二十六日下午六时半飞抵蓉，邓锡侯、刘文辉、潘文华及各军政首长均往欢迎。龙二十七日将与邓、潘等交换关于川滇密切联络之意见，二十八日飞返滇。

龙谈，此次奉召到汉，筹商今后持久抗战大计，据个人观感所得，有

下述数点。一、东南、华北各省,凡被敌人占领区域,大部限于一点或一线,其他地方,仍然无恙;各行政机关,照常治理庶政,军队照旧活动,并非普遍占领,且已陷落之县份,时有收复,因敌人前进,实无余力瞻顾后方,似此情形,敌人终必疲于奔命,将来万难深入,其痛苦自必更大。二、敌人希望速战速决,我们则希望战而不决,换而言之,不胜不决,终有最后胜利之一日。三、目前西南各省,不仅为抗日后方,因战局推演,已形成抗日复兴之根据地,吾人对此应有进一步之认识。四、基于上述认识,凡我西南各省,自应益矢忠诚,各尽职责,自动的为复兴国家争取生存而服务。五、川滇两省今后对国家责任益形重大,两省关系,亦复日加深切,今后同胞同仇,实有切实联络、一致进行之必要。(参阅第二版另条)

《申报》汉口版,1938年7月27日,第1张第1版

## 龙云返滇

云南主席龙云,偕教育厅长龚自知、新富滇银行行长缪嘉铭、省党委裴存藩等,昨下午二时乘欧亚专机返滇。闻龙氏在蓉留宿一夜,即于今(二十七)晨乘原机返昆明。

《申报》汉口版,1938年7月27日,第1张第2版

## 龙云抵汉谈滇省施政情况

【汉口二十六日电】滇主席龙云抵汉后,即晋谒蒋委员长,报告后方种种设施,并谒中枢各长官,晤商有关各项建设之方案,即将公毕,定日内返滇。记者为明了滇省最近新政设施情况,特往访龙主席于旅邸,承作如下谈话。

自神圣抗战发动后,京沪平津各大学先后迁至昆明,筹备开学,因房舍不敷,至感困难,今设法归并,本省各校腾出校舍,备各大学之用。经筹划结果,所有学校均得顺利开课。在此抗战中,以极短之时间,使各级教育不至停顿,本人至感愉快。至各工厂移滇后,已分别派人相机会商,

共同进行生产工作。本省铜铁等矿，业已积极开采，但为求大模规之发展，外力尤在所必需，故现已有多数工厂参加开采工作，人力、物力均宜贡献于国力之增长，以使国防经济及产业建设，与抗战中之需求得以联系，万勿使之停滞而不用。

龙继称，自抗战发动之初，本人除严切注意训练军队，以便开往前方抗战外，即令建厅澈底筹划交通网之开辟。一年来之努力，成绩尚佳，惟愿继续努力，以期实现原定计划，则对于将来之抗战，庶有最大之贡献。

龙末称，此次来谒中央各长官，对于云南之建设，曾商定更进一步具体方案，俟本人返省后，即可公布实行，决不稍延云。（中央社）

《申报》香港版，1938年7月27日，第1张第2版

## 川滇两当局昨有会商　龙云定今日返滇

**【成都二十七日中央社电】** 龙云廿七日下午一时，与邓锡侯、刘文辉、邓汉祥等在邓邸聚会，集商川滇两省密切联系，及巩固后防诸问题，其目的为欲在抗战建国总纲领下，如何汇合集中两省力量，以贡献国家。所商谈者，大要为：（一）兵员补充；（二）经济开发；（三）交通运输。会议时，两省首脑意见极为融洽，思想集中，结果非常圆满，于原则方面，已获得完全同意之施行方案，以后具体实施，即本此随时函电商洽，逐步推行。又龙主席在蓉公毕，定二十八日飞滇。

《申报》汉口版，1938年7月28日，第1张第1版；《川滇两省首脑会议……》，《申报》香港版，1938年7月28日，第1张第2版

## 龙云抵滇　勉滇民努力建设

**【昆明二十八日中央社电】** 龙主席飞汉谒蒋委员长，请示抗战大计及后方建设事宜毕，于二十八日下午二时偕各员由蓉返昆明。中央及各省机关长官、团体代表及学生等，均到机场欢迎。龙氏对记者发表赴汉观感，略谓：本人此次奉召武汉，承蒋委员长于军书劳碌之际，优予接待，并得

中央各院部长官拨冗会晤。对抗战建国大计，除将管见所及掬诚贡献外，中枢军政各首要之尽忠谋国，更劳钦慰。现已不分党派，无间远近，共同在领袖领导之下，一致遵奉《抗战建国纲领》，努力迈进，相信不久将来，定达到"抗战必胜，建国必成"之目的。长江战局，近日以来，敌人倾巢来犯，但我将士武器、地利，均占优势，敌益深入，我益有利，大武汉当可保卫无虞。滇居后方，抗战发生，决已积极从事交通生产之建设，兹赴汉复与各主管长官交换意见，对于今后经济技术之合作，已较前更为具体化，望滇人士其速努力赴之。

《申报》汉口版，1938年7月30日，第1张第2版

## 龙云拥护领袖

【昆明四日电】龙云日前由汉归来，对往访者谈：此次赴汉，所见上下皆精诚团结，云南一省在蒋委员长领导之下，誓尽人力、财力，抗战到底云云。（中央社）

《申报》香港版，1938年8月6日，第1张第2版

## 龙云返滇谈 以鲜血换取国家自由

为国族子孙计惟奋斗到底；我持久抗战自有胜利之日

【昆明航讯】龙主席此次奉召飞汉，公毕返省。记者特往私邸叩谒，当承发表谈话如左。

此次奉召赴汉，请示抗战机宜，报告滇政设置，迭蒙委座召见畅谈，多关今后持久抗战大计，暨西南工业交通建议，筹商结果，极为圆满。委座政躬康健，精神盛旺，对抗战建国前途，具有坚强意志与夫深谋远虑。有此伟大之领袖，何愁抗战不胜、建国不成？

至我×军事形势，就观感所得：（一）华北及江浙各省，凡被×人占领区域，大都限于一点或一线，并非普遍确定之占领。且所占领之县份，时被我军收复，其他地方，依然无恙。如行政机关照旧治理，军队照旧活

动,因×人前进结果,实无余力兼顾后方,将来前进愈远,其痛苦自更大,崩溃自必更速。(二)×人希望速战速决,我则希望战而不决,换而言之,不胜不决,坚持到底,自有最后胜利之一日也。至西南各省,因战局之推移,不仅为抗日之后方,势且更进一步,形成抗日复兴之根据地。吾人责任,因之倍形重大,对于国家、对于领袖,誓当益励忠诚,确尽职责,自动奋发,贡献人力、财力,以为国家民族争取生存而努力。吾滇××军,前在鲁南会战,独当正面,达成任务,各方颇加推许,尚不负领袖重命及地方父老企望。惟抗战前途艰巨,吾滇军民更应再接再厉,所谓成败兴亡,在此一举,无论为国家、为地方、为子孙计,吾人只有不顾一切、奋斗到底。国家之自由、平等,只有鲜血可以换取也云。(云南通讯社)

《申报》香港版,1938年8月7日,第1张第3版

## 抗战后方重心的云南

古称"天末遐荒"的云南,想不到会依抗战形势的推演,一跃而成为后方的大本营。本来在天时与地理双方,云南环境是异常的优越,因为其僻处边陲,山岭环绕的缘故,×人绝不肯劳师伤财,远道进攻。而境内气候清新,物产丰饶,却又把人生饮食起居的问题解决了一大半,无怪沿海及中原各省的人民,因其家乡被日×所蹂躏,已有不少逃往云南,视它为世外桃源似的安乐窝。

云南人种复杂,方言繁多,本是西南民族的大洪炉,今又平空添上成千累万、五花八门的新"作料",使那久已沉寂的大洪炉,又开始其烈焰飞腾的煅炼作用,结果定会产生簇新的优秀国民出来,肩负起今后建国创业的大责任!

不过这种融冶民族的工作,当然是旷日费时的,在目前,云南必无法兑现。我们认为:在目前抗战期内,云南的贡献,是要在其他方面表显出来。无论在军事、政治、交通、文化和产业各方,云南皆有其特殊的重要性。此种重要性,有些已由云南本身的努力而舒展开来,有些则因大势的鼓动而在逐渐明朗化。

先说军事。云南第六十军在津浦线禹王山及台儿庄的战绩,不独博得

国人的钦敬，即×人最精锐的矶谷师团，亦一致叹服，崇赞其"短小精悍，勇敢善战"。最近第五十八军又踏上抗战的大道，我们相信，他们一上火线，必能予×人以重大的打击。云南省主席龙云氏，决定继续出兵二十万，各县的常备队亦在积极训练中，我们对于这些西南健儿都愿寄以非常热烈的期望与敬意，并确信其对于国家的贡献必更胜于以前靖国、护国诸役！

　　再说政治。过去，中央因中原多故，无暇兼顾云南，任其自由发展；云南僻处一方，其地方色彩亦极为浓厚。现在云南既因抗战形势而成为后方唯一的根据地，事实上已不能不跃进为全国性的区域。南京失守后，中央各行政机关已纷纷在昆明设立办事处，最近外交部和交通部等且有迁往昆明的决议。以一边远省份而骤然安插如许中央机关，无论在人事接洽方面或物质供应方面，恐难完全与新需要相适合，我们希望中央各机关能体谅地方政府的困难，勿可遇事苛求，或借"中央"两字而向地方政府挑剔。同时亦望地方政府能竭尽所谓"地主之谊"，打破主客界限，共同在最高领袖统率之下，为国家出力。我们所以议论及此，并非谓中央各机关与云南地方政府间已有任何误会或摩擦，不过愿双方更能水乳交融，亲爱到底而已。

　　自×人封锁我长江口和海岸线后，香港已成为我国对外的重要孔道，但今后政府或因战略上的必要而移转于内地，那末，香港与内地间的交通线，便将由地域关系而至于切断。到那时，除了新疆线以外，最有效的国际路线，自非云南莫属。现在新疆线的完成，尚须相当时日，而云南线则早有滇越路可通。由越南海防到昆明，五百八十八哩的铁路运输，可在三天的短时期完毕。此外如滇缅公路，现在已经以数月的努力筑成通车；滇川直达公路不久亦可告成，无须绕道贵阳。如果中法政府最近缔结的龙州邕宁线的铁路借款，和广西龙州与越南凉山间的铁路连络，以及川滇铁路、滇缅铁路等，亦能尽速一一实现，则昆明将无疑的蔚为中国西南交通网的中心。再者，川滇铁路因蜿蜒于崇山峻岭间，×机无从轰炸，与粤汉湘桂线不同；而滇缅铁路，除天然地势外，尚有国际关系，×人更不敢轻易侵犯，将来军火给养可以不必绕道马来半岛，而直接由仰光运到昆明或重庆。所以，即将经济利益撇开不谈，两路对于将来我国国防的贡献，必不在粤汉路之下，为长期抗战计，实有从速完成的必要。

云南文化低落，自系事实，即如报纸一项，比较进步的只有《云南日报》和《民国日报》两家。但自抗战以来，因纸料来源缺乏，不得不缩小篇幅，至于其印刷的简陋，更难以为讳。近自联合大学及中央研究院一部分研究所迁往昆明后，云南的文化水准当可相当提高。其尤应注意的，乃为各少数民族如夷、苗、黎、番、回等的教育或同化问题。

云南天赋独厚，可惜多未开发，矿产的希望最大，铜、锡尤为著名。但除个旧锡矿外，多因方法陈旧，交通阻梗，极少成绩可言。政府要发展云南产业，第一须开拓矿物资源，以增加军需金属和输出力。

最后，云南的重要性，又寄于方在长足进展中的空军。在杭州，国立航空学校和飞机工场，早已迁往昆明，因凭借当地的天险，可以不畏×机袭击，在第三期抗战中，留守于昆明的后方空军，定将予×人以重大的威胁！

云南省主席龙云，深得中央倚重和全省人民的爱戴，上月尾，亲赴武汉述职，曾蒙最高当局面授机宜；过蓉时，又与川省各首领商得川滇联系及巩固国防办法。龙主席治滇十年，对于云南的重要性，必更较他人为明了，我们愿以至大热忱期待着他的"新猷"！

《申报》香港版，1938 年 8 月 16 日，第 1 张第 1、2 版

## 抗战建国期中之云南垦殖事业

开蒙区垦殖局苦干之下；四十万亩赤地将成沃壤

**【云南特约通讯】** 云南因地理上有特殊的使命，更兼之"得天独厚"、物产丰富，所以自然的它已成为复兴民族的根据地了，它对于抗战建国的过程上，亦尽了相当的责任。云南省政府主席龙云，除领导全民努力于救亡工作外，更不遗余力从事于后方生产事业，以期达到长期抗战之目的。

云南的生产事业，可以兴办的本来很多，但因政府无力举办，现在所创办，而其规模较大的，仅有开蒙区垦殖局。该局设立于开远县属（滇越铁路）大庄车站，因开［远］、蒙［自］两县，面积辽阔，纵横七百余

里。境内虽岗峦起伏，然四山环境中颇多平坦盆地，适于耕作；并且又因地近热带，气候温暖、土质肥沃、交通便利，实为云南最善农区。惜因水利失修、旱潦无法救济，以致大好良田，任其荒芜，良可惜也。

省府主席龙云氏，鉴于农田水利关系国计民生，尤以值此长期抗战，后方生产更属重要，乃于经费万难中，拨定巨款，举办开、蒙垦殖事业，现已有相当成效。兹将其垦殖区域及工作概况略志于后，以便关心云南生产事业的同胞，借此亦可知其梗概。

开蒙垦殖局，系隶属于全省经济委员会，该局局长为杨文波，副局长为徐天□、马子静。全局共有职员一百零八员，多数为一般青年，待遇本极菲薄，然各职员均能仰体时艰、任劳任苦，每日工作十小时，并无星期例假，在该局长领导之下，埋头苦干，致各项工作能以顺利进展，故昔日之一片荒凉，今已成沃壤矣！

它的垦殖区域，包括开远县属之大庄坝、蒙自县属之蒙坝与草坝，三坝相连，仅一山之隔。耕地面积，约四十余万亩（草坝约十万亩，庄坝约十三万亩，蒙坝约十八余万亩），地势以蒙坝为高，草坝次之，庄坝又次之。三坝因水利失修，夏秋山洪暴发，一片汪洋；冬春洪水退后，又成赤地千里。当地农民，夷多汉少，因陋就简，仍度其原始生活。

该局第一部，即为整理草坝十万亩荒地。为欲整理上项荒地，必先排除水害，继之以振兴水利。故该局成立之初，即就垦殖区域之山川地形，详加勘测，决定整理水道、开河建闸，以除水害；寻测水源、修挖沟渠，以兴水利。现排除水害方面，开挖全长二十四公里之龙公河，足以排泄三坝洪水，共用去工程费省币一百六十余万元（十元合国币一元）。兴水利方面，整理碧色寨落水洞，开约长十公里之嘉民河及各种灌溉沟渠，共用去工程费省币约一百五十余万元。其他特别工程约用去省币一百万元，建盖各项垦殖房舍，约用去省币一百万元。

上项巨大工程，早经完成，现该局正从事于农田之整理。该局第一部之垦殖区域，系草坝十万亩之荒地。本年该局曾选定沿铁道以西、龙公河以南之地区，面积约一万亩。此段因地点适中、管理方便，即以垦殖中心，逐渐推广。其开垦之方式，分人力、畜力、机械力三种，不过经试验结果，仍以畜力较为便宜，机械因所需汽油价值太多，不甚划算，故该局决采用畜力,现已购获耕牛五百余头。

其次,即为农田之划分与整治。每田三亩划为一坵,周围砌筑田垅,使一律成为有规矩之长方田坵,居高瞭望,异常美观。上述一万亩农田,该局曾于可能灌溉范围内,赶栽稻田六千亩,现已成熟,正忙于秋收事项。据云:此六千余亩之稻田,用去资金约省币七十余万元,现可收入省币一百二十万元左右,约可剩余三十余万元。该局拟于三年内,将全坝荒地开垦成熟,但以本年度初步产余比较,此十万亩荒地最少可获纯利省币六百余万元,对于国计民生,裨益当不小矣!

云南近因有大规模之纺纱厂,棉花需要日切。该局为顺应社会之需要,将来决大量推广种棉,为欲求大量推广,应有充分之试验、精确之把握,以作推广之模范,故该局曾从事于农田水利之整理外,并从事于棉业之试验。该局曾选择高低不同、气候不同、土壤不同之四个棉业试验场,以作精确之试验。经本年试验结果,美棉以斯字棉为最佳,其纤维长一又七分之一吋;中棉以百万棉为最佳,其纤维长一又三分之一;木棉成绩亦佳,每株约有花絮四百余个,每个有净花三分,每株约可收成净花十二两。至于杂粮之中,以黄豆树及甘蔗较佳。将来该局如将棉业试验成功,大量推广种棉,其利便不止上述之数。此即开、蒙垦殖之大概情形,亦即云南垦殖事业之大概情形也。

不过云南未开辟之处女地甚多,总理有云"建设之首要在民生"。值此前方抗战,后方生产,实属刻不容缓。笔者愿以至诚,希望寄居云南的外来人士,不要怀疑观望,应集中力量,大量投资办理后方生产事业,以达到抗战必胜、建国之必成目的。(一苇)

《申报》香港版,1938年9月13日,第1张第2版

## 龙云视察开蒙垦务

【昆明十二日电】龙主席十二日晚偕陆崇仁、缪嘉铭等,由开远返省。据随行者谈,主席于八日离省,赴开蒙垦殖区视察,当晚抵开远;九日晨,视察农业公司、水电厂工程,下午视察草坝垦殖局。十日、十一日两日,视察绥靖河、黑冲口等处水利工程。十二日午视察毕,即由开远仍乘

丰士林快车返省，向所谓"开蒙垦殖区"，即开远、蒙自所属之大庄坝、蒙坝及草坝三处草原荒地。省府曾于三年前设局垦殖，并建设永丰渠，引导大屯、长桥两湖水以供灌溉，致今草坝已能种殖，今年稻作成绩甚佳，全部计划即可次第实现。（中央社）

《申报》香港版，1938 年 9 月 14 日，第 1 张第 2 版

## 努力后方生产　龙云视察开蒙垦殖区

**【开远特约通讯】** 云南地处边陲，交通不便，建设落伍。对于垦殖事业，因政府省库空虚，更无力举办，故有若干大好土地，仍任其荒芜。惟年来省主席龙云氏，鉴于"建国之首要在民生"，但欲求民生问题之解决，非大量生产不为功，故于经费万难中，筹措巨款，广事于垦殖事业。因此又有"开蒙垦殖局"之创设。

该局工程可三部：第一为排除水害工程，第二为振兴水利工程，第三为农事之关系与种植。今一、二两项工程，业经次第完成，第三部农垦工作，亦正积极办理，本年已种植六千余亩稻田，昔日之一片荒凉，今已悉成沃土矣！

该局现正值收获之期，龙云据报欣慰，乃于戎马倥忽〔偬〕之际，亲临视察。九月八日，龙氏偕财政厅长陆崇仁，经济委员会常务委员缪嘉铭，侍从秘书罗乐春、陈公宪，《云南日报》编辑主任李冠束，《民国日报》采访部主任杨秀峰，经委会秘书兼该局副局长马镇国等，于秋阳暑热中乘米士林快车南下。沿途人民，夹道欢迎。是晚抵开远，九日晨视察该处矿业公司、水电厂；下午二时，由开远起程，三时到达开蒙垦殖局。该局职员、农工千余人，列队道旁迎迓。旋龙氏偕陆、缪二氏及该局局长杨文波，步行视察该局所栽稻田，并谓："余十年前驻防此间，即有开垦此地之意，今果尔实现，实出意外。"约一时后归局，复检查该局职员住家、工人住家及疗养院等，对职工之健康，多所指示。

十日晨，复偕原随人员视察该局振兴水利工程。经碧色寨落水洞过膊子闸，沿嘉民河（即新开之河，有十公里）归局。晚间该局农工复依地方习惯，组织花灯欢迎龙氏。十一日，虽大雨淋漓，仍继续视察该局排除水

害工程。该河即名为"龙公河",全长二十四公里,工程最大者为中段□冲峡,全系石砌,并于该处建有铁筋水泥闸乙〔一〕座,以资启闭,免使上游之水为害下游。

主席每到一地,均有所指示,前后视察三日,所得印象极佳。十二日回省,临行前后,召集该局全体职员训话,略谓:该局成立两载,即有如此之成绩,实属难得,各职员均本"做事并非做官"之本旨努力,乃有如此印象,是各职员已将目的认清。现在难关以〔已〕过,今后更易发展,各职员勿以待遇菲薄为念,在此抗战建国期间,应半为服务、半为尽义务之精神而努力。且该局垦殖工作,为本省垦殖事业之起点,将来成功,影响甚大,对于战区自后移来之难民,裨益尤多。对今后方针,更多所指示,谓政府举办垦殖事业,原为谋人民福利,政府只求公款不虚糜,并不欲企图发财,今后所得利益,应使劳苦农民得受其利。此后垦殖中心工作,应以招佃为主,各职员应处监督地位,能如是方能使贫民得受其利。约一小时,训话毕,龙氏于微雨中返省,该局全体职员及农工均列队欢送云。

《申报》香港版,1938年9月27日,第1张第2版

## 龙云谈日战机袭滇　对抗战及民力无损

**【昆明二日电】**龙主席对×机二十八日首次来滇肆虐结果,向中央社记者发表谈话如次:(一)中日战争以来,不觉年余,而×机袭滇二十八为第一次,被毁者只有少数统与军事无关之学校房舍,被害者均系无辜之妇孺,足见×人毫无人道,似此狂妄举动,适足增加吾全民同仇敌忾。至被毁房屋,仅系旧式城池,纵然完全被毁,于抗战及民力,可谓毫无关系。(二)×机为首次轰炸昆明,我已给与相当打击,被击落×司机人员共十余人,除当时毙命者外,潜逃者均被乡民自动缉获,可见滇省民众对于抗日早已一体深切认识云。(中央社)

《申报》香港版,1938年10月3日,第1张第2版

## 英大使昨赴贵阳

【昆明】英国驻华大使寇尔爵士及其随员等,已于今日取道公路,前往贵阳。对于此行计画及其目的地,均未宣布。闻寇氏曾与滇主席龙云及政府银行行长,晤谈华西之交通事宜云。(路透社三十日电)

《申报》1938年10月31日,第1张第3版

## 征募寒衣运动　成绩美满

【武汉】全国征募寒衣总会在汉成立以来,工作极为顺利,各省市分会征募数目大都超过预定数额。即以滇省而论,原定数为八万;昨得龙云电告,已达二十万元。其他如川、湘、甘各分会,亦均有惊人之成绩。该会一日举行第五次组长联席会议决定要案:(一)全国各分会工作决延长至本月十五日结束;(二)致电全国及香港、南洋各分会,统限于接到电报之日止,将征寒衣或寒衣代金数目,详细电复,俾便统筹分配。滇、川、甘各分会募集之大宗寒衣代金,先与本市中央银行接洽后,再电复各分会汇解。(一日电)

《申报》1938年11月3日,第1张第3版

## 英使在滇会晤龙云

【昆明】闻英大使寇尔爵士于一日道出此间时,曾与滇主席龙云作重要性质之谈话,并与富滇银行行长会谈,亦属重要。爵士抵时,此间当局欢迎甚挚。爵士在火车站与来宾略作周旋后,即偕其随员赴法人新设之拉克旅馆,龙主席特派亲信骑兵卫队予以保护。爵士小驻后,即将赴湘。(路透社三日电)

《申报》1938年11月4日,第1张第3版

## 华侨及国内要人发起　组织华西垦殖公司

*资本定五百万元在川设总筹备处；开发滇甘川康青新等省农垦矿业*

中国发动全面抗战，迄已十六阅月。前方抗战，逾战逾强，后方民力亦逾久逾长。现无论国内国外人士，莫不为抗战而鞠躬尽瘁。如财力之捐输、难民之救济、垦殖之发起、交通之开辟暨农矿开采之投资等等，正在不断继续努力之中。内中允以此次旅外华侨巨子陈嘉庚、许友超、周崧、朱继兴、陈守明、林连登、萧卓珊、李振殿、张振帆、庄西言、李莲、吴东垣、李炳燊等，及国内要人黄秀峰、缪云台、龙云、贺国光、刘之〔文〕辉、陈立夫、陈果夫、萧吉珊、唐继虞、戴经尘、萧铮、寿景伟、欧阳格、周佩箴、周象贤、潘公展等，所发起之华西垦殖公司计划为最巨。筹集资本五百万元，以开发华西新疆、青海、四川、云南各地富源，增加国力，繁荣边疆，便利战区及侨胞移殖为宗旨。筹备处本拟设于汉口，现因华军放弃武汉，乃改设四川，现正在积极进行中。〈后略〉

《申报》1938年11月24日，第2张第9版

## 华侨拟在滇投资　开辟实业模范区

*投资额拟五千万元；胡、蔡二人到滇接洽*

**【昆明航讯】**云南物产富饶，蕴藏甚多，过去以交通不便，益以地处边陲，致为国人遗弃，未遑开发。抗战以来，各界专门人材汇萃于西南，政府亦积极从事交通建设，开发生产事业。华侨胡文虎，因亦发起由华侨集资五千万元，开发滇边实业垦殖。经派由参政员胡兆祥及前仰光领事蔡咸章为代表，来滇与省府主席龙云及建设厅长张西林，分别商陈接洽，已有初步决定。胡、蔡旋于本月十一日离滇赴河内，即乘轮绕港返新加坡复命，预定十二月中再来滇规划一切进行事宜。

关于洽商办法，据悉将划云南之思茅、宁洱等十县及十二版纳地，辟为华侨滇边实业模范区，由华侨投资组织模范垦殖公司开发生产。其主要生产

事业范围，决定为农业、林垦、矿产、制造、交通、金融等，并拟在该区域内组织新村，准备召海外侨民或当地垦民及移殖难民，垦殖经营。滇省政府对华侨投资开发颇表欢迎，上述举办纲要，大体已同意。为便利实施垦殖计，关于交通之促进亦拟积极设法办理。并闻星洲方面，现已派定彭亨胡兄弟、金矿公司总经理兼总工程师胡剑翠来滇，即赴迤西各地调查矿产。

《申报》1938年11月25日，第2张第7版

## 《中央日报》昆明版即将发行

【重庆】据可恃方面消息：中政府喉舌《中央日报》，在昆明出版及在该处设中央通讯社发表新闻之计划，现已将近就绪，此将为中央政府宣传机关第一次出现于滇省。宣传部长周佛海，已乘飞机前往昆明与滇主席龙云讨论此事。按，中政府目下已在重庆、桂林及贵阳三地出版《中央日报》，并计划扩充至成都、西安及兰州三省会。

《申报》1938年12月8日，第1张第3版

## 美大使游览昆明名胜　已晤龙云

【香港】美大使詹森昨抵昆明，游名胜。二十一日离滇，经缅返美，报告中日战况，尤注重美侨商务情况。据谈已晤龙云，谈极洽，明春返任。（十八日专电）

【重庆】美国驻华大使詹森，将于十二月二十一日由昆明启程，取道欧洲返美。按，詹氏系昨日抵昆明，曾访晤滇主席龙云。（路透社十八日电）

《申报》1938年12月19日，第1张第4版

## 最后的电讯

【本报昆明十八日专电】驻华美大使詹森，十七日午抵昆明，省主席

龙云派代表郊迎，詹森下榻美领署。当日下午拜访龙云，晤谈情形极为欢洽。据美大使谈，渠此次返国述职，预定明春回任，道经云南，将游览各名胜，二十一日即离滇，经缅甸返国。

《申报》香港版，1938年12月19日，第2张第8版

## 西南经济建委会定期在渝成立

【重庆】西南经济建设委员会将于元旦日在渝正式成立，由蒋委员长担任委员长，财政部长孔祥熙为副委员长，行营主任张群、交通部长张嘉璈、经济部长翁文灏、川康绥靖主任邓锡侯、川省主席王缵绪、滇省主席龙云、黔省主席吴鼎昌、西康主席刘文辉等为委员，并以张群为秘书长。共同负责促进西南经济建设，大会成立时，各委员均将参加。（十八日快讯社电）

《申报》1938年12月19日，第1张第4版

## 胡文虎筹款发展滇省天然利源

【重庆】今日此间得讯：新加坡富商胡文虎现筹款五千万元，俾发展滇省之天然利源。中英滇缅勘界委员会之梁君，现偕胡之代表蔡君赴昆明与滇主席龙云讨论此事。（十九日路透社电）

《申报》1938年12月20日，第1张第4版

## 滇省府宴美大使

【昆明】滇省府十九晚七时，欢宴美大使詹森，中外人士百余人作陪。龙主席致词欢迎，大使答谢，宾主极欢，至十时始散。（十九日电）

《申报》1938年12月20日，第1张第4版

## 詹森离滇　龚自知返滇报告

【本报昆明二十一日专电】欧美同学会昨下午三时在圆通山举行茶会，欢迎英〔美〕大使詹森，龙云夫妇被邀作陪，宾主欢洽，五时摄影散会。詹森二十一日离滇赴缅，返国述职。又龚自知由渝返滇，谒龙云有所报告。

《申报》香港版，1938年12月22日，第2张第8版

## 中央扩大滇省党务组织　特派龙云任主委

【本报昆明卅日专电】（一）闻中央为扩大滇省党务组织，特派龙云任主委。〈后略〉

《申报》香港版，1938年12月31日，第2张第8版

## 中央推进滇省卫生行政　龙云赴滇西视察

【本报昆明三十一日专电】中央协助国币六十万零六千元，推进滇省卫生行政，省府自筹一百二十一万八千元，分五年推进，并组织抗癌委会，人选中央、地方各半。

【本报昆明三十一日专电】滇主席龙云昨午偕胡委员、陆厅长西上视察，三十一日即返省。

《申报》香港版，1939年1月1日，第1张第3版

## 汪精卫主张议和后各方一致严辞抨击

传汪将于日内赴广州组织伪府；中委何香凝主张开除汪之党籍；参政员张一麐等呈请除汪各职

〈前略〉

【香港】重庆最可靠方面寄来之航空信，述及汪精卫氏出亡情形甚

详。据称,汪氏久已在进行煽动四川与云南二省之军事领袖加入其团体,但蒋委员长决心继续抗战,分别视察西安、兰州等处之新根据地,以致汪氏之计难售。后汪氏之活动消息外泄,汪之左右彼此传书谓:"汪氏有难,吾等必须设法将其救出重庆。"结果汪之手下交通部次长彭学沛备得飞机,助汪氏出亡,但彭学沛因此被捕。汪氏之出亡,即蒋委员长事前亦不知悉。汪图诱云南省主席龙云加入其团体,龙云不允,并立即将此事报告蒋委员长,故汪不得不出亡,其左右陈公博、周佛海、曾仲鸣等继之。

又悉,日首相近卫所发表之宣言于公开发表前,曾秘密送予汪氏过目,求其批准。当日方悉汪氏出亡后,感觉懊恼异常;认汪氏出走过早,盖如汪氏仍留重庆,当下次国民党会议时或能获得可能之拥护者。汪氏此次出亡,殊足表示彼在国内已无法获得拥护者,是以彼之代理人现正在设法招致海外老国民党员。又悉,汪氏与北平吴佩孚僚属亦有交往,此次汪氏出亡,实际上自毁其对日方之价值,盖彼不能诱致云南之拥护,而切断中国之新交通线也。又据悉,日方拟推汪氏组织西南傀儡政府,按此种事件,恒由日陆军主持之,此次竟由海军主持,盖此华南为海军之势力地也。(三十一日海通社电)

《申报》1939年1月1日,第1张第4版

## 滇省盐产前途乐观

**【本报昆明一日专电】**龙云日前偕胡委员、陆厅长,由平浪轩元永井视察卤池、吊井等工程,对制盐公司前途极为欣慰。一日返省。

《申报》香港版,1939年1月3日,第2张第8版

## 龙云勖滇军人

**【本报昆明五日专电】**龙云昨日召集各独立大队,指示训练方针,并望完成现代军人之责任。

【本报昆明五日专电】桂林惨遭轰炸,龙云捐款万元助赈。

《申报》香港版,1939 年 1 月 6 日,第 2 张第 8 版

## 将召各省主席举行会议

中国最高统帅蒋介石上将,现利用各线战事较为沉寂之际,集中精力与政府领袖及各方当局进行缜密商讨,以决定未来之政治、军事计划。日内即将与川黔两省军政长官举行重要会议,同时云南省政府主席龙云将军,亦将于日内来此参加云。(六日海通电)

《申报》1939 年 1 月 7 日,第 1 张第 3 版

## 陈诚等各将领通电拥护领袖抗战到底

【重庆】陈诚、薛岳等暨全体将士,三日电呈蒋总裁暨中央执、监委会云:兹维我国抗战建国,系求民族生存、国家主权独立,矢志不渝。乃汪兆铭承本党付托之重,当军事紧张之际,竟擅离职守,匿迹异邦,危害党国,业经钧会永远开除党籍,并解除一切职务。国人闻之,何等称快。诚等在我最高领袖领导下转战疆场,一年有半,复仇雪耻,迭挫凶锋。当此日寇愈陷愈深,我辈更以愈战愈坚,扫荡倭氛,复兴民族,以尽守土卫国天责,而期实现三民主义。特此吁请全国军民,一致主张制裁汪氏,并精诚团结、坚持国策,拥护我最高领袖总裁,抗战到底。最后胜利一日未能获得,即抗战任务一日不能终止。谨贡丹心,伏维鉴察。陈诚、薛岳、商震、罗卓英、龙云、吴奇伟、杨森、王陵基、汤恩伯、卢汉、关麟征、李汉魂、叶肇、樊崧甫、周篯成〔纵〕、李觉、彭位仁、张冲、欧震、李玉堂、张轸、黄维、黄国梁、刘多荃、张耀明、霍揆彰、孙渡、刘膺古、韩全朴、俞济时、周碞、夏首勋、夏楚中、李仙洲等暨全体将士叩,江。(七日电)

《申报》1939 年 1 月 8 日,第 1 张第 3 版;《全国将士电请制裁汪逆 由陈诚薛岳等领衔 吁请全民拥护抗战》,《申报》香港版,1939 年 1 月 8 日,第 2 张第 8 版

## 龙云对补充兵员训话

**【本报昆明九日专电】**滇参加第二期抗战补充兵出发在即,省主席龙云昨特遄赴集中地点训话,鼓励杀×雄心,九日晚返省。

《申报》香港版,1939年1月11日,第1张第3版

## 吴鼎昌飞滇访晤龙云

**【重庆】**吴鼎昌上周来渝述职,本拟公毕赴蓉,访王缵绪等,接洽地方事务。嗣因王来渝,已面谈多次,乃于十三日晨飞滇,晤龙云,商滇黔有关事务,留三四日返任。(十三日电)

《申报》1939年1月14日,第1张第4版

## 吴鼎昌晤龙云后　日内返黔

**【昆明】**黔主席吴鼎昌,今午由渝飞抵昆明,下榻愉园。龙主席下午二时即往访晤,畅谈甚久,始辞出。据吴语记者:此来系与龙主席商办滇黔两省兵役及经济建设各事项,以期巩固后方抗建工作,拟明日回拜龙主席,日内返黔云。(十三日电)

**【重庆】**黔主席吴鼎昌与政府各领袖会议后,今晨乘飞机赴贵阳。外间盛传吴氏已辞职,将由薛岳继任,但尚无证实消息。吴氏由渝启程前,未作或将改任他职之暗示。(十三日路透社电)

《申报》1939年1月15日,第3张第9版

## 吴鼎昌抵滇发表谈话

**【本报昆明十四日专电】**黔主席吴鼎昌,昨由渝飞滇,访晤滇主席龙云,二三日后返黔。吴谈:"我国抗战,系于长期抵抗中争胜利,则

西南各省，应努力建设，以奠定抗战基础。黔各项建设，即照此目标努力，而动员一项，自抗战迄今，已出补充兵十七万，今后仍当继续补充。现国际形势转好，汪离渝后抗×力量益为加强，胜利已不在远。"

【中央社昆明十三日电】黔主席吴鼎昌，今午由渝飞抵昆明，下榻旅邸。龙主席下午二时即往访晤，畅谈约一时许，□辞出。□吴语记者：此来系与龙主席商办滇黔两省兵役及经济建设各事项，以增强后方抗建工作。拟明日回渝，并定日内返黔云。

《申报》香港版，1939年1月15日，第1张第3版

## 滇省党委发表　派龙云任主委

【本报昆明十八日专电】中央改组滇省党务，派龙云为主委，张邦翰、陈廷璧、卢汉、杨文清、陆崇仁、裴存藩、李培天、龚自知、陈玉科为委员，陇体要为书记长，日内就职。

《申报》香港版，1939年1月19日，第1张第3版

## 龙云被任滇党主委

【重庆】龙云顷被任为云南省党部主任委员。省党部系最近改组者，命令已于昨日发表，由此可见龙氏对中央之忠心，而中央亦颇信任龙氏也。贵州主席吴鼎昌日前来昆明访晤龙云，昨已事毕，乘机返贵州。经此次谈话后，中央与龙云之关系更趋密切。（十八日美联社电）

《申报》香港版，1939年1月19日，第2张第6版

## 滇省努力生产建设　健全地方行政机构

耕地税拨作行政事业费　　龙云勉勖全省官民

【本报昆明廿一日专电】滇将全省耕地税概行拨作各县行政事业费后，

龙主席发表谈话，谓：省府于财政困难之时，遵照总理建国大纲规定，将耕地税拨为地方健全行政机构，努力生产建设，甚盼全省官民共体时艰，使建国与抗战同时并进，以收必成必胜之效。〈后略〉

《申报》香港版，1939年1月23日，第1张第3版

## 滇民厅长丁兆冠辞职　遗缺由李培天代理

【本报昆明廿五日专电】滇民政厅长丁兆冠辞职，省府议决照准，此后专任省委职务，所遗厅长缺，以县政训练所主任李培天代理。

【本报昆明二十五日电】国立云南大学熊校长，补行宣誓礼，教部电请龙云监誓。

《申报》香港版，1939年1月27日，第1张第3版

## 昆明商界举行义卖　赵老太太演讲

【本报昆明五日专电】一、市商界义卖开幕，龙云夫人剪彩，并举行宣传；二、全省妇女欢迎赵老太太演讲。

【中央社昆明五日电】本市商界义卖献金运动大会，今日下午一时行开幕礼，到各界代表千余人，由龙主席夫人剪彩，陈德齐主席报告筹备经过，继由恒丰、恒祥两商号共献一千元，劝业银行张厚安献一千元，其余献金物者，均极踊跃。继由大会一致通过，电蒋委员长暨抗×将士，及通电各市县商会长一致发动义卖运动两案。末列队游行，情绪极热烈。

《申报》香港版，1939年2月7日，第1张第3版

## 昆明小学生义卖成绩圆满　获款二万余元

【本报昆明十日专电】一、王正廷十日抵滇；二、市小学生义卖昨闭幕，获二万余元献政府；三、赵老太太十日赴渝，龙云送程仪千元。

《申报》香港版，1939年2月11日，第1张第3版

## 木里土司代表飞渝献旗　龙云昨发表谈话

**【本报昆明十一日专电】**木里土司决派代表飞渝，向领袖及前线将士献旗致敬。龙云本晚发表重要谈话，已由中央社发出。〈后略〉

《申报》香港版，1939年2月12日，第1张第3版

## 龙云捐款万元救济黔灾

**【贵阳】**龙云以筑四日遭日机惨炸，特电黔慰问，并拨汇万元赈恤。（十一日电）

《申报》1939年2月12日，第2张第6版

## 日军进犯死伤极重

**【香港】**外讯：日海军陆战队今晨进犯海南岛南部，在榆林西之三亚湾附近登陆，正与华防军激战中。又据韶关军讯：犯海南岛日军，向新盈、马德港、大龙湾等处，由公路前进，以琼州为目标。华保安团、游击队予以迎击，英、法政府闻正秘商共同应付日本步骤。龙云谈：日占海南岛目的，直接是威胁安南，间接在监视英、法，并非攻桂。民主国家应采强硬态度对付，方有补实际。（十四日下午九时专电）

《申报》1939年2月15日，第1张第3版

## 日外部答复强词夺理　日军又在海南岛南部登陆

**【本报昆明十四日专电】**×占海南岛，龙云谈，是太平洋大门守卫哨被占，不啻太平洋战争开端。×军此次目的，直接威胁安南，间接在监视英法，并非攻桂，于我抗战无甚影响。法外交软弱，只弄得啼笑皆非。民

主国家不应再以口头或书面抗议，应采强硬态度，方有补实际。

《申报》香港版，1939年2月15日，第1张第3版

## 胡文虎投资开发滇矿

【香港】据华字报载，华侨巨子胡文虎君，为充裕祖国长期抗战经济力量起见，特倡议投资开发滇省富源，并组探矿团。顷悉探矿团一行十二人，已于日前由团长黄凤君率领，由新加坡行抵昆明，晋谒滇省主席龙云将军，商承探矿步骤及路线。该团所带之探矿机二架，亦已运抵滇省，日内将可开始工作。（十六日快讯社电）

《申报》1939年2月17日，第1张第4版

## 滇省党委宣誓就职

【昆明】新任滇省党部主委龙云，执委张邦戟〔翰〕、陈廷璧、陆崇仁、裴艎笠〔存藩〕、李城〔培〕炎、龚自知、陈玉科、赵先〔澍〕，二十七日午十二时举行宣誓就职典礼。中央派黄实监督致训，龙代表各委员答词，至一时礼成。（二十七日电）

《申报》1939年2月28日，第1张第4版；《滇新党委宣誓就职》，《申报》香港版，1939年2月28日，第1张第3版

## 滇省党委补行宣誓礼

【本报昆明二月廿七日专电】（迟到）省党部主委龙云及新派各委员，今午补行宣誓礼。中央派委员黄实监督，典礼极隆重。

《申报》香港版，1939年3月1日，第1张第3版

## 龙云勉勖滇省将士

*希望努力准备决战，争取抗战最后胜利*

【本报昆明廿八专日电】龙云召驻滇各部队军官训话，勉保乡卫国，大意希望努力准备与×大决战，争取抗战最后胜利，并愿与士卒共同甘苦，和×拼命，词义激昂，听者动容。

《申报》香港版，1939年3月2日，第1张第3版

## 滇三八节　妇女开会游行

【本报昆明八日专电】滇各界妇女千余人开纪念"三八"大会，由龙云夫人主席，并讲演妇女解放真义，中委张默君亦到场参加，散会后并举行市街游行，情况热烈。

《申报》香港版，1939年3月10日，第1张第3版

## 滇宿将范石生被刺　滇省当局极为注意

*据供动机为父报仇；滇省当局极为注意*

【本报昆明十七日专电】滇名将范石生军长，参加革命工作有年，近因军队改编，乃释兵柄，回籍业医。十七日午后四时半，应约出诊，途中遇刺毙命。凶手杨维骞、杨维骧二人，当场被捕。闻杨等为前滇军司令杨蓁之子，杨为范所杀，此举系替父报仇。何应钦电龙云嘱代慰唁，并询审讯案情。

【中央社昆明十七日电】范石生被刺案，据闻凶手已在警局自首，并发表为父报仇之自白书，现警局已将凶手移送法院审理。范氏遗骸十七日晚移入私宅入殓，其家属已电呈蒋委员长报告范被刺情形，并请按律惩凶。范现年五十三岁，毕业于云南□营学校特别班，历任北伐军炮兵第一营长、云南开武将军行署谘议处长、陆军步兵第十六团长、驻粤滇军第二军长、国民革命军第十六军长、襄樊警备司令及五十一师师长、全国禁烟

委会委员等职。其母八十余岁，现尚健在，妻现寓沪，遗二女一子（年仅四岁），身后极为萧条云。

**【中央社昆明十七日电】**范案发生后，此间当局极为注意。按，凶手杨维骞之父，为已故军官杨蓁，曾与范本为同学兼同僚。杨为团长时，范任团附，迄民十四，杨为范部前敌总指挥，驻军南宁。范、杨同住一室，杨为变兵刺杀，而范独存，故杨子疑其父之死乃范主使，此次行凶之动机，据其自白书所供，纯系为父报仇云。

《申报》香港版，1939年3月19日，第1张第3版

## 滇省各县成立粮食管理委会

华侨实业公司设分公司；星机工服务团回国抵滇

**【本报昆明廿三日专电】**今日龙云欢宴法使，滇各县成立粮食管理委员会，专节产销供应。

**【中央社昆明廿三日电】**新加坡侨胞为拥护祖国新抗战，争取最后胜利，近组织机器工程回国服务团，由总领队沈代成、正团长王又松、副团长黄有益，率领一行卅五人，于廿二日抵滇，即将转渝，请求当局分配工作。该团团员在新，均有优良职业，此次专职归来，为祖国服务，诚属难能可贵云。

**【中央社昆明廿三日电】**港华侨实业公司，系我南洋侨胞所组织，向在荷属东印度马来半岛等地皆设有分公司，并有工厂经营树胶等。业现该公司因祖国实业亟时开发，故在昆明、重庆、贵阳、上海设立四分公司，拟先办理出入口贸易，一俟各当地树立根基后，即将着手经营工矿事业云。

《申报》香港版，1939年3月25日，第1张第3版

## 滇省举行消防演习

**【本报昆明廿七日晚十一时卅二分专电】**龙云今午召集全省消防部队二千余人检阅，并举行消防演习，情形逼真。

《申报》香港版，1939年3月29日，第1张第3版

## 英使抵滇

**【重庆】** 据华方消息：英大使寇尔爵士昨午后七时半行抵昆明，省主席龙云之代表等及英领事馆职员皆在车站恭迓。龙定十八日设宴洗尘，闻爵士定翌日飞渝。（十六日路透电）

**【昆明】** 英大使寇尔昨由越南来滇，记者于今晨往访。据谈：此次赴渝返任，除与中央政府随时保持接触关系外，并无特殊任务。外传余在沪与驻日大使克莱琪会晤，商讨远东问题，并无其事。闻大使定十九日飞渝。（十六日电）

《申报》1939年4月17日，第1张第4版

## 龙云通电全国发表致汪精卫函

汪去函嘱破坏统一，龙自谓宁肯负国家；劝汪勿为左右所惑，命驾远游免受播弄

**【昆明】** 龙主席昨致汪精卫一函，并将原函通电全国各军政高级长官鉴察。兹将致汪全函志后。

精卫先生道鉴：一别屡月，音候鲜通；南天引领，时萦怀念。前次台从经滇，来去匆匆，深以未得畅聆教言、一倾积愫为憾。临行把袂，始蒙见告：此去香港，惟对和战大计，有所主张。云愕然之余，随即郑重奉答：言战言和，同为国家，但此举关系甚大，无论如何，应请我公注重事实。虽仅片语，实出愚诚。但终以行色匆促，未尽所怀，耿耿迄今。幸公博续至，一再推诚，砭砭之见，终以言和纵非得已，总宜顾全大局，尊重事实，庶免引起国内重大纠纷，转而违背我公救国初衷，请将愚意代陈左右，公博谅已转达。讵我公行抵河内，突然发布艳电主张，局外观听，同深骇异。于时各方群起责难，对公不谅。云尚以为我公志在救国，动机纯洁，不疑有他；苦衷所在，终当为人所谅。故未随同交责，致外间对云不无揣测。追河内不幸事件发生，仲鸣惨死，闻之悼惜。当以滇越密迩，我

公虽告无恙，仍派李主任鸿谟前往慰问。乃蒙手赐复书（上月三十日发），附以港报《举一个例》之文，盥诵回环，弥深诧骇。觉云虽知公，而公未能知我；抑云虽爱公，而公竟不能爱云以德，诚不胜栗惋之至。《举一个例》文中，将国家机密泄露中外，布之敌人，此已为国民对国家初步道德所不许；至赐书则欲云背离党国，破坏统一，奸〔殄〕灭全民牺牲之代价，违反举国共守之国策，此何等事？不仅断送我国家民族之前途，且使我无数将士与民众，陷于万劫不复之地步。此言和平救国，简直是自召灭亡！云服务军旅，二十载于兹；追随介公，历有年所。曩者南北纠纷迭起之际，所以始终维护中枢，无或差忒者，志在完成统一，借奠抗敌建国之基。古今一贯，此志不渝，纵不自爱其历史，宁能有负我国家，抑更何忍负我艰苦奋斗、惨烈牺牲之全体袍泽？良知所在，纵极慎重，亦不能不深慨公之未为知我，更不能不为公之前途痛惜而危惧也！我辈立身行事，一本光明磊落；悠悠世论，一时不谅，诚不足念。然万不可激于意气，以国家资敌，而永隳其生平。尊函云云，不惟公不应以此期之于云，即云亦不愿公为一时气愤所役使，而竟自陷于荆棘。细绎公函所示，必非离渝时之初衷，然如急不暇择，孤往不返，千秋后世，孰为公谅？云为公计，此时千万勿动于激愤，勿惑于左右，屏除欲求，恢复灵性，则公之胸怀，犹可见谅于抗战胜利之日。务望立下英断，绝对与敌人断绝往来，命驾远游，暂资休憩；斩除一切葛藤，免为敌人播弄。庶几国家能早获最后之胜利，而公亦得无损其历史之令誉。率直之见，敢附诤友之列，以尽最后之一言。知我罪我，惟公裁之。龙云。（五日电）

《申报》1939年5月6日，第1张第4版；《龙云函汪忠告》，《申报》香港版，1939年5月7日，第1张第3版

## 世界动向一周间

〈前略〉

### （五）汪精卫等活动加剧

上述日本××这种新的骚动，一面在打击英、美、法各国在远东权

益，争取大量的残酷压榨与××的地位；一面则打击我们坚持抗战的友邦助力。日×除了从国际上企图削弱我们的抗战力量，进而企图压迫我降服以外，他们还继续利用汪精卫进行"以华制华、以华□华"的国策。首先是以"反共，和平"运动来破坏我们的抗日民族统一战线，离间国共两党、国内各民族和人民与政府间的亲密合作。〈中略〉

这种行为之违反中华全民族的利益和违反中华全国人民的公意，已无待指斥，其未来命运之不能强于王克敏、梁鸿志、温宗尧之辈，也是大家所可望见的事了。我们觉得特别要唤起大家注意的是，本月七日本港各报发表的中央社三日昆明电所公布的滇主席龙云氏致汪精卫一函。这封信，可以看到汪精卫直到最近，还在秘密向我政府内军政委员肆行蛊惑，还在秘密向我抗日统一战线内部进行种种阴谋。因此我们今日不仅要加紧动员全国民众坚决反对汪精卫那种公开的××行动，反对那种公开进行中的组织伪中央政□的活动，还特别要请全国官民提高政治警惕性。我们谨以最大的热诚与崇高的敬礼，希望所有正在受汪煽动的人，都能学习龙云主席的忠勇大义的行为，至少如要"不为一时气愤所役使，而自陷于荆棘"！同时我们坚决要求迅予汪××等以严厉的制裁，对一切反共和平等违反抗战建国的言论行动，加以更澈底清扫，我们坚决要求统一战线之更加巩固与扩大，民主政治精神与民众生活改善之有更适要的发展与更切当的实施，以根本阻塞×××××□撞活动之路！

《申报》香港版，1939年5月14日，第1张第2版

## 美大使在昆接见记者

**【昆明】**美大使詹森，八日上午九时半在美领馆接见此间新闻记者，略谓上海鼓浪屿工部局问题不如外间所传之严重，本人在沪亦未获此问题有所商谈。上次离渝，取道滇缅公路返国，沿途工程浩大，印象甚佳。在昆只拟勾留二三日，即乘汽车赴渝。美使嗣即赴省府拜会龙主席、国民外交协会昆明分会之欢迎会。（八日电）

**【重庆】**美大使詹森昨夜由海防抵昆明，定六月十日乘汽车由昆明起程来渝。（八日路透社电）

【重庆】美国驻华大使詹森,准于星期六日由昆明乘坐汽车抵此,海军参赞麦鲁克少校随行。美大使于星期二日由河内飞抵昆明时,曾受省府代表及美领署人员之欢迎,稍后詹森又驱车往访省主席龙云,闻明日龙云将设谦款待詹森。再则法国大使戈思默亦于今日由海防抵此,闻将直飞重庆。此间人士对法大使匆匆回渝,颇致惊讶,因法大使原定于九月中始行离沪重返重庆也。(八日美联社电)

《申报》1939 年 6 月 9 日,第 1 张第 4 版

## 美法大使相继赴渝

【美联社重庆八日电】美国驻华大使詹森将于星期六离昆明,同行者有美大使馆军事参赞。詹森于上星期二由河内飞抵昆明,今日向云南省政府主席龙云作礼仪上之访问,龙主席将于明日欢宴美大使。又悉:法大使戈斯默,将于今日抵海防,转飞重庆。此间报纸对法大使突然赴渝纷纷推测,因法大使原定留沪,待至九月始再他往也。法大使馆官员对于此事,亦拒绝解释。

《申报》香港版,1939 年 6 月 9 日,第 1 张第 3 版

## 滇临时参议会举行成立典礼

龙云、任可澄相继致辞;议长李鸿祥勖勉议员

【昆明】临参会十日下午二时在省党部大礼堂举行成立典礼。出席全体议员、省主席龙云、监察使任可澄、中委黄实、西南联大常委梅贻琦,及各机关团体代表百余人。首由议长李鸿祥致开会词,以"代表民意,沟通上下,俾能发动后方人力、物力,争取最后胜利"勖勉全体议员;次由龙云主席、任可澄等相继致词;末由议员代表答辞。迄三时半,礼成摄影散会。(十日电)

《申报》1939 年 7 月 11 日,第 2 张第 6 版

## 滇情简报　建龙主席铜像

云南省政府主席兼滇黔绥靖主任龙云，于民国十六年春执政以来，勋业炳耀，全民爱戴。除腾越、大理、昭通、临安各处均建竖铜像外，昆明市商会于昨举行常会时议决，拟联合各界铸造铜像，以资景仰而垂纪念。

《申报》1939 年 7 月 16 日，第 2 张第 8 版

## 龙云筹款五千万展筑思普铁道

**全省公路决定修筑办法；一律限明年内完成通车**

【昆明特约航讯】个旧为世界产锡最盛之区，矿工十余万人赖此为生，每年出锡量七八千张，因图运输之便利，乃修筑个碧铁道，开车已十余年。旋又由蒙自鸡街添筑临屏（临安、石屏）铁道，开车数载，甚利便也。

### 展筑铁道

不过因山路崎岖，轨道逼仄，而岩洞亦甚多。中间如火谷都至乍甸二段，轨道极为险峻，一面是山，一面是崖，其工程之大，要算是滇省各建筑第一；其运输之繁，营业之盛，亦要算中国各铁道收入之冠。惜用人过多，办理欠善，旧账尚未还清。现在龙主席深以个旧为产锡区域，思普为国际要道，均有建筑铁道之必要，于日昨省务会议提出创设一企业公司，招募股本五千万，用为修筑普思铁道及开办矿产之费。其普思铁道拟由个碧石铁道之石屏接修，经元江而至普洱、思茅。其速度由石屏至元江三站，元江至墨江三站，墨江至普洱五站，普洱至思茅二站。将来由思茅修通缅甸或越南，即成国际铁道。刻下财政厅陆厅长子安已亲赴个旧商办此事，想日内即有进行头绪也。

### 赶修干路

云南全省公路，近经公路总局努力，已修通滇缅公路，为世界所称

许。其余迤东已修通东川、宣威，可达川黔；迤南修通玉溪，现在拟更进一步，特制定本年内工作计划，兹探志于后。（子）亟应续修之干道：（一）大丽段，由大理经邓川、洱源、鹤庆至丽江，计长一百八十余公里，拟于二十九年度全段完全通车；（二）宣昭段，由宣威经威宁至昭通，计长二百九十余公里，拟于二十八年度全段完全通车；（三）开砚段，由开远经文山至砚山，计长一百八十余公里，拟于二十八年度完全通车；（四）路开段，由路南经弥勒至开远，计长一百四十余公里，拟于二十九年度内完成通车；（五）昆会段，由昆明经安宁、罗次、武定、元谋至会理，计长一百三十余公里，拟于二十九年度内完成通车；（六）昆宁段，由昆明至宁洱，计长四百余公里，拟定三十年内全段完成通车；（七）昆兴段，由昆明经呈贡、宜良、路南、陆良、师宗、罗平、平彝至兴义，计长二百八十余公里，拟定二十九年度全段完成通车。

## 续修县道

（丑）亟应续修之县道：（一）昆富段，由昆明至富民，计长四十三公里，拟定于二十八年度内完成；（二）玉建段，由玉溪经河西、通海、曲溪至建水，计长一百三十余公里，于二十九年度内通车；（三）呈通段，由呈贡经澄江、江川、华宁至通海，计长一百三十余公里，于二十九年度内通车；（四）关蒙段，由下关至蒙化之南，计长九十余公里，于二十九年度通车；（五）弥祥段，由弥渡至祥云之康官营，接昆关干道，计长八公里，于二十八年度完成；（六）宾金段，由宾川城至金江，计长五十余公里，于二十八年度内完成；（七）镇盐段，由镇南至盐丰，计长一百余公里，于二十九年度完成；（八）安易段，由易门至安宁之安峰营，接昆关干道，计长六十余公里，于二十八年度内通车；（九）盐舍段，由盐兴至舍资，计长四十余公里，于二十九年度通车；（十）砚广段，由砚山至广南，长百余公里，于二十八年度完成；（十一）师泸段，由师宗至泸西，长四十余公里，于二十八年度通车；（十二）弥泸段，由弥勒至泸西，长四十余公里，二十八年度完成；（十三）晋江段，由晋宁至江川，长四十三公里，于二十八年完成。

## 新修各路

（寅）新修县道计共有二十一段，即：（一）观昆段，由观音山至昆阳；（二）宾鸡段，由宾川至鸡足山；（三）富罗段，由富民至罗次；（四）广八段，由广通城至八屯，接昆关干道；（五）牟楚段，由牟定至楚雄；（六）楚双段，由楚雄至双柏；（七）保顺段，由保山至顺宁；（八）保腾段，由保山至腾冲；（九）腾八段，由腾冲经梁河、盈江、莲山至八募〔莫〕；（十）元永段，由元谋至永胜；（十一）景蒙段，由景东至蒙化；（十二）金永段，由金江至永胜；（十三）邱广段，由邱北至吊井；（十四）宁江段，由宁洱至江城；（十五）宁车段，由宁洱至车里；（十六）宁澜段，由宁洱至澜沧；（十七）砚马段，由砚山经文山至马关；（十八）马麻段，由马关至麻栗坡；（十九）昆易段，由昆阳至易门；（二十）昭永段，由昭通至永善；（二十一）鲁昭段，由鲁甸至昭通。以上各段，拟于本年雨季内组织测量队勘测路线，秋收后动工修筑土路，并限明春三月以前一律完成，再查酌经费情形，积极修筑桥涵，分段通车。

《申报》1939年7月20日，第2张第7版

## 龙云表示对英失望

【昆明】滇主席龙云今日语路透社记者云：中国政府及人民对于英国签署东京备忘录之行动，均表示惊异与失望。吾人向认英国为维护公理、国际公法及公道之一份子，此次何以竟突然变更态度而顺从日本之要求，诚属不解。须知受其恶劣影响者，不仅限于远东，且更将推及全世界之和平也。但吾人并不因此初步妥协而全感失望，盖英人之最后意向尚不可知，希望英国人民之良好意识，将自有表示。英国此种行动，自有若干心理上之影响，固无人能加否认，但中政府抗战之决心，将毫不为所动摇。吾人守土有责，能获友邦之援助固佳，否则亦须继续奋斗云。龙氏又郑重声明：日人之无线电广播，谓滇省与中央政府发生意见云云，实绝对无稽。滇省不但完全拥护中央，且始终对中央矢其忠诚。即在以前全国未统一之时，滇省已对蒋委员长表示拥护，其时余曾就力之所及，劝导其他各

领袖拥护蒋委员长。当时既已如次，目下自绝无不加拥护之理由。（二十八日路透社电）

《申报》1939年7月29日，第2张第6版

## 龙云报告滇省出兵抗战数额

两年来已达十七万众；战事未结束前续出兵

【昆明通信】滇省第一次省参议会业已举行，先后集议九次。七月二十日举行第八次会议时，省府主席龙云特列席发表重要谈话，历时两点钟，先谈一般情况及解释参议会召集之意义，次谈云南省军事及出兵经过，再次伸述其本人之三种感想。以云南之出兵，牵涉甚广，事属空前。地方绅耆对行政关系最大，其有助于役政之执行最大，其有碍于役政执行亦最大，希望绅耆能与政府切实合作，奉行政令。并郑重指出：抗战二年中，最出力者厥为前方将士与后方农民、农家子弟，已当兵又服役，所谓流血又流汗，对国家尽责最大。兹记其概要如次。

龙氏称：本省自奉中央命令出兵参加抗战以后，最初组织一个军（即六十军），人数在三万多；继又组织一军（即五十八军），人数与六十军相等。总计出兵在七万左右。嗣后继续补充，前后有八次之多，连同正规军，共出兵九次。本省出征部队到前线后，由鲁南转战到大江南北，即改为集团军，两军编为三军。此次本省出兵，两正规军，八次补充兵，总计出兵数量在十三万左右。加上目前正在微调中的兵额约二万左右，本省各县常备兵共约三万左右，合计在十七万左右。当初本省曾说过出兵二十万，现在所差仅二三万，与原定出兵额已相差无几。惟调足原定出兵额，军事是否能告一段落尚未可知。若战事不能结束，则将来本省出兵或许还要超出二十万额数。至于一切编制，均照中央编师，每师轻重机枪均极完全，重机枪尤多，每营一连，总共可编为二十七连。这些兵器，都是本省所购，只有重炮由中央拨用。关于本省将校人材，经多年教练，有七千数百余人；惟战事发生后，已感不敷应用。关于军费，自动员之日起至改编完成，均由本省勉力负担。至军队出发离省，由军政部接收后，始由

中央负责。本省此次出师，以办理补充兵额最感困难。本省先后出发二十七八个团，其装备、武器、经费等，半数由本省发给。自征募至出发需时三月，其中困苦，一言难尽。最后始与中央商量，先由本省成立补充团，经费由军政部负责，本省仅负征集责任，当承军政部允许。此项办法施行后，对于本省军费，不无小补；至已经用去者，亦不请求中央弥补云云。

《申报》1939年8月1日，第2张第8版

## 旅滇暹罗华侨组暹华侨留滇会

前日在昆明举行筹备会；滇当局已允划地供垦殖

【昆明】旅滇暹罗华侨，近因暹罗排华，特倡组暹华侨留滇会。二十五日下午五时，在昆明青年会开筹备大会，即席由甫自暹罗抵昆之华侨某君报告暹罗最近排华情况，略谓："暹罗自政变后，受日方嗾使，助纣为虐，因而大举排华。截至本人离暹时，我华侨所办学校之被封闭者，已达四十余校。即华侨在暹之最高学府中华中学，亦被迫停办。至华侨所办报馆，更扫数为暹当局封闭，迄今暹境已无华人之报纸出版。至于华人团体，如会馆以及商会等，更不时于夜间遭受搜查。华侨银行内之职员，前时被非法拘捕。至本人离暹时止，被捕华人已达三千余名。"某君讲述时，全场侨胞无不愤慨激昂，深望政府亟谋对策，以资补救。（二十五日电）

【昆明】暹罗排华后，华侨大为不安。华当局拟将在暹侨民移居西南各省，并利用其人力、财力，从事开发。侨委会驻滇专员张客公，特于二十五日下午三时往谒龙云，商洽结果，极为圆满。当决定：（一）在滇组织华侨招待所，龙氏并愿为发起人；（二）划开远附近一带，俾华侨建立新村；（三）芒市、车里两处附近，一片沃野，且为热带气候，能植树胶，划归华侨垦殖。（二十五日电）

《申报》1939年8月27日，第2张第7版

## 郭泰祯由渝抵滇

【昆明】中央贸易委员会云南分会，定十一月一日在昆明成立。中国驻英大使郭泰祺之弟郭泰祯，已被任为中政府派驻该分会之代表，而于昨日自渝飞抵此间，将于今日分晤云南省主席龙云将军与省立富滇银行苗董事，作事务上之访问。郭氏接见此间新闻记者时，对于云南刻正进行之建设工作，尤其为苗氏所从事之工作，表示钦佩，并称渠将步苗氏之后尘云。（三十一日路透电）

《申报》1939年11月1日，第1张第3版

## 云南省主席龙云公忠体国

### 日人所言全属无稽

【重庆】日昨日方广播谓国军第廿六集团将开入云南，且中央对该省将有某项布置。记者特走谒政府某要人，叩以究竟。据告：该广播全属日人造谣，绝无其事。日近发动一大规模"谣言攻势"，妄冀借虚伪之宣传，淆惑国际视听，破坏华方团结。故数日前，曾捏造国共两党即将分裂，且谓邵力子先生已赴延安之谰言，故意造作谎语，谓中央将与云南分裂。殊不知云南龙主席公忠体国，抗日志坚，有事实表现，人所共知。至廿六团军，正在前方作战，何来调赴云南之事。日人所言，实无异白日见鬼。日此种无端造谣，想中外人士决不置信，亦徒见其心劳日拙。（五日电）

《申报》1939年11月6日，第1张第3版

## 滇军两师将赴桂参战

【重庆】据今日此间消息：云南省府主席龙云，鉴于日军之侵入广西，决计派云南省军二师前往参战。故于今而后，龙云在抗战工作中，地位当见更重要也。（六日合众社电）

【重庆】据今日西南方面电讯：南宁方面之日军，现亦以游击队袭击华

方之游击队，其所用之口号为"以游击队打击游击队"。（六日合众社电）

《申报》1939年12月7日，第1张第3版

## 由龙云兼昆明行营主任

【重庆】国民政府二十一日令：特派龙云为军事委员会委员长昆明行营主任，此令。（二十一日电）

《申报》1939年12月22日，第1张第3版

## 昆明各界欢迎缅访华团

【昆明】滇垣各界以缅访华团来昆观光，二十六日晨九时特在省党部举行盛大欢迎会，并赠送纪念旗，到各机关、团体、学校代表数千人。该团全体团员由宇巴伦团长率领，于细雨蒙蒙中准时莅会。首由张邦翰主席并致欢迎词，继行赠旗礼，旗上绣"唇齿永依，精神相助"八字，当由宇巴伦代表接受，并致答词，略谓：中缅关系有如母子，此后将因交通便利，倍增亲切。目前在缅华侨，彼此犹以"同胞"相称，可见两国邦交早已建立良好之基础。敝团此次访华，承贵国热烈欢迎，至为感谢。希望贵国人士此后常至缅甸游历，敝国当不胜欢迎云。最后该团即赴云大、联大参观，十二时应各学术团体公宴，下午一时参观各工厂，五时赴留英同学会及西南运输处茶会，七时半赴银行公会及扶轮社欢宴，定二十七日离滇返缅。至中缅文化协会云南分会在昨晚龙云公宴时，即当场决定成立并推龙为正会长、宇巴伦为副会长云。（二十六日电）

【昆明】缅甸访华团此次由渝经滇返缅，滇省各界均一致表示热烈欢迎。二十六晚七时，龙主席特向全缅民众广播演说。（二十六日电）

《申报》1939年12月28日，第1张第4版

## 云南起义二十四周纪念　各界热烈庆祝

【昆明】今日为云南起义二十四周年纪念日。上午九时，省党部举行

党政扩大纪念周，到数百人。首由陈立夫讲演，继由黄实报告云南起义经过，全场极为兴奋。下午三时，省垣各界复在拓东体育场举行盛大庆祝典礼，到省主席龙云及各机关长官暨各学校、各团体、各部队，共计军民万余人；缅甸访华团全体团员亦被邀莅会参加。由龙云主席并报告开会意义，略谓：护国之役，为云南民众对国家效忠光荣历史之一页。今值抗战期中，吾人纪念护国，更愈益自淬励，竭尽所能，以争取最后之胜利。继由缅甸访华团团长宇巴伦及张之江相继演说，末呼口号，散会。是日全市悬旗结彩，情绪极为热烈。西南运输处亦分别举行纪念，并赴圆通山致祭唐墓，由李烈钧主祭。中央电影场外景队亦派员前往摄制新闻片。（二十五日电）

《申报》1939年12月28日，第2张第6版

## 滇行营主任龙云就职

【重庆】据昨晚官方消息：云南省政府主席龙云，已于昨日在昆明就行营主任之职。（二日合众电）

《申报》1940年1月5日，第1张第3版

## 英独立工党领袖克利泼抵港

【重庆】英国独立工党领袖克利泼爵士，今日由仰光、昆明乘飞机转道抵此，同来者有蒋委员长之顾问端纳。克氏路过昆明时，龙云曾以省主席之资格欢迎。席间希望各方作密切之连系，并谓"余深信中国今后在世界史上占有极重要之地位"云。（十三日路透电）

《申报》1940年1月14日，第1张第3版

## 中华医学会年会定期在筑举行

沪医学界派员参加

中华医学会第四届年会，业已决定在昆明举行，会期为四月二日起至

五日止,共计四日。届时全国各地医师均将推代表前往出席,本市医学界亦经选派代表,准期参加。大会议程如下:(一)会场:昆明金碧公园昆华医院。(二)宿舍:云南省立大学。(三)会程:第一日救护事业,主席卢致德医师;第二日救护事业,主席卢致德医师;第三日公共卫生,主席金宝善医师;第四日医事教育,主席王禹昌医师。(四)职员:名誉会长龙云,常务委员会主任秦光煌,副主任朱恒璧,游艺组主任缪安成,招待组主任范医师,出版组主任汤飞凡,展览组主任李医师,会程组主席黄子方。闻届时中央卫生署长颜福庆氏,亦将出席指导。

《申报》1940年1月15日,第3张第9版

## 龙云拨五万元救济大学生

【昆明十日电】自抗战以来,国内各大学迁滇者为数不少。惟各生多来自战区,经济来源断绝,致生活顿感困难。蒋委长为此曾拨款十万元,作在滇各专科以上学校清寒学生救济之用。滇主席龙云近亦鉴于生活日高,各生生活颇感困难,亦特拨国币五万元,交由各学校作为救济之用。

《申报》1940年2月11日,第4张第13版

## 日机袭昆明　击落一架

【昆明】据此间华军声称,昨下午二时,日机一队袭昆明,日队长一名被华空军击落毙命。日机一架被击落后,在距离滇省边境三十六英里以内及离铁路东三十英里之地点发现,所有机中人员均被击毙命。省当局当即赏击落日机之华空军人员每人五千元,省主席龙云并以特制号衣赠各有功飞行员云。(路透社十三日电)

【重庆】滇越铁路昨日复遭日机轰炸,但迄今未接损坏之详报。参与昨日袭击之日机计六十架,闻内有一架被击落。(十四日路透社电)

《申报》1940年2月15日,第1张第3版

## 日机又袭滇越线　昆明亦发出空袭警报

【昆明】据今日此间消息，今日下午二时许，有日机二十七架轰炸离安南边界七十五英里之芷村，闻该地略有毁损。同时昆明于今日下午一时半亦有警报发出，但至二时二十分钟即告解除，并未见有日机来袭。又十三日在文山方面击落之日本大型轰炸机，现陈列于该地民众教育馆中，供一般人士之展览。云南省主席龙云，特拨款五千元犒赏击落该日机之机师，并以二千元犒赏高射炮手。（十六日合众电）

《申报》1940年2月17日，第1张第3版

## 美大使詹森访晤龙云

【昆明】据今日此间消息，美国驻华大使詹森今日下午四时半，访问云南省政府主席龙云。谈三十分钟，兴辞而出。（二十三日合众社电）

【昆明】美大使詹森，定二十四日晨由昆乘车赴渝。（二十三日电）

【重庆】美大使詹森定明日由昆明乘汽车来渝，偕行者有美国驻华首席法官海尔密克。闻美大使等此行将循新落成之川滇公路，直接由滇入川，不经过贵阳。美大使一行大约将于二月廿八或廿九日到达此间。（二十三日路透社电）

《申报》1940年2月24日，第1张第4版

## 昆明新式电影院已告落成

泰隆

昆明为现在西南最繁华之区，各娱乐场所颇见兴盛，而电影事业亦渐见发达，各电影院卖座极佳。并闻原在重庆之"中制"亦有迁滇之说。

昆明原有电影院只逸乐和大众二家，所映影片大都西片，国片甚少。惟西片均甚陈旧，如沪上三轮戏院所映者。最近新式电影院——南屏大戏院，已告落成。其建筑不论外貌内观，皆极富丽。设备极完美，足与沪上

头轮电影院相媲美。每届假日，各院无不客满，因此有人预购戏票，开映前再提高票价兜让与人。售票处有儿童专为代客购票，略取少许酬费。

开映时，扩音机内播奏中国国歌，银幕上显映孙总理、林主席、蒋委员长及省主席龙云之相片时，观众都起立致敬。广告灯片有数十张之多，闻系取费低廉之故，灯片掉换甚速，然后始映正片。影院为不谙英语之观众明了剧情起见，特于月楼上设一翻译员，把片中对白大意，高声用云南土语译出。然现在本省人观众不多，故不谙英语之外省观众，若亦不谙云南土语者，对于片中对白大意是否澈底明了，恐尚成问题也。

《申报》1940年2月29日，第4张第16版

## 驻苏大使杨杰自滇飞抵渝

杨谈：苏芬和平为苏联外交之胜利，日本此后地位将愈趋于孤立

【重庆】驻苏大使杨杰返国述职。月初抵昆明后，于十九日下午三时半，由昆明飞抵重庆，各机关长官前往欢迎者甚众。杨氏下机后，即与往迎者寒暄致谢，旋赴旅邸休憩。（十九日电）

【昆明】中国驻苏大使杨杰，已于今日乘飞机前往重庆。据杨氏昨晚对记者言，苏芬和平为苏联外交之胜利，此种胜利之意义，实远大于其军事上之胜利。至于日本，因苏芬战事之结束，及法日商约之不能继续，其地位将愈趋于孤立。又据杨氏言，渠过安南河内时，曾闻河内旅馆中日本间谍甚多。谈及云南时，杨氏称，自从沿海为日方封锁之后，云南已成中国之国际生命线，故中国之胜利，实与此一国际生命线有密切之关系。又杨杰于离此前，曾访云南省政府主席龙云。（十九日合众社电）

《申报》1940年3月20日，第1张第4版

## 缅总督邀龙云游缅

【昆明】英驻滇总领具得本氏，日前接缅总督来函，嘱代邀省主席龙云赴缅一游。英总领二十一日午后，特往访龙氏转达斯意。闻龙氏已允月

内赴缅云。(二十二日)

《申报》1940年3月24日，第1张第3版

## 中枢及行都各界公祭蔡元培

蒋介石亲临致祭；各地举行追悼会

【重庆】行都各界，今上午假美专公祭蔡子民先生。下午举行蔡先生追悼会，情况异常肃穆。会场大门外搭彩牌，以鲜花缀成"蔡子民先生追悼大会"字样，进门为重庆北大同学会横额"山颓木坏"，内为国民参政会额"教泽长存"，灵台上悬中央执监委员会横额"群伦师表"，次林主席额"勋宏作育"，两侧悬蒋总裁挽联"教化宏敷，于古应尊大乐正；艰难多助，匡时赖造出群才"，四壁遍悬挽联。〈中略〉

【昆明】滇各界廿四日晨举行蔡子民先生追悼大会，由龙云主祭，十时半始散。(廿四日电)

《申报》1940年3月25日，第1张第4版

## 中华医学会定期开会

四月二日至五日在昆明举行

【昆明】中华医学会第五届大会，定四月二日至五日在昆明举行。各地会员刻已先后启途来昆，预计可赶到出席者将在三百人以上。此次大会，除美国卫生部派医师二人参加讨论外，并有越南医师多人参加。现大会已推龙云为名誉主席。(二十五日电)

《申报》1940年3月27日，第1张第4版

## 中华医学会第五届大会开幕

会期四月二日至五日；会场在昆明金碧公园

【昆明通信】中华医学会第五届大会，将于四月二日至五日在昆明举

行，由滇主席龙云任名誉主席。惟因交通不便，出席代表不若往年之多，但闻自各地赴昆参加会议，有北平、上海、广州、海南、河口，及蓉、渝、筑等省之医师。各区之出席者虽只一二人，然实际上每医学中心均有代表参加。至国外著名代表，则有法国及安南医师代表团，□现在滇缅公路一带调查疟疾情形之美国卫生部委员。闻大会之讨论事项，注重战时医药救济、公共卫生、医学教育各问题。公共卫生方面拟提出讨论者，集中于县卫生、霍乱、疟疾三主要问题。中央药物化学研究所委员根据最近调查结果，已将滇省所产植物之堪制防疟药品者，作成报告，以供参考。而各医学院院长对于医学教育改进问题，亦将提出大会商讨。

  大会为避免空袭，已将各程序依照新计划进行。每日下午三时前游览参观，三时后开会。所有游览地点、宴会日期及"代表须知"，均筹备就绪。闻昆华医院将其在金碧公园新落成之全省医务中心会议厅，供作大会会场；云南大学亦以新建校舍，供各代表寄宿。国外及当地各大药厂，准备以各种医药出品陈列展览。当地各医院、学校、医团暨省市府当局，均轮流公宴大会代表。各代表之游览参观地点，闻为西山之中央防疫处、白龙潭之中正医学院、昆明之大观楼，以及各医院、各大学。此次医学会代表大会，能在兹非常时期集合举行，届时全国医界名流硕彦，荟萃一堂，相互研讨，努力宣扬，定予学术建设上不少贡献。

《申报》1940年4月1日，第2张第7版

## 目前龙云未能轻离昆明

  【仰光】闻昆明英总领事，近应缅甸总督柯克兰之请，非正式向滇主席龙云探询，可否在最近将来，接受往游缅甸之请书。现悉龙主席虽目前未能轻离昆明，但表示今年内稍缓，或可往游缅甸之希望。（六日路透社电）

《申报》1940年4月7日，第1张第3版

## 龙云等发表通电讨伪

【重庆】滇省府主席龙云等，二日通电讨伪。此外通电讨伪者，尚有广西省主席黄旭初等、贵州省主席吴鼎昌等、广东省主席李汉魂等、云贵监察使任可澄、中国劳动协会。（八日电）

《申报》1940年4月9日，第1张第3版

## 龙云等捐款救济英伤兵

【重庆】英国战时慰劳会港协会，前托吴铁城代向我国募款，作为救济该国伤兵之用。吴氏以中英关系至深，义不容辞，已分函各方友好，代为劝募。现由吴氏汇转者，计有龙云、熊式辉各一千元，蒋鼎文、黄绍雄、李汉魂各二千元。余如戴传贤、居正、陈立夫、王世杰、陈仪、张发奎及张治中，均有捐助。（十七日电）

《申报》1940年4月19日，第1张第3版

## 龙云出巡

【昆明】龙主席以西南各县蕴藏甚富，亟待大量开发垦殖，特于十一日晨乘滇越车前往巡视，定日内返省。（十一日电）

《申报》1940年6月13日，第2张第5版

## 云南临参会举行第三次会开幕式　龙云致辞

【昆明】云南省临参会一日下午一时半举行第三次大会开幕仪式，到议长李鸿祥及参议员二十二人，省主席龙云暨各省委、厅长等多人亦亲临参加。首由议长领导行礼并致开幕词，继由龙主席致词，并对时局作详细分析，大意谓：（一）在抗战期间，代表民意机关之临参会，实不能有一

日之间断，盖非如此不足以沟通上下。（二）吾滇首当国防门户之卫，吾人应认清目前之大局，抱绝大之决心，以应付万一之变。日如来犯，必予以痛击，一息尚存，誓为国尽最大之努力。词毕由李监察使致词，末由参议员代表桂家麟答词。至三时礼成，定四日正式开会。（一日电）

《申报》1940 年 7 月 2 日，第 1 张第 3 版

## 龙云发表演说

【重庆】昆明华方电讯云：滇省主席龙云，顷在临时参议会发表演说，重申对于国家所抱意志，作最大贡献之坚毅决心。其言曰：滇省为中国国防之重要门户，吾人对于目前局势，必须有明白之概念，一息尚存，必须对国家之意志作最大之贡献。（路透二日电）

《申报》1940 年 7 月 3 日，第 1 张第 3 版

## 龙云派员视察党务

【昆明】龙主席为加强各县战时工作，以期人民能全体动员起见，特派杨绍曾、赵澍、杨家麟、陇体要四人，分别率员前往各县视察党务及战工情形。刻正积极筹备，定周内出发。（三日电）

《申报》1940 年 7 月 4 日，第 2 张第 6 版

## 政院政务巡视团由渝抵滇

【昆明】行政院政务巡视团川滇黔组主任蒋作宾、参事端木恺等一行五人，十六午由渝乘中航机抵昆，龙云代表杨立德及李培天等，均往机场欢迎。据蒋谈，中央为明了各地施政实况起见，特组巡视团，分组出发各地视察。本组在滇约有一周之勾留，然后转黔。视察程序，候与龙主席商议后决定。闻蒋十六日下午四时，至省府访龙。（十六日电）

《申报》1940 年 7 月 17 日，第 2 张第 6 版

## 陈嘉庚等访晤龙云

【昆明】陈嘉庚、侯西反二人由渝抵昆后，连日参观此间建设，并赴下关视察。七日下午四时，拜会龙主席，表示慰劳。广播电台定八、九、十三日，请陈、侯二氏分别播讲。（七日电）

《申报》1940年8月8日，第1张第4版

## 龙云决承中央意旨应付越南局势

【重庆】滇省主席龙云曾语现出昆明来渝之某外籍旅客云：滇省及其本人，自将秉承中央政府所采取之任何决定，以应付越南局势，毫无问题。据最近曾游历越南之滇省某高级官吏语该旅客云：渠信越南当局，苟非维希方面加以强大之压力，将抵抗任何日方之攻击。（十三日路透社电）

《申报》1940年8月14日，第1张第3版

## 华精锐军队数师已在滇越边境布防

*蒋委员长等赴滇视察防务；华反攻龙州力阻日军西进*

【香港】昆明通讯：滇省危机日甚，因以西原少将为领袖之日，河内监察团对越南设立海空军根据地事，已与法当局开始谈判，其目的在进攻滇省及增强日本在越南之支配权。此种谈判，自上星期地起即在进行，但日方称此项谈判乃讨论增进日与越南间之贸易者。苟日方在河内海防获得陆空根据地，则日之进攻滇省自将便利不少。众料日军之在桂西南部龙州者，将大举侵滇，以助来自越南之攻袭，中国精锐军数师，已在滇越边境布防。据息，蒋介石上将与白崇禧、杨杰诸将领，曾于上周末来滇，视察云南防务，并与滇省主席兼该省军事领袖龙云有所会商。苟越南当局对日屈服，则驻于滇越边境之华军至必要时当采取攻势。

一未经证实之报告称：上月初华军若干名曾越境至越南，经日方监察员之前，护送装货汽车及大批汽油。该项华军咸极优秀，且设备精良，结果葛德鲁中将被解越督之职，而代以法远东舰队总司令特古中将。据息，法舰队为避免被日海军包围，已离海防。盖在东京湾内，日海军力远超法军之上也。现华方军队为阻止日军自龙州之西移动以侵云南，正大举反攻龙州之南、东、北三部云。（二十一日国际社电）

《申报》1940年8月22日，第1张第3版

## 越督向华保证不许日军假道犯滇

港传日军准备明日在越南登陆；越南与中政府已商定应付办法

**【香港】** 据广州湾华人方面消息，日本舰队刻游弋于越南海外，封锁东北全部海岸，海防刻成活动中心点，法籍与土著军队皆被征发防守沿海各要点。法当局准备将法人妇孺撤出沿海城镇之外，法当局对于拍发电报已予以严厉检查。又据华方消息，越南当局已与重庆政府议定越南被侵犯时应采之计画。闻越督德古已向重庆保证，无论如何不许日方武装军队假道犯滇，亦不许日方在越南设立根据地。（四日路透社电）

**【香港】** 据此间消息灵通人士所接之情报，日本所提出要求允许军队假道越南之最后通牒，现已撤回。闻法当局与日视察团之讨论，今日已在河内赓续举行，惟越南自法方拒绝日本要求后所引起之紧张，仍然尖锐。昨晚西贡无线电消息，已宣布定期铁路交通暂时停顿。据昨日由越南飞抵香港之某可恃观察家语人，日方前曾通知越南当局，日军将于九月六日星期五在该处登陆。日本驻越南视察团领袖西原曾通知越南政府，谓自维希方面对日本要求作不圆满之答复后，日本对于军队登陆，必须采取主动地位，此项行动将等于侵犯。据广州湾华方消息，越南总督德古，对于万一此种侵犯实现时，中法当局所将采取之手段，已与中国政府商妥办法。（四日路透社电）

**【仰光】** 越南法当局与日代表今日复在河内继续谈判。闻日本委员团主席西原将军，未坚主越南接受日本最后通牒之条件。按，西贡昨日发表

公报称，日本已于星期日提出最后通牒，要求准许日军假道越南，越南法当局已予拒绝。此后据香港来电称，日军刻正准备于九月六日在越南登陆。（四日路透电）

**【香港】**闻日方现准备九月六日派兵在越南登陆。据今日抵此旅客所得消息：派往越南之日方使节团首脑西原将军，已通知越南政府，谓日本接获维希方面对日方要求之不满意答复后，定九月六日采取初步行动，派军登陆云。按，西贡昨公布官报，披露日本于本月一日提出最后通牒，要求准许日军经过越南。此牒已经越南法当局予以拒绝。（四日路透社电）

**【重庆】**今晨各报均以显著地位，登载官方宣布日本已向越南提出最后通牒，要求军队假道之消息。所有华人均殷切期待继续发展之消息。回忆外长王宠惠曾于八月廿八日发表宣言，声明日军如在越南登陆，中国当局决心采取自卫手段，并派兵开入越南。当时因尚无非常发展之报告，此项宣言颇引起惊异。但为阐明中国对于万一日军侵犯越南之态度起见，中国乃决定发表此项宣言。华方唯一关于日本越南谈判之消息，谓越南当局允以米、煤、橡皮及其他原料供给日本，但要求以恢复法国铁路交通及日本将不在越南采取任何军事手段为交换条件。闻日方在同意恢复铁路商业货运之前，曾提出若干条件，目下正在讨论中云。自日本提出最后通牒之消息证实后，越南局势已完全改观。此间人士皆以日本如侵犯越南，战事恐将迅即蔓延至南海方面为惧。中国当局虽愿望此项最后通牒之结果，不致引起日本与越南间之战事，但均以为和平解决颇少希望，因现时此项问题已超过越南当局控制之外也。此间相信，倘使越南允日军通过，华军即将开入越境以保卫滇边。但在另一方面，如越南拒绝日本之要求，日军将于九月六日派军登陆。是时越南当局不论采取何项决定，越南境内之战事，皆恐难幸免。中国应付局势计划之详情，虽尚未宣布，惟闻最高统率部早已完成准备。军政部长何应钦最近曾飞往滇省，与该省主席龙云会商日本万一侵犯越南时所将采取之军事手段。（四日路透电）

《申报》1940年9月5日，第1张第3版

## 河内昆明间航空交通突告中断

**【重庆】**滇省主席龙云,顷于《中央日报》发表谈话,谓:设日在越南登陆,华军即将滇越路全部予以毁坏,俾使该路不致落于日人之手。又称:毁坏滇越间国际桥梁,系奉上级长官命令而行,并系中国最初步骤。龙云又指责法国禁止中国经由越南输运军火为违反条约,不特军用品遭禁止输运,即商品亦遭禁阻。龙云又谓:法允日军假道越南,业已引起华人极度之恶感,而对此永不能忘。(十四日美联社电)

**【河内】**闻越南政府曾计划向中国提出抗议,认蒋介石将军军队在老开毁坏国际桥梁为损害法国财产。越南政府并知毁坏桥梁者为重庆正规军,非云南主席龙云之军队。并闻该抗议将指陈华军毁坏桥梁,越南将对云南及整个华南区域停止粮食供给。又据未证实消息称,华军已将滇越路之铁轨拆移往缅甸路敷设应用云。(十四日电)

《申报》1940年9月15日,第1张第3版

## 龙云下令总动员　滇边已宣布戒严

**【重庆】**据昆明消息:沿越南边境之华军,仍留驻境内;滇省边境一带,已于九月廿五日宣布戒严。军事当局对于经过河口及马里坡(译音,应为麻栗坡)之人民,皆加以严密之搜查。华军为扰乱在越南之日军后方起见,现正在粤省海岸之防城附近,予日军以压迫。华军克复该城后,日军即行反攻,于九月廿三日晚间攻入城中,但翌晚又被华军收复。昆明现平静如常,外侨并未撤退,惟所有中央政府各机关均作离境之准备,大部份将迁往川省。居民已奉警告自动撤退,倘不遵令,即将施行强迫。各商人现正运货出城。(二十七日路透社电)

**【重庆】**顷据昆明消息,谓滇省主席龙云已下令,动员一切人力及富源,以保护滇省防御侵略。兹据大公报驻滇访员称,蒋委员长之驻滇临时司令部,已下令严密检查来自越南之旅客,以防奸究。(二十七日合众社电)

《申报》1940年9月28日,第2张第5版

## 龙云离滇说绝对无稽

【重庆】记者以日方宣传机关，近有前后矛盾之消息，乃走访消息灵通之权威人士，叩问其对此之观感。据其声称，日以为进攻越南，则可望西南将领对中央发生隔膜，于是本月十八日、十九日两日造作龙主席被中央强迫来渝之说。但事实胜于雄辩，龙主席固隐镇边疆也。又于本月二十二日发出消息，声称龙主席在昆明对港报华方记者发表谈话云云，则与前传龙主席被迫来渝之消息，前后矛盾，不攻自破。又造作孔院长、于院长离渝出国之说，实则孔院长日前在渝主持节约建国储蓄运动，甚为热烈；而居院长最近亦出席各种会议，并发表谈话。又称共产党向政府提出种种要求及政府计议迁都，诸如此类，均属绝对无稽。（二十八日电）

《申报》1940 年 9 月 29 日，第 2 张第 6 版

## 日机轰炸昆明原因一斑

【重庆】昆明消息顷称：昨日机在昆明市区肆行狂炸，外人财产受损极巨。众料系滇主席龙云拒绝日人要求反抗重庆之结果。该消息称：因龙主席决意保卫滇省，反抗日本攻击，遂使华南日军不满，而以轰炸昆明为报复。自越南根据地起飞之日机，计在昆明投弹百五十余，约有百人炸毙。而青年会、东方汇理银行、商业旅馆，及英国教会医院等外人产业，均遭炸损云。（一日合众社电）

《申报》1940 年 10 月 2 日，第 1 张第 3 版

## 法大使戈思默昨抵昆明

【重庆】法大使戈思默大约不久即可抵渝。戈氏现已行抵昆明以南之开远，今日到达昆明。于访晤滇主席龙云后，即将启程来渝。（廿日路透社电）

《申报》1940 年 10 月 21 日，第 1 张第 4 版

## 戴季陶经昆明飞往仰光

【昆明】考试院长戴季陶,今日午后乘机抵此,云南省主席龙云曾亲予招待。约十分钟后,戴氏即起飞前往仰光。按,戴氏此行,将赴缅甸、印度南部等处游历,预期二月当可言旋。(廿一日合众社电)

《申报》1940年10月22日,第1张第3版

## 龙云限期缉捕沾益盗匪

【昆明】滇省主席龙云,因王外长及何军政部长之嘱托,顷已训令沾益县长,务必将杀害美教士勃南暨其妻子之贼人缉获惩办。龙主席并警该县长限三日内拿获盗贼,届时不能缉获,则该县长将受重罚。按,美教士勃南暨其妻子,系于十一月五日遭土匪六十余人之射击而毙命者。(十六日合众社电)

《申报》1940年11月17日,第1张第4版

## 《建设中之云南》将在渝献映

【重庆】云南省主席龙云,关于欢迎华侨来滇投资、开发富源,曾有讲演,大意谓云南蕴藏极多,亟盼关怀祖国之华侨人人投资开发,俾资国用。当时由中央电影摄影场实地灌音,复经中电摄影师汪洋分赴滇省各地,摄取蕴藏、名胜风景及新建设等,历时多月,所摄画面至为丰富,俾资插入演说词中。最近已全部完成,定名为《建设中之云南》,日内即可在本市先行献映。现南洋各属华侨团体,闻该场摄得此片,纷来电订购此片之映权。(二十日电)

《申报》1940年11月21日,第1张第3版

## 日方加紧"南进"准备　龙云论中日战局

日已认识武力征服中国为不可能；滇缅路所受威胁决不致阻碍运输

【昆明】云南省主席龙云将军，今日单独对合众社记者发表谈话，谓日本现正在准备鲸吞越南、泰国及缅甸等天产丰富而防御不足之国家。龙主席预料中国必继续作战，战争之终止，必经由外交方法而非经由军事方法。龙主席对美国采取经济步骤应付日本，甚为嘉许，惟觉美国所采经济手段并未更进一步，使益为积极。然美国与日本，实彼此均不欲战。

治理云南达十二年之龙将军，其接见记者，系在其总司令部，即十七世纪之明代皇后遗址。当记者进入龙氏个人之会客室时，见龙氏之服装简朴与态度温和，令记者非常惊讶。盖观龙氏之神情外貌，实乃一标准之学者也。记者觉龙氏并无赳赳武夫之状，其言动乃具艺术家之温和、具科学家之确实、具军事家之机警，并且具哲学家之睿智。龙氏虽逾中年，然体魄殊为康健，望之如三十许人。其于国际局势之讨论，殊有兴趣，并继续向记者云："日本经在华作战三年，业已认识以武力征服中国为不可能之明显事实。日本对于永久不休、无利可获之中国战争，已在自怨自艾，以是乃思以外交上及战略上之计谋，作"南进"之尝试，俾可不费金钱人力而获其益。东京此时扰乱亚洲东南隅之计谋，即为促使泰越开战而可从中渔利。"

龙氏会客室之黑色板壁正中，悬有蒋委员长与龙氏合摄之照片一帧。该照片系一九三五年蒋委员长来滇时所摄者。龙氏系喜吸雪茄烟者，于第二次以火柴吸燃雪茄后，又向记者称："日人现正计划缅甸，俾一面攫取缅甸之油田及稻田，一面切断吾国之国际交通而遂其一箭双雕之目的。至于日人以轰炸桥梁手段所予滇缅路之威胁，就前月所实际遭遇者而视，业已证明日人此种威胁为不可能。即令滇缅路桥梁之缆索，大部分炸断而仅留一条，吾人亦可于其上载物往来。吾人之运输，决不能因而受阻。日人此时或竟在计划颠覆泰国，而以假道该国为借口。予信日人在未占据越南、泰国及缅甸以前，决不敢贸然攻击荷属东印度或新加坡。"

记者以所传日人对西贡有所企图之讯相询,龙主席答称,集中海南岛之日军,随时可在西贡登陆。并预料一旦日军在西贡登陆,法人不致抵抗。论及美日关系,龙主席称近年来美国所采之种种行动,均属令人可佩,"然予以为美日战争,在最近之将来,必不能发生。日本对美,殊为审慎,正在竭力避免与美国发生实际战争;而美国苟非事先经过严重之考虑,亦不愿率尔从事军事行动。美国之经济手段,恐已足够致日人于困难,但迄今华盛顿并未充分实施其经济制裁上所应为者"。龙主席又称,滇省今年农村收获甚富,粮食可保证无缺。龙氏于滇境每次遭空袭后,尝往调查被炸区域,并亲自督率准备工作,兹已完成应付燃烧弹之防火准备。龙氏预料中国人民,决将继续作战,中日战争"惟有在日人认识中国不能以武力征服时,方可终止。予信此番战争,决非以武力结束,而系以外交方式结束云"。(二十二日合众社电)

《申报》1940年11月23日,第1张第3版

## 龙云等通电矢忠中央

【重庆】滇、川、西康□省军政领袖,龙云、刘文辉、张群、邓锡侯等,今日发表通电,反对日汪协议,并宣布矢忠中央政府,抗战到底。(七日路透社电)

《申报》1940年12月8日,第1张第4版

## 慰劳会函龙云　聘为指导委员

【昆明】全国慰劳总会,顷专函聘请龙云为该会指导委员云。(三十一日电)

《申报》1941年2月2日,第1张第3版

## 日军如由越犯滇　华军已有准备

【重庆】本日《大公报》载昆明讯,滇省主席龙云昨日宣称:"倘日

军从法属越南攻滇,则滇省华军已有准备。日本之从事调解泰越争端,其目的为巩固日军在越南尤其是在东京地位,日本已决心使法国听其指使。但在日本能在越南巩固其地位之前,日本不能利用该地为攻击他处之出发点,即攻击滇省亦属不能。如日军竟进攻滇省,吾人已准备不使其越过边界。"(三日合众社电)

【重庆】今晨《大公报》载称:近晋谒滇主席龙云将军,据谓日军如图攻滇,滇省必竭全力以抵御之。日本之调解泰越争案,其目的乃在扩张在越之势力而完全控制东京区。外传日本现仍犹豫南进之说,尚待证实。日本或图进攻滇省,但据专家意见,日本非俟其在越地位巩固后,不致出此。盖日军必须以越南为攻滇之总根据地也。滇省多山而地势险阻,日军攻滇,必须离公路与铁路线作战,则不得不赖牲畜或人力以运输辎重与粮食。本季为攻滇最为适宜之时,过此以后,气候转劣,雨季亦将开始。至是绝难作大规模之战事。日军之攻滇,在雨季前乎?抑在雨季后乎?殊难豫料。日人一日不放弃其征服中国之野心,吾人必须充分准备应付一切事变。(三日路透社电)

《申报》1941年2月4日,第1张第3版

## 滇慰劳运动开始征募

【昆明】此间出钱慰劳运动,中枢指定龙云任指导委员,预定征募国币五十万元。今日下午召集金融、交通各界人士,商讨征募办法。当场纷纷自动认捐,竞争热烈,共得国币三十九万元。计个人认捐最多者为董澄农二万元,团体第一为富滇新银行四万元。并决定十五日起开始,自由捐款,至月底结束。(十二日电)

《申报》1941年4月14日,第1张第4版

## 清华大学纪念会　龙云演讲

【重庆】本日昆明消息称:滇主席龙云在清华大学创立三十周年纪念

会席上演讲，谓如日本进攻滇省，则渠已准备与以痛击。并称余负保卫滇省之责，故当然竭力尽其责任者。如滇省一旦有事，余必先保护大学及学生，以保证彼等之安全云。（二十八日合众社电）

《申报》1941 年 4 月 29 日，第 1 张第 2 版

## 驻华英大使寇尔爵士抵渝

大使称缅甸防御力量增强

【重庆】英大使卡〔寇〕尔于今晨八时半，由昆明飞抵渝。（二日电）

【重庆】英大使寇尔爵士自仰光取道滇缅公路来此，已于昨日午后到达昆明，当即拜谒省主席龙云，稍事勾留，即当启程来渝。（一日哈瓦斯社电）

【重庆】《中央日报》顷称：英驻华大使寇尔，顷自昆明抵此。寇尔大使谓缅甸之防御业已增强，且在继续增强中。并谓渠对云南防御侵略之能力，颇具信念。英大使系于今日上午九时抵此，离重庆已两月之久。在离渝之时间，英大使曾游历上海、香港、新加坡及缅甸，并曾乘汽车自腊戍〔戌〕经由缅甸公路至昆明。英大使系于四月三十日抵昆，昨并访晤滇主席龙云。英大使在新加坡时，曾视察该处之海空根据地，并信新加坡为世界最坚强堡垒之一，足以从事巨大之防御。寇尔大使在新加坡，曾数度与中国外部参议刁作谦、该地中国总〔领〕卓高君，以及其他马来亚之中国要人商谈。该报续称：华人曾请求寇尔大使设法使该地之华侨，得汇寄更多之银钱至华，及在马来从事战事工作。该地华人并曾与寇尔大使商讨关于一旦新加坡发生战事时，撤退及救济华人之办法，并请取消华人在马来政治活动之限制。闻寇尔大使已允尽力设法解决以上各项问题云。（二日合众社电）

《申报》1941 年 5 月 3 日，第 1 张第 3 版

## 云南大学被炸　龙云拨款救济

【昆明】日机十二日袭昆，国立云南大学再度被炸，损失甚重。龙主

席昨特拨款四万元，作救济该校员、生、工、警生活及修补内部之用。此款已由该校领取分别支用，该校校长熊庆来特于今日代表该校全体员生，向龙主席致谢。（十八日电）

《申报》1941年5月20日，第1张第3版

## 新外长郭泰祺晋谒蒋

*报告与罗斯福谈话经过；就职日期迄今尚未宣布*

【重庆】新任外长郭泰祺今日晋谒蒋委员长，报告英国现状，过美时与罗斯福总统暨赫尔国务卿之谈话，及檀香山、菲列滨〔律宾〕、新加坡与仰光之情形。郭氏就职日期尚未宣布。（二十八日路透电）

【重庆】新任外长前驻英大使郭泰祺，昨由昆明抵此时，政府要人与外交家如英大使寇尔、比大使纪佑穆、前外长王宠惠、外次徐谟等，皆在机场相迎。郭精神饱满，状颇愉快，下机后与在场欢迎者及外籍记者一一握手寒喧〔暄〕。言及苏德战争，谓国际局势已因此澄清，使反抗侵略之各国，处于一个集团中云。郭在未将其关于在英美两京谈话之报告送呈蒋委员长时，不愿发表任何意见。继言及滇缅公路，谓此行经二万四千哩，除腊戍〔戌〕与昆明一段乘汽车行外，皆乘飞机而行。滇缅公路为中国生命线，亦为ABC（即美、英、中）合作之表征，故渠觉在就外长职以前，不可不予以巡礼。渠在美时得与罗斯福总统与国务卿赫尔诸领袖相见，备承款待，颇深欣感。渠并得睹火奴鲁鲁、新加坡与缅甸之防务云。

《扫荡报》著论欢迎郭氏抵渝称：新外长在由伦敦经美返国时，已有重要成就，与赫尔互换关于美国放弃在华治外法权之函件云。昨晨昆明有警报，故郭氏出发稍缓，但日机并未飞近昆明。郭氏于六月二十四日乘汽车到昆明，滇主席龙云迎之于郊外。郭氏在昆明称：渠曾视察新加坡海陆空防务，渠认为防务坚强，可击溃任何攻击。苏德战争等最近发展，有益于中国，各友邦皆以各种可能之援助给予中国。滇缅公路今已受海外之多大注意，与大西洋同。渠对此路状况，颇有所感，希望其续有

改善。与郭氏同机来渝者，有主持滇缅公路行政事务之俞飞鹏。（二十八日路透社电）

《申报》1941年6月29日，第1张第4版

## 各地纪念大会　分电林蒋致敬

〈前略〉

【昆明】滇各界今下午开抗建四周年纪念大会，龙云亲自主席，当场发动认购战债，龙云率先倡导，结果得三千万元。各界并举行献金竞赛，获十万余元。大会并通过电林主席、蒋委员长致敬电文，及慰问前方将士电等。（七日电）

《申报》1941年7月8日，第1张第3版

## 中国采取自卫布置　增强滇缅边境防务

*中央精锐部队被派至滇桂边增防；龙云将在保山设行营保护滇缅路*

【重庆】消息灵通方面宣称，中国政府对于越南之局势密切注意，但该方面指出中国之布置，仅限于严格之自卫，此即谓滇桂边境必使其不受侵犯，而滇缅路亦必须维持其活动而不受阻断。依照此项原则，中央军之精锐部队，去年已被派担任该处边境之防务，此辈中央军有最优良之物质配备。该方面并称滇主席龙云与中央政府全力合作，为增强防务起见，龙主席将设行营于滇缅路上怒江及湄公河间之保山。消息灵通方面称，此种步骤，系防日本之经由江河及湄公河流域而侵入云南，以切断滇缅路。消息灵通方面谓，日本计划经由泰国而侵占缅甸，以截断滇缅路，但英国在东缅之防务已变更。此项情形，英国在以前从不计及缅甸东界之防务，但现时则东面界线全部皆密布堡垒及航空场。（二十六日合众社电）

《申报》1941年7月27日，第2张第5版

## 龙云接见记者　谈日本最近之动向

*此次侵占西贡为其南进之准备；德苏战争未达决定阶段不敢北进；如侵华或直取昆明或断滇缅交通*

【昆明】七月二十九日航讯：最近国际局势因德苏战事已有急遽之变化，而日本最近动向更为一般人所注意。昆明行营主任龙云接见记者发表谈话，其大要如下：（一）日本此次侵占西贡，仅为其南进之准备，最近必即有所动作。以北进而论，在德苏战争未达决定阶段之前，决不敢妄动。所望英、美两大民主国家，如能趁此时机，以海军联合之实力，一举就远东侵犯之戎首予以致命之打击，则不但英、美两国在远东之利益可以确保，即太平洋之和平秩序亦可赖此得以安定。（二）法、日、越南联防协定，对我及英、美之威胁殊大。敌人果欲借此侵我，不顾其自身之实力，在我西南另辟新战场，断其路线，当不出：（甲）直取昆明；（乙）由泰侵缅，在瓦城一带截断滇缅交通。至一般认为，敌或将直取××等地，于滇西境内采取行动一节，系不明地理、地形之谈，未免劳师及远图。敌设自该路进兵，或从思普李仙江入侵，或由泰境景恫绕达，其途程与由河内至昆明相距约有二倍故也。最后记者询及最近滇境对日行动之防卫措置，龙氏笑曰：此事华方早按原定计划布置就绪，惟事关军事，恕不奉答云。（三日电）

《申报》1941 年 8 月 5 日，第 1 张第 3 版

## 中国访缅团由渝出发

【重庆】中国访缅团，今晨七时半往仰光，预定行程原共三星期，嗣以团员多有重要职务，故减为两星期。原定团员中，陈庆云、王芃生、王晓籁因事未成行，正副团长蒋梦麟、曾养甫、缪云台及团员金龙章则在昆明。故今晨出发者，仅为张维桢、陈纪彝、缪培基、汤德臣、谢仁钊及秘书杭立武、窦学谦等七人。过昆明时将受龙云主席之招待，然后会同蒋等

四人续飞仰光,约下月十日可返渝。(廿八日哈瓦斯社电)

《申报》1941年8月29日,第1张第3版

## 全国水利委会组织就绪

【重庆】全国水利委员会组织就绪,主任委员薛笃弼,常委陈果夫、傅汝霖、茅以升,当然委员为内、财、农、粮、经、交等六部长及赈委会委员长,聘任委员有王正廷、张群、龙云、吴鼎昌、黄旭初、卫立煌、沈百先、韩立均等十九人。下月一日开始办公。(廿七日哈瓦斯电)

《申报》1941年8月29日,第1张第4版

## 伟大的缅滇公路　中国的生命线

〈前略〉

### 伟大筑路工程

缅滇之通路有二路线可循,一线较短,另一线较长。较长的一线能与已筑好的长二百六十三哩省公路相接通,这条省公路是独眼将军龙云主席早就筑就的,它是自昆明而西越中部高原而直达下关。这条新路则转向西南而往湄公河流域过河而南向,更西渡萨尔温江。在四十哩距离之内,它高度的变化很多。它会自七千二百尺高度突降至二千五百尺,又转升至七千五百尺。再经过几座山峰之后,就到达缅甸树林茂密的原野,直至腊成〔戌〕为止。一切建筑的工程全由云南省政府负责,中央政府则津贴费用约二百万元。

在廿六年十月开始动工(离决定建筑期只二月),各乡村的壮丁均被征来工作,每区规定筑路的距离和人工的数目,这是中国最超越的建筑方式!大量地运用人工的血汗。二千一百年前,万里长城的造成亦复如此。一位美籍工程师在考察这路政时曾这样地说:"天啊!他们全自用了手指将山头掘开来而造成的。"

在缅甸方面，英国人士也同样努力地工作着。他们从自己的地域建筑至中国的边境，至于何时开始通车，并无正确纪录。但在民国廿七年十二月，詹森大使及海军上校麦许氏确是经过这条缅滇路的。

在十六个月中，二十万人在这马来亚岬顶上开掘二千多个地沟，建筑了三百多条桥梁，其中并有二条吊桥高出山峡几百尺。这七百廿十哩的公路，阔约十二尺至十六尺。山路崎岖，行旅不易。它是全世界上疟疾最厉害的一带，同时也是世上最美丽、最危险、最复杂及最重要的路了。

世界各国都已相信缅滇路的重要性，但在中国，大家知道它实际上还并不是这样重要。西南运输公司和其他的政府机关共有几千辆卡车在那路上行驶。虽则在风雪并下的时期不得不略为停顿些日子外，它确实很运出了不少军火至中国的腹地。但是在民国廿八年及廿九年初期，中国大部份的进口货仍是从太平洋沿岸入口，正如一世纪以来一向是这样的。在民国廿八年十一月，南宁失守，于是重要的汽油路线就此割断，越南铁路的运输业务就大为增加。民国甘〔廿〕九年春，每月平均最高的运货纪录为一万三千吨。同年六月，法军败于德国；在武力威胁之下，法属越南与日本妥协而将此越滇通道关闭了。

突然间，缅滇路就成为中国与外界惟一的通道了，中国人认清了这实况而大为震惊。他们赶快将货物运往仰光，以便大量地利用缅滇路。在廿九年七月十八日，英国因顾虑自身危机而与日方妥协，将此路封锁三月。在此三月之中，中国被很严密地封锁着。在同年十月世界局势改观，英伦已能力御德方之闪雷空袭，美国政策亦较为强硬。因之，在是年十月十八日，缅甸〔滇〕路也重行开放，中国的外交次长亲自从重庆飞来，主持通车典礼。

在未开放之前，重庆各机关都在计划着"假若缅甸〔滇〕路重行开放了"的事。他们想第一批来的货物该是什么和什么。但在开放后的数星期内，他们是感到失望了。因为在十一月至一月间，平均每月只有四千至六千吨的货物运至昆明，而它又只是中国目前惟一的通道。的确，日军的飞机不时自法属的根据地出发轰炸，至少湄公大桥曾被炸过二次，萨尔温大桥被炸过一次。但是，在惯于空袭的重庆方面，总觉得这决不能成为运输不力的原因。

〈后略〉

《申报》1941年10月13日，第2张第6版

## 华各战区司令会议　商保卫滇缅路计划

**缅甸泰越边境英军防务；已增强滇越交界有华军中央劲旅驻防**

【香港】重庆方面消息称：鉴于当前国际局势日见紧张，蒋委员长已于星期三及星期四举行各战区司令紧急会议，较原定于十一月中旬举行为早。据称，滇缅路之保卫、原料之入口及与各国军事合作等，均为此次会议中之主要讨论题目。会议后，商震将军及内政部长周钟岳即飞往昆明，协助龙云将军计划如何保卫滇缅公路。（九日电）

《申报》1941年11月10日，第1张第3版

## 龙云长陆军部完全谣言

【重庆】中国方面人士，今日对同盟社所传，谓蒋委员长拟任命云南省政府主席龙云为陆长，以加强区境防务一事，为之失笑。同盟社称：蒋委员长已遣派山东省主席沈鸿烈及周钟岳至昆明，敦劝龙云至重庆。可靠方面称：沈氏确已赴滇，惟周氏目前则正在渝参加国民参政会议云。（二十三合众社电）

《申报》1941年11月24日，第1张第3版

## 滇各界欢迎滇黔党政考察团　该团访龙云商考察办法

【昆明】滇各界今举行联合扩大纪念周，欢迎滇黔区党政考察团，到中央地方各机关首长等千余人。党部张代主委西林主席致欢迎词后，请罗团长家伦演说，就考察团工作范围及使命加以说明；张副团长强演说（抗建之基本国策）。晚在滇各机关团体，联合欢宴考察团。（二十四日电）

《申报》1941年11月26日，第1张第4版

## 龙云训勉僚属

【重庆】昆明电：云南省主席龙云，训勉僚属谓，日本企图攻滇，中国誓与周旋到底。应战则战，即至战死，亦有无限光荣。滇缅路为支持奋战全局之大动脉，必须保其畅通，以供利用。现在布置阵地，以防日方进攻云。（二十八日哈瓦斯社电）

《申报》1941年11月29日，第1张第3版

## 滇滑翔分会定期成立

【昆明】中国滑翔总会滇分会，自总会派主任干事宋如海来滇筹备后，各项工作积极展开。现已决定滇分会定十二月四日成立，由滇主席龙云兼会长，卢汉、李鸿祥、张西林为副会长，并聘定龚自知、裴存藩、王叔铭、蒋梦麟、梅贻琦、熊庆来、冯伯翰、庄前鼎、唐继麟、徐〔禄〕国藩、李鸿谟、赵公望、徐继祖、杨家凤、王齐兴为理事。（二十九日电）

《申报》1941年11月30日，第1张第4版

## 陈树人欢宴在昆侨领　商归侨开发实业事宜

【昆明二十六日电】侨委会陈委长树人抵昆后，即晤滇主席龙云，商归侨在滇开发实业事宜。龙氏当表示决尽力协助，予以一切便利。陈氏并于二十六日午出席此间紧急救侨委会，对今后工作有详细指示，定二十七日欢宴在昆侨领，宣达中枢眷念侨胞之至意。又昆市各界，定三十日举行欢迎归侨大会，届时陈氏将亲临主持。

《申报》1942年3月28日，第1张第2版

## 重庆国民党举行十次大会

【南京十四日同盟社电】据重庆讯，重庆国民党中央执监委员会，于

星期四纪念故孙总理第七十六周年诞辰后，即举行第十次全体大会。蒋于致开会词后，派十一人为大会主席团，有孙科、于右任、居正、冯玉祥、叶楚伧、陈果夫与孔祥熙等。可靠消息传，大会秘书处虽称与会者共逾一百六十人，实则仅一百二十七人，未能与会者有阎锡山、龙云、宋庆龄等。委会会议九日期间，重庆卫戍军、宪兵队与警察局，均在重庆内地严密警备。

《申报》1942年11月15日，第1张第3版

## 关麟征继龙云职务

【仰光十七日同盟社电】近日曾谣传蒋介石氏逮捕云南省主席龙云，兹据此间今日接讯，重庆已任命关麟征继任龙云之职。按，关氏曾于大东亚战争爆发后率重庆第六军入缅甸。

《申报》1942年12月18日，第1张第2版

## 龙云新职

【广州二十三日同盟社电】据今日此间消息，前传被拘之渝云南省府主席龙云，已被任命为军事顾问会副主任，兼滇西渝军指挥官，并恢复云南省府主席职。

《申报》1942年12月24日，第1张第3版

## 日报道部发言人发表谈话

日本在上海陆军部报道部，于昨（十一日）下午三时，循例招待本市中国新闻记者团。计到各报社及上海新闻联合会等十余人，准时举行恳谈，由日陆军部报道部发言人，对英、美、渝在缅策动困难，阐述颇详，略谓：当本年二月上旬，渝蒋曾在重庆召集会议，二月十一日闻何应钦复赴印新德里，与英美指挥官举行会商。吾人观测此两次会议，当未决定任何之具体办法。英、美、渝之目的，不外以打开印度道路为对日发动攻势

之根地。据渝军军队之调动频繁,在云南集中,拟在缅甸推动至印境,并委"第六战区"陈诚担任在缅甸之远征军司令长官。惟渝方此项调兵遣将,及其发动攻势之梦想,并非在英美谅解下之有计划行动,故渝方企图反攻缅甸,在事实上绝不可能。一因渝军不服水土,加以瘴气为患;次因当地气候恶劣,时值雨季,疾病丛生,须至十月中旬气候趋于正常时,始能发动攻势。然在此悠长时期内,如何支持得以渡此难关?现在日军为先发制人计,已在缅开始攻势。继述在滇之龙云部队,因渝军进驻滇境后,已遭监视,可谓毫无能力。此外在印英军,更贪生畏死,并不愿消耗实力,惟恃利用印人作破坏之举,置印军于最前线,而英军则殿其后。就数量言,最前线印军约有十二师,殿后英军约为四五师;至于在印之英空军兵力,确实数量虽未可知,惟推测其实力,当不值一谈。尤以残余之美空军,更未有活动力量。最后述及自日军根据日法协定进驻广州湾后,附近广西军丝毫未有蠢动。基此观测,足以断定渝方殊无力作反攻之举。

《申报》1943年3月12日,第1张第4版

## 越边境西北端老开视察记

**【河内十三日中央社电】**滇越沿线要地及其东文山等邻近越南地区之防卫,已悉为渝直系军所盘据。因此越南军乃自去年底起,即增强边境前方防务,赶筑长大之要塞防卫线,渝、越两军,正于边境对峙中。记者为明了该方面之真相起见,特于日前至越南国境防线西北端之老开视察。

老开之市街,沿南溪河建于山中,人口约一千四百人。因该地附近一带之物资集散地,故恒为华侨及各蛮族荟萃之所。老开车站外为红河与南溪河之会合点,遥见对岸成丁字形,即为敌方阵地所在。其地位于红河左岸,于灰土层断崖之上,建有灰色之大三角形堡垒,其周围黑色枪眼隐约可见,堡垒上所悬之三色旗则随风飘扬。已遭破坏之铁桥残骸,则仍横卧于浅流之中。距北岸约八十米之地,屋宇栉比,显为市街,并可望对岸之武装渝军。现守备该处河口市街之渝军,为第五十四军一百九十八师之一部,警备司令则为该师副师长潘裕昆。市街后方有白色战壕,蜿蜒于连绵之山地间。自右侧之第一山峰至左侧之第四山峰间,为敌方第一道防线。

设一旦开战,则老开市街首当其冲,盖两地相距至近。余拟视敌军碉堡时,恍见敌方步哨岗位,似渐移渐近,紧张情形,可见一斑。

此处边境,自日军进驻后,事实上已被封锁,但因渝方境内物资缺乏,若与老开方面断绝交通,则对岸渝方民众生活即无从解决。故经老开及河口两方约定,每日限于上午八时起至上午十一时止,准许渝方民众至老开购物,于双方所派之税务人员及军警严密监视下,每日约准华侨三百人渡河购物,其中以女子为主。彼等乘渡船渡至老开,于华侨所开之商店中,购买经许可范围内日用品后返去。两地虽一河之隔,但物价竟相差达二三倍之巨。渝方境内之凄惨暗淡景象,与越境昌朗繁盛之情况相较,不啻霄壤。

日陆军航空部队,自于去年一月二十八日进驻越南后,曾猛炸河口渝方之军事设施,其被炸遗迹,在此岸犹能望到。现渝军将士因感抗战之非而投诚者日益增加。记者于老开市华侨街市会晤,见渝方来归之刘上尉等军官四人。刘上尉原系渝中央第五十二军第二十五师第二中队队长,于二周前始毅然来归,现于该地从事正业。据彼谈称,渝军之中,现无一人相信可获得最后胜利。现滇省边境渝军,粮食时感缺乏,而军饷月仅八十元,但物价则甚高。普通纸烟每包需二十五元,边境土民不□滇语,致军民间隔膜日深。又因疫疠蔓延,死亡累多,日方之战胜消息,虽经任何隐蔽,仍将有所闻云。

又滇军第一百八十四师第二旅归顺之甘上尉谈称,滇第六十军第三旅旅长龙汉斗,乃龙云之弟兄。前因渝直系军之压迫,被封锁于滇西地区,其举动即遭监视。及至去年末,彼自越南秘密运输军火之事为渝方发觉,遂为渝方逮捕送至重庆。前传龙云被捕,实系此事之误。但自此,龙云之军权事实上已被剥夺。最近渝方第二十集团军移驻滇省境内,闻同时张发奎亦抵达昆明云。又悉渝方第五十二军近将调赴广东,第五十四军则向缅甸方面移动,与第二十集团军所属部队交换防地。又于老开所见对岸敌军防御阵地,乃为警戒阵地,至其主要阵地,则远在百公里以外之后方。

《申报》1943年3月14日,第1张第3版

## 日陆军报道部发言人报道缅甸状况

日本在上海陆军部报道部，于昨（廿五）日下午三时，循例举行招待本市中国新闻记者团，由报道部发言人介绍方由浙东金华来沪之日军部队幕僚，即席对金华目前复兴情形，阐述颇详；继由发言人报道最近缅甸情况，直至下午五时后始毕。〈中略〉

军部发言人对缅甸作战状况详述如下：最近英、美、渝协约国，以克复缅甸为主要目标。渝方对滇缅路准备发动攻势，特派陈诚担任远征军总司令。陈诚前任之第六战区长官职务，今另委孙连仲担任。目前陈诚驻军在云南西部。至在印英军，亦准备由印发动。综合而观，目前渝军尚无单独对缅发动攻势之可能，仅保本身防地以御日军作进一步之攻势耳。观察云南现势，陈诚虽驻军滇西，滇东仍为龙云势力。陈诚军力今有二十四师及七旅，编为十一集团军；此外则为第五集团军，由前在缅甸作战之第五军长杜聿明统率，其下为第七十一军（宋希濂任军长，下设四师，新编一师）、第六军（下设三师）、第五军（下设三师）、第二军（下设三师）及第八军（下设三师）等所组织。第十一集团军所属第七十一军，现驻云南大理；第五集团军所属第六军，驻云南以衔接缅甸国境地带。至第五集团军之主力，则在昆明，一部份军力在大理之东北部。余为所属第二军，由贵阳移驻凤仪；所属第八军，由常德移驻昆明。至目前在渝之美空军，仅约九十架而已。〈后略〉

《申报》1943年3月26日，第1张第4版

## 我的重庆政权观（中）

吉田东祐

〈前略〉

问：假如蒋介石现在寿终正寝，你以为他的继承人是谁？是由亲英美派的人出任？抑还是由国粹派的人出任？

答：按现在的形势来判断，我认为蒋介石的继承人一定是由国粹派中

人来担任。或许就是何应钦。我认为有三个理由是他：（一）目前仍然在继续抗战，自然重庆的领袖，则以军人为最适当。军人中资格最老者，为冯玉祥、何应钦、白崇禧、李宗仁，至于陈诚、胡宗南、张发奎等，是比前者低一级的。按军人的能力说，其名次就是白崇禧、冯玉祥、何应钦、李宗仁，然而白崇禧、冯玉祥、李宗仁辈，全非蒋介石的嫡系，且他们都曾反蒋过一两次。与此相反，何应钦却是蒋介石嫡系军人中的头号元老，且曾始终一贯地协助过蒋介石。固然，何应钦在战略战术上远不及白崇禧，在笼络军心上决非冯玉祥之敌，然而在人缘方面，却具有不使人讨厌的美德。陈诚和胡宗南辈虽无资望，但充蒋介石的继承人却是最恰当的。（二）假如何应钦摇身一变而成为蒋介石的继承人，则政学系和CC团全都不会丢失前此各自的地盘的，既然与蒋介石时代同样能维持住自己的势力，所以政党两方全都拥护他的。（三）何应钦成为蒋介石的继承人后，中央与地方间的关系，也不至于恶化。因为何应钦与主要省份的实力派全有密切关系。例如四川省的张群，在思想倾向上是二而一的，是知日派的同志；贵州省的吴鼎昌，是何的亲戚；云南省的龙云，是说一不二的至友，当蒋与龙间不能协调时，居间调停者就是何应钦。此外陕西省的熊斌、福建省的刘建绪、甘肃省的谷正伦、浙江省的黄绍雄、湖南省的薛岳等，全与何保持着良好的关系。

〈后略〉

《申报》1944年9月1日，第1张第1版

## 英美要员在渝方活动

**【中央社沪讯】**据重庆消息，东南亚洲反轴军司令蒙特巴顿之夫人，十二日晨偕随员韩德少佐及李斯女士由重庆乘机赴昆明。顾维钧大使、外交部次长吴国桢、礼宾司长吴南如，及其他政府机关代表、妇女团体代表等，在机场欢送。蒙夫人下午一时十五分抵昆明，滇省委缪嘉铭夫妇、谢诺特将军及省政府要人、英国驻昆明外交军事代表等均到机场欢迎，旋于下午二时偕中国红十字会昆明办事处主任倪春博士，视察昆明伤兵医院、中央防疫处、军政部昆明兵库等。下午四时，出席滇省主席龙云夫人之招

宴云。按最近英美要人在重庆、昆明等地之活动，是在企图支配政治中枢。更有美军到处横行，目无中国法律，均为一般民众所愤慨。

《申报》1945年3月14日，第1张第1版

## 滇水倒流翠湖兴波　昆明最近动态

### 本报特约记者　张军

冬至将届，昆明气候仍如秋季。秋在昆明，不特多事而且有声有色，特别忙煞了各报记者。记者不道秋色好，且赋秋声来去时。在五华山头，在翠湖道上，在大西门外，留下了什么痕迹，发生了什么变化、反响与后果？

滇省政府，经过两次大改组，更换了五个省委、四个厅长；昆市政府，经过一次改组，更换了三个局长；各县人事之变动，亦系官场中例行之事。

在这短短的一秋中，撤销了几个组织庞大的军事机构，增加了大批失业军人，杜聿明司令，仲秋在昆明完成了滇省府改组工作后，又在山海关外干得有声有色，人皆谓杜氏"走红运"。关总司令在昆就职后，也曾有声有色，为时仅三十九天，即因学潮而"引咎自劾"以去。

昆市最近公然在闹市行劫者，入夜常闻枪声，人心惶惶不宁。散兵游勇收容所，宣告有人满之患。"国际路线"失却了主顾，如流莺乱舞；工厂与招待所相继紧缩结束，厂主奔走呼号求救济，大批员工彷徨街头。在这号称二十八万人的"不夜之城"中，各种有声与无声的变化，正在急剧的进行。假如你在秋之夜，愿意接受这些声响的刺激，你会觉得兴奋、紧张、沉默、隐忧、悲痛与啼笑皆非之感，表现于此秋者异常显著。这些事态的产生和变化，固为战后不可避免者，推其原因，亦不可忽略人事上的影响。爰就记者所摄取的几个镜头，把它的轮廓描写一下。

### 五华山头　一迎一送

滇省前主席龙云，在滇十八年。十月三日，因省府改组而引起的枪声，昆市"一般人民素不习见，即视为奇异"（引用卢主席语）。由奇异而

产生的反响，经过了一个时期，始告安定。龙前主席乘专机飞渝，李代主席到省府视事之日，全市仍在紧张冷静状态中。是日中午，国旗飘扬市区，从五华山到飞机场，夹道警戒严密，数十辆"送旧"的小包车，疾驰过市，没有人想到燃放鞭炮，表示迎新之意。十二月一日，卢主席到省府视事，全市复见国旗飘扬。但当李代主席被省府乐队送下山（五华山）时，市面鞭炮声大作，所费约在千万元以上，是乃最近之两支插曲也。

### 田园都市　东方瑞士

在这迎新送旧期中，昆市各报上增加了许多有声有色的材料，也许为一部份人所"不习见"者。但依据这些材料，可看出在这个变的过程中，留下了什么痕迹，表现了什么作风，发生了什么后果。李代主席视事之初，首在省党部茶会中，宣布治滇三原则六纲领。十二月一日，李氏最后以代主席身份欢迎卢主席视事时，曾致词曰："本人仓卒奉命回滇，兼代主席职务，两月以来，夙兴夜寐，未敢或懈。"这是事实。

据闻自兼代主席之日起，每天工作十六小时，由设计、执行到考核，整个三联制，事必躬亲。当其在五华山的五十五天中，拟订了《云南施政纲领草案》，出席了大小三十余次集会或会议，发表了约三万言的讲演（据某记者估计）。在其讲演中，提倡朝气之后，继之以提倡正气，提倡工作竞赛，禁绝烟、赌、娼，完成地方自治。对于昆明，他希望"把昆明变成东方的瑞士，变成田园化的都市"（十月二十七日讲词）。对于党政军民，他提倡四位一体。对于他所居住的五华山，他说："五华山为省政府所在地，为人民所公有，非任何个人、任何政府所得而私有。天下者，天下人之天下也，惟有德者居之。"（十月二十二日讲词）他为了"勤求民隐"，在昆市各城门口设置了民意箱；他为了"试行民主"，曾在民政厅实行公选庶务股长；他为了尊重长老，曾在昆明县参议会宴席上替同席长老盛饭。这些事实，固然足以表现他的"未敢或懈"，而在同时期内发生于社会各方面的呼声，正在此偃彼升的演奏。

十二月一日，卢主席视事。在其视事讲词中，可看出卢氏的另一个作风。（一）主张"为政不在多言"，"言则一不检点即易丧失政府威信，不惟个人使人民轻视，而连带足以使人民轻视政府"。（二）对于龙前主席任内,"过去一切义政,自应萧规曹随"。(三)目前"最重要的工作,首在如何维持地方治安,力求社会安定"。卢氏视事仪式,于一日上午十时二十分完毕,西南联大于十一时发生手榴弹案。卢氏曾于十日发表告各校学生书,首云:"汉不幸,就职之日,即昆明学潮酿成惨案之时。"卢氏视事于秋去冬来之际,首先迎接到这一个比较复杂困难的问题,问题由何而起?或曰:"秋声之赐也。"

### 翠湖道上　关去霍来

十一月十八日五华山上举行盛大晚宴,欢送杜聿明赴东北,欢迎关麟征来昆明。李代主席致词称:"云南的水是倒流的,在云南的外籍军政长官,往往是去而复回。"此语系指关、杜对调职位而言。关氏驻防滇南有年,中枢首定关氏为东北九省保安司令,故其僚属大多已集中在渝待命;后来发表关氏为滇省警备总司令,彼即匆促回昆,积极筹备成立总部。最初连伙夫都没有,为时仅半月,该部于十一月一日正式在翠湖成立。关氏尚未宣誓就职以前,半个月中市区发生了十一件抢劫案,既劫财,又撕票,民心愤慨,惶惶不宁。但在二十天内,卒获全部破案。这点成绩,替该部建立了几分信仰。自十一月一日起,关氏积极推行其维持治安计划,计有清查户口、登记自卫枪枝、管制公私车辆、取缔散兵游勇、实行分区警备等项。十一月二十四日,该部发布第六号布告,说明"昆市治安,已告平定"。但在十一月二十五日深夜,警备部队突然发表一新闻稿,内称"本市西门外白泥坡附近,二十五日晚七时许,发生匪警。当地驻军据报后,即赶往捕捉,匪徒竟一面鸣枪,一面向黑暗中逃窜而散"。记者当时亦在西门外,曾听到手榴弹与机枪声,足见匪徒势力不小。

### 学校治安　突呈不稳

从十一月一日到廿四日,市区治安既告平安,而自廿六日起,学校治安忽告不稳定。十二月一日,联大发生手榴弹案,死伤二十余人。关氏于当日下午,亲往肇事地点调查,并慰问受伤学生。警备总部吴参谋长于四日发表谈话,报告关氏前往慰问的情况,略谓:"当时本部同人恐出意外,一再阻止前往;敝总司令为责任心与恻隐心所促使,坚决前往。返部时,同人等见其神色之抑郁，为历来惨战中所未见。"十二月七日，关氏电呈蒋委员长，自请处分；并以此次惨案之发生，皆因身任治安之责，事前疏于防范所致，所有惩罚，"皆愿一身受之"。关氏九日飞渝，中央于十日公布，将关氏免职，听候议处。警备总司令职务，令派霍揆彰代理。

霍代总司令，已于七日由渝来昆。截至十五日止，虽尚未赴翠湖总部正式视事，但在实际上，已代关氏负起了警备责任。霍氏系滇西反攻战役中的健将，驻防滇境亦已有年，并曾在渝代理青年军总监兼第六军军长，现在回到昆明，不免又使记者想到"滇水倒流"之句。

### 大西门外　声色俱厉

秋去冬来之际，大西门外声色俱厉。此事发生于十一月廿五日晚上，迄今犹未平息。在过去三周内，记者常听到学生的呐喊声、争辩声、抗议声、唾骂声、讲演声，也曾听到教授的劝导声、抗议声，"暴徒"的呼啸声、炸弹声，社会人士的吊唁声，与青年男女的呼号哭泣声。在过去三周内，记者常看到五光十色的标语、口号、传单、漫画，与各种铅印、石印、油印、墨写的宣传品，散布在学校内，在市区内，在黑板上，在墙壁上，在公共汽车上，在多少人的心坎上。各种声音，交互刺激；各种颜色，交互影响。这就结束了声色俱厉的一幕。（卅四年十二月十七日寄自昆明）

《申报》1945年12月22日，第1张第3版

## 中枢昨晨庆祝元旦

*蒋主席领导遥拜陵墓；并嘉勉官民努力建国*

**【中央社重庆一日电】**今日为中华民国开国卅五年纪念日，亦为抗战胜利后首届元旦，中枢于上午九时在国府举行开国纪念会，并遥拜国父陵墓。会后举行新年团拜，会场情绪愉快，仪式隆重穆肃。蒋主席身御戎装，参加人员则多穿礼服，计到于右任、居正、戴传贤、孙科、冯玉祥、邹鲁、王宠惠、吴铁城、吴鼎昌、商震、程潜、白崇禧、陈果夫、邵力子、龙云、陈布雷、朱家骅、何成濬、吴国桢、萧同兹、陈庆云、张笃伦

等三百余人。首于国民政府前旷场遥拜国父陵墓，蒋主席领导行礼，并献花，继由蒋主席领导，在国府礼堂举行纪念会。主席即席致词，曾就我国被日本侵略之内在因素严加检讨，并策励同人加紧努力建国工作，词旨严恳，态度谦和，会场莫不感奋。词毕开始团拜，首由全体向主席行三鞠躬礼，主席答礼如仪，旋由各文武官员相向一鞠躬，礼成。〈后略〉

《申报》1946年1月2日，第1张第1版

## "两机联翼"战术专家陈纳德在昆明

〈前略〉

### 签名收款　捐赠祖国救济会

陈将军在昆七年中，中外人士请其签名者颇多，将军订有签名例润，即系签名一次，收美金一元。此款派有专人收管登记，月底结算后，一部份寄往美国，捐赠战时救济会；一部份交其老翻译官舒伯炎上校，照美金黑市价换成法币，由昆市中央银行免费汇至重庆，捐赠我国战时儿童保育会。据闻此项收入，每月约有美金百余元。

将军在昆指挥作战期间，创造了一种新战术，即用"两机联翼"作战，收效甚大。美国空军界人士，名之曰"陈纳德驱逐战术"，并有驱逐战术专家之称。同时，将军对民航事业，亦富有经验与兴趣。故其再度来华后数次公开谈话中，特别着重于发展中国民用航空一点。他说：今后的民用航空机，应该像火车一样的便利便宜。中国交通困难，更应注意及此。他愿尽个人的力量，协助中国进行此项工作。

"中国空军从幼稚到成长，能够奋力作战，逐步建设起来，得到陈将军的助力也不少。"（龙云院长语）昆明人与陈将军相处七年，知之较深，每逢佳节，必向将军致慰致敬。陈将军曾云："我爱中国，尤爱昆明。"个中原因之一，也许在此。

〈后略〉

《申报》1946年2月13日，第1张第3版

## 龙云准备发起组织民航机构

【本报昆明廿四日电】据滇省临参会副议长李一平谈：军事参议院院长龙云，对于滇省今后建设工作，愿尽力倡导协助，现拟发起组织民航机构，向美订购若干小型民航机，以供滇省各冲要县区航行之用。此项计划，龙氏曾云：渠与陈纳德将军谈及，陈氏亦颇赞助。又闻龙氏对于滇省教育甚愿尽个人之能力，助其普遍发展。

《申报》1946 年 3 月 26 日，第 1 张第 1 版

## 龙云等由渝东下

【中央社重庆廿日电】军事参议院院长龙云、副院长于学忠、东北耆宿莫德惠等，均定廿一日下午三时乘民本轮离渝赴京。

《申报》1946 年 5 月 21 日，第 1 张第 2 版

## 龙云、于学忠抵汉

【中央社汉口廿六日电】军事参议院院长龙云，乘民本轮廿一日离渝赴京，廿六日抵汉。同来者尚有该院副院长于学忠、参政员莫德惠等多人。

《申报》1946 年 5 月 27 日，第 1 张第 2 版

## 龙云、于学忠抵京

【中央社南京廿九日电】军事参议陆军长龙云、副院长于学忠，及参政会主席团主席莫德惠等一行，今上午十时半由渝乘民本轮抵京。

《申报》1946 年 5 月 30 日，第 1 张第 2 版

## 龙纯祖师长提呈整编部队五办法

【本报昆明五日电】军参院长龙云之二公子龙纯祖，现任暂编廿四师师长，近鉴于全国部队业已开始整编，特于日前呈请滇警备总部提出五项要求：（甲）请求撤销该师番号，全部士兵准予退役，并发给退役证明书。（乙）官佐送入军官十六总队。（丙）师长请调国防部服务。（丁）副师长请保送陆大受训。（戊）所有武器弹药军马等，一律点交指定地点入库。闻警备总部对该师上项要求，准予转呈中枢核示。

《申报》1946年6月8日，第1张第1版

## 关于李闻被刺案　龙院长发表谈话

*希望各报勿作不正确之报道；唐纵奉命今日飞昆参加侦查*

【中央社南京廿九日电】军事参议院龙云院长，顷发表谈话如下：关于李闻被刺一案，政府甚为重视，已选派大员前往出事地点澈查。在案情未明以前，各方自宜以极客观态度，静待政府之报告，以明真相。近日京沪少数报纸，对该案多作不负责任之报道，涉及私人，言之凿凿，不知其消息来源有何根据。但无论为外人所投，或自行采访，而一涉私人，即应负法律责任。甚望各报在政府未正式公布调查结果以前，对于此案，勿再轻率发表不负责任之报道。

【本报南京廿九日电】关于昆明李闻被刺案，据本报记者探悉，政府尚在严密侦察中。因内幕较为复杂，故非待真相完全判明，决不致率然公布。按，龙云之二公子纯祖，原为暂继廿四师师长，该师士兵因不愿调汉整编，故纷纷潜逃。纯祖为此于日前来京报告，今晚应陈总长便餐，并将经过面陈陈总长。此事经过，可谓根本与昆明李闻案绝无关系。至龙云三公子纯曾，因过去交友不择，确有不规行动，其父屡戒不悛，外间推测或即由此而起。

【中央社牯岭廿九日电】警察总署长唐纵来牯晋谒蒋主席，报告昆行

经过后，奉谕在顾总司令祝同指导下，参加侦查李闻被刺案工作。廿九日晨七时，离牯赴浔飞昆，庐山夏令营办公厅主任张振国等同行。

**【本报南京廿九日电】**唐纵今日下午由牯岭返京，定明晨飞沪转昆。记者往访，均遭拒绝。

《申报》1946 年 7 月 30 日，第 1 张第 1 版

## 马帅定今日返京

**【本报南京七日电】**马歇尔特使将于明日午前自牯岭遄返南京。据悉：马帅将与司徒大使对目前各项问题作一深切之研究，此一重要晤谈，可能使国共谈判觅致一新的途径。

**【中央社牯岭七日电】**陈总长七日下午四时访马歇尔元帅于行馆，相与对座馆中林荫下叙谈，由皮参军宗敢翻译，历一时二十五分始别。

**【本报南京七日电】**司徒大使昨晚与周恩来作五小时之长谈后，今日并无何活动。司徒大使上午除以外交惯例拜会墨西哥大使外，下午曾接见共产党代表团之王炳南，谈半小时，旋于下午五时半招待外国记者。并闻军事参议院院长龙云，将于明日上午往访。顷据有关方面人士谈称：安平事件曾为昨日司徒与周恩来会谈中之重要主题，周恩来表示为一不幸事件外，仅作强词之解释，惟司徒大使目前正静待美国舆论之反响，且不欲以正事而影响于国共间之和平谈判。司徒大使以宗教信徒之虔诚心理，始终祈求不久可能重来之光明。又对于改组政府一事，政府现正就目前之情形，予以考虑中。

〈后略〉

《申报》1946 年 8 月 8 日，第 1 张第 1 版

## 司徒大使接见曾琦

**【本报南京八日电】**司徒大使今竟日未出，除接见来访之荷兰驻华公使外，并有军事参议院院长龙云、青年党领袖曾琦及该党中常委刘东岩，

曾先后往访。龙氏系一普通之拜会，泛论一般问题；曾氏则就青年党之政策、党纲等，作详尽之说明，对国是提出主张，就教于司徒大使。晚间，司徒并约前美国大使馆参事施麦斯夫妇晚餐。今晚美使馆一带停电，大使即于烛光下与史氏夜谈，曾涉及中国问题及安平事件。记者往访时，大使正待登楼休息，与记者略作片刻之谈话后，亲持烛送至门首。

〈后略〉

《申报》1946年8月9日，第1张第1版

## 国府命令

【中央社南京廿一日电】国府廿日令：（一）依照《国民大会代表选举补充条例》第二条第二款及附表规定，所遴定之云南省代表方克胜，因事不能出席，注销名籍，改以龙云补充，此令。（二）兹将国民大会代表因故注销名籍，改以候补人递补者开列名单公布之，此令。国民政府直接遴选代表魏嗣銮，因事不能出席，注销名籍，由杨伯安补。

《申报》1946年11月22日，第1张第1版

## 龙绳武由昆来沪

军事参议院院长龙云氏之长公子龙军长绳武，前日自昆飞抵沪，有所公干，定日内即飞昆。

《申报》1946年11月25日，第2张第5版

## 王慧生组"党" 党派史上寿命最短

十个月夭亡

本报特派员 徐继濂

【昆明六日航讯】这也算是一个"党派"——"中国民主自由大同盟"，它的崛起在昆明市，固然盛极一时，只是没落的经过也是意外的快速。

说到"中国民主自由大同盟"的盛衰，也真教人兴起人事沧桑之感。它正式成立于三十五年三月，然而到今年一月便宣布寿终正寝，连头带尾还不上一年，在近代党派历史中，恐怕寿命要算是最短促的了。

### 提起盟长　此马来头大

俗语说"蛇无头不行"，我们要介绍"中国民主自由大同盟"，自然不能忽略他们的"盟长"，也真是"提起此马来头大"，"王慧生"三个字，一时红透了半个山城。论军职，他是黄埔第一期出身；论官阶，他曾经是红边符号两颗星。出生地在贵州一个小县份，外貌一表堂堂，很有点书生气概，可是满脸风霜，一望而知他是被频年奔波的生活，折磨得有些苍老了！

身为一盟之长，当然有着他独到的长处。一眼望去，他的玳瑁眼框后面，两个眸子放射着光芒。精干是不用说的，且长于交际，常常会把一个陌生人混得跟多年的老朋友一样熟。嗓子永远是那么响亮，里气足，谈锋健，性子非常急躁。北伐时，他当过连、营长，带着一枝雄兵，驰骋于闽粤之间。

王慧生也真是"不堪回首话当年"，近几年来他确实是郁郁不得"志"。手底下没有兵，掌握中没有权，每况愈下，因之"穷则变，变则通"，在无路可走的当儿妙想天开，王慧生便组织了"中国民主自由大同盟"。

### 袍哥袍弟　望风而来归

盟部设在昆明市总工会内，一时袍哥袍弟望风来归，势声是够浩大的。盟下设部设厅，委任状满天飞，部长、厅长、股长之类的人物多如"过江之鲫"，而一些失职的军人以及闲散的盲流，也都愿意有这样一块安身之地。招牌是可以唬得住人的。

总部的布置并不考究，正中堂高悬着某将军亲笔题赠的"民主自由"四个大字，这笔迹在当时也可以算得是一张灵符，许多人都把这地方看作为一个"神秘之谷"。

跟着他们选出了常务理事和监事，而且正式宣誓就职，声言西康、四川等省都要设立分部，宣传盟员已达二十余万人，他们的"盟纲"是"为国为民"。盟旗很别致，三角形，杏黄色，上面还涂绘着一个金黄色的太阳徽，这鲜明的标帜在一次□雪国耻宣传周里出现过。那一次，他们一列蜿蜒的队伍，穿过昆明全城作过一次空前的大游行。

### 经济问题　盟长找出路

一个没有经济基础的团体，要想另起炉灶，打开门路，那真是谈何容易的事？因此，王慧生很抓不开。他虽然到处拉关系、找门道，但终究杯水车薪，济得了啥事？

记得有一次，他跑去找警总备司令关麟征，开门见山，拉开嗓子便说："老关！拿点钱出来花花！"关总司令没法不应付，终于掏了腰包，多少给了一个数目，可是砂石焉能填满得江海？自然，王大哥必须要另找路子才行！

有人开始怀疑他们的行径了，然而王慧生早已脱离了黄埔的系统，加上和国民党的历史又没有什么多大的关系，因之局外人只得静观其究竟。

### 满载枪弹　直奔昭通去

三十五年九月，盟长王慧生面临他们经济的危机，于是他也无暇顾及许多弟兄，亲自驾着一辆 G. M. C. 十轮大卡车，上面满载枪弹兵士，打着"民主自由大同盟"的番号，插着三角杏黄旗，浩浩荡荡直向昭通（滇东大县，前省主席龙云故里）驶去。不说别人，便是沿路的检查人员也摸不着边际。

川滇东路上风尘滚滚，通行无阻。到了昭通城边，入境停车检查，王慧生取出了警备总部的护照，自称"民主自由大同盟"盟长，来势汹汹，谁也奈何他不得！

### 最后命运　王慧生被捕

当天晚上，昭通城内马上出现了一个新机关，门口卫兵林立，荷枪实弹，形相颇为威武，而且昭通街上满是配备齐全的武装兵士。这一来，当地专员公署不能不动动脑筋了。也该王慧生倒霉，同时昭通保安总队恰恰接获了昆明方面警备总部扣押王慧生的电报。于是经过了一番妥善的布置，由电灯厂首先实施警报。这一来，王慧生到底没有料得着，只好束手被捕。

跟着王慧生被押回了昆明，"树倒猢狲散"，不待一纸正式解散令下，"民主自由大同盟"已经土崩瓦解。"盟员"们纷纷改作他计，另谋出路。警备总部会同市府、警局、各机关查封会址，抄出印件文件。

经过保安司令部数度侦讯，王慧生以"营私植党，图谋不轨"的罪名，被判处徒刑十年，送进了云南第一监狱。一人别室一间，倒也显得非常安逸。

据说王慧生去昭通的动机，纯粹是商业上的性质，并无其他政治目的，不想一去便成阶下囚。怪不得王慧生曾对记者说："不要以成败论英雄，这是我命该如此！"口气倒也爽直，很有点气魄。再说入盟的哥弟中，想借此正派作一番政治活动的也大有人在，然而惜乎领导者不得其人，再加上举棋无定，浮燥乖张，以致事败名裂，落得如此一个凄凉的下场！

《申报》1947年2月18日，第2张第8版

## 云南企业公司　股东遍及全省

云南企业公司，为前滇省主席龙云首创。顷奉省府命令，于本年五月一日召开股东代表大会。凡本省人民皆为股东，每人出资金五千元，股东代表为每乡镇一人，再由乡镇代表中推选一县代表，赴省参加股东大会。

《申报》1947年3月22日，第2张第6版

## 军事参议院撤销　战略顾问会成立

### 特任何应钦为该会主委

**【本报南京七日电】** 中央为适应现代国防体制，将原设军事参议院于三月底撤销，并自四月一日起，成立战略顾问委员会，特任何应钦为该会主委，龙云、于学忠、鹿钟麟、杨杰、陈济棠、陈绍宽、黄绍雄、刘峙、卫立煌、蒋鼎文等为委员。在何氏未返国前，由龙云代理主委。闻该会刻依照卅五年十一月底府令公布之《战略顾问委[员]会组织条例》组织成立中。

《申报》1947年4月8日，第1张第1版

## 战略顾问会举行首次会

### 对军政将提建议

**【中央社南京十四日电】** 国府战略顾问委会代主委龙云，十四日下午

六时邀集各委员，举行第一次会议，到于学忠、陈济棠、刘峙、贺耀组、何键、鹿钟麟等。除通过会议规程、办事细则及工作概要等案外，对军事、政治诸问题，出席者发言踊跃，有极多宝贵意见，拟俟整理后，即向国府建议，以供采择。

《申报》1947 年 9 月 15 日，第 1 张第 1 版

## 国府颁布授勋令

【中央社南京卅一日电】国府一月一日令：蒋中正给予河图勋章；何应钦、阎锡山、程潜、顾祝同、朱绍良、傅作义，各给予河图勋章；熊式辉、张发奎、商震、孙连仲、吴思豫、俞济时、贺国光，各给予乾元勋章；陈诚、龙云、杨爱源、郭忏，各晋给一等宝鼎勋章；宋子文、李宗仁、白崇禧，各给予二等宝鼎勋章。张治中、徐永昌、余汉谋、汤恩伯、邓锡侯、秦德纯、王耀武、冯治安、曹福林、周嵒、孙楚，各晋给一等云麾勋章；马占山、王靖国、范汉杰，各晋给二等宝鼎勋章；马鸿远、王缵绪、唐式遵、潘文华，各给予三等宝鼎勋章。

《申报》1948 年 1 月 1 日，第 1 张第 2 版

## 救济特捐督导会开会　捐额募区均决定

富豪名单孔、宋等列前茅

【本报南京十九日电】救济特捐之募集总额十万亿元及其各捐募区之捐额分配，已于十九日晨救济特捐督导委会中讨论通过，兹志其详如次：京（包括镇江、常州、芜湖）区占总额百分之六，捐募数额为六千亿元；沪（包括无锡、苏州、杭州、宁波）区占百分之五十五，计五万五千亿元；渝区占百分之二，计二千亿元；穗（包括潮、汕、港、澳）区占百分之十二，计一万二千亿元；汉口（包括武昌）占百分之二，计二千亿元；津（包括北平、唐山）区占百分之四，计四千亿元；青岛（包括济南）区占百分之零点五，计五百亿元；西安（包括兰州）区占百分之一点五，计

一千五百亿元；蓉（包括内江、自贡、雅安、西昌）区占百分之八，计八千亿元；昆（包括个旧、腾冲）区占百分之六，计六千亿元；厦门（包括福州）区占百分之三，计三千亿元。

【本报南京十九日电】救济特捐之捐募总额及分配额决定后，募集工作即将展开，督导委员会各委员所提豪富名单，均已汇集审查中。据某有关人士称，名单中孔、宋、何应钦、龙云等，均将名列前茅。督委所厘定之工作进程，系定于三月一日至十五日止，各区募集委会将各该区内认捐人名单及捐款汇报督导委会；自十五日至廿五日止，再由督委会审定各区认捐人名单；自四月一日至十五日止，则由各区募集委会通知认捐人，将全部捐款缴库。在此期间，如尚不能全部缴交者，自四月十五日后至卅日，各区募集委会再行推定委员查催。至五月一日后如仍有延不缴纳者，即可公告此项认捐人之名单。反之，如均能及时缴纳，则督委会将提请颁发认捐人荣誉奖章、匾额或奖状。六月一日至卅日止，即办理结束。记者顷访督委会委员虞前，请就此事发表谈话，承称：此次所定十万亿元之数额，实系一暂定数，吾人实不仅希望此一数目，亦即吾人深盼能有以超过此数。今日会中曾有人提出以四十万亿元为目标者，惟目前吾人当盼大家努力捐输，使此数额能早日募集。凡爱国人士，均能如期如数捐出，尤盼不在此名单之列者，能自动出来，以襄国家盛举。

《申报》1948年2月20日，第1张第1版

## 龙云欢宴何应钦

并报告战略委会工作

【中央社南京三日电】战略顾问委员会代主任委员龙云，三日晚七时在该会设宴，为何应钦洗尘，由在京各委员蒋鼎文、张发奎、熊式辉、鹿钟麟等作陪。席散后，由办公室主任裴存藩介绍各高级职员谒见后，将该会成立经过及工作概况拟具报告呈阅。按，何氏为该会主委。

《申报》1948年4月4日，第1张第1版

## 云大廿五周校庆　龙云等致词庆祝

【本报南京廿日电】云南大学在京校友，廿日下午六时集会庆祝云大廿五周年校庆，到四十余人。首由校长熊庆来报告，继来宾战略顾问委会代主委龙云、考试院副院长周钟岳、云贵监察使张维翰、教次杭立武等，相继致贺词，情绪热烈。

《申报》1948年4月21日，第2张第6版

## 孙、李分访程潜　程亦先后答拜

【本报南京廿七日电】李宗仁、孙科、程潜均表示不再坚持、放弃竞选后，廿七日三候选人接触频繁。下午，孙科、李宗仁分访程潜，程亦于李、孙来访后，即分至李、孙处答拜。又孙科廿七下午曾访吴铁城、龙云等，黄绍竑亦于廿七下午访吴铁城。

《申报》1948年4月28日，第1张第1版

## 薛岳夫人讣告

薛参军长伯陵之夫人方少文女士，于民国三十七年五月十七日酉时病逝京寓，十九日遗体在南京中国殡仪馆大殓，谨代讣闻。

孙科、邹鲁、余汉谋、何应钦、吴铁城、俞济时、顾祝同、赵恒惕、吴思豫、陈诚、朱家骅、陈希曾、龙云、吴鼎昌、张发奎代告。

《申报》1948年5月19日，第1张第1版

## 张群抵昆明　将作两周休息

【本报昆明十八日电】前政院院长张群偕夫人、公子，于十八日午后三时乘霸王机由沪抵昆明，卢主席及各机关首长均亲赴巫家坝机场迎迓。

张氏夫妇精神至佳，下机后即登车赴卢主席私邸休息。据谈：此行系应卢主席邀来昆游览，别无他意。晚卢主席设宴洗尘，邀各界首长作陪。又同机返昆者尚有立委裴存藩、李培天及龙云三子纯曾等人。

【中央社香港十八日电】张群十八日晨十时三刻由沪乘机抵此，在启德机场停留约一小时后仍乘原机飞昆明，将在昆明温泉休息两周。张氏否认渠此行与最近昆明学生发生事故有关。

《申报》1948年7月19日，第1张第1版

## 牯岭阴晴录

【本报牯岭四日航讯】七月，庐山多风雨；入八月后，气候略好转，阴晴参半，风雨不多。山中平静无事，总统赴莫干山小憩事，已引起若干人士谈话，咸认总统已可有暇离京。三日起在京举行之党务座谈会结束后，总统可能来牯小住。〈中略〉据关系方面息，截至八月三日止，尚无"要人"来牯避暑。传龙云拟来牯，并先派公子上山，亦迄无确息。〈后略〉

《申报》1948年8月8日，第2张第5版

## 蒋邀宴在牯要员

【本报牯岭十六日电】蒋总统十六日午在官邸邀宴来牯要员，立法院长孙科、战略委会代主委龙云、中政会秘书长陈布雷、立院秘书长张肇元、赣主席胡家凤及民社党主席张君劢，均参加。

《申报》1948年8月17日，第1张第1版

## 龙云夫人返昆明

【本报昆明十七日电】战略顾问委会代主委龙云夫人顾映秋，十六日晚自沪飞昆，事先龙氏家属亦无所悉，顾否认京中报纸所载有关龙云种种消息。

《申报》1948年8月18日，第1张第1版

## 蒋邀晤李宗仁　夫人在牯出席欢迎会

【本报南京十九日电】蒋总统于十九日上午十时许，在黄埔路官邸邀晤李副总统宗仁，有所商谈。

【本报牯岭十九日电】蒋夫人十九日下午四时应内地会中外教友之邀，赴河东路九十四号出席该会之欢迎茶会，至四时半返官邸。

战略顾问委会代主委龙云，定廿二日离牯返京。

赣省主席胡家凤十九日午十一时离牯下山，赴九江转返南昌。

《申报》1948年8月20日，第1张第1版

## 龙云方治离牯返京

【中央社牯岭廿二日电】龙云廿二日下午离牯转浔，搭中航机返京，方治及龙公子等同行。

《申报》1948年8月23日，第1张第2版

## 陈布雷逝世各方震悼

### 李宗仁等亲吊唁　京沪汉各报多著论致哀

【中央社南京十四日电】国民党中央政治委会代秘书长陈布雷氏，十三日逝世消息传出后，各方至为震悼。十四日，京中央、和平及沪新闻、东南等报均发表社论，对先生之道德、文章及赞襄元首之忠贞谋国之精神，备致哀悼与推崇之意。各界唁电有《申报》、《新闻报》、《东南日报》、南京《中央日报》、浙江高等学校同学会、中国青年党中央常务委会及方治、曾琦、程潜、柳诒征等。又今日续往中国殡仪馆吊唁者，有李宗仁、洪兰友、程中行、刘纪文、王世杰、徐柏园、成舍我、彭昭贤、徐佛观、萧同兹、田昆山、姚大海、陈庆云、薛笃弼、余井塘、刘百闵、李蒸、傅斯年、邵力子、唐纵、何应钦、谷正纲、杭立武、郑通和、刘文

岛、董显光、阮毅成、李敬斋、陈雪屏、何成濬、张笃伦、杨绵仲、龙云、许世英等。

《申报》1948年11月15日，第1张第1版

## 龙云请假赴港就医

**【中央社南京十一日电】** 战略顾问委员会代主任委员龙云，因健康关系，须易地疗养，已奉准病假二月，于本月八日由京飞广州转香港就医。

《申报》1948年12月12日，第1张第1版

## 悲剧之后添上喜剧　马连良戏首次演出

今天中国航空公司香港办事处的门前，人来人往，特别拥挤。转过一个弯，也发现一堆人。不过前者是打探飞机失事消息的人；后者是等候买票，听马连良唱戏的观众。在这一场悲剧和一场喜剧的看客中，也以"上海客"占了多数。差不多在同一时间里，李丽剧团和马连良剧团分别在香港中区两大戏院上演，这是战后首次演出的京戏，不懂京话而慕名前往的也颇不乏人。这半月来，香港"政治舞台"上的演出，也呈相当热闹，龙云抵港促成了这出戏的高潮。

《申报》1948年12月26日，第2张第6版

## 卢汉奉召飞抵沪

定今晨晋京述职　龙云在港静养不谈国事

**【本报讯】** 云南省主席卢汉，奉总统电召，赴京述职。已于昨日午后六时一刻，偕省府驻京办事处处长裴存藩、秘书谭其箠等，自昆搭乘中航班机抵沪。本市市长吴国桢曾亲赴龙华机场迎迓，当晚并在官邸设宴为卢氏洗尘。闻卢氏定卅日晨晋京，周后即返昆明。

**【本报昆明廿九日电】** 滇前主席龙云，由京赴港养疴后，此间传言甚

多。顷据甫自港返昆曾与龙氏畅叙之滇籍立委安恩溥谈称：龙氏刻仍留港静养，不谈国事，外传种种均属子虚，俟病体复原后，即返京销假，暂不返滇。

《申报》1948年12月30日，第1张第1版

## 香港的泡沫

### 谢铭新

**【香港十一日航讯】** 寒流袭来，上海天气已冷到零度以下了，香港尚在四五十度左右，可是住在香港的人，却已感受到出奇的冷。

过去，香港尚不失为一个政治重心。沈钧儒、蔡廷锴、章伯钧等"民主人士"北上于前，最近李济琛、茅盾、施复亮等于去年圣诞左右又相率离港，粤主席宋子文也不再来港度岁了。剩下来的人，只有"告假"的龙云，和中共一些二三流的人物。因此今天的香港，不再是一个中国外缘政治的中心了。

由于政治重心的转移，香港居民对"和谈"的可能性，不期而然的一致看淡。在香港也有一二个由一些无聊的政治棍徒组成的小党（如中国独立民主党等），到处招摇，发宣言，印小册子，招待记者，准备对"新政协"作一项无聊的投资。如今这种投机买卖显已落空了，这是政潮中的一个小泡沫。

台省易主了，前省主席魏道明夫人郑毓秀女士，搭盛京轮于九日抵港，携带行李达百余件。

由国内来港的人，虽说一天多似一天，可是商场不景气的现象，却正弥漫全岛。尽管街上行人拥挤不堪，可是店铺的营业却萧条异常。做进出口行的商人，老是在叹苦经，物价一天贬似一天，售价不够订货成本的事数见不鲜。原因是国内战乱不已，市场纳胃日趋狭隘。订货多，销货滞，大家在怕年关（阴历）的迫临。

《申报》1949年1月13日，第2张第7版

## 龙纯祖候船赴穗

**【中央社本市讯】** 总统府中将参军龙纯祖，昨日由京来沪，候船赴穗。

龙氏为龙云将军之次公子，毕业陆大，此行系随政府南迁。

《申报》1949年2月4日，第1张第2版

## 龙云否认流言

函滇当局查拿严办

【本报昆明廿日电】滇局不安之际，外间对前滇省主席龙云颇多流言，且间有失意政客、闲散军官，假借名义，为患乡里。龙氏在港得悉后，极表愤怒。除郑重否认外，并函滇当局查拿严办，以维桑梓。

《申报》1949年3月21日，第1张第1版

## 何院长等昨飞抵广州

【本报广州六日电】何应钦院长暨倪炯声、李汉魂、庞松舟、叶公超、夏晋熊、龙云公子绳武等一行十六人，六日下午二时乘自强号专机由京飞抵此。到天河机场迎迓者，有留穗军政首要等数百人。〈后略〉

《申报》1949年4月7日，第1张第1版

## 龙云返滇否未定

其子谓有三个先决条件；解决经济建立云南军队

【本报昆明十日电】滇省委杨文清，前代表卢主席晋京谒李代总统，商谈滇境有关诸问题，并衔命赴港访候龙前主席，已于十日午公毕返昆。据谈，龙云在港身体健康，外传种种，不足深信，龙氏暂时无意返滇。杨氏末语记者，此行颇圆满，订十一日谒卢主席报告经过。

【法国新闻社香港十日电】龙云长子龙绳武称：其父对李代总统邀请重任云南主席一事，暂时尚无决定。其父接受李代总统之邀请，有三个先决条件：（一）云南应采取一种稳定之通货；（二）应有平衡之经济，使云

南可以应付其本身之需要，而无须南京之援助；（三）建立云南军队。龙绳武证实渠曾代表其父访问南京，其父因健康不佳，不克亲自前往。又称：龙云返滇一事，"可能极为复杂"，而其态度将系于国民政府之立场及云南人民之舆论。

消息灵通人士称：龙云在政治方面，向以谨慎著称，故对于李代总统之邀请，迟疑不决。渠自然希望返回本省，但似将避免任何足以引起共党猜疑之行动。此间共党报纸，迄今为止尚未刊载任何敌视龙云之消息，或系由于渠对蒋总统之敌视态度。同一人士相信，龙云近曾拒绝访问华北，然曾致函其旧友，现在北平之国民党革命委员会主席李济琛，说明由于"健康不佳"，不能成行。此间消息灵通人士，否认龙云与现任云南主席卢汉关系不佳之说；反之，卢汉之省政府中，留用龙云昔日之友人甚多，卢氏并与龙云经常保持接触。此间某英国商人曾在昆明居留数年之久，最近返港谈称：此说似极不可靠，因龙云与卢汉不仅为亲戚，且同隶一旅，并为亲密朋友。渠认为政府之行动，盖由于云南境内叛乱纷起。过去数周中叛军曾占领城镇二十余处，同时共党在该省附近之军队，据传已具有"师"之实力。龙云若同意返滇，则其个人之号召力量，可能有助于使中国西南国民政府之后方，不致立即崩溃，否则将封闭经由滇越铁路之一切供应路线。

《申报》1949年4月11日，第1张第1版

## 龙云无意再出山　主张接受和谈基础之八项条件

【本报昆明十一日电】记者十一日晨再访甫自港归来之省委杨文清，特别着重于龙前主席动态。据称：龙云离滇已历四载，家乡一切甚感隔膜，惟对滇境匪患则至为关切。何院长前曾遣龙大公子去港，代请出山，龙氏终以病辞，对政治兴趣几已完全消失；且目前局势混沌，龙氏更无意重入漩涡也。杨氏末称：在京曾分谒李代总统、何院长、顾总长，渠等对滇政均备极关怀，然对卢主席表示绝对信仰，决赋卢主席以最大权力，应付困难。只须对滇省人民有利者，可采断然处置，中枢决不掣肘。

【法国新闻社香港十一日电】前云南主席龙云今晨致函南京当局，拒

绝再任云南主席。渠在该函中坚持李代总统应接受毛泽东所提作为和谈基础之八项条件。按，国民政府曾邀龙云再度就任云南主席。

【联合社香港十一日电】龙云今日发表谈话，主张李代总统接受毛泽东之八项和平条件。据称，置国家于和平途径，权在李氏，投降并不耻辱。国民政府倘谋在云南获得最后根据地，余将联合人民推翻此种反动势力。

《申报》1949 年 4 月 12 日，第 1 张第 2 版

## 李宗仁夫人　昨日自港抵沪

【本报讯】李代总统夫人郭德洁女士，昨搭中航班机，于午后四时三刻自港抵沪，定十五日返京。李夫人滞港周余，曾代表李代总统与龙云晤面，就后者返滇事有所接洽。

《申报》1949 年 4 月 14 日，第 1 张第 4 版

## 龙云受港报界一致抨击

本报记者　健子

【本报香港十二日航讯】龙云十一日下午在他的浅水湾公馆里举行了一个记者招待会，制造了一条轰动全港的新闻，那不是借他的谈话内容，却是他的儿子把中西记者拒诸门外，甚至企图把一个记者禁闭起来，重演他在昆明禁闭无辜老百姓的好戏！因而港中有正义感的报纸，对龙云这种"军阀余威"，一致作连珠炮的轰击。龙云这个招待会，真可谓"未见其利，先见其害"了。

### 龙五公子禁闭记者

据《华侨日报》说："在云南当政十多年的龙云，自从前月由南京偷偷地溜到香港来之后，便在浅水湾香岛道一七七号精致的别墅过其海外寓公生活。其三公子、五公子则随侍父侧。龙云到了香港之后，仍然暗中从

事政治活动，最近更乘国内时局急转直下，遂持'居中待机'的态度，对南京，对北平，都打进了算盘，讨价还价，企图卷土重来，有日还驾昆明，再温旧梦。最近大概摒盘完成，搭线有点眉目，前夜（十日）十二时半，分电此间各报，邀请记者驾临，有所宣布云云。各报记者即于昨日下午四时，相继到香岛道一七七号龙之别墅听候招待。距抵达后，仅有货商、文汇、大公等报记者获得款待，其余本报及《工商日报》《成报》《南华早报》，及中央社、美联社、时代社等记者二十余人均被拒门外，周围皆布壮汉。当各记者表达来意时，壮汉们均报以怒目，声势凶恶，使人惊讶。后经本报记者陈治华迭次交涉，始准其一人入内，大家以为可由此与龙氏交涉。讵陈治华一踏入门内，龙氏第五公子龙绳勋，即口口声声要把陈君禁闭起来，陈君欲待解释，但龙绳勋竟不由分说，将陈君推倒地上。陈君以当时情势危险，为自卫计，便在禁闭室中推开窗门向外高声求救。被拒于门外之各报记者闻呼救声，异常惊愤，恐怕事情闹大，立即致电话赤柱警署，要求派员前来保护。警署据报后，立即派出华警一人到场，但壮汉闭门不纳，拒绝华警进内。接着赤柱警署帮办何伦石偕三华警驾警车前来查究，但壮汉们尚欲拒绝入内，经何伦石帮办严词申斥之后，方始开门。何伦石帮办入内后，陈治华君方获自由行动，当时龙绳勋尚欲砌词嫁祸，但何伦石帮办不予理会，即录口供返赤杜〔柱〕警署存案。又闻龙云曾于十日由港致函李代总统宗仁并请转何院长应钦，催促李、何毅然决然无条件接受中共毛泽东所提投降八条件，电嘱北上代表依照条件作具体决定，刻日签字实施。龙氏企图极力表示其'民主'，讵墨迹未干，竟然无理禁闭记者，尽量表现其军阀作风。"

### 不愉快事　　欲盖弥彰

上段新闻纪事，已把龙氏父子的"作风"，描写得淋漓尽致。受龙云厚待而得登堂入室的记者，计有大公、文汇、华商、星岛、新生、华侨六报的记者，另有法新社、合众社记者各一人，共计十七人。华侨虽受邀请，但他的记者却几乎被龙五公子关起来，幸亏他挣扎起来，大声求援，否则这个事件也许还有更惊人的后果！

除华侨外，那些"获得垂青"的报纸，对龙氏父子表演这幕"不愉快事件"，都没有只字记载，只星岛在字里行间"拱〔烘〕云托月"的说了一二句，但"不愉快事件"往往欲盖弥彰，纵有伶俐的嘴脸，亦无法遮掩过去。《工商日报》指龙氏父子"盛气凌人，举动粗野"，又说龙云"斤斤提及昆明事变"，充分暴露"旧恶"绝未忘怀，趁机来一报复⋯⋯

### 湾头水浅　难搅风雨

《工商晚报》替这个新闻，加上"招待记者奇闻！龙公馆设铁幕"的一个标题，揶揄备至。《诚报》则说："龙云想向左转，昨招待记者又禁闭记者。湾头水浅，怎能搅风搅雨！"又说："今日之龙云，正向民主阵线丢眼角，摇尾乞怜的时候。而龙公馆于招待记者中，演出禁闭记者的一幕，大煞风景。民主人士对此，有何观感？我以为如龙云不谈民主则已，如谈民主，应该学习真正的民主作风。禁闭记者，是对全港新闻记者的侮辱，就是民主报纸记者，也不会同情。须知，此时此地是法治下的香港，而非昔日的云南呵。"

该报最后还把龙云挖苦一番："说起来，老龙的历史，也有许多是值得大书特书的，兹因篇幅关系，简单介绍如下：（一）中国割据地方称雄的军阀，以他的寿命最长，直延到抗战胜利，才被中央请到南京去。（二）中国第一名大汉奸汪精卫，是他放出国门的。（三）以前香港的道友们认为极品的'云土'是老龙主演时的出品。（四）还有，说之不尽了⋯⋯"

《申报》1949 年 4 月 15 日，第 2 张第 5 版

## 港报界一记者　将控龙云伤害

**【法国新闻社香港十三日电】**此间保守派《华侨日报》之外勤记者陈治华，将以"伤害身体，违法羁禁罪"起诉龙云。据陈氏今日宣称，渠于星期一前往参加龙云召开之记者招待会，为龙云之卫队所阻，渠乃步入宅内之花园，而遭殴击，并被拘禁于一黑室中。直至其他记者报告警察，始由警察救出。

《申报》1949 年 4 月 15 日，第 2 张第 5 版